中国社会科学院经济学部

学部委员与荣誉学部委员文集
（2008）

中国社会科学院学部工作局

经济学部工作室编

经济管理出版社

图书在版编目（CIP）数据

中国社会科学院经济学部学部委员与荣誉学部委员文集.2008／中国社会科学院学部工作局经济学部工作室编.—北京：经济管理出版社，2008.8

ISBN 978 - 7 - 5096 - 0348 - 2

Ⅰ. 中… Ⅱ. 中… Ⅲ. 经济—中国—文集 Ⅳ. F12 - 53

中国版本图书馆 CIP 数据核字（2008）第 114152 号

出版发行：**经济管理出版社**

北京市海淀区北蜂窝 8 号中雅大厦 11 层

电话：(010) 51915602　　邮编：100038

印刷：北京银祥印刷厂　　　　　经销：新华书店

组稿编辑：陈　力	责任编辑：张洪林　陈　力
技术编辑：黄　铄	责任校对：超　凡

787mm×1092mm/16　　　　　23.5 印张　　408 千字

2008 年 9 月第 1 版　　　　　2008 年 9 月第 1 次印刷

定价：68.00 元

书号：ISBN 978 - 7 - 5096 - 0348 - 2/F · 338

目 录

荣誉学部委员

经济学部课题组

改革开放 30 年来中国经济学的发展

中国社会科学院经济学部课题组[*]

改革开放 30 年来，中国经济学处于繁荣发展的新时期。广大经济理论工作者坚持马克思主义经济学基本原理，紧密联系中国特色社会主义实践中的重大经济问题，吸收借鉴当代西方经济学的有益研究成果和分析工具，积极探索社会主义现代化建设的经济规律，大力推进马克思主义经济学中国化，取得了丰硕的学术成果，发挥了巨大的实践作用。30 年来，中国经济学的发展是与党的理论创新和实践创新紧密结合在一起的。本文从三个方面简要介绍经济理论研究的重要进展和突破。

社会主义初级阶段理论的形成和发展

正确认识我国社会所处的历史阶段，是建设中国特色社会主义的首要问题，也是进行经济学研究的基本前提。20 世纪 70 年代末 80 年代初，经济理论界对我国社会主义所处历史阶段的研究趋于活跃，提出了我国社会主义处于初级阶段即不发达阶段的论点，产生了重大社会影响。1981 年，党的十一届六中全会通过的《关于建国以来党的若干历史问题的决议》第一次提出了"我们的社会主义制度还是处于初级的阶段"的论断，并对我国社会的主要矛盾作了规范的表述："在社会主义改造基本完成以后，我国所要解决的主要矛盾，是人民日益增长的物质文化需要同落后的社会生产之间的矛盾。"1982 年党的十二大报告正式提出"我国的社会主义社会现在还处在初级发展阶段"，并首次将"物质文明还不发达"作为社会主义初级阶段的基本特征。1987 年党的十三大报告全面阐述社会主义初级阶段的基本含义、基本特征和基本任务，标志着社会主义初级阶段理论作为一个比较完整的理论体系正式提出。

党的十三大之后，社会主义初级阶段理论成为经济学界研究的一个重大课

---

* 课题负责人刘树成，本文执笔常欣。

题，一些有价值的研究成果先后问世。从党的十四大到十七大，都重申和强调了社会主义初级阶段问题，并不断丰富和发展这一理论。这其中也包含着经济理论界的不懈努力。

社会主义初级阶段理论是改革开放以来经济理论研究最重要、最突出的成果之一，是对马克思主义经济学关于社会主义发展阶段理论的重大贡献和发展。它使我们对我国的基本国情有一个准确的把握，从而成为现阶段我国各种经济问题研究和经济政策制定的重要理论依据。

经济体制改革理论研究的重大突破

30 年来，经济体制改革理论研究基本是沿着对社会主义经济制度的重新认识这条线索展开的，集中反映在对传统社会主义经济理论关于社会主义经济的三大基本特征——计划经济、生产资料公有制、按劳分配认识的逐步深化和重大突破上。

计划与市场关系认识的重大突破。20 世纪 70 年代末 80 年代初，经济理论界就计划与市场的关系问题展开了热烈讨论。一些学者在总结过去的经验教训时，提出应更多地发挥价值规律作用的主张；还有一些学者肯定了市场调节在社会主义经济中的地位，认为市场调节是一种经济调节手段，和资本主义没有必然的联系，可以用来为社会主义经济服务。1982 年党的十二大报告正式提出"计划经济为主、市场调节为辅"的改革原则，打破了长期以来将计划与市场视为水火不相容的传统认识和计划经济的绝对垄断地位。之后，越来越多的学者开始认同社会主义经济也是商品经济的观点，强调市场调节与计划体制的相容性。1984 年党的十二届三中全会通过的《关于经济体制改革的决定》确认我国社会主义经济是公有制基础上的"有计划的商品经济"，强调要按经济规律尤其是价值规律办事，充分运用市场机制发展社会主义经济。这打破了将计划经济与商品经济对立起来的传统认识，是社会主义经济理论的一次重大突破。在此基础上，经济理论界又就计划和市场孰为基本机制的问题展开了讨论。越来越多的学者认为，市场机制是社会主义经济内在的运行机制，社会主义经济不能离开市场和价值规律的作用，市场的作用范围是覆盖全社会的，而不仅仅是作为计划机制的补充。1987 年党的十三大报告强调了社会主义有计划商品经济中计划与市场的内在统一性，提出在社会主义有计划商品经济中"国家调节市场，市场引导企业"的新型经济运行机制，这就将市场的地位进一步提高。1992 年邓小平同志的南方谈话提出，"计划多一点还是市场多一点，不是社会主义与资本主义的本质区别"。这就从根本上破除了计划经济和市场经济属于社会基本制度范畴的陈旧观念，使多年来关于计划与市场问题的论争摆脱了意识形态的束缚，为形成社会主义市场经济理论扫清了障碍。不久，党的十四大确定，把社会主义市场经济体制作为经济体制改革的目标模式。这是社会主义经济理论的又一次重大突破，是对马克思主义经济学的重大发展。此后，社会主义市场经济理论围绕社会主义市场经济体制的建立和完善而不断充实和发展。

所有制理论的重大突破。经济理论界对所有制理论的探索贯穿于经济体制改革的全过程。首先是重新确立了生产力标准，否定把"一大二公"作为判断所有制先进与否的标准，为所有制问题研究清除了思想障碍。其后，理论界在所有制问题上的认识不断深化，主要在三个方面取得了重大突破：一是在所有制结构方面，突破了社会主义只能是单一公有制的传统观念，提出要发展多种经济成分，发展非国有经济特别是非公有制经济。党的十五大报告确定公有制为主体、多种所有制经济共同发展是我国社会主义初级阶段的基本经济制度，非公有制经济是社会主义市场经济的重要组成部分。这是对传统社会主义所有制理论的重大突破，是对马克思主义所有制理论的重要发展。二是在公有制的含义和实现形式方面，突破了公有制只有国家所有制和集体所有制两种形式以及公有制的实现形式只是国有企业和集体经济组织的传统观念，提出公有制可以有多种形式；同时公有制与公有制实现形式也应区别开来，股份制应成为公有制的主要实现形式。三是在国有经济的地位和作用方面，突破了主要从国有经济的数量比重上去考虑国有经济主导作用的传统观念，主张应主要从国有经济的控制力与质量上去考虑国有经济的主导作用，认为国有经济应主要控制关系国民经济命脉的重要产业和关键领域，在此基础上提出从战略上调整国有经济布局。此外，所有制问题研究还深入到微观企业财产组织形式层面，先是提出了所有权和经营权"两权分离"的理论，之后又深入研究了国有企业产权制度改革和国有资产管理体制改革问题，为党关于国有企业改革的重要部署特别是建立现代企业制度和现代产权制度进行了必要的理论准备。

分配理论的重大突破。分配理论的突破性进展主要反映在由否定按要素分配到确认按劳分配与生产要素按贡献参与分配相结合。改革开放后，理论界再次掀起了关于按劳分配的大讨论，特别是集中讨论了商品经济条件下能否实现按劳分配和按劳分配的特点等问题。党的十三大报告提出了"以按劳分配为主体，其他分配方式为补充"的分配原则。此后，理论界将研究的焦点转向从理论上阐明以按劳分配为主的多种分配形式，特别是研究了非劳动要素参与收入分配的问题。随着社会主义市场经济体制的建立，市场经济中通行的按生产要素分配的主张得到越来越多的认同。党的十四届三中全会通过的《关于建立社会主义市场经济体制若干问题的决定》，确立了"以按劳分配为主体、多种分配方式并存"的分配制度，明确提出允许属于个人的资本等生产要素参与收益分配。十五大报告进一步提出允许和鼓励资本、技术等生产要素参与收益分配，同时提出把按劳分配和按生产要素分配结合起来。十六大报告确立了劳动、资本、技术和管理等生产要素按贡献参与分配的原则。这是社会主义分配理论的重大突破，它打破了长期以来将按生产要素分配与按劳分配对立起来的观点，对生产要素参与收入分配给予了肯定。此外，经济学界对公平与效率关系的认识不断深化，为党确立不同阶段的分配原则提供了重要的理论支持。

发展、稳定、开放问题研究的重要进展

30 年来，经济学界对发展、稳定、开放等问题进行了深入研究，取得了重要进展。

发展问题研究的重要进展。发展转型同体制转轨都是我国面临的历史性任务。围绕发展问题，30 年来经济理论界主要研究了三个问题：一是为什么发展的问题。党的十一届三中全会作出了党和国家工作中心转移的重大战略部署，强调以经济建设为中心，不断解放和发展生产力。这主要是基于对社会主义本质的认识和对社会主义发展阶段的把握，以及对社会主要矛盾的判断。经济学研究为此提供了重要理论支撑。二是什么是发展的问题。最初，发展理论研究主要关注经济总量的增长，把发展等同于经济增长，但实践中"无发展的增长"却表明发展与增长之间存在巨大差异。随着社会利益格局的深刻变动，随着人口、资源、环境压力的增大，随着伦理原则逐步被纳入发展的视野，越来越多的学者开始关注社会结构与社会问题，关注代际协调问题，关注人的自由发展、人的能力提高和人的潜力发挥问题。这样，由以物为中心到以人为中心，由单一经济发展向包括经济发展、社会发展、人与自然关系协调发展以及人自身全面发展在内的"四位一体"发展拓展，关于发展内涵的认识不断深化。三是如何发展的问题。首先是关于工业化和城镇化的研究。经济理论界注重从国际发展理论和各国发展实践中寻找工业化和城镇化的一般规律，研究产业结构高度化进程，研究劳动力转移和人口集聚过程，探索从二元经济结构向

现代经济结构转变的路径。其次是关于经济发展方式转变的研究。这是与发展理念的转变相呼应的。在这方面，理论界论证了从"又快又好"到"又好又快"的转变，研究了经济发展方式如何由粗放向集约、由不平衡向平衡、由不可持续向可持续转变，特别是经济增长如何由主要靠生产要素（包括自然资源）的大规模投入转向依靠经济结构和资源配置的优化，以及技术创新和人力资本的积累。经过长期探索，我们党提出了科学发展观。

稳定问题研究的重要进展。保持稳定包括经济稳定，是改革和发展顺利推进的保证。30年来，经济理论界围绕宏观经济稳定问题进行了大量探索，突出反映在两个问题的研究上。一是通货膨胀和通货紧缩问题。上世纪80年代中后期和90年代初期的两次经济过热，都曾使宏观经济失衡，通货膨胀形势严峻，影响了经济稳定。90年代后期，又出现了通货紧缩趋势。经济理论界围绕通货膨胀和通货紧缩的定义、类型、成因、测度及其与经济增长的关系等问题进行了深入研究，取得较大进展。二是经济周期波动问题。社会主义经济周期问题曾长期是一个理论禁区，而现实经济的波浪式发展又迫切需要经济理论界作出阐释。改革开放后，一批中青年理论工作者在这个领域进行了研究探索，在经济周期的含义、社会主义经济周期的性质、中国经济周期的特点、成因和机理，以及如何应对经济周期等方面，形成了一批有影响、有价值的成果。此外，关于完善宏观调控体系特别是财政政策和货币政策问题的研究，也取得了重要进展。

开放问题研究的重要进展。对外开放是与经济体制改革紧密相联的。随着开放实践的发展，对外开放理论研究不断拓展和深化。改革开放初期，经济理论界摆脱闭关自守思想的束缚，从理论上论证发展对外经济关系的必要性和必然性，在对外贸易和引进外资的理论基础等方面开展了富有成效的研究。之后，经济学界将关注的焦点从要不要开放转向如何开放，相应开展了开放战略的研究，如对外贸易发展战略、利用外资战略、区域开放战略等，形成了一些有影响的研究成果。随着对外开放广度和深度的拓展，研究的焦点进一步转向如何提高对外开放的质量方面。20世纪90年代以来，如何认识和应对经济全球化趋势，既充分利用国内国际两个市场和两种资源，又注意维护国家经济安全，防范和化解境外金融危机对国内的冲击和影响，成为新的研究课题，在资本项目开放、服务贸易自由化、汇率制度选择等方面提出了许多有价值的见解。我国加入世界贸易组织后，进一步融入经济全球化进程，我国经济和世界经济的相互联系越来越紧密，相互影响也越来越深，全球经济中的"中国因素"受到越来越多的关注。在此背景下，内外平衡和国际政策协调等问题开始进入研究者的视野，并取得一些阶段性研究成果。

原载《人民日报》，2008 年 5 月 13 日第 7 版

1995～2005年中国工业化水平评价与分析

中国社会科学院经济学部课题组[*]

经过20多年的快速工业化进程后，我国离实现工业化或者说经济现代化还有多远？中国的哪些地区会率先实现工业化？落后地区和先进地区的工业化进程差距到底有多大？我国在"九五"和"十五"期间分别是以怎样的速度推进工业化？中国工业化取得了怎样的经验？本文试图回答这些问题。

一、工业化水平的评价标准与方法

工业化理论认为，工业化标准主要是人均收入的增长和经济结构的转换，工业化主要表现为：（1）一般来说，国民收入中工业活动所占比例逐步提高，乃至占主导地位；（2）制造业内部的产业结构逐步升级，技术含量不断提高；（3）在二次产业部门就业的劳动人口比例也有增加的趋势；（4）城市这一工业发展的主要载体的数量不断增加，规模不断扩大，城市化率不断提高；（5）在上述指标增长的同时，整个人口的人均收入不断增加。基于此，有关一个国家和地区的工业化水平可以从经济发展水平、产业结构、工业结构、空间结构等多方面来衡量。针对我国实际情况，根据代表性原则、可行性原则、可比性原则，我们选择了人均GDP，一、二、三产业产值比，制造业增加值占总商品增加值比重，人口城市化率，一、二、三产业就业比五个指标来衡量我国地区工业化进程，各个指标的阶段划分标准如表1所示。

根据上述衡量工业化水平的指标体系和相应的标志值，我们选用加权合成法来构造计算反映一国或者地区工业化水平和进程的综合指数，再用多元统计方法中的主成分分析法对结果进行检验。为了准确反映工业化各个阶段的特征，选择阶段阈值法进行指标的无量纲化。最终可以计算出一个国家或者地区的工业化水平综合指数。通过国家或者地区工业化综合指数的计算，可以判断

* 课题负责人：陈佳贵；课题组成员：黄群慧、钟宏武、王延中、王钦、余菁、赵卫星；本文执笔：黄群慧。

表 1　工业化水平评价指标与标准

基本指标		工业化实现阶段				
		前工业化阶段（1）	工业化初期（2）	工业化中期（3）	工业化后期（4）	后工业化阶段（5）
1. 人均 GDP（经济发展水平）	1995 年美元	610~1220	1220~2430	2430~4870	4870~9120	9120 以上
	2000 年美元	660~1320	1320~2640	2640~5280	5280~9910	9910 以上
	2005 年美元	745~1490	1490~2980	2980~5960	5960~11170	11170 以上
2. 三次产业产值结构（产业结构）		A>I	A>20%，且 A<I	A<20%，I>S	A<10%，I>S	A<10%，I<S
3. 制造业增加值占总商品增加值比重（工业结构）		20% 以下	20%~40%	40%~50%	50%~60%	60% 以上
4. 人口城市化率（空间结构）		30% 以下	30%~50%	50%~60%	60%~75%	75% 以上
5. 第一产业就业人员占比（就业结构）		60% 以上	45%~60%	30%~45%	10%~30%	10% 以下

国家和各个地区所处的工业化阶段。我们用"一"表示前工业化阶段（综合指数为 0），"二"表示工业化初期（综合指数值大于 0 小于 33），"三"表示工业化中期（综合指数值为大于等于 33，小于 66），"四"表示工业化后期（综合指数值为大于等于 66，小于等于 99），"五"表示后工业化阶段（综合指数值为大于等于 100）；"（Ⅰ）"表示前半阶段（综合指数值未超过该阶段的中间值），"（Ⅱ）"表示后半阶段（综合指数值超过该阶段中间值）；"二（Ⅰ）"就表示该地区处于工业化初期的前半阶段。

二、中国工业化水平的评价结果

根据上述方法，对中国的整体及其各个区域的工业化水平进行综合评价。到 2005 年，中国全国、四大经济板块、七大经济区域和 31 个省级区域的工业化综合水平、所处阶段如表 2 所示，括号中的数字为相应的工业化综合指数。

表 2　中国各地区工业化阶段的比较（2005 年）

阶段 \ 区域	全国	四大经济板块	七大经济区域	31 个省市区
后工业化阶段（五）				上海（100）、北京（100）
工业化后期（四）　后半阶段			长三角（85）珠三角（80）	天津（96）、广东（83）
工业化后期（四）　前半阶段		东部（78）	环渤海（70）	浙江（79）、江苏（78）、山东（66）

续表

阶段\区域		全国	四大经济板块	七大经济区域	31 个省市区
工业化中期（三）	后半阶段	全国（50）			辽宁（63）、福建（56）
	前半阶段		东北（45）	东北（45）	山西（45）、吉林（39）、内蒙古（39）、湖北（38）、河北（38）、黑龙江（37）、宁夏（34）、重庆（34）
工业化初期（二）	后半阶段		中部（30）西部（25）	中部六省（30）大西北（26）大西南（24）	陕西（30）、青海（30）、湖南（28）、河南（28）、新疆（26）、安徽（26）、江西（26）、四川（25）、甘肃（21）、云南（21）、广西（19）、海南（17）
	前半阶段				贵州（13）
前工业化阶段（一）					西藏（0）

从全国看，到 2005 年，中国的工业化水平综合指数达到 50，这表明中国刚刚进入工业化中期的后半阶段。如果将整个工业化进程按照工业化初期、中期和后期三个阶段划分，并将每个时期划分为前半阶段和后半阶段，那么中国的工业化进程地区已经过半。1995 年中国工业化水平综合指数为 18，表明中国还处于工业化初期，但已经进入初期的后半阶段，到 2000 年，中国的工业化水平综合指数达到了 26，这表明 1995～2000 年的整个"九五"期间，中国处于工业化初期的后半阶段。到 2005 年，中国的工业化水平综合指数是 50，这意味工业化进程进入中期阶段。也就是说，"十五"期间，中国工业化进入了高速增长阶段，工业化水平综合指数年均增长接近 5。我们单独的计算表明，在 2002 年，中国的工业化进入中期阶段，工业化综合指数达到了 33，如果认为从工业化初期步入工业化中期，具有一定的转折意义的话，那么，"十五"期间的 2002 年是我国工业化进程的转折之年。从静态计算，如果在未来中国能够保持"十五"期间我国工业化水平综合指数的年均增长速度 4～5，到 2015～2018 年，再经过 10～13 年的加速工业化进程，我国工业化水平的综合指数将达到 100，中国工业化将基本实现，这与我们到 2020 年长期的现代化战略目标要求是相符合的。即使按照"九五"和"十五"整个 10 年间我国工业化水平综合指数的年均增长速度 3.2 推算，到 2021 年，我国的工业化水平综合指数也将达到 100，中国将实现工业化。

　　从板块和经济区域看，到 2005 年东部的工业化水平综合指数已经达到了 78，进入工业化后期的前半阶段，东北地区工业化水平综合指数为 45，进入工业化中期前半阶段，而中部和西部的工业化水平指数为 30 和 25，还处于工业化初期的后半阶段。长三角地区和珠三角地区都已经进入工业化后期的后半阶段，领先于全国水平整个一个时期，环渤海地区也进入工业化的后期阶段。我们的评价分析，清楚地量化标明了各个区域板块的工业化水平差异。

　　从省级区域看，到 2005 年，上海和北京已经实现了工业化，进入后工业化社会。天津和广东则进入工业化后期的后半阶段，而浙江、江苏和山东都进入到工业化后期的前半阶段。这 7 个地区都属于工业化水平先进地区，都高于全国的工业化水平。而辽宁和福建两个地区则与全国处于相同的工业化阶段，同处于工业化中期的后半阶段。山西、吉林、内蒙古、湖北、河北、黑龙江、宁夏、重庆 8 个地区虽然也处于工业化中期，但只处于工业化中期的前半阶段，低于全国工业化总体水平。陕西、青海、湖南、河南、新疆、安徽、江西、四川、甘肃、云南、广西、海南 12 个地区还处于工业化初期的后半阶段，比全国水平落后一个时期。贵州还处于工业化初期的前半阶段，刚刚踏上工业化进程，而西藏还处于前工业化阶段，还没有开始其工业化进程。

　　总体上看，到 2005 年，全国有 2 个地区城市进入后工业化阶段，其经济总量占全国 8.3%、人口占全国 2.6%、土地面积占全国 0.2%，也就是说我国已经有 2.6% 的人口实现了工业化；天津等 5 省市处于工业化后期，其经济总量约占全国 40%、人口约占全国 25%、土地面积约占全国 4.7%。这意味着我国大约有 25% 的人口已经步入工业化后期；辽宁等 10 个省市处于工业化中期，其经济总量占全国 27%、人口占全国 28%、土地面积占全国 13.5%，我国大体上有 28% 的人口处于工业化中期；陕西等 13 个省市区处于工业化前期，经济总量占全国 25%、人口占全国 44%、土地面积占全国 68%，这意味着我国将近一半的人口还处于工业化的初期阶段；西藏仍处于前工业化阶段。

　　可以说，从地区工业化进程看，到 2005 年这一个时间截面，我国大陆版图内包括了工业化进程的所有阶段，地区工业化进程的落差巨大，不仅有处于后工业化阶段的上海、北京，还有处于前工业化阶段的西藏。如果在一年内人们有机会从西部到东部游历中国各个地区，就可以体验到往往需要上百年时间演进的整个工业化历程。

三、中国工业化进程的特征分析

　　我们分别计算了 1995 年、2000 年和 2005 年三个年度的中国全国及各个区域的工业化水平。通过比较这三个年度的我国工业化水平的变化，我们可以动态地分析"九五"和"十五"这十年间中国工业化进程的特征。

第一，1995～2005年的这10年间，中国全国和绝大部分地区都处于快速工业化时期，相对于"九五"期间，"十五"期间则是大幅度的加速工业化时期。东部地区的工业化速度依然远远大于其他地区，中国地区之间工业化进程的差距继续加大。广东是"九五"以及1995～2005年这10年间工业化速度最快的地区，而山东、江苏并列成为"十五"期间工业化速度最快的地区，江苏则是"十五"比"九五"工业化加速趋势最明显的地区。

1995～2005年，中国整体工业化水平综合指数持续提高，年均提高3.2，整体处于快速工业化阶段，"十五"期间工业化水平综合指数年均增长要高于"九五"期间工业化水平综合指数的年均增长，相对"九五"期间，"十五"是加速的工业化期间。虽然各地区增长速度有快有慢，但四大经济板块和绝大部分省市区的工业化综合指数都在持续提高。如果将各地区"十五"期间工业化水平综合指数年均增长与"九五"期间工业化水平综合指数年均增长相比较，也可以看出四大经济板块和绝大部分省市区（湖北省和黑龙江省除外）的工业化综合指数在"十五"期间都在加速提高，这说明这10年我国绝大多数地区都在加速工业化。但是，各地区工业化进程的加速度不同。在四大经济板块中，工业化速度最快的依次是东部地区、中部地区、西部地区和东北地区，但"十五"期间比"九五"期间的工业化加速趋势，西部地区要比中部地区明显。七大经济区域中，1995～2005年，工业化速度排序依次是珠三角、环渤海、长三角、中部六省、大西北、东北三省、大西南，"十五"期间比"九五"期间的工业化加速趋势，环渤海地区最为强劲，其次是珠三角地区，大西北和大西南地区分列第3、4位，而东北三省位居最后。在"十五"期间东部地区的先进省份继续加速领跑，而一些西部和中部省份开始发力追赶。

应该指出的是，上述我国工业化速度分析表明一个重要的问题，即整个"九五"和"十五"期间，虽然落后地区的工业化进程也在快速推进，但总体上仍低于先进地区的工业化推进速度，先进地区与落后地区、东部地区与中西部地区的工业化水平的差距不是在缩小，而是在进一步扩大。1995年工业化排名前10位的省市区的工业化水平综合指数平均值为44.5，排名后10位的省市区的工业化水平综合指数平均值为2.9，相差41.6点，而到2005年，排名前10位的省市区的工业化水平综合指数平均值提高到76.6，排名后10位的省市区的工业化水平综合指数提高到19.4，二者差距进一步扩大到57.2。这说明地区经济发展水平的差距缩小是一个漫长的过程。

第二，在整个中国快速工业化进程中，各个地区都在向着工业化高级阶段发展，由于各个地区工业化起点和发展速度不同，使得处于不同工业化时期的地区数量发生不断的变化，1995 年到 2005 年这 10 年间，处于工业化不同阶段的中国各地区的数量分布形状从倒扣的碟形向金字塔型、继而向橄榄型分布不断演进。1995 年，30 个省市区中，24 个处于工业化前期，3 个处于工业化中期，只有 3 个地区攀升到了工业化后期，处于工业化不同阶段的中国各地区的数量分布形状类似于倒扣的碟形。到 2000 年，处于工业化初期的地区数量减少 1 个，处于工业化中期阶段的地区变为 5 个，后期阶段的地区变为 2 个，后工业化阶段的地区变为 1 个，整体上呈一个金字塔状。到 2005 年，中国工业化进程的地区结构演变为典型的橄榄型，工业化初期的地区减少到 12 个，处于工业化中后期的地区分别为 10 个和 5 个，这构成了橄榄型的中部，有 2 个城市进入后工业化阶段，1 个地区仍在前工业化阶段，这分别构成了橄榄型的两个尖部。从长远发展趋势看，伴随着工业化进程的推进，更多的地区实现了工业化，整体形状向倒金字塔型演进。

第三，1995～2005 年，中国工业化进程的推进主要得益于工业结构的优化升级。从具体的"九五"时期和"十五"时期来看，在"九五"时期，三次产业结构的升级是推动中国工业化进程的最主要因素，"十五"期间，工业结构升级代替产业结构调整成为我国及其绝大部分地区工业化推进的主要动力。这在一定程度上反映了"十五"期间中国的经济增长开始从以工业数量扩张为主逐步转向以工业质量提高为主。

第四，中国的工业化进程长期和普遍表现出工业化与人均收入水平、城市化、就业结构相背离的结构特点，这与中国的独特的国情和工业化战略有关。改革开放前的片面工业化，在完全农业化的社会里根植了庞大的重工业体系，使绝大部分地区的工业化进程都呈现出工业化与人均收入、城市化和就业结构相背离等结构性问题，这些结构问题在工业化指数上的体现就是人均收入、城市化率、就业结构等分指标的得分与综合得分之间的偏离。改革开放以来，结构失调问题得到了很大程度的解决，但同时也产生了新的问题。我们通过构造偏离系数计算表明，1995 年，全国的人均 GDP 和城市化率滞后于工业化进程，城市化率远远滞后于工业化的发展，偏离最为严重。而产业产值比则远远超越全国的工业化进程，工业结构和产业就业两个指标与工业化指数最为接近。2005 年，人均 GDP 指标和城市化率指标偏离程度继续缩小，三次产业产值比例指标的偏离程度大幅度地缩小，而工业结构指标偏离程度大幅度地反方向扩大，三次产业就业指标偏离度继续扩大。总体上看，虽然城市化率仍然滞后于工业化进程，但偏离度在不断缩小，而产业产值比虽然仍高于工业化综合得分，但 2000 年以后偏离度在大幅度缩小；人均 GDP 已基本与工业化同步。工业结构领先于工业化进程的程度在不断加大，而产业就业结构落后于工业化进程的程度也在不断加大。

四、改革开放以来中国工业化的基本经验

虽然工业化进程有着其共同的规律，但是每个国家和地区在推进其工业化进程时都有着其特殊的国情背景。改革开放以来的中国工业化进程的国情背景主要体现在三个方面：一是以具有一定工业基础、人口众多、但人均收入很低的农业国为经济背景；二是以大量的农业人口、典型"二元结构"为社会背景；三是以从长期的封闭的计划体制、采取"渐进式"战略转向开放的市场体制为制度背景。从经济背景看，虽然改革开放之初中国是一个人均收入很低的后进国，但由于计划体制下重工业优先的发展战略而奠定了一定的工业基础，决定了我国改革开放以来工业化进程具有很好的起点，而人口众多又提供了巨大的国内市场；从社会背景看，虽然大量的农业人口加大了工业化的难度，但又为工业化提供了"无限供给"的低成本劳动力；从制度背景看，"渐进式"改革战略为我国提供了一个和平稳定的发展环境，对外开放为工业化提供了获得国外先进生产要素（技术、资金等）、利用后发优势的机会，市场体制的逐步建立不断改善我国的经济激励机制。一定的工业基础、巨大的国内市场、"无限供给"的低成本劳动力、后发优势等，构成了中国工业竞争和推进工业化的"要素组合优势"。但这种"要素组合优势"并不必然导致成功的工业化进程。改革开放以来中国成功的、快速的工业化进程有赖于实施能够充分发挥这些"要素组合优势"的工业化战略。归结起来，改革开放以来我国的工业化战略的核心内涵可以概括为以下四个方面，这也构成了我国工业化的四方面经验。

1. 建设和谐稳定的发展环境，保持工业化进程的连续性

工业化进程不仅仅是一个经济发展过程，它还是一个由于经济发展而引起社会政治文化变革的过程，同样社会政治文化的变革又会影响经济的发展，影响工业化的进程。因此，社会政治环境的稳定是工业化进程持续推进的基本要求，是经济发展可以持续的根本性前提条件之一，没有稳定的社会政治环境，

就没有经济的持续稳定增长，就没有工业化的实现。新中国成立以后，我国一度曾由于"文化大革命"改革而使得我国的工业化进程中断，但改革开放以来，虽然也遇到了这样那样的危机，我国始终坚持"稳定压倒一切"，努力构建和谐稳定的发展环境，保证我国工业化进程连续性不受影响。经过二十余年连续的、高速的工业化，终于使我国进入到工业化中期阶段。因此，构建和谐稳定的发展环境，保证工业化进程的连续性，既是我国历史的教训，更是我国改革开放以来的宝贵经验。工业化进程的中断，可以有战争和政治危机等各种复杂的原因，但从工业化进程本身看，随着工业化进程的推进，尤其是到了工业化中期阶段以后，会产生各种新的社会经济矛盾，如社会分配不公、贫富差距过大、经济增长方式需要转变、环境和资源制约等，这些矛盾如果不很好地处理，可能会引起各种社会经济政治冲突，进一步可能导致各类危机。从这个角度看，中国在进入工业化中期以后，提出科学发展观和建设和谐社会，强调社会经济的协调可持续发展，无疑也是基于这条宝贵的经验提出的正确的现代化战略。

2. 遵循产业结构的演进规律，促进工业化进程的高级化

改革开放以来，不仅三次产业结构得到优化升级，第一产业产值比从1978年的27.9%下降到2005年的12.6%，第三产业产值比从1978年的24.2%上升到39.9%，而且扭转了由于长期计划经济体制下的"重工业优先战略"而造成的工业结构失衡，工业结构高加工度化趋势日益明显。这种产业结构高级化进程，是遵循产业结构演进规律、结合自己的国情制定和实施科学的工业化战略的必然结果。进入21世纪后，我国经济国情已经从农业大国转向工业大国，但仍不是工业强国，存在经济增长方式过于粗放的问题。根据这种国情，遵循产业结构演进规律，2002年又提出了新型工业化战略，指明了进一步优化产业结构的方向。新型工业化是中国进入工业化中期阶段以后进一步推进工业化进程、实现在新的形势下产业结构升级任务的一种战略。新型工业化战略并不是要违背原有的产业结构演进规律，而是要尽量避免传统工业化道路下伴随着工业发展而产生的资源浪费、环境污染等问题，在此基础上推进我国产业结构的高级化。从产业结构的演进趋势分析，我国现在进入了重化工时代，重化工业的大发展不仅是工业化进展到一定阶段的必然，而且对于我国这样一个工业经济大国，发展重化工业具有重要的战略意义，是大国战略的重要支撑。但是，我们提出新型工业化战略，并不意味着重化工业因为具有资本有机构成较高、投资需求大、能源消耗大等特征而不易发展，而是提出我国发

展重化工业必须走符合中国国情的新型工业化道路，强调集约式、高效益的重化工业发展路径，依靠信息技术、节能技术以及环保技术等领域的创新，能够最大限度地缓解重化工业发展与资源环境之间的矛盾，使重化工业也能够以最小的资源和环境代价实现自身的快速发展。

3. 坚持"内外双源"发展，构建全面的工业化动力机制

一个国家的工业化模式可以划分为"内源性工业化"和"外源性工业化"，前者主要是依靠国家内部经济增长要素（企业家才能、自主技术和自由资金积累等）来推动的工业化，而后者是依靠国外要素供给来推动的工业化。一般认为，如英国这样原发的工业化属于"内源性工业化"模式，而拉美国家一般属于"外源性工业化"。我国的改革开放政策，实际上为我国工业化进程提供了"内外兼具"、全面的动力机制。一方面，通过市场化改革的制度创新，培育了国内丰富、强大的动力源。这具体表现在市场化改革逐渐松开了传统计划体制对各种资源、要素、组织力量的束缚，激活了它们在旧体制下长期被压抑与控制的能量，不仅充分释放非国有系统的资源、要素，而且全面调动传统国有系统本身的存量资源和原有的组织制度资源。这经历自 1978 年起第一轮农村改革对农村的各种资源及其能量的释放，1984 年以后城市改革对国有系统的资源及其能量的释放，以及 1992 年以后国有系统之外的各类资源、要素、组织力量及其能量的释放，最终形成了国有、个体、私营等各种国内经济成分共同促进经济发展的格局。另一方面，通过对外开放，从设立特区到开放沿海 14 个城市，再到加入 WTO，在我国市场对外开放的同时，也逐渐吸引大量的外资，引进了大量的先进技术和管理知识，同时也利用了国外的市场资源，实现了大量的出口，这极大地促进了我国经济增长和工业化进程。可以说，中国的工业化进程之所以能够如此快速地推进，主要是因为中国通过改革开放、制度创新培育出了"内外双源"的巨大动力机制。如果说，改革开放以来，我国主要是利用国外的资金和技术来推进我国的工业化进程，那么，进入工业化中期阶段以后，我国更强调自主创新，强调我国企业的核心竞争力，全面利用世界资源，包括技术、资金、市场、能源和原料等，通过"内外双源"发展，促进我国产业结构升级，进一步推进我国的工业化进程。

4. 尊重地方发展经济的创造性，探索正确的区域工业化模式

伴随着经济体制改革的深入，我国各地方经济发展的积极性和创造性被调动起来，各个地区结合自己的具体情况，创造出许多不同的经济发展模式。我国曾产生了一些具有鲜明地区特点和时代特征的经济发展模式，其中非常典型

的有三种：一是"珠江三角洲模式"，二是"苏南模式"，三是"温州模式"。这三种模式被认为是不同的经济体制改革模式：珠江三角洲模式是以发展外向经济为主的改革模式，苏南模式是以发展乡镇集体所有经济为主的改革模式，温州模式是以民营经济发展为主的改革模式。同时，这三种模式也被认为是不同的区域工业化模式，即珠江三角洲模式是外资驱动为主的工业化模式，苏南模式是乡镇集体所有资本驱动为主的工业化模式，温州模式则是民营资本驱动为主的工业化模式。进入 20 世纪 90 年代中期以来，随着苏南地区实施"三外（外资、外贸、外经）齐上、以外养内"的战略，苏南的工业化模式开始向珠江三角洲模式转化，发展成为所谓的"新苏南模式"。应该说，这三种工业化模式在启动条件、发动主体、资本形成方面都是不同的，但都促进了当地的工业化进程，成为工业化水平较高的工业化地区，进而对全国的工业化进程起到了巨大的带动作用。我国地域广阔，各地的资源禀赋、经济条件、文化习惯等差异性较大，允许地方发挥创造性，积极探索适合本地区的区域工业化模式，是我国工业化成功的一个重要经验。而科学发展观的提出，又为各地区探索自己的工业化模式提供了新的指导思想。

原载《中国社会科学院院报》2007 年 10 月 10 日

《新华文摘》2008 年第 1 期全文转载

2007～2008 年中国经济形势分析与预测

中国社会科学院经济学部课题组[*]

2007 年，党中央、国务院根据宏观经济运行中存在和新出现的突出矛盾及可能影响经济社会发展全局的重大问题，继续加强和完善宏观调控，实现了经济快速增长，企业利润提高，财政收入增加，居民收入提高，从总体看，国民经济和社会发展形势保持了良好势态。但是自第二季度以来，经济增长由偏快转向过热的趋势进一步明显，必须引起高度重视。2007 年 10 月中旬党的十七大胜利召开，2008 年将是贯彻落实十七大精神的头一年，保持宏观经济的持续稳定健康发展应该是建立社会主义和谐社会的重要任务之一。

本报告将在模型模拟与实证分析相结合的基础上，预测和分析 2007 年和 2008 年我国经济的发展趋势和面临的问题。

一、主要国民经济指标预测

据预测，2007 年我国国民经济增长速度将超过上年水平，GDP 增长率将达到 11.6% 左右。如果 2008 年国际经济政治环境不发生有重大影响的突发事件，国内不出现大范围的严重自然灾害和其他重大问题，在宏观调控措施的影响下，GDP 增长率将有所回落，可以保持在接近 11% 的水平上。农业生产 2007 年和 2008 年将继续保持近年来的良好势头，第一产业增加值增长率分别是 4.6% 和 5%。2007 年，第二产业增加值的增长速度将超过前两年，达到 13.5%，2008 年工业增长将略有减缓，但仍将达到 12.2% 的较高水平。这两年中重工业增长快于轻工业增长的趋势仍将持续，轻重工业增加值增长率的差距将维持在一个百分点以上。第三产业在 2007 年和 2008 年的增长速度将继续保持在 10% 左右的水平上，与第二产业增长的差距仍较明显，这两年中第三

---

[*] 课题顾问：刘国光、王洛林、李京文；课题总负责：陈佳贵；执行负责人：刘树成、汪同三；本文执笔：汪同三、沈利生、万东华。

产业增加值增长率将分别为 10.7% 和 10.4%，增长较为稳定，且略有加快。

全社会固定资产投资在 2007 年和 2008 年将继续高速增长，两年现价总量分别约为 138000 亿元和 171370 亿元，实际增长率将分别保持在 21.6% 和 20.0% 左右，名义增长率将分别保持在 25.6% 和 24.2% 左右。与前两年相比，2008 年全社会固定资产投资增长可能略有减慢，但是投资增长仍然明显高于经济增长速度和消费增长速度，抑制投资增长速度过快仍然应该是宏观调控的一项重要的任务。值得高度注意的是，连续多年存在的投资增长明显大幅度高于 GDP 增长的状况使得当年全社会固定资产投资占 GDP 的比例持续攀升，预计 2007 年我国全社会固定资产投资占 GDP 的比例将超过 56%，2008 年将可能进一步超过 60%，我们必须采取有效措施控制这一比例继续上升。

2007 年以猪肉价格为导火索，居民消费价格出现了始料未及的较大幅度上涨。由于各种价格上涨因素的影响，2007 年和 2008 年居民消费价格和商品零售价格上升幅度都将明显比前几年高。据预测，2007 年和 2008 年居民消费价格将分别上涨 4.5% 和 4%；商品零售价格分别上涨 3.8% 和 3.5%。控制价格过快上涨是这两年宏观调控的重头任务。

由于宏观经济保持平稳快速增长，"以人为本"的观念更加深入人心，城镇居民和农村居民收入都将继续保持较快增长，2007 年和 2008 年城镇居民可支配收入将分别增长 12.5% 和 10.9% 左右，高于前两年的增长水平。2007 年党中央、国务院继续采取了一系列重大措施努力提高农民收入水平，农村居民收入得以实现继续增长。预计 2007 年和 2008 年农民人均纯收入的增长率将分别到达 8.5% 和 8.0% 左右，增长水平比前两年进一步有所提高。我们需要继续努力改变农民人均纯收入增长速度仍将低于城镇居民人均可支配收入增长速度的局面。

自 2005 年以来，宏观经济运行中出现的一个可喜现象，是消费的增长速度有了明显提高，消费需求增长均保持在 12% 以上，出现了消费增长逐步加快的好形势。预计 2007 年的社会消费品零售额将达到 89000 亿元，2008 年将超过 10 万亿元大关，达到 103400 亿元，2007 年和 2008 年实际增长率分别为 12.2% 和 12.3% 左右，名义增长率分别为 16.5% 和 16.2% 左右。消费继续保持较稳定的增长，成为拉动宏观经济增长的主要因素之一。

近年来，我国外贸顺差和外汇储备持续高速增长。这种外贸高增长、高顺差的"双高"局面在 2007 年和 2008 年将继续下去。预计 2007 年的进口和出口的增长速度都将分别达到 20.3% 和 25.1% 左右的水平，全年外贸顺差将超过上年，达到 2600 亿美元左右的创纪录水平；2008 年受人民币升值和出口退税政策调整等因素的影响，进口速度有所上升，出口增长速度将有所减缓，但是外贸顺差将继续有所上升，进口和出口的增长速度将分别为 22.9% 和 20.5% 左右，顺差有可能超过 2900 亿美元。

总的来看，我国目前宏观经济形势基本稳定，国民经济在 2007 年和 2008 年两年中仍将继续保持较快的增长，GDP 增长率将保持在较高水平上。但是我们必须密切注视近一段时期以来在宏观经济运行中新出现的各种复杂的不利因素，特别要关注居民消费价格的明显上涨对保持经济平稳运行所可能带来的影响，审时度势，继续努力做好宏观调控工作，抓住有利时机，积极化解消极因素，力争在深化改革和加强经济结构调整的同时，保持国民经济的适度快速、稳定协调的健康增长。

表 1　2007 年和 2008 年主要国民经济指标预测结果

类　　别	2007 年	2008 年
1. 总量及产业指标		
GDP 增长率（%）	11.6	10.9
第一产业增加值增长率（%）	4.6	5.0
第二产业增加值增长率（%）	13.5	12.2
其中：重工业（%）	15.0	13.6
轻工业（%）	12.1	10.5
第三产业增加值增长率（%）	10.7	10.4
其中：交通运输邮电业（%）	10.5	9.8
商业服务业（%）	11.1	10.7
2. 全社会固定资产投资		
总投资规模（亿元）	138000	171370
名义增长率（%）	25.6	24.2
实际增长率（%）	21.6	20.0
投资率（%）	56.6	61.3
3. 价格		
商品零售价格指数上涨率（%）	3.8	3.5
居民消费价格指数上涨率（%）	4.5	4.0
投资品价格指数上涨率（%）	3.3	3.5
GDP 平减指数（%）	3.7	3.5
4. 居民收入与消费		
城镇居民实际人均可支配收入增长率（%）	12.0	10.9
农村居民实际人均纯收入增长率（%）	8.5	8.0
城镇居民消费实际增长率（%）	12.1	12.0
农村居民消费实际增长率（%）	5.3	5.0
政府消费实际增长率（%）	10.0	10.3

续表

类　别	2007 年	2008 年
5. 消费品市场		
社会消费品零售总额（亿元）	89000	103400
名义增长率（%）	16.5	16.2
实际增长率（%）	12.2	12.3
6. 财政		
财政收入（亿元）	48780	60250
增长率（%）	25.9	23.5
财政支出（亿元）	50180	61630
增长率（%）	24.8	22.8
财政赤字（亿元）	1400	1380
7. 金融		
居民存款余额（亿元）	178622	197340
增长率（%）	10.5	10.5
新增贷款（亿元）	36748	41318
贷款余额（亿元）	262095	303413
贷款余额增长率（%）	16.3	15.8
8. 对外贸易		
进口总额（亿美元）	9520	11700
增长率（%）	20.3	22.9
出口总额（亿美元）	12120	14610
增长率（%）	25.1	20.5
外贸顺差（亿美元）	2600	2910

二、宏观经济形势分析

从 2007 年前三个季度的统计数字来看，2007 年我国经济保持了快速增长的强劲势头，社会生产力水平提高较快；农业生产稳定增长，夏粮连续四年增产；企业利润增长，经济效益较好，财政收入增加；城乡居民收入进一步提高，商品市场活跃，国内外需求比较旺盛；经过坚持不懈的努力，节能减排取得一定进展。应该说经济发展总体形势还是比较好的。但是宏观经济总体由偏快转向过热的趋势进一步加剧，过热问题表现得更加明显。近几年一直存在的几个问题依然存在，有的缓解不大，有的更趋严重。

第一，经济增长速度过快。自2003年以来，我国GDP增长速度一直保持在10%以上，而且呈逐年上升的趋势，2007年增长速度将创新高。经济增长速度长期保持如此高的速度不仅给经济结构调整、资源能源的合理开采和利用，以及环境保护工作都带来许多困难，而且会加剧宏观经济由偏快转向过热的态势。第二，近年来全社会固定资产投资增幅虽然有所减缓，但是与经济增长和消费增长相比，投资增长速度仍然过快，且最近出现了反弹趋势。2007年1~8月的城镇固定资产投资增速为26.7%，超过了上半年的25.9%近一个百分点，比上年高出约3个百分点。投资反弹将是经济出现过热的主要驱动力。第三，贸易顺差过大。自2004年以来我国对外贸易高速增长，外贸顺差越来越大。2007年8月份外贸顺差近250亿美元，比上年同期增长85%，为有记录以来的月度次高水平。预计2007年顺差可能达到2600亿美元左右，2008年仍然可能继续扩大。外贸顺差的急剧增加，不仅使我国贸易摩擦大量增加，加剧了流动性过剩，增加了人民币的升值压力，而且反映内需相对不足，造成资源环境趋紧，不利于经济结构调整，加大了经济运行的风险。第四，货币供应偏大，信贷投放过多。2007年7月、8月两个月的货币供给M2增幅均在18%以上，前8个月人民币各项贷款同比多增5438亿元，总计新增3.08万亿元，已经超过了年初确定的全年新增量不超过3万亿元的上限。如此数量的信贷投放无疑不利于控制宏观经济趋向过热的局面。

在上述这些已经存在了若干年的问题尚未得到有效解决的同时，2007年以来又出现了新的问题，即通货膨胀压力增加，以及伴随而来的资产价格加速攀升。能否及时有效地解决这个问题，化解通货膨胀压力和抑制资产价格的过快上升，是保持未来几年宏观经济稳定和可持续增长的关键。

三、努力化解通货膨胀压力

自2007年年初以来，居民消费价格持续走高。至8月底CPI已经累计上升3.9%，8月当月同比上升6.5%，大大超过了年初预期上升3%左右的水平。CPI的较高上涨已经成为宏观经济趋向过热的明显信号，这一问题需要引起密切关注。虽然目前CPI上涨主要是由于猪肉价格大幅度上涨直接引起带动食品价格上涨，从而带动消费价格整体水平的明显上涨，但是在其背后隐含的通货膨胀压力不容忽视。在过去一段时期内积累的价格上涨因素和近期新出现的价格上涨因素已经形成了可能造成总体价格水平明显上涨的压力。

第一，存在成本推动的通货膨胀压力。自进入21世纪以来，我国上游产品的价格上涨幅度一直明显高于下游产品价格上涨幅度。由于各种原因，上游产品价格向下游产品价格的传导一直受到阻碍。但是当环境发生变化时，特别是上游产品价格上涨累积到一定程度时，这种传导必然会发生的，形成成本推动型的通货膨胀压力。7 月份虽然一些上游产品价格上涨较 CPI 低了一些，但是值得关注的企业商品价格上涨幅度仍然高于 CPI，同时目前上游产品价格又出现了上升趋势。特别需要关注的是随着生产资料价格的上涨，农业生产成本大幅上升，导致粮食成本上升。据统计，近五年来尿素、农用柴油、农膜的价格分别上升了 26.6%、64.4% 和 60%，粮食每亩的生产成本上升了 23.9%。因此我们仍需要密切关注上游产品价格的变化，防止由于成本推动造成价格全面上涨。形成成本推动通货膨胀压力的另一个因素是，当前存在的劳动力成本上升，2007 年上半年城镇单位职工平均工资同比增长 18.6%。有资料显示，在过去 15 年中我国工资水平的上升在全世界是最快的。

第二，存在需求拉动的通货膨胀压力。由于各种比较复杂的原因，我国宏观经济运行中存在的流动性过剩的问题一直得不到缓解。2007 年第二季度以来 M1 和 M2 的增长速度都在逐步加快。相对过多的货币供给必然是可能产生需求拉动型通货膨胀的直接原因。此外，2007 年上半年出现了一个新情况，城镇居民和农村居民的收入增长速度双双提高。城镇居民人均可支配收入增长速度已经高于经济增长，农村居民的人均纯收入增长速度也接近了经济增长。居民收入增长速度的提高是一件好事，长期以来我国居民收入增长低于经济增长的状况必须通过居民收入增长速度的加快来改变。但是在当前 CPI 涨幅加速的时候，居民收入增长速度超过经济增长速度，也同时会成为形成需求拉动型通货膨胀的因素。

第三，经济增长速度过高形成价格上涨压力。自 2003 年以来，我国 GDP 增长速度一直高居 10% 以上，而且呈逐年加快的趋势。这种宏观经济的高速增长主要是通过工业的高速增长，通过投资的高速增长实现的。在经济高速增长的同时，某些经济结构问题趋于恶化，特别是投资与消费的比例结构和三次产业结构中长期存在的问题不仅没有得到改善，而且愈趋严重。在这样的状态下，过高的经济增长和过快的投资增长会成为出现通货膨胀的动因。我国在 1988～1989 年、1993～1994 年曾经出现的经济过热，就是由于投资的过快增长导致了高通货膨胀的出现。这些教训是值得汲取的。特别需要引起重视的是，目前宏观经济高速增长，国内外市场需求旺盛，财政收入高速增加，企业效益向好，加之党的十七大的召开，以及奥运会因素，各方面的投资意愿和冲动将会更加强烈，会对价格上涨形成更大的压力。

第四，节能减排目标任务的实现会在一定时期内造成成本价格的上升。我国"十一五"规划中规定，到 2010 年单位国内生产总值能耗下降 20%，主要污染物排放减少 10%。这是十分重要的两个目标任务，对于构建社会主义和谐社会具有重要的意义。但是这又是两个十分艰巨的任务，必须付出巨大的努力。2006 年这两项工作的完成情况不理想，今后一段时期内必须加大工作力度。为了实现这两个目标，必须在一定时期内增加投入，必然形成生产成本的上升，进而在初始阶段形成价格上升的压力。

第五，国际市场某些主要商品价格上涨会对我国国内市场价格产生影响。近期，世界市场上在石油、谷物等重要商品价格呈上涨趋势的同时，美国次级债问题爆发，使得国际经济环境中的不确定、不稳定因素进一步增强。这些因素，特别是某些重要商品的价格上涨趋势，可能会在不同程度上对我国国内市场价格水平产生影响。

上面提到的五个通货膨胀压力因素已经存在，在过去的一段时期中积累起来，它们的影响必然会以某种方式程度不同地表现出来。此外，2008 年奥运会也会增加我国国内的消费需求，促使消费价格上升。因此在未来的一段时期内，消费价格，乃至总体价格水平都可能比本世纪初的前几年高。

还应该注意到目前存在的两个虽然不直接造成价格上涨，但是可能使价格上涨影响放大的因素：一是个别经营者和利益集团的不正当行为，扰乱市场秩序，推波助澜，串通涨价，合谋涨价，乘机乱涨价。对这样的行为必须及时制止，严厉打击。二是宏观调控政策措施，特别是货币政策出台的及时性问题。为了抑制宏观经济由偏快转向过热，中国人民银行出台了一系列货币政策措施，对保持经济的稳定运行起到了重要作用。但是在措施出台的及时性方面还需要进一步加强和完善。总体来看，以前历次措施的出台基本是事后反应式的后调控，这样做不能充分发挥货币政策的作用。我们应该准确把握宏观经济运行的变动趋势，尽量将货币政策措施的出台时机掌握成事前预防式的预调控，减少被动性，增强主动性，更好地发挥货币政策的宏观调控作用。

根据改革开放以来我国物价水平波动的经验来看，CPI 维持在 3% 左右的变动属于正常的波动，4% 以上至 5% 左右为温和的上涨，6% ~ 10% 为较严重的上涨，而 10% 以上则为恶性通货膨胀了。当然，粮食价格适度上升有利于增加农民收入，特别是种粮农民的收入；轻度通货膨胀有利于减弱流动性过剩的影响，缓解人民币升值压力。但是在目前条件下，我们必须充分重视居民消费价格上涨问题。CPI 直接与人民群众生活相关，CPI 上涨幅度过大会直接影响大多数群众，特别是中低收入者和困难家庭的日常生活。当社会上居民收入分配状况处于比较公平的状态时，大多数人对价格变动的感觉和接受程度比较类似，居民对价格上涨的承受能力差别不大。但是当居民收入分配状况差距较大的时候，人们对价格变动的感觉和接受程度就会有较大差异。由于不同收入阶层对价格上涨的承受能力差别大，因而价格上涨的总体影响相对更大，民众反应相对更强烈，更容易引起社会问题。目前虽然年度 CPI 上涨尚属温和，但是反映我国居民收入分配状况的基尼系数已经突破了 0.4 这一分界线，因此 CPI 过大幅度的变动更需要引起我们的警觉。

重要的是要密切关注 2008 年的价格变动趋势，做好 2008 年的物价工作。可以说，目前在 CPI 的较高上涨中，猪肉价格的上涨只是导火索。由于上述通货膨胀因素的存在，应该说我国现在已经进入了价格上升阶段。在价格上升阶段的初期，价格上涨往往是从一些特殊或薄弱环节开始的，而不是普遍的上涨。因此今后即使猪肉的价格平稳了，通货膨胀也可能找到其他的表现途径。总的来看，2007 年 CPI 上涨幅度可以控制在温和水平。对于 2008 年可能出现的价格上涨，我们应该未雨绸缪，及时采取强有力的必要措施，防止出现严重的通货膨胀。2008 年应该把保持物价的稳定作为宏观调控的核心任务之一，以实现宏观经济总体的稳定增长。只要宏观调控措施及时到位，CPI 上涨幅度仍会控制在温和上升的范围之内。

四、充分重视资产价格问题

除了 CPI 之外，当前我国证券和房地产等资产市场价格也在高位上持续攀升。特别是部分城市房地产价格上涨过快、过高，已经严重地影响到居民住房，影响到人民群众的切身利益。2007 年，全国 70 个大中城市房屋销售价格自 6 月份同比上涨 7.1%，7 月份同比上涨 7.5% 后，8 月份再创新高，同比上涨达 8.2%。在证券市场方面，依据上市公司 2007 年上半年的年报数据推算，剔除长期停牌的股票，目前 1243 只 A 股的加权动态市盈率为 40.71 倍。剔除 2007 年中期净利润为负的股票，1127 只股票中，只有 261 只股票的市盈率低于平均水平，仅占 23.16%，其余近八成的股票市盈率水平均高于 40.71 倍。当然不可否认，证券市场价格和房地产市场价格上升有正面因素的作用：居民越来越适应市场经济环境，投资意识增强，是证券市场价格上升的因素之一；居民收入增加，生活水平提高，改善居住条件的意愿增强，是房地产市场价格上升的因素之一。但是 2006 年以来证券和房地产这两个重要资产市场上价格涨幅双双大幅走高，表明泡沫成分在加大，值得高度重视。

世界各国现代经济发展的历史经验教训证明，面对商品劳务价格上涨和资产价格上涨，政府或货币当局宏观调控的效果往往是不同的。他们虽然在控制商品劳务方面的通货膨胀能够取得较好的成效，但是对于资产价格的膨胀却基本上良策难觅，特别是在资产价格明显偏离实体经济膨胀时往往显得束手无策。这主要是因为，商品劳务价格与其他如 GDP 那样的主要宏观经济指标是测度当年经济活动程度的流量指标，而资产则是反映已经存在的社会财富的存量指标。商品劳务价格主要由市场供求关系决定，客观性较强；而资产价格的决定除了资产现状因素之外，还取决于未来贴现率因素，即人们对其未来价值的预期，带有相当程度的主观性。因而如果可以对资产价格进行调控的话，其难度也必然远远大于对商品劳务价格的调控。

虽然商品劳务价格与资产价格分别属于消费和投资这两种性质不同的范畴，但是二者之间又存在着相互作用的关系。是既有交换功能又有贮藏功能的货币将二者联系了起来。当商品劳务价格与资产价格不一致或相背离时，实际上是消费与投资、消费与储蓄结构失调的表现。当前我国资产价格上涨明显较 CPI 上涨幅度高的原因主要有以下几个方面：第一，我国目前的宏观经济中通货膨胀压力与被掩盖的产能过剩并存，同时价格上涨具有结构性特点，尚未形成普遍性的全面上涨。在这样的环境中，资金趋向于流向短期供给弹性较小，长期保值性较好的房地产市场。第二，我国目前由于多方面因素造成的流动性过剩问题短期内难以有效解决，货币供给充沛，同时又在较长时期内维持低利率、负利率，出于资产保值增值的需要，人们也会倾向于将资金投向证券和房地产市场。第三，在财政税收方面，由于中央和地方分税比例与事权划分的不对称，土地转让收入成为了地方政府的主要收入来源，使得地方政府的行为由以前更重视发展企业转变为更重视土地开发，搞城市化，从而推高了土地和房地产价格。第四，一些部门、单位违法违纪在资本市场上进行非法炒作，牟取暴利，人为抬高了价格。第五，国际热钱以各种手段流入中国，进入资产市场，伺机牟利。

对于货币政策是否应该调控资产价格，在理论界尚存在不同意见。实际上，货币政策对 CPI 的调控，必然也会以某种方式影响到资产价格。因此，若资产价格变化主要是因为资产组合调整或实际经济中其他非货币因素变化所引起的，货币政策就应该起到保障资产价格调整能够在一个稳定的经济环境中进行；若资产价格波动主要是因为流动性和信贷膨胀所引起的，这时资产价格上涨会对通货膨胀推波助澜，货币政策就应该进行及时调整。当前，抑制资产价格过高上涨是抑制通货膨胀压力的重要内容。抑制资产价格过高上涨应该做好以下几方面工作：第一，加强政策透明度，稳定人们对未来的预期；第二，努力缓解流动性过剩，改变负利率状态；第三，加强对各类资产市场的监管，严厉打击违法违规行为；第四，加大廉租房供给力度，保障低收入家庭住房；第五，加强人民币防火墙措施，阻止国际热钱非法流入。

五、政策建议

1. 把过快的经济增长速度特别是投资增长速度降下来

在连续数年宏观经济高位运行并趋于过热的情况下，2008 年宏观调控的复杂性进一步增强，难度进一步加大。2008 年必须下决心坚决把经济增长速度适度回调，重点是防止投资反弹，继续减缓全社会固定资产投资增长速度。为了把过高的增长速度和投资增长降下来，必须深化改革，进一步加强和完善宏观调控，提高宏观调控的有效性。各级政府应该认真落实科学发展观，努力构建社会主义和谐社会，把提高经济发展质量和效益真正放在首位，扭转盲目追求 GDP 的倾向。同时要注意宏观调控的力度和方向，防止出现经济运行的大起大落，保持国民经济的持续稳定快速增长。

2. 把缓解通货膨胀压力、稳定物价水平作为宏观调控的首要任务

2008 年，应把控制消费品价格和资产价格的过快上涨，缓解通货膨胀压力，稳定物价水平，作为宏观调控的首要任务。货币政策应进一步执行稳中从紧的方针，提高货币政策的预见性、科学性和有效性，进一步控制信贷规模，改变负利率状态，加强利率、汇率等政策的协调配合，保持人民币汇率在合理、均衡水平上的基本稳定。同时注意提高利率可能对中小企业流动资金需求、商业银行坏账率，以及普通居民购房贷款负担带来的影响。财政政策应加强对结构调整和社会发展事业的支持力度，同时减少各级财政对基本建设项目的支持力度，各级财政要进一步加强对农业的投入，切实落实各项支农惠农政策；建立价格调节基金、专项补贴基金，完善对农产品提供者、低收入困难群体和在校大学生的补贴政策，做好社会的稳定工作。要努力加大中低价位住房的供给，保证有足够数量的新建住房投入市场，切实为有需要的群众提供足够的经济适用房和廉租房，遏制房价过快上涨。要大力发展资本市场，加强资本市场基础性制度建设，完善市场结构和运行机制，防止资产价格泡沫的膨胀。

3. 把坚持和提高节能减排标准作为宏观调控的第三个闸门

自 2003 年开始的此次宏观调控把控制信贷规模和控制土地供给作为宏观调控的两个闸门，取得了重要的成效。在当前宏观调控面临更加复杂的局面和更加艰巨任务的时候，需要把坚持和提高节能减排标准作为实现宏观调控目标的第三个闸门。在过去的几年中，针对"十一五"规划中要求的节能减排目标完成难度大的问题，我们强化了节能减排标准，加大了落实节能减排工作的力度，取得了积极效果。在今后的工作中应该认真总结经验，把坚持和提高节能减排标准作为一项最重要的工作来抓。这样做可以一箭双雕，既可以降低过快的增长速度，又可以促进科学发展观的落实，为长期社会经济的可持续发展创造更有利的条件。

2007 年党的十七大的胜利举行，是我们进一步加强和完善宏观调控的根本保证。在十七大精神指导鼓舞下，我们一定能够做好 2008 年社会经济发展工作，取得建设社会主义和谐社会的新成绩。

原载《2008 年中国经济形势分析与预测》，
社会科学文献出版社，2007 年 12 月

学 部 委 员

人口素质左右可持续发展的进程

田雪原

　　迄今为止，可持续发展战略主要涉及人口、资源、环境、经济发展和社会发展五个领域。这五者在可持续发展中处于怎样的位置，彼此之间是什么关系？笔者概括为：资源是可持续发展的起点和条件，包括可持续发展在内的一切发展，都可归结为资源的物质变换，自然资源与社会资源相结合的物质变换；人口是可持续发展的关键，只有人类参与并且按照人的目的进行的物质变换，才称得上我们所说的发展和可持续发展；环境是可持续发展的终点和目标，可持续发展归根结底是为了创造有利于人的全面发展的自然环境和社会环境；经济发展和社会发展是可持续发展的推进器和调节器，通过经济增长方式的转变和社会发展方式的整合，促使人口转变、资源变换方式转变和环境质量的改变，左右可持续发展的进程。

　　1. 可持续发展战略的实施，在越来越大的程度上取决于人口素质的高低

　　人口是可持续发展的关键，然而任何总体人口又可分为数量、素质、结构三个基本的方面。结合我国实际，在生育率经历了 30 多年的持续下降、人口年龄结构步入老年型以后，虽然控制人口数量增长仍是今后二三十年的一项重要任务，但是人口素质和结构方面的问题相继浮出水面，并且变得越来越突出。因此，可持续发展不仅要关注人口的数量变动，而且要在越来越大的程度上关注人口的素质和结构的变动。就人口素质与可持续发展而言，目前还没有引起足够的重视，许多可持续发展研究没有涉及，有的虽然有所涉及也是一带而过。笔者以为，人口素质实是可持续发展不可或缺的要素，一个基本的重要方面。

　　据科学家考证，地球的球龄有 47 亿年的历史，地球上有生物也已经过 23 亿年，最早的人类出现在距今 480 万年以前。按照经济时代不是依据生产什么，而是依据怎样生产、用什么样的工具进行生产的标准划分，可将人类 480 万年的历史粗略地分为手工工具时代、机器工具时代、智力工具时代三个基本

的时代。与这三个经济时代相对应的，是农业及农业以前诸社会形态、传统的工业社会和现代社会。在不同经济社会时代，自然资本、产出资本（生产资本）、人力资本、社会资本扮演的角色和所起的作用不同：以手工工具为主导的农业社会，发展主要依靠自然资本，以农业见长的文明古国埃及、中国、希腊、印度等，大都具有土地肥沃、气候温和、雨量充沛、灌溉方便等自然条件；18 世纪中叶产业革命发生后英国、法国、西班牙、美国、日本等的相继崛起，占尽了产出资本优势，创造了工业文明取代农业文明的历史；第二次世界大战后，以微电子技术为前导的新技术革命，当前又发展到以生命科学为主导学科的更新的技术革命，将人力资本提升到前所未有过的高度，成为决定当代发展的决定性力量。人力资本是什么？是人的知识、技能、经验和健康具有的价值，其内涵是人的身体、教育、文明素质。在当代，发展的竞争归根到底取决于人力资本的竞争，取决于人口素质。谁人口素质高、人力资本雄厚，谁就占据先机，谁就会走在发展的前列；谁人口素质低、人力资本积聚不够，谁就会丧失发展的机遇，跟不上时代前进的步伐。不仅如此，可持续发展要求人们要有现代发展意识，要有先进的科学知识和技术能力，要有高效能的社会调控机制和管理制度，因而对人口素质提出了更高的要求。实践表明，可持续发展战略的实施，在越来越大的程度上取决于人口素质的高低。

2. 人口文明素质反映出社会进步的状态和程度

关于人口素质，学术界有身体素质、教育素质、思想素质或政治素质、道德素质"三分法"，与仅包括前二项"二分法"的不同观点。笔者赞同"三分法"，但不赞同将后者归之为政治思想、道德素质。素质要有具体可度量、可比较的指标。思想、政治、道德更主要体现在观念上，难以量化；笔者提出，可用文明素质概括。人口文明素质，指一个国家、地区人口反映出的该国家、地区社会进步的状态和程度。它包括该总体人口具有的道德水准、法治观念、文化素养等，但它是通过社会进步文明程度表现出来的，因而是可以度量的。譬如，社会成员仁爱之心、助人为乐文明程度怎样，可以通过捐助、义卖、亲情关怀等形式表现出来；遵守公德、环保意识文明程度怎样，可以通过排队候车、是否随意乱丢废弃物等表现出来；社会是否和谐、法治观念怎样，可以通过社会犯罪率、恶性案件发生率等的变动表现出来等。提出人口文明素质，在我国人均 GDP 接近 2000 美元的新的历史发展时期非常重要。它不仅反映了一个方面的人口素质本质，而且对构建社会主义和谐社会和全面建设小康社会，有着不可替代的现实意义。

3. 提高人口身体素质的三点建议

提高人口素质，身体素质是基础。半个多世纪特别是改革开放以来，我国人口身体素质有了巨大的提高：婴儿死亡率由20世纪40年代接近150‰，下降到目前的28‰左右；出生时的预期寿命由20世纪40年代农村35岁、城市40岁左右，提高到目前的73岁左右。其他如出生缺陷发生率、孕产妇死亡率等，也大大降低。然而我国人口身体素质还不够高。按照联合国开发计划署公布的2006年人文发展指数，发达国家婴儿死亡率在7‰左右，我国要高出21个千分点；出生时的预期寿命发达国家达到78.8岁，比我国高出6岁左右；至于出生缺陷发生率、孕产妇死亡率、疾病预防和控制、农村卫生保健等，差距要更大一些。预计我国婴儿死亡率2010年可下降到15‰、2020年下降到10‰左右；预期寿命2010年可提高到75岁、2020年提高到78岁左右。为此，提出三点建议：

第一，加强人口健康科学研究，加快科研成果产业化进程。加强生殖健康理论与应用技术研究，发展安全、高效、适宜的避孕节育新技术和新方法；加强出生缺陷干预研究，实施出生缺陷干预工程，降低出生缺陷发生率；加强影响出生人口素质的生物、遗传、环境、不良生活方式等的研究，通过科学宣传和建立健全必要的社会机制，达到优生目的；加强重大疾病生物医学研究，提高重大疾病早期预测、发现、诊治水平，建立重大疾病高效、快速检测分析和治疗系统等。加强人口健康科学研究是基础，要想使科研成果发挥作用和收到实效，关键在加快科研成果的产业化进程，并在临床实践中予以应用。

第二，加大公共卫生投入，建立覆盖城乡的卫生保障体系。改革开放以来，我国经济获得高速增长，公共卫生事业也获得较大发展，但是无论发展的速度还是发展的规模，后者都不能同前者同日而语，相对要慢得多、小得多。更主要的是卫生总费用中政府支出部分所占比例大幅度下降，个人支出部分所占比例大幅度上升，形成被广大民众称之为"新三座大山"之一的看病贵、看病难问题。为此，必须加大政府投入，逐步建立起城乡全覆盖医疗保障制度。"十一五"发展规划和全面建设小康社会发展目标，已经注意到了这一点，需要脚踏实地地认真推进。

第三，适应人口再生产类型转变，把握疾病防治重点的转移。提高人口身体素质，离不开总体人口的变动与发展，特别是人口再生产类型的转变。我国用较短时间完成由年轻型向成年型、成年型向老年型的转变，并将以比较快的速度达到老龄化比较高的水平。随着这种转变而来的，是疾病谱的变动，如支气管肺癌、肝癌、乳腺癌、脑血管病、冠心病、糖尿病等老年慢性病死亡率呈上升趋势，这6种老年慢性病死亡人数占到总死亡人数的35.8%。此外，高血压、高血脂、高血糖发病率普遍上升，老年性疾病构成疾病谱的主旋律。

4. 由人口和人力资源大国向人力资本强国的转变，关键在人口教育素质的提高

提高人口素质，教育素质是关键。中国发展的希望，在于由人口和人力资源大国向人力资本强国的转变，关键在人口教育素质的提高。知识是前人实践经验的总结，人力资本的提升离不开教育；如今科技进步一日千里，要使科学技术为更多的人所掌握，使国家站在发展前沿，也只有通过教育来实现。改革开放以来人口教育素质的提高引人注目，以相当于平均所受教育年限的人口教育指数变动为例，全国由1982年的4.2提高到1990年的5.2，2000年的6.8，2005年的7.5。尽管如此，也仅相当于世界平均水平，距发达国家有很大差距，甚至不及某些发展中国家。世界后进国家追赶先进国家的历史表明，后进国人均GDP达到先进国的40%时，人均所受教育年限应达到先进国的70%左右；后进国人均GDP相当于先进国的80%时，人均受教育年限应达到先进国的水平。也就是说，后进国追赶先进国要从教育追赶做起。2005年广东省人口教育指数为7.9，略高于全国水平；然而广东省GDP总量位居全国之首，足见包括广东省在内，提高人口教育素质任务之急迫。按照规划，"十一五"基本普及初中教育，人均受教育年限达到9年左右；2020年基本普及高中教育，人均受教育年限达到11～12年，是可能的和比较现实的。提出几点建议：

首先，要树立人才强国、教育先行理念。如果人口素质特别是教育素质能够得到较快提高，人口和人力资源丰富的优势就会变得很明显，对可持续发展的作用就会持续地显现出来。实现现代化科技是关键，基础在教育。"十年树木，百年树人"，坚持教育先行是谋求可持续发展的人才保证。

其次，要增加教育投资，调动各方面办学的积极性。改革开放以来，国家实施科教兴国战略，财政性教育投资不断增长，促进了教育事业的发展，尤其是高等教育事业的发展。但是国家财政性教育投资占GDP的比例，却没有得到有效的提升，长期徘徊在2%～3%之间，近一二年来才突破3%，预计"十一五"达到4%。而目前美国、法国等发达国家财政性教育经费占到GDP的5%～6%，泰国、印度等发展中国家占到4%～5%，以色列、马来西亚等对教育情有独钟占到7%以上。一个时期以来，主张把教育"推向市场"颇有影响，对此，笔者以为要做具体分析。我国同许多国家一样，教育分为义务教育与非义务教育两种。义务教育不能简单"推向市场"，政府要承担起对居民教育的义务。从本质上说，教育属公共事业，始终具有一定的社会再分配的福利性质，不以营利为主要目的，不能完全套用商业运营模式。当然非义务教育要借用市场机制，使社会所有教育投资者都能得到相应的补偿，以调动社会各方面投资办教育的积极性；与此同时，捐赠、赞助教育事业，则一贯被视为社会的一大善事，历经各种朝代而不衰。因此，我们在强调政府要加大教育投入的同时，还要动员社会各界力量办学，为科教兴国和人才强国贡献力量。

最后，调整教育结构，提高人口技能和经验素质。目前我国教育结构不尽合理。突出的表现是高等教育急速发展，高校数量和大学生人数增长过快，而职业中学教育发展缓慢，甚至出现停滞和萎缩。这种情况已经影响到人口的素质结构和劳动就业结构。中等职业教育滞后，国民经济发展需要的技能型、经验型人才得不到满足，具有一定技术水平的熟练劳动者缺乏，势必影响到劳动力的市场供给，出现结构性劳动力短缺。一个时期以来，珠三角、长三角、京津冀等部分经济发达地区，曾经出现过招不到足够的熟练技术工人的局面，致使该劳动工资率抬得很高，甚至高过当地专业技术人员水平。任何国家的经济技术结构都是立体的，既要有高新技术及其产业的带头作用，又要有大批的中间实用技术，还要有部分比较落后的技术，组成资金密集、技术密集、劳动密集相结合的综合技术和产业结构。我国人口和劳动力资源丰富，这个立体式的经济技术结构是基本的框架；只是在现代化建设中，高科技及其产业发展更快一些。我国由人口和人力资源大国向人力资本强国转变，不仅要大力发展高等教育，提高全民族的科学文化水平；还要着力发展中等职业教育，提高劳动者的技术水平、实际操作能力和增加经验积累。提高人的技能和经验，同样是提升人力资本不可或缺的方面，实现可持续发展的重要方面。

5. 提高人口文明素质需从娃娃开始

提高人口素质，文明素质德育为先。所谓人口文明素质，主要包括核心价值观念，即一个国家在一定历史时期提出的统领其他社会价值、占据主导地位并被绝大多数居民认可的价值观念；良好的道德规范，正确地对待公民的权利与义务、参与与奉献。从代际关系解读可持续发展，是既满足当代人需求又不对后代人需求能力构成危害的发展，需要建立起吸取传统道德精华并符合现代发展的先进道德规范；明确的法制意识，要使公民进一步树立在法律面前一律平等，公民的权利和自由受法律保护，以及维护和监督司法公正、廉洁的责任感。提高人口文明素质需从娃娃开始，坚持德育为先原则，培养有理想、爱祖国、爱人民、尊老爱幼、诚信友爱的一代新人。

原载《市长参考》，2007 年第 8 期

站在人民大众立场，播撒学者正义良知

——纪念马寅初《新人口论》发表50周年暨诞辰125周年

田雪原

纪念马寅初先生《新人口论》发表50周年暨诞辰125周年，学习马老的品格和治学精神，最重要的，我以为在于学习他坚定地站在人民大众立场，以一个学者的名义，播撒人间正义良知。

重提新形势下的立场问题

立场问题客观存在。我们在观察思考问题和做出各种决断的时候，不管你是否意识到，总是存在站在什么样立场的问题。然而，由于一个时期以来，特别是"文革"十年是非颠倒，立场被到处滥用，不管大事小事，动辄就扣上政治立场大帽子，使立场问题泛化，导致人们对乱扣立场帽子的做法十分反感。粉碎"四人帮"后，在拨乱反正过程中立场泛化得到纠正，恶劣影响得到清除，这是完全必要和正确的。然而也产生另一方面的影响，即立场问题似乎不能提及，甚至是否存在立场问题本身都要打上一个问号，从而使这个问题变得模糊起来。如果说这样的认识在改革开放前期和中期还不紧要的话，因为那时大家在同一条起跑线上，社会阶层分化刚刚开始，矛盾也不明显；那么随着改革开放的深入、社会经济的发展和收入差距的拉大，社会阶层分化的加剧，重大政策的出台代表哪些人的利益，站在人民大众多数人立场还是站在部分少数人立场的问题，就突出出来了。

按照社会学理论，社会人口阶层结构可以粗略地分为金字塔型和橄榄型，亦称正三角型和菱型两种。金字塔型结构，表现为人均占有财富与阶层人口所占比例成反比，人均占有财富越多，该阶层人口比例越小；人均占有财富越少，该阶层人口比例越大。橄榄型结构，表现为人均占有财富很高阶层人口所占比例较小，人均占有财富中等水平阶层人口所占比例最大，人均占有财富很低水平阶层人口所占比例较小，形成两头小、中间大的造型。在当代，发达国家普遍达到橄榄型社会人口阶层结构，发展中国家大都为金字塔型社会人口阶层结构。然而近年来，无论哪种类型社会人口阶层结构，都发生了程度不等的贫富差距扩大、分化加剧的趋向。据芬兰联合大学世界发展经济研究所等的调查，全球50%的财产控制在约占人口2%的最富有的人手中；最贫穷人口中的半数，仅拥有全球1%的财产。美国占人口10%的最富有者拥有70%左右的财产，法国和英国低一些，但也在50%以上。联合国发布的一些报告和经济学家的分析显示，工业化国家的工人感到工作更加不稳定，发展中国家熟练工人和非熟练工人之间的工资差距拉得很大，贫富不均变得更为严重。本来橄榄型属于比较稳定的社会人口阶层结构，但是近年来也出现贫富差距扩大的情况。如美国自20世纪80年代以来财富向"橄榄"顶端聚集的速度加快了，致使占人口1%的收入最高阶层的财富占有率，由80年代的8%提升到目前的16%左右。英国政府制定了引人瞩目的儿童脱贫计划，然而由于受到失业率较高等因素的影响，该项计划举步维艰，使2010～2011年将贫困儿童数量比1998～1999年减少50%的计划难以实现。又如日本，目前收入较低的非正式劳动力占总劳动力的比例上升到30%以上，使基尼系数大幅度上升①。

主要存在于发展中国家的金字塔型社会人口阶层结构，在社会经济较快发展中处于不稳定状态本属正常；而主要存在于发达国家橄榄型社会人口阶层结构，为什么近年来也动荡起来了呢？对此，经济、社会、人口以及自然科学家做出见仁见智的多种诠释。我以为，除了政府主要关注经济发展、削弱了国民收入再分配调节等政策因素和利益导向外，最主要的是发生了三件有影响的大事：一是发生了以微电子技术为前导的新技术革命。包括计算机化、通讯现代化、网络技术现代化"3C"（Computer，Communication，Control）技术，以及交换和传输的数字化、通讯和网络管理服务"融合"（Convergence）的"4C"技术突飞猛进的发展，信息产业原子裂变般的膨胀，造就了比尔·盖茨（Bill Gates）以500多亿美元12次蝉联世界首富，一批IT产业大亨闪亮登场，巨额财富由钢铁、汽车、石油等大王转移到他们手中，使信息产业集中了越来越多的财富。二是发生了经济全球化和产业结构转移。经济全球化加速国际一体化市场的形成，目前全球500强跨国公司销售额占到世界工业生产50%以上，贸

① 资料来源：原载［英］《经济学家》，第8482期，2006.17.23。参见《社会科学报》2006.8.31。

易额 50% ～60%。众所周知，市场总是向着资本雄厚的一方倾斜，市场非但不能改变财富分配不均，相反它会加速财富不均的分化和聚集过程。三是发生并且正在加速推进的人口老龄化。人口年龄结构老龄化是出生率下降、预期寿命延长的必然结果，是人口变动和发展的必然趋势。然而 20 世纪后期发达国家老龄化速度之快和达到的水平之高，是许多人始料不及的。1950～2050 年的世界、发达国家、发展中国家人口老龄化回顾和未来发展趋势，如图 1 所示①。

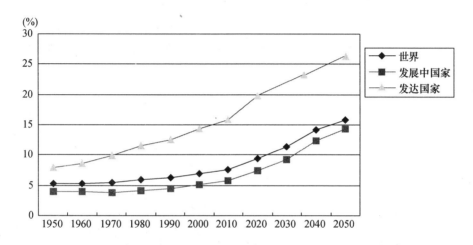

图1　1950～2050 年世界 65 岁以上老年人口比例变动

图 1 表明，20 世纪后期发达国家老龄化呈加速推进走势，从而给某些国家社会阶层结构变动带来不容忽视的影响。如严重老龄化的日本和大量老年劳动就业的存在，"非正式"劳动力比例的迅速上升和与中产阶层差距的扩大，导致橄榄型社会人口阶层结构底部呈反弹式扩张，收入差距扩大的趋势也变得明显起来。

我国社会人口阶层结构基本上属于金字塔型，少数地区为从金字塔型向橄榄型过渡类型。改革初期，主要解决计划经济条件下平均主义、干与不干一个样方面的问题，强调效率优先、兼顾公平是完全正确的。经过二三十年的发展，社会主义市场经济体制基本上建立起来，总体上平均主义退出了历史舞台，效率优先受到重视并且发挥了明显的拉动作用，GDP 年平均增长率达到 9.7%，取得的成绩是必须充分肯定的。然而事物总是有它的两面性，取得成

---

① 资料来源：U. N.：World Population Prospects The 2004 Revision, New York, 2005.

绩是要付出代价和成本的，社会公平的削弱和人口阶层分化的加剧，就是其中之一。由于社会人口阶层结构处于金字塔型或由金字塔型向橄榄型过渡类型，本身即有相当大的不稳定性，因而一定程度的收入差距扩大在所难免。现在的问题是，这种差距扩大到了何种程度，有没有超出"在所难免"范畴。相关统计资料显示，不仅这种差距扩大到超出"难免"的界限，而且超越了国际社会公认的"警戒线"。以城乡人均收入为例，改革开放前期农村人均纯收入与城镇人均可支配收入之比呈基本稳定状态，初期还有所缩小：由1978年的1.0：2.6，缩小到1989年的1.0：2.2，1997年回升到1.0：2.5；世纪之交差距扩大加速，2005年扩大到1.0：3.2①。考虑到城市各种灰色收入所占比例颇大，实际上可能在1.0：5.0～1.0：6.0之间，在世界各国中位居高差距国家行列。参见图2。

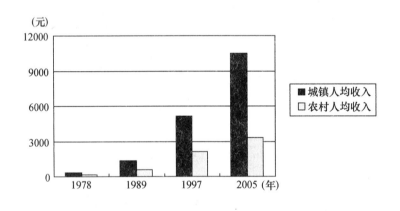

图2　1978～2005年城乡人均收入比较

地区之间、行业之间的收入差距也相类似。20世纪80年代西部、中部、东部人均收入之比始终保持在1.0：1.2：1.9左右，进入90年代逐步拉开，1995年变动到1.0：1.2：2.3，目前已达1.0：1.4：3.0左右。社会最高行业与最低行业职工工资水平之差，由世纪之交相差4倍左右，提升至目前的8倍左右。综合反映居民收入差距的基尼系数变动，据世界银行和我国一些研究机构专家估计，大致从1982年的0.30左右，提升到世纪之交的0.4左右，目前在0.47左右。占总体人口5%的最高收入人口阶层，约占总收入的20%；占总体人口10%的最高收入阶层；约占社会总收入的1/3左右。如按10等分分组，

---

①　资料来源：《中国统计年鉴2006》，中国统计出版社，2006年。

10% 最高收入阶层人口的平均收入，是 10% 最低收入阶层人口平均收入的 11 倍，并呈继续扩大趋势，早已越过 0.4 最高 "警戒线"①。从总体上观察，我国已由改革开放前平均主义盛行的国家，过渡到贫富差距显著拉大的社会。特别值得提出的是，当前这种差距拉大的趋势还在继续，人口数量较少的高收入阶层占有的财富比例还在上升，人口数量较多的低收入阶层占有的财富比例在不断下降，资源和财富向少数富有人口阶层集中的程度提升了，速度也加快了。这是我们构建社会主义和谐社会必须面对的事实，贫富阶层在向着不同方向分化并形成不同人口阶层群体的事实。我们出主意、想办法、制定各项方针政策，都必须面对这一事实，审慎地考虑站在哪些人立场的问题。

人口问题立场分析实例

以人口研究而论，不仅理论上存在立场问题，而且立场问题就在我们身边，伴随着研究工作的始终。举几个实证研究的例子：

例一，变农民为市民。自 20 世纪 80 年代出现农民工进城务工经商以来，"民工潮" 后浪推前浪、一浪高过一浪，目前进城半年以上的农民工已超过 1.3 亿；加上乡镇企业的农民工，全国大致在 2 亿左右。这是中国人口移动和人口城市化发展史上空前的壮举，世界人口流动史上前所未有过的奇观！那么对此如何评论，需要做出什么样的决策？我们常常看到把住房紧张、交通拥挤、犯罪率上升、城乡结合部脏乱差等城市发展中的问题，归之为外来人口过多、主张限制农民工进城一类言论。我以为，站在城市立场看，外来流动人口猛增是造成上述问题加剧的一种因素，一种外部因素；但是站在发展全局观察，不仅农民工从而农村劳动力向城镇转移对城市发展不可或缺，而且是现阶段我国经济、社会发展和解决 "三农" 问题的一项根本大计。统计资料显示，2005 年作为第一次产业的农业产值仅占全部 GDP 的 12.6%，劳动力就业占 44.8%，人口占 57.0%②；2006 年这三项比例均下降近一个百分点，情况基本相同。试想，如果没有数以亿计的农民工及其农村人口流动大军，让 57% 的农村人口、45% 的农业劳动力分享不到 13% 的 GDP，恐怕城乡收入差距就不是现在的 5 倍左右，而是要翻到二位数了！我国的现实情况是：人口城乡结构落后于三次产业就业结构，三次产业就业结构又落后于按产值计算的三次产业

---

① 参见张继承："中国社会公平现状评估"，《社会科学报》2004.1.8；庄健："中国居民收入差距的国际比较与政策建议"，《宏观经济研究》2007.2。

② 资料来源：《中国统计年鉴 2006》，中国统计出版社，2006 年。

结构。按照赛尔奎因（Syrquin，M）—钱纳里（H. B. Chenery）理论模型，2005 年在我国三次产业结构达到 12.6：47.5：39.9 情况下，三次产业就业结构应在 40：25：35，人口城乡结构应在 60：40 上下，这与我国实际情况相去甚远。因此，站在发展全局和从根本上解决农民、农业、农村"三农"问题立场上，站在全国人口和劳动力绝大多数的立场上，就不是限制农民工进城，而是要合理解决变进城农民为市民，适当加快人口城市化步伐，充分发挥农转非在城市化和现代化建设中应有作用的问题了。

例二，延长退休年龄。在研究老龄问题所提建议中，有关于延长退休年龄一说，我本人也曾有过这样的动议。对不对呢？站在人口老龄化立场，随着健康的增进和预期寿命的延长，毫无疑问提出延长退休年龄是有根据的，发达国家实践证明，是一种必然的发展趋势。然而我国情况怎样，现在是不是退休年龄过早呢？如所周知，我国劳动法规定一般职工退休年龄男在 60 岁、女在 55 岁左右，特殊工种有所提前或推后。在计划经济时代，这一规定执行很严格，按规定年龄退休并享受退休养老保险。改革开放转轨到市场经济体制后，扩大了包括用工等在内的企业自主权，出现了职工过早退休的现象，一段时间还出现大量买断工龄提前退休热潮，致使当前实际的退休年龄平均不足 50 岁，买断工龄提前退休引发的社会问题也没有完全解决。那么延长退休年龄，譬如男女分别向后推迟 5 年退休，哪一个社会人口阶层能够从中得益呢？如果一纸红头文件下来，政府公务员、事业单位以及某些企业管理者可能从中受益，可以获得多在职 5 年或更长一些时间的待遇。政府也会欢迎，因为在社会养老保险基金出现大量空账情况下，延长退休年龄可以延缓相应的养老金支付，减轻养老金支付手段不足的压力。占职工总数多数的企业职工却不能得到什么受益，因为他们距离现行规定的退休年龄还相差一大截。对他们来说，关键是要落实达到规定年龄退休的问题，延长退休年龄则是可望而不可即的事情。可见若延长退休年龄，总体上得益者只能是社会白领职工阶层，广大蓝领职工阶层并不能从中获益，最终的结果可能导致包括老年人在内的社会低收入人口阶层和高收入人口阶层之间收入差距的进一步扩大，不利于社会和谐。因此，虽然延长退休年龄建议有它合理性的一面，但是站在和谐社会广大劳动群众立场，该项建议的不合理性就显而易见了。现在不但本人对此建议不以为然，而且学术界有见地的学者也提出异议，不赞同这种站在少数白领人口阶层立场、增加社会不和谐的动议。

例三，转变经济增长方式。中国早在 20 世纪 80 年代初提出 2000 年工农业总产值翻两番时，就将不断提高经济效益作为前提提了出来。然而，主要依靠固定资产投资拉动的外延式、高耗低效的经济增长方式，长期没有得到有效解决，成为经济发展中的老大难问题。目前我国 GDP 总量占世界 6% 左右，而消耗的石油却占到世界的 8%、矿产资源占 10%、电力占 13%、煤炭占 30% 左右；单位 GDP 能源和材料消耗大约为美国的 2.7 倍，日本的 3.4 倍①。基于这种情况，"十一五" 发展规划特别强调转变经济增长方式的重要性和紧迫性，列出单位产品能耗减少 20%、单位工业产品增加值水耗减少 30% 等约束性指标，以推进经济增长由数量扩张型向质量效益型转变。然而站在统筹全局和人民大众立场，也要很好地把握经济增长方式转变的力度和节奏，兼顾劳动年龄人口变动和就业发展趋势。统计数据和人口预测表明，自 20 世纪 80 年代以来 15～64 岁劳动年龄人口急剧上升，开始步入被抚养人口比持续下降的人口年龄结构变动的 "黄金时代"。15～64 岁劳动年龄人口绝对数量，将由 1980 年的 6.44 亿、2000 年的 8.67 亿，增加到 2017 年峰值时的 10.00 亿；其后呈减少趋势，2030 年可减至 9.89 亿，2050 年可减至 8.62 亿。劳动年龄人口所占比例，可由 1980 年的 64.5%、2000 年的 68.7%，上升到 2009 年峰值时的72.3%；其后转而下降，2020 年可下降到 69.0%，2030 年可下降到 67.4%，2050 年可下降到 61.3%②。如图 3 所示。

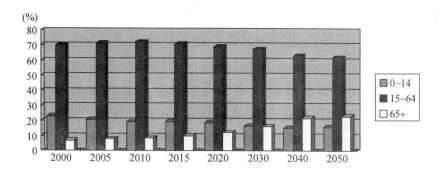

图 3　2000～2050 年人口年龄结构变动预测

图 3 表明，15～64 岁劳动年龄人口在 2000～2017 年一直是增长的，要再增加 1.33 亿，就业压力将持续增大。而且 2018 年开始转而减少后，减少的数量有限、减少的速度也比较缓慢。劳动年龄人口总量，2030 年大体上相当于2010 年水平，2050 年相当于 2000 年水平，就业压力依然存在。站在劳动年龄

---

① 参见田雪原："促进人与自然和谐的几个问题"，《人民日报》2006.12.22。

② 参见田雪原、王金营、周广庆：《老龄化：从"人口盈利"到"人口亏损"》，中国经济出版社，2006 年。

人口绝大多数立场，就要将转变经济增长方式同妥善解决劳动就业联系起来、结合起来，把保证充分合理的就业放到优先位置，失业率控制在社会和谐允许的范围之内；就要把握好经济增长方式由数量扩张型向质量效益型转变的力度，由外延式扩大再生产向内涵式扩大再生产转变的节奏。

播撒学者正义良知

在世人眼中，学者是富有正义感、善良和智慧的象征，是人民群众寻求真理的代言人。在这方面，马寅初先生不愧为一代楷模。他坚定地站在人民大众立场，历经晚清、民国、中华人民共和国三代，为寻求真理和国家的富强、民族的兴旺而钻研和呐喊。他反对四大家族官僚资本，反对借通货膨胀发国难财，不畏强暴，仗义执言；抗战胜利后，他反对内战，不惧美蒋特务恐吓，事先写下遗书赴南京中央大学发表演讲；无论是息烽、上饶集中营的铁窗，还是重庆歌乐山的软禁，都不能动摇他站在人民大众立场的决心和斗志。中华人民共和国成立后，马寅初利用全国人大代表、人大常委职务之便，深入工厂、矿山、农村调查，本来是财经专业高才生的他，却转而对人口发生兴趣。为什么呢？1957 年他在接见《文汇报》记者时的一段话，代表了他的思想、感情和立场。他说："你看看我们的人民过去是怎样生活的，过去很多人是糠菜半年粮，饥荒时连糠菜都吃不到，吃草根，吃树皮，死亡遍野，乞丐满天下。"他又说，解放后人民生活改善了，但是这个改善受到很大的限制，人口多、增殖快就是其中的一个重要原因。他利用调查得来的资料，作为人大代表于 1955 年写出"控制人口与科学研究"发言稿，后经进一步完善和修改，在 1957 年一届人大四次会议上拿出长达 18000 字的系统书面发言稿，7 月 5 日《人民日报》全文发表，这就是他的《新人口论》。一石激起千层浪。《新人口论》公开发表引来两次批判围剿高潮，马老却始终毫不动摇。他公开宣战："我虽年近八十，明知寡不敌众，自当单身匹马，出来应战，直至战死为止，决不向专以力压服不以理说服的那种批判者们投降。"马老为什么能有这种大无畏的精神和誓死为真理而战的气概呢？是因为他能站在人民大众的立场和"我对我的理论有相当的把握"。他经过实地调查研究得出结论，人口多、增殖快加剧着同资金积累、劳动生产率提高、人民生活改善、科学事业发展等的矛盾，不利于人口质量的提升，因而要控制人口数量、提高人口质量，提出相应的政策建议[①]。

---

① 参见田雪原：《马寅初人口文集》书内《序》，浙江人民出版社，1997 年。

在极其困难的条件下，义无反顾地维护学术的尊严，播撒正义良知，挺起一个学者的脊梁，至今仍有它的现实意义。

前已论及，在当今社会贫富差距扩大、社会分化加剧的情况下，提出播撒学者正义良知有着比较强的针对性和现实意义。正义中的正，有正中、不偏斜；端正、不歪扭；正直、不绕弯子等多种涵义，引申为正当、正言、正道、正派等。义，指公正、合理、应当做并受到公认的行为准则。正义作为一个词组，可概括为公正的道理。良知，《孟子·尽心上》说："人之所不学而能者，其良能也。所不虑而知者，其良知也。"把良知和良能放到一起，视为人类先天具有的对是非善恶的一种正确的认识和本能①。笔者以为，随着时代的发展和社会的进步，应给良知赋予某些新意，取良的优、好、善原意，知的知晓、知识、知言本意，良知可概括为对是非善恶本应具有的正确判断和优秀知识的凝聚。无论是正义还是良知，还是将正义良知放到一起解读，一个最基本的属性，就是代表着广大人民群众的根本利益，建立在人民群众根本利益基础之上。那么有没有播撒非正义、非良知的学者呢？有，甚至大有人在。就播撒非正义、非良知的学者而言，有各种各样的情况。不同历史时期跟风赶浪头的学者有之，对不同学术观点不能公正对待而攻其一点、不及其余者有之，对明知是错误的东西却不肯放弃、固执己见者有之，等等。但是就正义良知而言，第一个方面是最主要的，危害也最大。这就牵涉到做学问、发表研究成果的动机到底是为了什么，是崇尚科学、追求真理，还是为了别的什么目的。还要看到外部环境的影响，也不能只怪这部分学者本身，从根本上说是特定历史条件下的产物。现在的问题是要正视这一点，把立足点放到人民大众立场上来，潜心研究，做一名广大人民群众寻求真理的探索者、代言人。

要做到这一点，首先就要对当前贫富差距扩大和社会分化加剧，有一个正确的认识，把握社会人口阶层变动的趋势。由于现阶段人口阶层结构处于金字塔型、少数处于由金字塔型向橄榄型过渡型，无论哪种类型处在顶部的人口阶层或位居行政要职，或为大款大腕，或为社会名流，其利益往往容易得到保证和体现。而处于底部和中底部的人口阶层，由于参与社会政治、经济、文化等活动较少，参与的层次也不高，他们的利益保证和体现的程度往往要低一些。学者站在人民大众立场，最主要的是要站在占人口绝大多数的这些人的立场

---

① 参见《辞海》词语分册（修订稿），上海人民出版社，1977 年；《现代汉语词典》（修订本），商务印书馆，1997 年。

上，反映他们的心声，关注他们的切身利益，保护他们的正当权益。其次要像马寅初先生那样，敢于坚持真理、修正错误，有一种为真理而奋斗到底的百折不挠的大无畏气概。正义良知和真理是一致的，学者播撒正义良知的过程，就是坚持真理、修正错误的过程。历史经验证明，有时真理可能在某些少数人手里，要有不唯书、不唯上、只为实的实事求是精神，相信真理总会战胜谬误，科学总要取代愚昧。再次要深入实际，调查研究。无论对是非善恶的正确判断还是优秀知识的凝聚，都离不开实践，离不开广大人民群众的实践。学者特别是社会科学工作者进行科学探索，只有深入实际进行认真的调查研究，才能发现和验证真理，科研成果才能真正代表人民的利益，才能真正站到人民大众的立场上来。

参考文献

1.《中共中央关于构建社会主义和谐社会若干重大问题的决定》，人民出版社，2006 年。

2.《中共中央国务院关于全面加强人口和计划生育工作统筹解决人口问题的决定》，中国人口出版社，2006 年。

3. 全国哲学社会科学规划办公室编：《国家社科基金项目成果选介汇编》，中国人民大学出版社，2004 年。

4.《马寅初全集》，浙江人民出版社，1997 年。

5. 田雪原："马寅初先生和他的新人口论"，《马寅初人口文集》书内《序》，浙江人民出版社，1997 年。

6. 范斌：《福利社会学》，社会科学文献出版社，2006 年。

7. 李强："结构紧张与公正失衡不能交织"，《社会科学报》2005.2.17。

8. 庄健："中国居民收入差距的国际比较与政策建议"，《宏观经济研究》2007.2。

9. 张继承："中国社会公平现状评估"，《社会科学报》2004.1.8。

10. 薛进军："中国的失业、贫困与收入分配"，《中国人口科学》2005.10。

原载《社会科学战线》，2007 年第 6 期

关于分配与所有制关系若干问题的思考

刘国光

一、从邓小平关注分配问题谈起

邓小平的社会主义改革理论中，人们注意到他对分配问题的关注。如在论述社会主义本质时，他先从生产力方面讲了社会主义是解放生产力和发展生产力，然后又从生产关系方面讲了消灭剥削，消除两极分化，最终达到共同富裕。生产关系落脚在消除两极分化，达到共同富裕，这是属于分配领域的问题，要通过社会收入和财富的分配才能体现出来。

邓小平又多次讲过，社会主义"有两个根本原则"、"两个非常重要的方面"。一个是"公有制为主体，多种经济共同发展"，一个是"共同富裕，不搞两极分化"。第二个"重要方面"或"根本原则"讲的属于分配领域，同"本质论"所讲的"消除两极分化，达到共同富裕"完全一样。

邓小平对社会主义的本质、根本原则作了精神一贯的许多表述。他讲的东西可以说是社会主义的构成要素，如解放生产力，发展生产力，公有制为主体，消除两极分化，等等。就是说，没有这些东西，就构成不了社会主义。但在这些要素中，他又特别强调生产关系和分配关系的要素。比如说，社会主义改革的任务当然是要发展生产力，但是如果单单是发展生产力，而不注意社会主义生产关系的建设和改进，那么社会主义改革也是难以成功的。非常典型的一句话，"如果我们的政策导致两极分化，那我们就失败了"①，很鲜明地说明了这一点。GDP 哪怕增长得再多再快，也不能改变这个结论。这证明分配关系这一要素，在邓小平的社会主义改革理论中，占有何等重要的地位。

邓小平假设的"改革失败"，不是指一般改革的失败，而是讲社会主义改革的失败，或者改革的社会主义方向的失败。因为社会主义是必然要有消除两

---

① 《邓小平文选》第三卷，第111页。

极分化、达到共同富裕的要素的。很可能生产力一时大大发展了，国家经济实力大大增强了，GDP也相当长时期地上去了，可是生产出来的财富却集中在极少数人手里，"可以使中国百分之几的人富裕起来。但是绝对解决不了百分之九十几的人生活富裕的问题"①，大多数人不能分享改革发展的好处。这样一种改革的结果也可以说是一种改革的成功，可是这决不是社会主义改革的成功，而是资本主义改革的成功。

很明显，共同富裕，消除两极分化，是社会主义最简单、最明白的目的。这是社会主义区别于资本主义，社会主义改革区别于资本主义改革的最根本的东西。

"解放生产力、发展生产力"，也是社会主义的构成要素。社会主义绝不等于贫穷，决不能满足于不发达，这是常识。任何一个消除生产力发展桎梏的新的社会生产方式，包括资本主义生产方式，在一定时期，都有"解放生产力、发展生产力"的作用。但不是任何一种社会生产方式都能够解决"消除两极分化、达到共同富裕"的问题。只有社会主义生产方式才能做到这一点。中国由于生产力落后，经济不发达，在社会主义初级阶段提出解放和发展生产力也是社会主义的本质要求，这是顺理成章的非常正确的，但这不是社会主义的终极目的。社会主义的终极目的是人的发展，在经济领域的目的是人们共同富裕。邓小平的社会主义"本质论"中，特别强调"共同富裕"这一要素，他说，"社会主义最大的优越性就是共同富裕，这是体现社会主义本质的一个东西"②，就说明了这一点。所以在理解邓小平社会主义本质论的内容时，决不可以仅仅重视发展生产力这一方面，而不更加重视调整生产关系和分配关系这一方面。

邓小平重视社会主义分配问题，是他毕生为社会主义奋斗的心血结晶，越到晚年这方面的思绪越不断。他在临终前不久对弟弟邓恳说，"十二亿人口怎样实现富裕，富裕起来以后财富怎样分配，这都是大问题。题目已经出来了，解决这个问题比解决发展起来的问题还困难。分配的问题大得很，我们讲要防止两极分化，实际上两极分化自然出现"③。这些富有丰富内涵的警句，实在需要我们认真思考研究。

当然，邓小平不只是重视社会主义分配关系即消除两极分化问题，他更为

---

① 《邓小平文选》第三卷，第64页。
② 《邓小平文选》第三卷，第364页。
③ 《邓小平年谱》（下），第1364页。

重视与分配有关的整个社会主义生产关系，特别是所有制关系问题。在他看来，避免两极分化的前提是坚持公有制为主体。他说，"只要我国经济中公有制占主体地位，就可以避免两极分化"①。又说，"基本的生产资料归国家所有，归集体所有，就是说归公有"，"到国民生产总值人均几千美元的时候，我们也不会产生新资产阶级"②，也是这个意思。所有制关系决定分配关系，这是马克思主义政治经济学理论中极其深刻的一条原理，有着极重要的理论意义和政策意义。我们有很多同志往往没有注意这一条马克思主义的重要政治经济学原理。本文后面还要论及这条原理。我想在这里提醒一下，让我们大家都来注意这一条真理，学习这一条真理。

二、正确评估中国贫富差距扩大的形势

改革开放以来，在分配领域，我们党遵循邓小平的正确思想，克服了过去在实行按劳分配原则中曾经有的平均主义倾向（也不能说完全是平均主义，按劳的差别还是有的，但是平均主义倾向相当严重），实行让一部分人、一部分地区先富起来，带动大家共同富裕的方针。经过将近30年的改革实践，社会阶层分化，收入差距大大拉开，但还没有来得及进行先富带后富，实现共同富裕的目标。这对于经济的大发展，暂时是有利的。同时带来深刻的社会矛盾，引起公众的焦虑和学者的争论。

争论的焦点问题之一，是中国现在贫富差距是否已经扩大到"两极分化"的程度。这个问题，邓小平为了提醒、警告，曾经作为假设，一再提出过；并没有预计到这种假设一定会变为现实。因为邓小平把这个假设提到突出的政治高度，所以问题就非常敏感，争论也非常激烈。往往各执一端，谁也说服不了谁。

当前中国社会贫富悬殊是否达到"两极分化"，主要有两种意见。肯定的一方忧国忧民，列举一些事实和数字，应用国际上通用的指标，如基尼系数、五等分或十等分分配比较法等，来加以论证，并用社会上一方面穷奢极欲的消费，另一方面生计困难的事实来对比验证说明：两极分化已被小平同志言中，希望尽快地改变这种状况。否定的一方则认为，现在虽然富者愈来愈富，但贫者并不是愈来愈穷，而是水涨船高，大家都改善了生活，否认国际上通用的指

---

① 《邓小平文选》第三卷，第149页。
② 《邓小平文选》第三卷，第90~91页。

标适用于中国，断言基尼系数的提高是市场经济发展的不可改变的必然趋势，认为提"两极分化"是故意炒作，反对改革。

很显然，以上两种观点代表了社会上两种不同利益集团的看法，一种是代表资本、财富和某些社会精英的看法，一种是代表工农为主体的一般群众。我不能完全免俗，完全摆脱社会不同利益集团的影响，但是我主观上力求试着超脱一些。所以，我对于中国现在是否已经"两极分化"问题，一向持慎重态度。

四年以前（2003年），我在《研究宏观经济形势要关注收入分配问题》一文中指出："目前我国居民基尼系数大约在0.45左右。……基尼系数还处于倒U形曲线的上升阶段，随着市场经济体制的深化，客观上还有继续上升的趋向。所以，我们不能一下子强行提出降低基尼系数，实行公平分配的主张，而只能逐步加重公平的分量，先减轻基尼系数扩大的幅度，再适度降低基尼系数本身，逐步实现从'效率优先兼顾公平'向'效率与公平并重'过渡。"①

2005年4月，我在《进一步重视社会公平问题》一文中说："收入差距扩大到承受极限，很可能与达到两极分化相联系。我们现在显然不能说已经达到两极分化（这是邓小平说改革失败的标志），也不能说达到承受极限。基尼系数客观上还在上升阶段，如不采取措施则有迅速向两极分化和向承受极限接近的危险。"②

我现在基本上还是持这个谨慎态度。为什么要持这样比较中性的看法（贫富差距还未达到不能承受程度的两极分化），又有一定的倾向性的观点（要认真及时解决否则有接近两极分化、承受极限的危险），而不采取前述两种极端的观点呢？我有以下一些考虑。

两极分化是马克思在《资本论》中阐述资本主义积累的一般规律所制约着的一种社会现象，即一极是财富的积累，一极是贫困的积累。财富的积累是一个无限扩大的过程，而贫困的积累则经过"绝对的贫困"到"相对的贫困"的转化。绝对贫困基于资本与劳动的分离，劳动能力是工人唯一能够出售的东西，资本天然会为了利润最大化而利用自身的优势和工人之间的竞争，拼命压低工资和劳动条件，这一过程与产业后备军、劳动人口的相对过剩相连，工人阶级的贫困同他们所受到的劳动折磨成正比，这就是"绝对的贫困"的积累。但是，随着生产率的提高，工人阶级斗争的发展，以及资产阶级政府被迫举办

---

① 《刘国光文集》第十卷，第510页。
② 《刘国光文集》第十卷，第588页。

的福利措施，工人的绝对工资福利水平会提高，但劳动与资本的分配比例关系，仍然继续朝着有利于资本、财富积累的方向进行，使劳动阶级由"绝对贫困"转入"相对贫困"，财富积累和贫困积累两极分化现象仍然持续下去。一项研究用大量的材料表明，"在私有化、市场化、民主化和全球化中，无论在实行议会制的发达国家，还是实行议会体制的发展中国家，两极分化加剧的现象目不暇接"①。

当然，中国的情况与实行议会制度的发达国家和发展中国家不一样。但类比劳动人民从绝对贫困的改善，到相对贫困的发展，则是有启发的。一些同志在论证中国已出现两极分化的现象时，没有足够地注意到 1978 年至 2006 年，中国农村绝对贫困人口数量从 2.5 亿下降到 2148 万，减少了 2.28 亿人，农村绝对贫困人口的发生率，由 30% 降到 2.3%。这是我国社会生产力发展和政府扶贫政策实施的结果，对中国贫富差距扩大的缓解，起了一定的作用。当然不能由此推断中国贫富差距因此缩小，因为随着经济的发展，贫困的标准也在提高。我们的生活水平提高了，按照我们的标准计算的贫困人口是几千万，而按照世界标准计算是 2 个亿。所以按我们标准计算的绝对贫困人口数量虽然减少，但它并不意味着相对贫富差距不再继续扩大。有一种观点认为，经济发展中收入分配是水涨船高的关系，断言中国只有大富小富之分，没有可能出现两极分化的趋势。这种说法违背了随着生产力的发展等因素，劳动人口从绝对贫困转向（在市场经济和雇佣劳动的条件下）相对贫困的两极分化趋势，依然在继续进行的客观规律。特别是中国，由于在改革过程中，诸如教改、医改、房改、国企改等政策中某些失误，以及土地征用、房屋拆迁等使居民利益受损等影响，导致了某些新的贫困阶层的出现，更加剧了"贫者愈贫，富者愈富"（审计总署署长李金华语）的过程。当然政府正在采取措施解决这些问题，这也是不能忽视的。

我们再强调一下，说我国收入分配有向两极分化演进的趋势，并不意味现在收入分配的整个格局已经是"两极分化"了。能不能拿基尼系数来判断我国是否已经达到两极分化的境地？有些人基于某种原因，说基尼系数不适用于中国，说目前谈论基尼系数意义不大。这未免同他们一贯宣扬的与国际接轨的言论不相符合。

基尼系数作为衡量贫富差距的工具，是一个中性指标，"二战"后世界各

---

① 参见《香港传真》N2007 - 2。

国都在使用。我国基尼系数由 1964 年的 0.184，1978 年的 0.2，上升到 1980
年的 0.26，1990 年越过 0.4。上升速度之快，令人惊讶，这是不能回避的。从
水平上说，我国基尼系数已超过许多发达的资本主义国家，但还没有达到社会
动荡比较强烈的拉丁美洲一些发展中国家的水平。这些情况很能说明一些问
题。比如说，发达的资本主义国家，大多属于前殖民帝国，现在又据有跨国公
司优势，从全世界吸取剩余价值，一部分用于国内劳动阶级的福利，藉以缓解
社会矛盾。这对于这些国家基尼系数的下降，甚至比我国还低，不能不说是一
个原因。当然我们也应该反思，我们一个社会主义国家的基尼系数，怎么可以
出现超过发达的资本主义国家？

　　另一方面，我确实同意有些专家所说，影响基尼系数的结构性因素甚为复
杂，不能简单地套用基尼系数的某些国际规范于我国。比如说按国际标准，
0.4 是社会失衡的临界点，超过 0.4，就要进入警戒状态，这一条我看就不能
随便套用。

　　我在 2003 年说过："各国的情况千差万别，社会公平理念和居民承受能力
不尽相同。拿我国来说，基尼系数涵盖城乡居民，而城乡之间的收入差距扩大
幅度明显是大于城镇内部和农村内部差距扩大的幅度。1978 年到 2000 年城镇
内部居民收入差距的基尼系数由 0.16 上升到 0.32，农村内部由 0.21 上升到
0.35，基尼系数小于国际警戒线。但城乡居民收入差距幅度甚大，基尼系数由
1980 年的 0.341，上升到 2000 年的 0.417，高于国际警戒线。我国城乡居民收
入差距悬殊，现时为 3.1∶1，若考虑城乡福利补贴等差异，则差距进一步扩大
到 5 ~ 6∶1。由此看来，我国城乡居民是两个根本不同的收入群体和消费阶层。……
历史形成的我国城乡居民收入巨大差距的客观事实，使农村居民一时难以攀比
城市生活，其承受能力有一定的弹性，所以我国的收入分配警戒线，不妨比国
际警戒线更高一些。"①

　　基于此类结构性因素对全国基尼系数影响的考虑，我在 2005 年还表达了
我们现在显然不能说已经达到两极分化，也不能说达到承受极限，我国人民对
基尼系数在客观上继续上升还有一定的承受能力这样一种观点。当然这不意味
我们不要重视贫富差距的扩大问题，并对其采取遏制措施。我接着说了基尼系
数在迅速上升的情况下，如不采取有力措施，则有迅速向两极分化和承受极限
接近的危险。所以那种认为，基尼系数上升是市场经济发展过程中的必然现

---

① 《刘国光文集》第七卷，第 505 ~ 506 页。

象，需要长时期对付等待才能解决的观点，也是不妥的①。

按照邓小平的估计，从支持一部分人、一部分地区先富起来，转向先富带动后富以实现共富，这两个"大局"的变化，即着手解决贫富差距问题，大约是在20世纪和21世纪之交②。这个估计可能过于乐观了一点。但是经过将近30年的改革与发展，现在我们国家的经济实力和财政力量已经成长到可以加速解决贫富差距问题的阶段。何以"让一部分人先富起来"，可以很快实现；而"先富带动后富实现共富"，则需要很长很长时间的等待呢？这在我们社会主义的国家更是说不过去的。这显然是对财富积累一极偏袒的言论，其后果将导致社会矛盾的激化，也是可以预见的。

除了以上的考虑以外，我之所以对两极分化问题持上述比较中性而又有一定倾向的观点，还有一个考虑。就是对领导我们进行改革开放的中国共产党政治路线的坚定信心。改革开放以来出现的收入差距扩大和贫富分化的现象，一方面是采取一部分人先富起来的正确政策的结果，但是还没有来得及解决带动大部分人共享改革成果，这属于正确政策的掌握经验不足问题；同时也有社会上种种错误思潮（后面再叙）干扰的影响。我们党中央始终保持改革的社会主义方向，在发展社会生产，搞活市场流通，完善宏观调控，改善人民生活等方面，取得许多成就，有目共睹。在这样的总形势下，即使分配等方面的改革出了点问题，怎么可以说小平同志的假设已经言中，改革已经失败了呢？这是不符合实际情况的，也是不公平的。我们看到党对人民负责的郑重精神，特别是十六大以来，本着对人民群众切身利益的关怀，提出以人为本的科学发展观和构建和谐社会的思想，作了"让改革成果为全体人民分享"的政治承诺。针对日益发展的社会矛盾，淡出"效率优先、兼顾公平"的原则，突出"更加重视社会公平"的方针。利用财税改革和转移支付手段，着手解决分配不公问题。采取积极措施，解决诸如医疗服务、教育收费、居民住房、土地征收、房屋拆迁等涉及群众利益的突出问题。2006年5月，党中央还召开了专门会议，研究收入分配制度改革。我想，党中央这一系列重大举措，只要认真地、有效地落实，将会缓解我国贫富差距的扩大，扭转向两极分化接近的趋向。

分配关系的调整和社会公平的促进，千头万绪。不仅要党和政府牵头，也要各方面的配合。包括精神的、舆论的配合。所以过于强调在两极分化问题上

---

① 《刘国光文集》第十卷，第588页。
② 《邓小平文选》第三卷，第374页。

问责，并不有利于问题的解决。但指明发展的趋向，则是研究者职责所在。我之所以在这个问题上持比较中性又积极的态度，理由在此。

三、贫富差距扩大最根本原因在所有制结构的变化

在本文第一部分末尾，曾论述邓小平关于分配问题的一个重要论点，就是在他看来，避免两极分化的前提，是"坚持公有制为主体"。他说，"只要我国经济中公有制占主体地位，就可以避免两极分化"。这体现了马克思主义政治经济学理论中极重要的一条原理，即生产关系（特别是所有制关系）决定分配关系。为了阐明这个道理，还得从贫富差距扩大的原因究竟在哪里，哪是最主要的原因说起。

为什么会产生贫富差距扩大的现象？有很多不同的解释。

有人说，贫富差距扩大是"市场化改革"必然要付出的代价。这个说法不错。因为市场化本身就是崇尚竞争和优胜劣汰规则的过程，这一过程不断造成收入差距拉大，这有利于提高效率发展经济，是市场经济积极的一面。随着市场经济的发展，特别是资本积累规律的作用，贫富鸿沟的出现和两极分化的形成是不可避免的，这是市场的铁的法则，除非有政府的有效干预来缓和这个趋势，这种趋势本身在市场经济条件下是谁也阻挡不了的。

又有人说，贫富差距的扩大"是由于市场化改革不到位，市场经济不成熟造成的"。这种说法就有问题了。

是不是市场经济成熟，收入差距可以缩小呢？事实不是这样的。随着市场经济的发展，财富集中于一小部分人的趋势越来越明显。在发达的市场经济国家，两极分化的现象"目不暇接"。联合国大会发表的《2006 年人类发展报告》说，"最近新数据显示，全球贫富财富差别仍在扩大。无论在国与国之间还是在一个国家内部都是如此"。20 世纪 70 年代以来，市场机制与私人产权方面做得太多，造成英、美、日等重要市场经济国家财富集中度在提高，贫富差距在扩大，社会公平状况下行，20 世纪后期实行福利制度的发达市场经济国家，财富和收入分配方面也呈退步趋势[①]。所有这一切，都不能说明市场经济越发达越成熟，贫富差距扩大和两极分化的问题就可以自然得到解决。所谓"市场化改革"到位，就能解决这个问题，只能是纸上谈兵而已。

很多学者比较具体地分析我国贫富差距拉大的原因，角度不同，口径不

---

① 参见《香港传真》N2007 - 2。

一，难以归类。下面列举一些，略加议论：

城乡二元结构论；地区不平衡论；行业差别论（包括一些行业垄断）；腐败与钱权交易、不正之风论；政策不均、公共产品供应不足论；再分配环节（财政税收，社会保障福利）调节力度不够论；等等。造成分配不公的因素并不完全，但这些因素对我国贫富差距的扩大，都有"贡献"。可以看出，各项原因之间，有互相交叉的关系。

城乡差别，是中国贫富差别的一项重要原因。如前所述，城、乡各自基尼系数是0.3到0.4左右，而包括城乡在内的总基尼系数在0.45以上。现在政府虽然通过新农村政策支农惠农，城乡差别扩大之势有所缓和，但尚未完全改变。

地区差别，在很大程度上与城乡差别有关。东部地区主要靠城市繁荣，西部地区多为广大农村。区域平衡政策也在缓和差距扩大，但地区差别扩大过程亦未停止。

行业差别，主要是某些行业凭自然垄断或以行政垄断，造成行业间收入分配不公。过去在计划经济时期，中国也有行业垄断，但垄断行业高工资和行业腐败的现象并不显著。改革开放以来，一些垄断行业受市场利益观念的侵蚀，特别是1994年税制改革后，税后利润归企业所有，使用缺乏监督，才造成一些垄断企业高工资、高奖励、高福利的现象。所以，这不是垄断本身造成的。这种情况要从垄断企业收入分配的改革，加强对企业收入分配的监督来解决。当然垄断行业个人收入过高，激起非垄断行业人们不满，亟需解决。但这个问题对分配全局影响不一定很大。有人故意转移人们对收入分配不公最主要根源（后面再说）的注意，想借人们反垄断的情绪，把国有经济对少数重要命脉部门的必要控制加以排除，实现私有化。我们要提高警惕，防止这种图谋。

腐败、钱权交易和不正之风。这是人民群众对收入分配不公的公愤集中焦点，需要在法律领域和整顿社会道德风尚中大刀阔斧地解决的问题。此项非法不合理收入在官方统计和公布的基尼系数中，难以计入。在黑色、灰色收入中的绝对个量有时达到上亿、几十亿的款额，但在国民收入中占比有限，影响也不一定很大。有人把这个问题放到收入分配中小题大做，认为是分配差距形成的又一主要原因，也是想以此转移人们对造成收入分配不公真正主要原因的审视，这也是要加以明辨的。虽然如此，我们在研究收入分配不公时，还是要十分关切反腐败问题。

政策不均与公共产品供应不足。政策不均与前面的一些问题有交叉，会影响城乡、地区和行业的差别，是我们改进政府工作的一个重点。加强公共服务，改善公共产品供应，政府职能由经济建设型为主转到经济建设与社会服务同时并重，是我们努力以赴的政府职能改革的方向。要强调公共服务，但不能像新自由主义那样主张政府退出经济领域，不要以经济建设为中心。国家从事经济建设，最终还是有利于充分供应和公平分配公共产品的。

　　再分配是调节分配关系的重要环节。再分配调节的落后和不周，是分配不公的一个重要原因。过去一贯的说法，是初次分配解决效率问题，再分配解决公平问题。所以把实现社会公平问题主要放到再分配领域，特别是利用财税转移支付等再分配工具上来。但是再分配所调节的只能涉及国民收入分配中的小部分，而主要部分还在国民收入初次分配领域。许多分配不公问题产生于初次分配领域，诸如企业分配中资本所得偏高，劳动所得偏低；高管人员所得偏高，一般雇员所得偏低；垄断行业所得偏高，一般行业所得偏低；等等，都是初次分配领域发生的问题。所以初次分配领域也要重视社会公平问题，这是过去往往被人们所忽略的。

　　初次分配中影响收入分配最大最核心的问题，是劳动与资本的关系。这就涉及社会的基本生产关系或财产关系问题了。近几年来，有关分配问题的讨论中，已经有不少马克思主义经济学者论述了这个问题[①]。财产占有的差别，往往是收入差别的最重大的影响要素。有些人看不到这点，却津津乐道人的才能贡献有大有小，贡献大的人应该多拿，贡献小的人应该少拿，好像收入多少仅仅是由于才能、知识、贡献决定的。马克思主义不否定个人能力等因素对收入高低的影响（复杂劳动），《哥达纲领批判》在讲按劳分配时也考虑这个因素。但是即使是西方经济学的主流派人士，也承认决定收入分配的主要因素是财产关系，认为私有财产的不平等才是收入不平等的主要原因。新古典综合学派萨缪尔逊说过，"收入的差别最主要是由拥有财富的多寡造成的。……和财产差别相比，个人能力的差别是微不足道的"；又说，"财产所有权是收入差别的第一位原因，往下依次是个人能力、教育、训练、机会和健康"[②]。

　　我们认为，西方经济学大师的这个说法，是公允的、科学的。如用马克思政治经济学语言，可以说得更加透彻。根据马克思主义理论，分配决定于生产，任何消费品的分配，都是生产条件分配的后果，生产条件的分配本身，表明了生产方式、生产关系的性质，不同的生产关系决定了不同的分配关系、分

---

　　①　如，丁冰：《中国两极分化的原因分析及解决出路》，2006 年 8 月 6 日，在乌有之乡书社的讲演。杨承训：《从所有制关系探寻分配不公之源》，载《海派经济学》2004 年第 11 辑。

　　②　萨缪尔逊：《经济学》下册，第 231 页，第 257～258 页，1982 年第 10 版（高鸿业译）。

配方式。与资本主义私有制的生产方式相适应的分配方式，是按要素分配（主要是按资本分配和按劳动力的市场价格分配），而与社会主义公有制生产方式相适应的分配方式则是按劳分配。

这是就两个不同的社会生产方式来说的分配关系。那么在社会主义初级阶段的分配方式又如何呢？我国宪法根据马克思主义理论和十五大决议，规定社会主义初级阶段是以公有制为主体、多种经济共同发展的基本经济制度；分配方式是坚持按劳分配为主体，多种分配方式并存的体制。

我国社会主义初级阶段的发展，在改革开放伊始时，还是比较清一色的公有制经济，非公有制经济几乎从零开始，前期的发展速度必然是非公有制经济超过公有制经济，多种经济共同发展的局面才能形成。这是有利于整个经济的发展的。所以，有一段相当长的时间，非公有制经济要保持超前于公有制经济的速度，从而增加非公有制经济在总体经济中的比重，而公有制经济则相对减少。与此同时，在分配方式上按劳分配的比重减少，按要素分配（主要是按资本和按劳动力市场价格分配）的比重就要增加。有人分析，现在我国国民收入分配已由按劳分配为主转向按要素分配为主[1]。我们从资本主义市场经济一般规律和我国市场经济发展的实际进程可以知道，这一分配方式的变化所带来的后果，就是随着私人产权的相对扩大，资本的收入份额也会相对扩大，劳动的收入份额则相对缩小，从而拉大贫富收入差距，绝对富裕和相对贫困赓续进行，秘密就在这里。

从分配领域本身着手，特别是从财税等再分配领域着手，来调整收入分配关系，缩小贫富差距，我们现在已经开始这样做。这是必要的，但是远远不够。还需要从基本生产关系，从基本经济制度来接触这一问题，才能最终地阻止贫富差距扩大、向两极分化推进的趋势，实现共同富裕。所以前引邓小平说，"只要我国经济中公有制占主体地位，就可以避免两极分化"；又说，"基本生产资料归国家所有，归集体所有，就是说归公有"，就"不会产生新资产阶级"。这是非常深刻的论断，它指明社会主义初级阶段容许私人产权的发展，容许按要素（主要是资本）分配，容许贫富差别的扩大，但这一切都要以公有制为主体。只要保持公有制的主体地位，贫富差距不会恶性发展到两极分化的程度，可以控制在合理的限度以内，最终向共同富裕的目标前进。否则，两极分化是不可避免的。所以，在社会主义初级阶段的一定时期，私有经济发展

---

[1]　武力、温锐：《1992 年以来收入分配变化刍议》，载《中国经济时报》2006 年 5 月 26 日。

速度较快于公有经济，其在国民经济中的比重逐步提高，是必要的、有益的。但是任何事情都有其合理的度。正如江泽民指出，"当然，所谓比重减少一些，也应该有个限度、有个前提，就是不能影响公有制的主体地位和国有经济的主导作用"①。私有经济发展到一定的程度，其增长速度和其在总体经济中的比例关系就有重新考虑的必要，以使其不妨碍公有经济为主体，国有经济为主导，公私两种经济都能得到平稳健康有序发展的和谐境地。

随着改革开放的推进，我国所有制结构已经由公有制一统天下发展为多种所有制共同发展的局面。所有制结构的公降私升是否已经达到影响公有制为主体的临界点？因为这涉及宪法中的基本经济制度，所以又是一个敏感的问题，在我国的经济理论界引起了不同的看法。

四、几种对中国所有制结构变化形势的评估

"公有制为主体，多种所有制经济共同发展是我国社会主义初级阶段的一项基本经济制度"，是党的十五大报告中确定下来的。报告明确规定，公有制的主体地位，主要体现在公有资产在社会总资产中占优势，国有经济控制国民经济命脉，对经济发展起主导作用。

报告特别指出，只要坚持公有制为主体，国家控制国民经济命脉，国有经济的控制力和竞争力得到增强，在这个前提下，国有经济比重减少一些，不影响我国社会主义性质。这里讲的"比重减少一些，不影响我国社会主义性质"，是指公有制还占量的优势，国有经济保持控制力的前提下说的。如果公有制不能保持量的优势，情况会怎样呢？

何谓量的优势？国有经济比重和公有制经济比重减少到何样的程度，才是容许的？文件中没有规定。不同的看法由此而来。

大体上有这么几种看法：

（一）基于工商联公布2005年民营经济和外商、港澳台经济在GDP中的比重达65%，和国家统计局老专家估计2005年GDP中公私之比为39：61，认为中国已经是私有经济起主导、主体和基础作用，公有制经济已丧失主体地位，只起补充作用。

（二）认为公有制经济比重虽然下降，但以公有制为主体的格局并没有改变，主体地位依然牢固，其依据是2004年末全部实收资本中，公有资本仍占

---

① 《江泽民文选》第三卷，第72页。

56%；统计局老专家估计 2005 年二、三产业实收资本中公私资本比重为 53：47，公有资本仍超过半数，居优势地位。认为国有经济在关系国计民生的重要行业仍然具有绝对优势，其国家资本占比在 70% 以上，继续掌握较强的控制力。

（三）认为目前所有制结构处于十字路口境地。从资产比重上看，大约公私各占一半，平起平坐（据测算，公私经济在社会总资产中所占比重，由 1985 年的 94.09%：5.91% 下降到 2005 年的 48.8%：50.9%），从国有经济控制经济命脉来看，在关键领域和重要基础产业中起主导作用（2005 年在垄断性强的产业和重要基础产业中实收资本，国有经济占比 64% 左右），但在市场化程度和利润较高、竞争性比较激烈，举足轻重的制造业中，国有经济的控制力过低；在不少省市特别是沿海经济发达省份，公有制资产占比已下降到 50% 以下，"公有制经济的资产优势和国有经济的控制力在如此巨大的产业和地区范围的锐减削弱，使得公有制主体地位从总体上看显现出开始动摇的迹象"。

上述对于公有制主体地位（一）已经丧失、（二）仍然巩固、（三）开始动摇的三种看法，都是建筑在非官方统计数字的基础上。令人遗憾的是，国家发展部门和统计部门近些年来没有提供我国公私经济对比的比较完整的准确数字，所以也难以准确判断我国所有制结构的现状。

有一些经济学者和科研单位，主张公有制经济的主体地位，并不体现在它在整个国民经济中占有数量上的优势，而主要体现在它的控制力上，否认国有经济控制力的前提是建筑在公有制的数量优势的基础上，因此他们不主张国家计划（规划）中列入公私经济比重的指数，国家统计部门也不必统计和公布公私经济比重的全面数字。这种看法不利于我们正确分析我国所有制结构的形势，并采取对策来保护我国社会主义基本经济制度。党中央一贯坚持公有制为主体，多种所有制经济共同发展的基本经济制度，十六大，十六届三中、五中全会以及涉及经济问题的中央会议，一再重申这一主张。

国家各部门都应该为实现这一主张努力服务。几年以来民意代表机构有人提出人大应监督检查公有制为主体的社会主义基本经济制度执行情况。我认为这些建议的精神是值得考虑的。

五、干扰"公有制经济为主体"的"私有化"倾向：实践层面

人们对我国所有制结构中公有制的主体地位是否发生动摇所表达的一些看法，不仅是基于他们对经济比重及控制力的各自评估判断，也与观察中国经济

改革进程中某种倾向的抬头有关。在实际经济生活中，我们确实观察到这种倾向在抬头，虽然人们一般还回避把这种倾向叫做"私有化"，但实际上回避不了。也确有人公开宣扬"私有化"而无所顾忌。

私有化倾向抬头表现在两个层面：一是实践的层面，即对我党改革政策措施加以曲解，力图往私有化方向引导，竭力推进私有化的实施。二是思想理论的层面，即利用我党解放思想的旗帜，推销私有化思潮泛滥。当然这两个层面又是互为表里，互相激荡的。

若干年来我国国有、集体企业改革工作，大多数运行健康，顺利成功，对经济发展、社会进步和安定团结发挥了显著效果。但是也存在问题。党中央提出的一些改革政策措施，一些人总是千方百计地往私有化方向拧。例如，中央提出建立社会主义市场经济体制是我国经济体制改革的目标，他们就鼓吹公有制与市场经济不相容，要搞市场经济就必须实行私有化；中央提出"产权清晰、权责明确、政企分开、管理科学"的现代企业制度，他们就说公有制产权不清晰，产权虚置，只有落实到自然人（即私有化）产权才能明晰；中央提出可以利用股份制作为公有制的一种实现形式，以扩大公有资本的支配地位，增强公有经济的主体地位，有人就通过股份制将国企化为私企；中央提出要提倡和鼓励劳动者的劳动联合和劳动者的资本联合的股份合作制，他们就竭力主张用经营者持大股，个人集中控股的办法，将股份合作制的集体性质变为私人企业；中央提出国有经济战线过长，要作战略调整，以增强国有经济的主导作用，他们就把"有进有退"的战略调整篡改为"国退民进"，"让国有经济退出竞争性领域"；中央提出"抓大放小"的方针，要求采取各种形式放开搞活国有中小企业，他们就把出卖企业当做几乎唯一的形式，实行一卖了之，掀起一股贱卖白送国企的歪风。

这股歪风刮得很不正常，因为"我们的国企改革是在没有充足理论、足够经验下进行的，带有一窝蜂性质。当着高层想了解改制进行到如何时，一些地方的国企已经卖得差不多了"。"等到国有资产转让的种种规则出台之后，可能地方上的国有资产已经所剩无几。"[①] "有些地方把中央关于企业改制产权转让的方针政策异化得面目全非。企业领导自卖自买的有之，巧取豪夺的有之，空手套白狼的有之，从而造成国有资产大量流失，职工权益遭到剥夺。"[②]

---

① 《三联生活周刊》2003 年 12 月 11 日。
② 新华网，2005 年 7 月 31 日（石飞）。

当然国企改革出现的上述现象，主要是少数人侵吞国资的问题，完全是非法的，或不规范的行为。中央和有关部门不断在总结经验，推进立法，完善政策，下大力气纠正偏差，力图使改革沿着规范的轨道前进。所以，有些同志把鲸吞国有资产说成是"盛宴"，如果以此概括国有企业改革的全貌，那显然是不正确的。但是这种事情在当时也不是一例两例，而是相当流行。案例本身有不少真是一场免费的盛宴，这样说也不为过。有人在"新华网"写文章问道，"全国违法违规运作的改制企业到底有多少，谁能说得清"。共和国历史将来是要说清楚这一章，当然账是否能够算清，要靠执法者和执政者的努力和能耐了。

一方面是突然一夜冒出一批万贯家财的队伍，另一方面如某大经济学家所言，为达到改革目的必须牺牲一代人，这一代人就是 3000 万老工人，这样一场恶性演出，为一个香港有良知的学者所注意。其实郎咸平教授了解和揭露中国的实际情况，并不如内地学者知道得多。但郎先生抓住了要害问题，私有化；MBO，等等。据报道，网民给郎以九成的支持率①，即 90% 以上的网民赞成郎教授的基本观点，反对否定公有制的主体地位和私有化，这从一个方面反映了人民群众反对走资本主义道路的改革，赞成走社会主义道路的改革。这是实践的层面，人为地激化了公私结构改变和化公为私的过程。民间和高层都在反思这一过程。民间发出了"不准再卖"的呼声，高层也在努力将过程纳入合乎法规的规范化轨道。

六、"私有化"倾向的干扰：思想理论层面

在理论层面上，几年来私有化思潮泛滥，更是五花八门。这里只能点评一下。

在中国这样一个宪法规定公有制为主体的社会主义国家，居然容许有人公开打出"人间正道私有化"的旗号，在新华书店公开长期发行其著作《国企改革绕不开私有化》，宣扬国企改革的"核心在于国有制改为私有制"。可以说中国的言论出版自由已经达到空前未有的程度。

在这种气氛下，有人公开鼓吹民私营经济应在国民经济中占主体地位。他说"今后中国经济的走向应该是投资以民间资本为主，经济形式以民（私）营为主"。有一位人士不加掩饰地说要"排除旧的意识形态的挡道"，推行私

---

① 《经济日报》2005 年 8 月 3 日。

有化。他说"民办、民营、民有、私营、非国有、非公有等，无非是为了从不同角度阐明私有化问题"。"在私有化问题上出现莫名其妙的文字游戏，是由于旧的意识形态在挡道"。同时另一位人士则宣称"公有制为主体是对社会主义的理解停留在斯大林式的传统社会主义水平"，把党章和宪法关于公有制为主体的规定视为"保留着传统社会主义观念的痕迹"，完全否定了建立公有制消灭剥削是社会主义的本质特征和根本原则。

与这些观点略有不同的是，某些人士虽然抱着私有化的主张，并且在私下讲，私有化已成定局，可是他们在宣扬私有化主张、方案时，却遮遮掩掩，在公开场合他们对自己所主张的任何一种私有化形式都要习惯性地说一句："这绝不是私有化"，"这是公有制经济的实现形式"。某大经济学家把私人控股的股份公司，非公有经济控股的一般公众股份公司，都说成是"'新'公有制的实现形式"。还有人发明"间接公有制"，说什么可以利用财税再分配的办法，把"直接私有制"改成"间接公有制"，以取代"直接公有制"的地位；还说资本主义国家如美国，正在利用这一办法，"走向社会主义"。明明是私有制的资本主义，还装饰成"社会主义"，自欺欺人，也太玄乎了。

有一种议论，是以预言家的口吻出现的。这位预言家表面比较谦虚，认为现在还不好说是民（私）营经济为主体，但形势发展，私营经济一定变为主体。这篇由著名经济学家领衔的，挂靠在某党校的一个刊物上的奇文说："过去我们说民营经济是国有经济的有益的补充，但现在我们逐渐发现，顺着真正市场经济的思路发展，总会有一天我们会反过来说，国有经济是民营经济的一个有益的补充"。咄咄逼人的私有化主张，口气不小，听起来像是向十三亿中国人民示威，你们终有一天守不住公有制为主体的阵地！也像说给我们的执政者听：看你怎么办！

还有一种私有化主张，打着对社会主义本质属性和社会主义模式选择理论研究的旗帜。早在十五大前夕，就有人抛出社会主义的基本特征是"社会公正加市场经济"的公式。这一个连社会民主主义和资产阶级都能接受的模糊定义，否定建立公有制消灭剥削是社会主义本质特征和根本原则之一。有人最近说，长时期人们认为社会主义特征是公有制、按劳分配是不对的，现在要以"共同富裕、社会和谐、公平正义"来认识社会主义的本质属性。当然，共同富裕，社会和谐等等非常重要，但是撇开所有制关系，撇开公有制和消灭剥削，这些美辞都是缺乏基础，构成不了社会主义。倡导这一理论的人士在推荐"人民社会主义模式"的五个特征中，也绝口一字不提公有制为主体。有位同志在引用小平同志的社会主义本质论时，不提"消灭剥削"四个字，只讲"小平说，社会主义本质就是解放生产力，发展生产力，消除两极分化，最后达到共同富裕"。大家知道，建立公有制，是为了"消灭剥削"，所以小平同志多次把"公有制为主体"列为社会主义主要原则之一。这位同志不提"公有制"、"消灭剥削"这些重要字眼，将改后的小平论述来界定社会主义所有制，认为不管公有制还是私有制，都是社会主义所有制！他太不注重理论问题的严肃性了。

最后，还有一种反对公有制、鼓吹私有化的理论，直接打着马克思主义的旗号，那就是歪曲马克思"重建个人所有制"的提法。过去也有人不断误解马克思这一提法，也多次为正确的马克思主义解读所廓清。最近谢韬等在《炎黄春秋》①把马克思所说的"在生产资料共同占有的基础上重建个人所有制"，说成"是一种以个人私有为基础的均富状态"，即"自然人拥有生产资料，人人有份"，把生产资料的私有制视为马克思的主张。其实恩格斯在《反杜林论》中早就对马克思这一提法作了解释：以"生产资料的社会所有制为基础的个人所有制的恢复，对任何一个懂德语的人来说，这也就是说，社会所有涉及土地和其他生产资料，个人所有制涉及产品，那就是涉及消费品"②。谢韬等睁眼不看这些，在理论上胡搅蛮缠，其目的是把矛头直接指向改革开放以来几代领导人努力开创的中国特色社会主义，把它诬称为以重建个人所有制为主要内容的社会民主主义道路，把"重建个人所有制"说成是"中国改革开放的总路线和总政策"，其私有化的意图昭然若揭，也无须本文细评了。

够了。我不想再浪费读者的时间。从这里可以看出来私有化思潮泛滥，已经猖狂到何种地步。我们是有思想言论自由的，提倡百家争鸣，多样化。但是不能像戈尔巴乔夫、雅可夫列夫那样，搞"多元化"、"公开化"，把老百姓的思想搞乱，把改革开放的方向引错。应该是清理一下的时候了。

七、"公有经济低效论"是个伪命题

企图把中国改革引向私有化方向的人士，有许多牵强附会的"论据"。其中最重要的是"公有经济低效论"。

"公有经济低效论"站不住脚，已经有许多文章、著作加以论述。例如，左大培《不许再卖》一书，以严密的逻辑和充分的事实，对"国有企业所有

---

① 《炎黄春秋》2007年第6期。
② 《马克思恩格斯选集》第三卷，第473页，人民出版社1995年版。

者虚置论"、"人皆自私，因此企业经营者所有才能搞好企业"、"国有企业监督成本过高"等等观点作了深入细致、有理有据的驳斥，至今未见到"私有化"论者像样的反驳。后者还是一口咬定"公有经济低效"，好像这用不着证明；以此作为定论，好像也不打算同你认真辩论了。

因为分析公私经济效率，驳斥公有经济低效的论著甚多，本文不打算详论这个问题，只想点出几条，供大家思考一下，是不是这样。

1. 公有经济在宏观的社会经济效益上的表现，如经济增长、就业保障、社会福利等等方面，比私有经济的优越性，是无可置疑的。以公有经济为主的国家与以私有经济为主的国家相比，在经济增长速度对比上，比较长时期（虽然不是一切时期）地前者超过后者，把落后的国家建设成为奠定了工业化基础或工业化的国家，战胜了强大的法西斯侵略者，等等，都可证明。

2. 在微观经济方面，众所周知，企业规模超过一定限度，所有者与经营者就有分离的必要，企业家就要分化为老板（公司股东）和职业经理人。公营经济与私营经济一样可以用委托代理方式，解决激励与约束机制的问题。并且经验证明，公有经济不一定需要比私人股份公司多得多的资本经营层次。美国著名经济学家斯蒂格利茨通过实证研究表明，无论统计数据，还是具体事例，都不能证明政府部门效率比私营部门低。许多国家如法、意、新加坡等，至今拥有不少经营效率不低的国有企业（垄断、竞争部门都有），就是证明。我国国有企业近几年来业绩显著改进，也不乏例证。

3. 有些人把改革开放后，特别是上世纪 90 年代中后期，国有企业经营不善，亏损面不断扩大，效益大面积滑坡的事实，拿来说事，津津乐道公有经济效率低下，故意不提这一段时期出现这些现象有许多特殊原因。例如，拨改贷开始埋下企业资金不足的隐患或陷入债务深坑；富余人员过多，各种社会负担沉重；税负大大超过私营和外资企业；等等。国企为保障社会经济稳定而付出了巨额的改革成本，成为一个沉重的负担。这些由于种种特殊原因造成企业效益下滑，是一个暂时的现象，经过一定的合适政策措施是可以解决的。这与所有制没有关系。私有化论者不提这些，而拿它们来论证"国企低效，因此要变国有为私有"，更是不伦不类。

4. 更不能容忍的是，一些人把国有企业某些领导层的贪污腐化导致效益下滑，国有资产大量流失的行为，普遍化为国有企业的"特征"，说什么我国的国有企业是"官僚权贵资本主义"。南方的一家大报上甚至说，要使国有资产流失成为私人财权，才能消灭这种"权贵资本主义"。这显然是对我国整个国有经济的歪曲和污蔑。第一，不符合我国国企员工和相当一部分国企领导尽忠职守、廉洁奉公的事实。国企内权贵阶层的出现，在我国难以忽视，但他们是钱权交易、官商勾结、市场经济黑幕的产物，绝非国有经济固有的现象。第二，发出国企是"权贵资本主义"声音的人，怎么不问问，过去计划经济时期，为什么腐败现象虽然也有，却很少很少，而现在多起来了呢？一个原因是过去我国国企经营管理可能比现在严格，例如20世纪60年代我国曾总结出《鞍钢宪法》等一整套企业管理经验，80年代我国派人出国考察企管经验，发现日、美、欧洲也吸收了我国《鞍钢宪法》的经验，当时又把这个经验带回祖国①。另一个原因是社会上过去虽然有不正之风，但总的风气较好，人们还不完全为私利所左右，还是比较注意为公为集体，不像现在新自由主义影响下"人不为己天诛地灭"，"私利人"，"经济人"意识满天飞。所以有些国企老总经不起考验，一些国企管理层怀有"私有化预期"，把本来可以经营得很好的企业，搞的半死半活，然后迫使政府允许改制，贱价卖给自己，达到私有化的目的。还有一些党政领导人，与国企某些管理层形成联盟，双方共同从国企私有化中获取巨额利益。由于"人性自私"、"经济人假设"理论的影响，实际上存在着不少以改革为名，损害国家和人民利益的现象。例如"管理人收购"这一闹剧，就是"人性自私论"和"经济人假设"这些理论的庸俗化普及所支撑的。

5. 关于"公有制低效论"的辩论，经过两军对垒，激烈争战，现在变为两军对峙，各说各的，互不买账。这当然不是说，公说公有理，婆说婆有理，大家都有理。总有一方代表客观真理，另一方是邪说歪理。抛开这点不说，两种观点实际上也代表两种集团的利益，一种是代表资本、财富、腐败官僚、无良学者的集团利益，一种代表工农人民大众的集团利益。这两种观点因为利益不同互相不可能说服，是理所当然的。可是我们的宣传部门、理论部门、执政部门，应该有一个判断，支持什么，不支持什么，这才是关键。

八、论所谓"国退民进"

从战略上调整国有经济布局，通过有进有退，有所为有所不为，增强国有经济的控制力，发挥其主导作用，以巩固公有制的主体地位，这是十五大、十五届四中全会的决策。如前所说，党中央作出了"有进有退"调整战略布局

---

① 人民网强国论坛："鞍钢宪法"，2007年8月3日。

的主张后，就有人把这个主张解释为"国退民进"，国有经济从竞争性领域退出，让民营（私营）经济来代替。尽管这种观点受到舆论批评和官方的纠正，但它还是不断地出现，十分顽强。以致到了 2006 年 3 月 1 日，某研究机构主任还在北京的一家大报上刊登文章，宣称"这一轮国企改革对绝大多数国有企业而言，意味着必须实现战略退出，将企业改制成为非国有企业"，并断言，这种做法"不可逆转和势在必然"。经过读者投信质询，该报总编室也承认这篇文章"有的观点不妥当，编辑工作把关不严造成失误"。可是这位主任早先不止一次地宣扬"国退民进"的主张。他在中新社转述《大公报》的报道（2005 年 5 月 2 日）中就认为国退民进是市场经济的必然过程，说"市场经济的发展必然伴随着国企的大面积退出"①。2005 年 8 月 7 日他在黑龙江佳木斯一次会议上说，"所谓国有企业改革就是国有企业改成为非国有企业"。

那么，国有企业从什么领域退出呢！这位主任作了非常清楚的回答，就是要从竞争性领域退出。"新华网"透露，他强调，"国企与非国企不存在竞争关系，当遇到竞争，国企应该学会退出"。"国企无法解决比非国企更有效率的竞争力问题"，所以国企要学会退出②。

国有经济应不应该从竞争性领域退出？在我国 95% 的工业行业都是竞争性较强的行业，在这样的市场结构下让国企退出竞争性行业，几乎等于取消工业中的国有企业。竞争性领域中存在不少战略性国企和关系国计民生的重要国企，难道都要退光？竞争性领域中国企如果有竞争力能够盈利，为什么一定要让私营老板去赚钱？"国企竞争力不如私企"，连西方一些正直的学者也不赞成这一新自由主义的偏见。有竞争力的国企在竞争性领域中盈利上交国家，发展生产和社会福利事业，对于社会财富分配中的公平与公正也是有利的。

国有企业、国有资本不应从竞争性领域中完全退出，不但很多学界人士这样主张，中央政策也是很明朗的。十五大报告就规定，"在其他领域（主要指竞争性领域）可以通过资产重组和结构调整，以加强重点，提高国有经济的整体素质"。十六届三中全会也讲到，在增强国有经济控制力以外的其他行业和领域（主要也是竞争性领域），国有企业通过重组和调整，在市场经济中"优胜劣汰"。并没有规定国有经济一定要退出的意思，而是说可以在竞争性领域参加市场竞争，"提高素质"，"优胜劣汰"，"加强重点"。

---

① 中新网，2005 年 8 月 2 日。
② 新华网，2003 年 1 月 16 日。

以上讲的是在竞争性领域，不能笼统地讲"国退"，在这些行业国有企业也有"进"的问题。那么现在转过来说"民进"。私有企业是市场竞争的天然主体，竞争性领域让私企自由进入，是理所当然的。但是关系国民经济命脉的重要行业和关键领域，十五大规定了必须由国有经济占支配地位，是否也允许私人资本"进入"呢？国务院 2005 年关于鼓励支持非公经济发展的文件，允许非公经济进入垄断行业和领域，包括电力、电信、铁路、民航、石油等行业，矿产资源开发、公用事业、基础设施，以及国防科技工业建设等领域。这些都为非公有经济进入关系国民经济命脉的重要行业和关键领域网开了一面。

对此，有民间人士持不同意见。认为非公经济进入控制国民经济命脉的许多领域，有违中共十五大规定"国有经济控制国民经济命脉"的方针，将会动摇、改变国有经济在国民经济中的主导地位和公有制的主体地位。并且向有关方面提出了自己的看法，希望扭转有关规定。

我认为，关于国民经济命脉的重要行业和关键领域，如果从吸收社会资本，扩大公有资本的支配范围，壮大国有经济的控制力，促进投资主体的多元化这一角度来说，还是符合十五大精神，符合我国国企改革的方向的，因此可以有选择地允许私人资本参股进入；但不可以把这个领域让给私人资本独资开发或控股经营，影响国有经济对这些部门的控制地位，在允许非公资本参与投资经营的企事业，要加强监管。目前中国私人资本实力还不够雄厚，即使私人资本长大，国家也只能吸收而不必主要依靠私人资本来发展这些部门。特别是这些重要行业和关键领域，一般收益丰厚，多属垄断性级差租收入性质，按照中外学理，这种级差租性质的收入，理应归公。所以对进入这些行业领域的私人股份的红息，应加限制，使私人资本能够得到一般竞争性行业的盈利。这也符合民主革命先行者孙中山先生"节制资本"的要义。中国共产党在社会主义初级阶段参考孙先生的正确思想，对"私人资本制不能操纵国计民生"的主张，进行灵活处置，也是可以理解的。限制私人资本在关系国计民生部门取得超额垄断利润，就是符合孙先生主张的精神的。

2005 年政府进一步明确了对非公有经济准入范围放开的政策以后，有些官员和经济学人又从另一个方面错误地解读政策动向，要求在重要的和关键的领域内国有经济与私人资本平起平坐，否认国有经济的主导作用，有的甚至建议国有资本限期撤出公共服务领域之外的全部产业领域。这种观点在上年开始制定进一步促进非公经济发展的政策时就已经出现，而且主要集中在中央和政府的权威学校和高级研究机构的某些部门，不过在 2005 年上半年表现得更为突出，并且在一些主流媒体和论坛上一再公开表达①。在这种背景下，政府高层部门负责人士先后出面明确表示：（1）垄断行业和领域今后要以国有经济为主体，这是由我国经济制度的性质决定的；（2）不能把国有经济布局和结构调整理解为国有经济从一切竞争性领域退出；（3）绝不能把国有经济布局和结构调整理解为中央"进"地方"退"，各地必须培育和发展一批有地方优势与特色，实力雄厚竞争力强的国有企业。

即使在政府负责人一再表态的情况下，还是有声音从体制内批评在重要领域让国企"做大做强"的选择，公开主张国资从产业领域全退，甚至有文章希望科斯的中国改革六字经"共产党加产权"，成为今天中共急进的"时代壮举"②。因此，尽管高层决策人士表态明朗，纠正了一些人所讲垄断行业允许准入，不讲主从关系的认识，也批评了一些官员和经济学人要国有资本从产业领域全面退出的观点，但是"全面坚持十六届三中全会决议关于公有制为主体，国有制为主导，发展非公有制的问题，在认识上和工作中并没有完全解决"③，一些官员和经济学人要国资从产业领域退出的观点，仍然在工作层面影响国资改革，不容忽视。

比如，《中国宏观经济分析》披露了有关部门关于国资转让和减持比例的方案④，从这个方案的政策目标看，它通过国家持股比例下限的低设，使大量关键和非关键领域国有上市公司的国有股权被稀释。有评论认为，"这个方案透露出国资要在关键性领域明显减少，竞争性领域基本退出。这种大量减持国资的主张不妥，其后续效应（即波及非国有非上市公司和地方其他国有企业的效应）更需警惕"⑤。还指出，近几年来国有工业状况，无论是垄断行业还是竞争性行业，持续逐步好转，在企业数量下降情况下，资产、产值，尤其是利润税收贡献都大幅上扬，表明坚持社会主义方向的所有制改革和国企改革是有希望的。在此背景下继续国资的大规模退出，是否恰当，需要考虑。当然，国资布局和国企组织，还有不少不合理之处，需要通过资产的进出流动，继续进行适当的调整。

---

① 《香港传真》N2005 - 37。

② 《香港传真》N2005 - 37。

③ 《股份制助民企做强做大》，《中华工商时报》2005 年 7 月 11 日报道国务院研究室副主任侯云春发言。

④ 《中国宏观经济分析》2005 年第 11 期。

⑤ 《香港传真》N2006 - 13。

九、国有经济的控制力应该包括哪些范围

2006 年 12 月 18 日国资委发布《关于推进国有资本调整和国有企业重组的指导意见》，其要点之一是推动国有资本向重要行业和关键领域集中，增强国有经济的控制力，发挥主导作用。重要行业和关键领域包括：涉及国家安全的行业，重大基础设施，重要矿产资源，提供重要公共产品和服务的行业，以及支柱产业和高新技术产业中的骨干企业。对于不属于重要行业和关键领域的国有资本，按照有进有退、合理流动的原则，实行依法转让。

对于这项部署，有两个方面的评论。一个方面，认为不论是国有资本要保持绝对控股的军工等七大行业，还是国有资本要保持较强控制力的装备制造等九大行业，大都遍布非竞争性领域和竞争性领域，并不都是只有国有企业才能有资格从事的行业。属于竞争性行业，由国资来控制缺乏合理性。在这些行业，国企筑起垄断门槛，有违市场公平竞争原则；并称"增强国有经济的控制力没有法律依据"，说政府无权不经过代议机构的批准擅自指定自己的垄断领域。但是我们要说，加强国有经济的控制力，国有经济在关系国民经济命脉的重要行业和关键领域必须占有支配地位，在社会主义市场经济中起主导作用，这是我国的根本大法——宪法所规定了的，这是根本的法律依据。再说，在竞争性领域，允许国有企业以其竞争力取得控制地位，并不见得不符合市场竞争原则。

另一个方面的评论是，对于不属于重要行业和关键领域的国资要"实行依法转让"，即退出，会引发非公有资本广泛并购和控股众多的原国企，后果堪虞。夏小林在《中华工商时报》撰文指出："国资委资料显示，2005 年在约 26.8 万亿国企总资产中，中央企业占 41.4%，而国企中还有 3/4 是在竞争性行业。按照某种意见，如果不考虑国资在维系社会公平方面的重要作用，中央企业之外 58.6% 的国企资产和 3/4 在竞争性行业的国企，是不是其相当大的一部分都要在'不属于重要行业与关键领域'标准下，'实行依法转让'呢？如果'转让'使中国产业的总资产中，私人资产的比重超过和压倒国有资产，中国少数私人的财富急剧暴涨，这将会形成一种什么样的财富分配状况和收入分配状况呢？"[①] 夏小林关于国有经济控制力包括的范围的意见是值得注意研究的。他把国有经济的社会责任分为两种，一是帮助政府调控经济，一是保证

---

① 夏小林：《非国有投资减缓，后效仍需观察》，《中华工商时报》2007 年 1 月 31 日。

社会正义和公平的经济基础。前一个作用普遍适用于社会主义国家和现代资本市场经济国家，而后一作用则是社会主义国家独有的。他说，"按照西方主流经济学的观点，在一定条件下国有经济有助于政府调控经济，但是 OECD 国家的私有化证明，即使在垄断性的基础产业为主要对象进行了私有化，国有经济到了 10% 以下的比重以后，政府照样可以运用各种货币政策、财政政策、产业政策和商业手段等有效地调控经济。但是社会正义和公平，却是高度私有化的经济和以私有化为主的混合经济解决不了的老大难问题"。"在中国坚持社会主义市场经济的改革方向中，增强国有资本的控制力，发挥其主导作用，理应包括保障、实现和发展社会公平的内容和标准。对那些对于政府调控经济不重要但是对于保障社会正义和公平非常重要的竞争性领域的国有资产，也应该认为是'重要'的和'关键'的领域的国有资产，要力争搞好，防止出现国资大量流失那种改革失控，随意实行大规模'转让'的偏向"①。所以，在一般所说"重要"、"关键"的标准之外，根据保证社会公平的标准，可以认为，即使在竞争性领域，保留和发展有竞争力的国有及控股企业，这属于增强国有经济控制力"底线"的范围，也是"正当的选择"。

基于国有经济负有保证社会正义和公平的经济基础的社会责任，国家要保障在公益服务、基础设施、重要产业的有效投资，并不排除为解决就业问题在劳动密集领域进行多种形式的投资和运营。在保障垄断性领域国有企业健康发展的同时，还要保障在竞争性领域国有企业的发展，发挥他们在稳定和增加就业、保障社会福利和提供公共服务上的作用，增强再分配和转移支付的经济实力。决不能像新自由主义所主张的那样，让国家退出经济。我国这样一个社会主义大国，国有经济的数量底线，不能以资本主义国家私有化的"国际经验"为依据。确定国有经济的比重，理应包括保障、实现、发展社会公平和社会稳定的内容，所以国家对国有经济控制力的范围，有进一步研究的必要。

关于如何增强国有经济控制力，综合各方面的意见，还有几点想法，简要述之。

1. 国企要收缩战线，但不是越少越好。在改革初始阶段，由于国企覆盖面过广，战线过长，收缩国企的数量，集中力量办好有素质的国企，开放民间经济的活动天地，这是必要的。但并不是说国企办得越少越好。这些年有些官员、学者，片面倾向于少办国企，"尽可能避免新办国有企业，让'国家轻松

---

① 夏小林：《非国有投资减缓，后效仍需观察》，《中华工商时报》2007 年 1 月 31 日。

一点，就是管那些少得不能再少的国有企业'，'我们留下为数不多的国有企业将是活得非常潇洒的，不像今天这样愁眉苦脸，忧心忡忡'"的精神状态。围绕所有制结构政策，体制内外频频发出声音，"或者将中国所有制结构的取向定在用 15～30 年时间来让自然人产权（私有产权）成为市场经济的主体上，或者把参照系数定在欧、美市场经济中国有成分在 7%～10% 的模式上（国资研究室主任指出西方发达国家国企仅占全民经济 5% 的份额），或者在叶利钦时期俄罗斯、东欧国家取消社会主义目标后的所有制模式上"[①]。这些将国有经济比重尽量压低的欲望，大大超出了江泽民所讲的限度，就是不能影响公有制的主体地位和国有经济的主导作用。国资委从 2003 年成立以来，央企数量已由 196 家减少到 157 家。据透露下一轮整合方案，央企数量将至少缩减 1/3。国资委的目标是到 2010 年将央企调整和重组到 80～100 家，其中 30～50 家具有国际竞争力。令人不解的问题是，中国这样一个社会主义大国，这么多的人口，这么大规模的经济，到底应该掌握多少国企，其中中央应该掌握多少央企？俄罗斯已经转型为资本主义国家了，普京总统无疑也是效忠于私有制的，但他在 2004 年 8 月宣布，确定 1063 家俄罗斯大型国企为总统掌握的国有战略企业，政府无权对这些战略企业实行私有化。同样是中央掌握的大型国有企业，为什么私有化的俄罗斯保留的是社会主义中国的好多倍。此中除了不可比的因素外，是否反映了我国某些官员国企办得越少越好，追求"轻松潇洒一些"的倾向？还有某些个别官员不好明说的倾向？

2. 中央和地方都要掌握一批强势国企。有关部门负责人指出，不能把国有经济布局和结构调整理解为中央"进"地方"退"，各地必须保留和发展一批具有地方优势和特色、实力雄厚、竞争力强的国有大企业，使之成为本地区国民经济的支柱。中国是一个大国，许多省、直辖市的土地人口，超过欧洲一个国家。有人建议在省市自治区一级建立一地一个或数个，或数地联合建立一个类似淡马锡模式的控股公司，来整合地方国企。这个建议是可行的。新加坡那样国土面积小、人口少的国家都能做到，为什么我们做不到。前些时候国企改制地方出的问题比较多，也可以通过新的"改制"梳理一下。

3. 国有经济改革决策要受人大制衡监督。这个意见人们多次提出，并有专门的建议案。国有经济改革涉及全体人民利益，不能总在工会实际管不了，人大又不严加审议和监督，由行政机构少数人确定国有企业留多少、不留多少

---

① 《香港传真》N2004-33。

的情况下来进行，由他们来决策国资的买卖的情况下进行，极易造成决策失误和国资流失。以保护私权为主要使命的《物权法》已经通过了。而研究开始在《物权法》之前，以保护'公权'为使命的《国资法》，研究了多年，人们仍在翘首企望，希望早日出台，让各级人大能够像英国、俄罗斯、波兰、日本等类型的市场经济国家的议会那样，有权审议国有资产产权变动的方案。

4. 扩大国有产权改革的公共参与。国有资产产权改革不单纯是一个高层的理论问题，而且是关系各方面利益的公共政策问题。所以这个问题的讨论与决策不但要有官员学者精英参加，而且要有广大公众参与。某国资研究机构有人认为，这是不应当由公众来讨论的潜规则问题，郎咸平掀起的讨论是"引爆了公众不满国资流失和社会不公的情绪，是反对改革"。讲这种话的精英，是把大众当做阿斗。对于国资产权改革，公众有知情权、发言权、监督权，少数精英把持是非常危险的。据报道，汪道涵临终与人谈话说，"我的忧虑不在国外，是在国内"，"精英，社会精英"。其背景就是他对苏共及其领导干部变质的长期观察和研究。"苏联主要是亡在他自己的党政领导干部和社会精英身上。这些干部和精英利用他们手上的权力和社会政治影响，谋取私利，成了攫取和占有社会财富的特权阶层，他们不但对完善改进社会主义制度没有积极性，而且极力地加以扭曲。公有制度改变才能使他们的既得利益合法化。这只要看看各独立共和国当权的那些干部和社会名流大约有百分之八十都是当年苏联的党政官员和社会精英，事情便清楚了。"①

十、发展私营经济的正道

谈基本经济制度，不能不谈私有经济，私有经济是非公有制经济的一部分。其与公有制主体经济的共同发展，构成我国社会主义初级阶段的基本经济制度。非公有经济在促进我国经济发展，增加就业，增加财政收入，满足社会各方面需要方面，不仅在当前，而且在整个社会主义初级阶段很长的历史时期内，都有不可缺少的重要积极作用，因此我们必须鼓励、支持和引导非公有制经济发展，而不能忽视它、歧视它、排斥它。所以，党和政府对非公有制包括私有制经济非常重视，对它们的评价，从十三大、十四大的"公有制经济的补充"，到九届人大二次会议称为"社会主义市场经济的重要组成部分"，十六大还提出了"两个毫不动摇"，足见中央充分肯定非公有制包括私有制经济的

---

① 香港《信报财经新闻》2007 年 6 月 23 日。

重要作用。

我国非公有制经济有两个组成部分：一部分是个体经济。个体经济占有少量生产资料，依靠个人辛勤劳动，服务社会，而不剥削他人，属于个体劳动性质的经济。这部分经济目前在我国经济中占的比重不大，将来也不可能很大，据工商局说，最近有一些年份，我国实有个体工商户还有所减少。但是现在已经恢复正增长。另一部分是私营经济和外资经济。自改革开放以来，广大私营企业主受党中央让一部分人先富起来号召的鼓舞，先后投身商海，奋勇创业拼搏，用心血耕耘多年，为国家经济发展、社会稳定和丰富人们的物质生活作出了重要贡献，应当受到社会公正的评价。当前私营企业主要面临的突出问题，是融资困难较大，税收尤其是非税收负担较重。此类问题亟待有关部门切实解决。

私有经济与个体经济是有区别的。私营企业主与现在所称新社会阶层中的管理技术人员、自由职业人员等等其他成分也不一样。大家都是"社会主义事业建设者"，但个体劳动者、管理技术人员、自由职业人员等等，一般是不剥削他人劳动的劳动者，而私营企业主雇佣劳工生产经营，他们与雇工之间存在剥削与被剥削的关系。因为私营企业的生产经营是为社会主义现代化建设服务，所以这种剥削关系也受到我国法律的保护。私有经济在促进生产力发展的同时，又有占有剩余价值的剥削性质，这种由剥削制度所制约的私有制本性目的所必然带来的社会矛盾，无时无刻不在政治、经济、社会、文化、思想道德上，人与人的关系上表现出来。私有制在社会主义初级阶段下表现的两重性，是客观上必然存在的，只能正视，不能回避。应该把私有经济的性质与作用分开来讲。只要是私人占有生产资料，雇佣和剥削劳动者，它的性质就不是社会主义的。至于它的作用，要放到具体历史条件下考察，当它处于社会主义初级阶段，适合生产力发展的需要时，它就起积极作用，以至构成社会主义市场经济的一个重要组成部分。由于它不具有社会主义的性质，因此不能说它也是社会主义经济的组成部分。

有人说"非公有制经济人士已不是过去的民族资产阶级"了。不错，非公有制经济中的个体劳动者，从来不属于资产阶级。但雇工剥削的私营企业主按其性质应该归属到哪一类呢？恐怕除资产阶级以外，没有地方可以归属。当然，同时，按其作用，还可以把他归入"社会主义建设者"、"新社会阶层"这些不同层次的概念。这是非常实事求是的科学分析，容不得半点虚假。对于社会主义初级阶段的私有经济，应当从两个方面来正确对待。一方面是不应轻视，不应歧视；另一方面，不应捧抬，不应护短。现在对私营企业轻视歧视的现象的确是有，特别是前面提到的融资问题和负担问题。例如我国大银行对中小企业（主要是私营），除了"重大轻小"、"嫌贫爱富"外，还存在"重公轻私"的所有制歧视。所谓企业"三项支出"（交费、摊派、公关招待费用）负担加重，某些部门少数官员对企业勒索骚扰，成为企业不得不应付的"潜规则"；当然这里边也有企业借此减轻正规税费之苦衷。而在"吹捧"、"护短"方面，"人民网"2006年4月19日有人撰文说，不少地方党政官员将我们党的支持民营企业的政策，错误地执行成"捧—求—哄"，给私营企业主吹喇叭、抬轿子、送党票……不一而足。媒体报道，东南某省会城市，在百姓看病存在困难的情况下，拨出专项资金，选定民营企业家享受公费健康体检和疗养休假，"充分体现了党和政府对民营企业家的关爱"。有关部门高层人士为少数企业主确实存在的"原罪"行为开脱，并打不追究的保票。某些理论家则把非公有经济是"社会主义市场经济的重要组成部分"，偷换为"社会主义经济的重要组成部分"，认为"民营经济"（即私营经济）"已经成为"或者"应当成为"社会主义经济的主体，以取代公有制经济的主体地位。这明显地越过了宪法关于基本经济制度规定的界线。

对私有经济，既不应当轻视、歧视，又不应当吹捧护短，那么应当怎样正确对待，才符合坚持社会主义基本经济制度的要求呢？毫无疑问，我们要继续毫不动摇地发展私有经济，发挥其机制灵活，有利于促进社会生产力的正面作用，克服其剥削性产生的不利于社会经济发展的负面作用。如有些私营企业主偷逃税收，压低工资和劳动条件，制造假冒伪劣产品，破坏自然资源环境，借机侵害国有资产，以及其他欺诈行为，都要通过教育监督，克服清除。我想广大私营企业主，本着"社会主义建设者"的职责和良心，也一定会赞成这样做，这对私有经济的发展只有好处，没有坏处。

在鼓励、支持私有经济发展的同时，还要正确引导其发展方向，规定能发展什么，不能发展什么。比如竞争性领域，要允许私有经济自由进入，尽量撤除限制其进入的藩篱。特别是允许外资进入的，也应当开放内资进入。而对关系国民经济命脉的重要部门和关键领域，就不能允许私有经济自由进入，只能有条件、有限制地进入，不能让其操纵这些部门和行业，影响国有经济的控制力。私有经济在竞争性领域有广大的投资天地，在关系国民经济命脉的一些重要部门现在也可以参股投资，分享丰厚的盈利，他们应当知足了。作为"社会主义建设者"群体和"新社会阶层"，私营企业主大概不会觊觎社会主义经济的"主体地位"。但是确有某些社会精英明里暗里把他们往这方面推。要教育他们不要跟着这些精英跑。

总之,我们要毫不动摇地发展包括私有经济在内的非公有经济,但这必须与毫不动摇地坚持发展公有制经济并进,并且这种并进要在坚持公有制经济为主体,国有经济为主导的前提下进行,真正实行两个毫不动摇,而不是只实行一个毫不动摇。这样做,才能够保证我国社会主义基本经济制度的巩固发展,永远立于不败之地。

原载《开放导报》,2007 年第 5 期

对十七大报告三则论述的理解①

刘国光

一、强调"发挥国家计划在宏观调控中的导向作用"的意义

十七大报告关于国家计划和宏观调控问题，有这样一段话："发挥国家发展规划、计划、产业政策在宏观调控中的导向作用，综合运用财政、货币政策，提高宏观调控水平。"这段话的意思是：重申国家计划同财政政策、货币政策一样，是重要的宏观调控手段，其中国家计划与产业政策又在宏观调控中对国民经济的发展起导向作用。这个意思多年没有提了，现在重新提出，意义十分重要。

计划与市场的关系，是一个长期的、世界性的问题。十一届三中全会以来，我们党对计划与市场的关系也有一个探索的过程，全党并不是一下子就达到建立社会主义市场经济的认识的。对社会主义市场经济下国家计划、宏观调控与市场关系的认识，也不是一帆风顺的。

1979年11月26日，邓小平同志在会见美国不列颠百科全书出版公司编委会副主席吉布尼等外宾时，就谈到过计划与市场的关系问题，他说："我们是以计划经济为主，也结合市场经济，但这是社会主义的市场经济。""市场经济不能说是资本主义的。市场经济在封建社会时期就有了萌芽。社会主义也可以搞市场经济。"以后，他曾几次谈过这个问题，但当时大家都不知道，这些谈话是后来才公布的。

党的十二大明确提出了计划与市场的关系问题。1982年党的第十二次全国代表大会提出，"以计划经济为主、市场调节为辅"。当时我们还是把计划经济作为社会主义的主要特征，但是已经开始吸收市场调节的作用了。后来，党的十二届三中全会提出了一个具有里程碑性质的重要论述："社会主义经济

---

① 本文根据刘国光先生于2007年12月6日在上海财经大学90周年校庆的演讲报告整理而成。

是在公有制基础上的有计划的商品经济。"之前，我们只承认商品生产和商品交换，不承认商品经济。十一届六中全会的经验总结就是这个精神。十二届三中全会提出有计划的商品经济这个概念，承认了社会主义有商品经济，正如小平同志所说，这在政治经济学上是一个里程碑式的贡献，是对马克思主义的一个很重要的突破。但是，这个论点提出来以后，对于有计划的商品经济，到底是以计划经济为主还是以商品经济为主，经济学界持续了好几年的争论。有的人说，计划经济是社会主义的主要特征，商品经济只是附属性质；有的人则说，商品经济是社会主义的主要特征。一方偏重于计划，一方偏重于商品。因为对"有计划的商品经济"的理解不同，在对政策的理解和掌握上也就不太一样。

这个情况到党的十三大有了变化。1987年2月6日，十三大之前，小平同志在同万里等几个中央负责人谈话时提出，不要再讲以计划经济为主了。所以，党的十三大就没有再讲以计划经济为主，提出了"社会主义有计划的商品经济体制应该是计划与市场内在统一的体制"。这样计划与市场就平起平坐了。十三大还提出"国家调控市场、市场引导企业"，指出了国家、市场、企业三者的关系，把三者的重点放在了市场上面。同时十三大还提出，在经济调节方式的配比上扩大指导性计划，缩小指令性计划。经济调控从直接调控为主转向间接调控为主。直接调控就是计划调控，间接调控就是市场调控。所以，这个过程是很清楚的，计划与市场的关系，从十二大时的以计划经济为主、市场调节为辅，到十三大时就平起平坐，并且逐渐向市场经济、商品经济倾斜。

1989年以后的情况又有些变化。1989年6月9日，小平同志在中南海怀仁堂接见首都戒严部队军以上干部的讲话中说："以后还是计划经济与市场经济相结合。"当时小平同志用的是"市场经济"这个词，小平同志本身认为市场应该是很开放的，所以他讲的是"市场经济"，而不仅是"市场调节"。但是由于1989年以后的政治形势，当时对市场问题还有些保留，考虑到社会效果，后来在公开这个讲话时就改成了"计划经济与市场调节相结合"，没有用"市场经济"这个词语。从1989年到1992年十四大的这几年中，我们一直都用"计划经济与市场调节相结合"这个提法，这就基本回到了十二大时的提法。"计划经济与市场调节相结合"，这个提法还是没讲计划与市场以谁为主以谁为辅，但把计划经济作为社会主义的一个经济体制，市场调节只是作为一个调节手段，所以很显然是以计划经济为重，重心又回到了计划经济方面。

由于计划经济与市场调节相结合这个提法，在理论上没有讲清到底计划与市场以谁为主以谁为辅的问题，所以 1990 年、1991 年这两年理论界关于是以计划为主还是以市场为主还在继续争论。主张以计划经济为主的人认为，计划经济是社会主义的根本特征，市场调节不过是一个属性。主张以市场调节为主的人认为，商品经济是社会主义的本质特征，计划经济不是特征，应该从社会主义的特征里去掉。由于理论认识上的不一致，对改革的目标模式就存在不同的意见，有的主张计划取向，有的主张市场取向。主张市场取向的人认为，原来计划经济的模式现在要转向市场，转向更多地利用市场。反对的人不赞成市场经济，认为市场经济是资本主义的东西。他们提出，联合国统计分析，把中央计划经济国家等同于社会主义国家，把市场经济国家等同于资本主义国家。争论非常激烈。

在中央的工作方面，1990 年 3 月，七届人大三次会议提出中央要多收一点权，指令性计划要扩大一点，指导性计划和市场调节要小一点。由于 1989 年以前，中央权力下放得太多，权力过于分散，中央的权力削弱了，所以七届人大三次会议提出近两年的工作方向是中央多收一点权力回来。实际上，1989 年以后，我们的工作已经转到把权力更多地收到中央来，更多地用行政权力来管理经济，市场调节方面稍微差了一点。

1990 年下半年，情况又有所变化，我们从收紧到逐步放松，当时在治理整顿过程当中，要加大改革的力度，加大市场调节的分量。这样，1990 年 12 月，江泽民同志在十三届七中全会上透露了小平同志的意思：不要把计划与市场的问题跟社会制度联系起来，不要认为计划是社会主义的，市场是资本主义的。杨尚昆同志在军委扩大会议上也传达了这样的观点。到 1991 年七届人大四次会议讨论"八五"计划时，关于三种经济调配方式，就有了一个明确的说法，重申要缩小指令性计划的范围，扩大指导性计划和市场调节的范围。这是一个很重要的变化。同上年七届人大三次会议精神显然不同。此后，理论界的争论也发生了变化，大家逐渐倾向于不再把计划与市场跟社会制度联系起来，不再认为计划是社会主义的，市场是资本主义的，而更多地看做是不同的资源配置的方式。之后，1992 年小平同志"南巡讲话"，清楚地指出计划与市场不是划分社会制度的标志，计划不等于社会主义，市场不等于资本主义，资本主义也有计划，社会主义也可以有市场。这样，党内关于计划与市场关系的争论，几经反复，逐渐有了一个比较统一的认识。

党的十四大报告起草的时候，我是起草组的成员。小平同志"南巡讲话"以后，我们就经济体制改革的目标模式问题归纳了各方面的意见，整理成三点，也就是 1992 年 6 月 9 日，江泽民同志在中央党校讲话中讲到的关于经济体制改革目标模式的三种提法：一是建立计划与市场相结合的社会主义商品经济体制；二是建立社会主义有计划的市场经济体制；三是建立社会主义的市场经济体制。关于这三种提法，江泽民同志在中央党校讲话前，找我谈了一次话。江泽民同志倾向于选择建立社会主义市场经济的提法。他问我的意见，我说这个提法好，赞成这个提法。我同时也提出一个意见，假如只用"建立社会主义市场经济"，不提有计划的市场经济，"有计划"这方面有可能容易被人忽略，有计划对于社会主义还是很重要的。江泽民同志说："有计划的商品经济，也就是有计划的市场经济。社会主义经济从一开始就是有计划的，这在人们的脑子里和认识上一直是清楚的，不会因为提法中不出现'有计划'三个字，就发生是不是取消了计划性的疑问。"后来他在中央党校的讲话里面也讲了这段话。我觉得江泽民同志讲得很好，讲的确实是对的。几十年来大家确实都是这样理解的，社会主义就包括"有计划"。

但是，后来有些人就不这么理解了。现在我们观察一下，我们的经济学界、理论界，甚至于财经界，有些人认为我们现在搞市场化改革，计划不值得一谈。"十一五计划"改成"十一五规划"，一字之差，就有人大加炒作。说我们离开计划经济更远了，同市场经济更近了，这真是一个笑话，其实"规划"也是广义"计划"的一种表述，外文都是 Plan、Planing 一个字，不过在中文里"规划"又有长远性、战略性的意义。

江泽民同志讲的是社会主义市场经济体制，在国家宏观调控下，让市场在资源配置中起基础性作用。社会主义里面包括有计划，宏观调控就要包含计划调控、宏观调控本身就是广义的国家计划调控。不能因为字面上没有"有计划"，就不要计划了，不发挥计划的作用了。用市场化来概括我们改革的方向是有问题的，我们要建立的社会主义市场经济，不是一般的市场经济，是社会主义的市场经济，社会主义有很丰富的内容，包括江泽民同志讲的有计划的内容。我们社会主义的市场经济是我们基本经济制度下的一个有计划市场经济，不是在资本主义制度下的市场经济。

市场必须"在国家宏观调控下"起资源配置的基础性作用是非常重要的。这也是属于市场与计划关系的理论范畴。市场对激励企业竞争，推动经济发展，特别是对优化资源配置所起的促进作用必须予以重视，要坚定不移地进行市场取向的改革。但市场经济在宏观经济综合平衡上，在竞争与垄断的关系上，在资源和环境保护上，在社会分配公平上，以及在其他方面，也有很多的缺陷和不足，不能不要国家的干预、管理，包括用计划与宏观调控来加以纠正、约束和补充，所谓用"看得见的手"补充"看不见的手"。特别是要加上我国还是一个社会主义国家，社会主义国家的性质，社会主义公有制经济为主体的地位，以及社会主义社会实行统一计划的客观可能性与集中资源力量办大事的优越性等，决定了要加强国家的宏观调控和政府调节。我们要尊重市场，但却不可迷信市场。我们也不要迷信计划，但也不能把计划这个同样是人类发明的调节手段弃而不用。邓小平就是把计划和市场都当做手段，两种社会都可以用。当前，"市场化改革"的口号下迷信市场成风，计划大有成为禁区的态势下，强调一下社会主义市场经济也要加强国家对经济干预管理和计划调节的作用，是十分必要的。这并不是如同某些人歪曲的 "要回到传统计划经济模式"。

社会主义市场经济的发展和完善，离不开国家宏观调控、计划调节的加强和完善。当然，社会主义市场经济下的计划调节，主要不是指令性计划，而是指导性、战略性、预测性计划，但它同时必须有指导和约束作用，也就是说有"导向"作用，正如这次十七大报告中指出的，要"发挥国家发展规划、计划、产业政策在宏观调控中的导向作用"，"社会主义市场经济"的提法虽然没有"有计划"三个字，也不叫计划经济，但是我们还是有计划的，要用计划的。现在我们每年由国务院提出，并经全国人民代表大会批准年度计划，提出经济增长速度、投资总额、财政预算、信贷总额、外汇收支、失业率、物价上涨率和人口增长率八大指标，还编制五年、十年中长期发展规划，规定发展目标、战略重点、方针、政策等，这些都应在宏观调控中起导向作用，指导作用，约束作用。至于我们现在编制的计划，有点像个政策汇编，很少规定可以严格检查问责的指标和任务，很多东西可以执行也可以不执行，这样的计划工作，还有改进的必要。

二、重申"坚持和完善基本经济制度"的意义

十七大报告重申了"坚持和完善公有制为主体，多种所有制经济共同发展的基本经济制度"。这是社会主义初级阶段我国所有制结构的改革方针。目前我国所有制结构变化的形势引人注目。在这样的情况下，虽然文件只是重申，并且着笔不多，但我们认为十分重要。这里有必要回顾一下，坚持公有制为主体，多种所有制经济共同发展的基本制度，是怎么提出来的？提出来的时候，解决了哪些问题。

　　我们知道，这个方针，正式地、完整地提出是 1997 年党的十五大。十五大正好处在世纪转折的重要时期，也是我国实现第二步战略目标向第三步战略目标迈进的一个关键时期。这一时期我们要解决 21 世纪初最初 10 年的两个任务，一是要建立完善的社会主义市场经济体制，一是要保持国民经济持续快速健康地发展。要建立完善的社会主义市场经济体制，第一位的问题就是要确立社会主义基本经济制度，因为社会主义市场经济体制是市场经济与社会主义基本经济制度相结合的体制：没有社会主义基本经济制度，何来社会主义市场经济体制？这个问题很重要，如果不确立基本经济制度，那我们什么也谈不上。所以党的十五大正式提出公有制为主体、多种所有制经济共同发展的社会主义基本经济制度，作为我们社会主义市场经济的主心骨，并要在新世纪坚持下去。

　　当时有一些人担心国有经济的比重不断下降，会影响公有制的主体地位和国有经济的主导作用。针对这样的情况，十五大报告做了回答，提出要全面认识公有制经济的含义。公有制经济不仅包括国有经济和集体经济，还包括混合所有制经济中的国有成分和集体成分。并特别讲了公有制的主体地位，一是公有资产在社会总资产中占优势；二是国有经济控制国民经济命脉，对经济发展起主导作用。十五大报告讲，只要坚持公有制为主体，国家控制国民经济命脉，国有经济的控制力和竞争力得到增强，在这个前提下，国有经济比重减少一些，不会影响我国的社会主义性质。十五大报告这个讲法是非常正确的，解释了人们的疑惑。因为当时我们国有经济的实力还很强，战线还很长，国有经济稍微收缩一点不要紧。同时在社会主义初级阶段，我们需要给非公有制经济发展的空间和余地。

　　当时还有一个担心就是公有制的实现形式，那个时候股份制和股份合作制已经开始兴起，理论界和民间很担心搞股份制和股份合作制是不是搞私有化，搞到资本主义去了。党的十五大在关于公有制的实现形式方面着重解决了股份制和股份合作制的问题。十五大报告说："股份制是现代企业的一种资本组织形式，不是社会制度的形式。""资本主义可以用，社会主义也可以用。""不能笼统地说股份制是公有还是私有，关键看控股权掌握在谁手中。国家和集体控股，具有明显的公有性，有利于扩大公有资本的支配范围，增强公有制的主体作用。"我觉得解释得很好。我们多吸收一些社会资本，多吸收一些民间资本，参加到我们国有经济中来，壮大国有经济的控制力量，这不是很好嘛！

　　在党的十五大报告起草时，关于股份合作制我们讨论了很久，最后定性为劳动者的劳动联合和资本联合为主的企业组织形式，是一种集体所有制形式。当时也有人反对股份合作制，因为那时股份合作制界定不是很严格，各种解释都有，各种情况都有，社会上一些人认为股份合作制是搞资本主义、搞私有化，那是不对的。党的十五大做了定性解释。我们搞的是社会主义股份合作制，是劳动者的劳动联合和资本联合为主的集体所有制经济，当然是可以的。因为劳动者自己参股，是劳动者自己的，所以不存在私有化的担心。股份合作制有点像恢复到高级农业合作的形式，高级合作社实际上也是劳动联合和资本联合，当时没有股份这个概念。股份合作制不仅仅是我们农村的劳动集体，乡镇企业、城镇二轻集体、国有小企业也可以采用这种形式，都可以走这条道路，这是非常好的一个道路。我当时是非常主张股份合作制的，我说过股份合作制起码要搞 20 年。

这里要说清楚，劳动者的劳动联合和资本联合，与私人合伙和私人控股公司不是一回事，资本家的合伙和控股公司是雇佣劳动，让别人替他劳动，那是私有制，不是社会主义公有制。有人说资本家控股的公众公司也是一种新公有制，这是胡说八道，把这种不是劳动人民的东西都叫做是公有制，这怎么可以呢。

现在距离党的十五大已经 10 年了。公有制的比重下降，私有制的比重上升，是很必然的现象，因为我们社会主义初级阶段，公有制为主体多种经济共同发展，原来私有制少，改革前几乎从零开始，私有制加快发展速度，比重会提高，公有制经济和国有经济，速度相对慢一点，比重也会降低，这是一个很客观的过程，我们不能够有非议。但是要有一个限度，正如江泽民同志说的："所谓比重减少一些，也应该有个限度、有个前提，就是不能影响公有制的主体地位和国有经济的主导作用。"

现在，理论界和民间有争论，我们所有制的比例，公降私升的比例，是不是已经到了界限了，是不是已经到了一个关头了？为什么要提出这个问题呢？因为我们国有企业"有进有退"的改革方针，后来有些人把它变成了"国退民进"，强调国有企业改革就是要退。在"国退民进"这样的情况之下，国有资产会很快流失，变成私有财产。股份制原来不是一个私有化的道路，只要我们控股就是公有制。但是假如把控股的比例降到一定的比例，就等于把企业卖掉。国有企业在重组过程中，把企业整个卖掉，或者把企业由私人资本、外国资本控股的趋势是很厉害的。在这样的情况之下，我们要考虑一下，我们的公有制经济，我们的国有经济，到底占什么样的比例才合适，是不是还要继续这么搞，比例上是不是还要继续退。公有制在社会总资产中占优势比例可能丧失，这个问题要引起注意。

中国的所有制结构，经过约30年的变化，是否已达到影响公有制为主体的程度，是大家关心的问题，目前人们根据各自的估计数据，大体有三种不同的看法。第一种认为，"公有制经济虽然比重下降，但以公有制为主体的格局并没有改变，其主体地位依然巩固，国有经济在关系国计民生的重要行业，仍然继续掌握较强的控制力"。第二种认为，"公有制经济的资产优势和国有经济的控制力在巨大的产业和地区范围锐减削弱，使得公有制的主体地位从总体上看显现出开始动摇的迹象"。第三种认为，"公有制经济已经丧失主体地位，中国经济已经是私有制起主导、主体和基础作用"。需要指出的是，认为公有制已失去主体地位的经济学者，不仅有忧虑或反对这种现象的人，也有欢迎这种现象的人。如某大学教授写文章说，他主张不要再提"公有制经济为主体"了，因为他判断"公有制经济实际上已经不在我国社会经济生活中占主体地位"。

上述有关公有制主体地位仍然巩固、开始动摇、已经丧失的判断，都是建筑在非官方统计数字的基础上。由于国家发展部门和统计部门近些年没有提供我国公私经济对比的比较完整的准确数字，所以难以准确判断我国所有制结构的现状。

现在社会上有很多议论，甚至有人把意见提到人民代表大会，要我们国家统计机构和有关部门公布这方面的材料，到底现在各种所有制的比例是什么样的，希望人大来监督这个事情。党中央一贯坚持公有制为主体，多种所有制经济共同发展的基本经济制度，十六大、十六届三中、十六届五中、涉及经济工作的中央会议，以及这次十七大一而再，再而三地重申这一主张，强调这一主张，宪法上也庄严写上了这一条。这显然不是说说摆样子的。国家各个部门都应该为实现这一主张而努力，密切关注分析我国所有制结构变化动态，为党中央正确掌握形势，采取对策，保卫我国基本经济制度提供服务。

党的十六大提出"两个毫不动摇"："必须毫不动摇地巩固和发展公有制经济；必须毫不动摇地鼓励、支持和引导非公有制经济发展。"强调"两个毫不动摇"，有利于调动两个积极性，这对于发展我国的生产力是非常必要的。但是提"两个毫不动摇"，要以坚持公有制为主体为前提。如果不坚持这个前提，公有制主体地位就有可能被动摇。十六大以来，"两个毫不动摇"虽然一再并提，但时常不与坚持公有制为主体并提，实际上讲得多做得更多的是后一个毫不动摇，而较少听到前一个毫不动摇。这种情况对所有制结构朝着不利于公有制主体地位变化，起了催化的作用。同时推进了实际经济生活中的私有化倾向。

企图把中国改革引向私有化方向的人士，一方面大肆宣传"公有经济低效论"这个不能成立的伪命题；一方面把中央调整国有经济战略布局的"有进有退"的方针，篡改为"国退民进"的主张。在这样的氛围下，某些官员也认为，国企办得越少越好，置"公有制为主体"的底线于不顾。

本来，在改革初始阶段，由于国企覆盖面过广，战线过长，收缩国企的数量，集中力量搞好有素质的国企，开放民间经济的活动天地，这是必要的，但不是说国有经济办得越少越好。社会主义国家的国有经济负有帮助政府调控经济，保证社会正义和公平的经济基础的责任，理应在国民经济中保持足够的数量比重，发挥其主导作用。像我国这样一个社会主义大国，不能以资本主义私有经济国家的"国际经验"为依据，来确定国有经济的比重。原来，我们中央国有企业有几千个，全国的国有企业十几万个，现在，中央一级的国有企业已由2003年的196家，减少到157家。下一轮整合方案，央企数量将至少缩减1/3，目标是到2010年将央企调整和重组到80～100家。令人不解的是，中国这样一个社会主义大国，这么多的人口，这么大规模的经济，到底应该掌握多少国企，其中中央应该掌握多少央企？

俄罗斯已经转型为资本主义国家了，普京总统无疑也是效忠于私有制的，但他在2004年8月宣布，确定1063家俄罗斯大型国企为总统掌握的国有战略企业，政府无权对这些战略企业实行私有化。同样是中央掌握的大型国有企业，为什么私有化的俄罗斯保留的是社会主义中国的好多倍。

最后讲一点关于公有制的实现形式问题。党的十五大特别讲到两种实现形式，一种是股份制，一种是股份合作制，但是实际上我们公有制的实现形式还很多，有社区所有制、社团集体所有制，还有基金，特别是公募基金，包括养老金，等等，不用说，还有必要的国有独资的形式。这些都是我们公有制的实现形式。党的十五大提出来搞股份制和股份合作制是正确的，但我们不要把公有制的实现形式只限于这两个。党的十五届三中全会提出了股份制是公有制的主要实现形式，十五届三中全会报告的起草我也参加了，那时没有注意到，现在回过头来看，我觉得这个提法恐怕还有考虑的必要。公有制有很多实现形式，股份制也是一种，是一种重要的实现形式，但不一定是最主要的。关于股份合作制，原来是劳动者的劳动联合和资本联合，资本联合大体上平均。后来变成了经营者持大股，那就变成卖给经营者了，有许多股份合作制企业就变质了。这些问题是在我们执行"十五大"决策过程中发生的一些问题。当然这些问题不能掩盖我们取得的伟大成就。

三、关于小康社会分配格局和收入分配制度改革的一些新提法

这次十七大报告，关于收入分配问题，有些新的提法，其精神在于重视社会公平，解决贫富差距扩大的问题。这里我想先着重讲一下对于到现在为止，我国贫富差距扩大的形势，应该怎样认识。然后接下来再谈谈对十七大关于收入分配改革的一些新提法怎么理解。

改革开放以来，在分配领域，我们党遵循小平的正确思想，克服了过去在实行按劳分配原则中曾经有的平均主义倾向，实行让一部分人、一部分地区先富起来，带动大家共同富裕的方针。经过将近 30 年的改革实践，社会阶层分化，收入差距大大拉开，但还没有来得及进行先富带后富，实现共同富裕的目标。这对于经济的大发展，暂时是有利的。同时带来深刻的社会矛盾，引起公众的焦虑和学者的争论。

争论的焦点问题之一，是中国现在贫富差距是否已经扩大到"两极分化"的程度。主要有两种意见。肯定的一方忧国忧民，列举一些事实和数字，应用国际上通用的指标，如基尼系数、五等分或十等分分配比较法等，来加以论证，并用社会上一方面穷奢极欲的消费，另一方面生计困难生活对比的事实来验证说明：两极分化已被小平同志言中（"如果我们的政策导致两极分化，我们就失败了"），希望尽快地改变这种状况。否定的一方则认为，现在虽然富者愈来愈富，但贫者并不是愈来愈穷，而是水涨船高，大家都改善了生活，否认国际上通用的指标适用于中国，断言基尼系数的提高是市场经济发展的不可改变的必然趋势，认为提"两极分化"是故意炒作，反对改革。

我对于中国现在是否已经"两极分化"的问题，一向持慎重态度。我在 4 年以前（2003 年）发表的《研究宏观经济形势要关注收入分配问题》和在 2005 年 4 月发表的《进一步重视社会公平问题》两篇文章中，表达了这个谨慎态度，持比较中性的看法（贫富差距还未达到社会不能忍受的两极分化程度），又有一定倾向性的观点（要认真及时解决，否则有接近两极分化、承受极限的危险）。为什么不采取前述两种极端的观点呢？我有以下一些考虑。

两极分化是马克思在《资本论》中阐述资本主义积累的一般规律所制约

着的一种社会现象，即一极是财富的积累，一极是贫困的积累。财富的积累是一个无限扩大的过程，而贫困的积累则经过"绝对的贫困"到"相对的贫困"的转化。绝对贫困是劳动者的绝对收入和生活水平下降。随着生产率的提高，工人阶级斗争的发展，以及资产阶级政府被迫举办的福利措施，工人的绝对工资福利水平会提高，但劳动与资本的分配比例关系，仍然继续朝着有利于资本、财富积累的方向进行，使劳动阶级由"绝对贫困"转入"相对贫困"，财富积累和贫困积累两极分化现象仍然持续下去。一项研究用大量的材料表明，"在私有化、市场化、民主化和全球化中，无论在实行议会制的发达国家，还是在实行议会体制的发展中国家，两极分化加剧的现象目不暇接"。

一些同志在论证中国已出现两极分化的现象时，没有足够地注意到1978年至2006年，中国农村绝对贫困人口数量从2.5亿人下降到2148万人，减少了2.28亿人，农村绝对贫困人口的发生率，由30%下降到2.3%。这是我国社会生产力发展和政府扶贫政策实施的结果，对中国贫富差距扩大的缓解，起了一定的作用。当然不能由此推断中国贫富差距因此缩小，按我们标准计算的绝对贫困人口数量虽然减少，但它并不意味着相对贫富差距不在继续扩大。有一种观点认为，经济发展中收入分配是水涨船高的关系，断言中国只有大富小富之分，没有可能出现两极分化的趋势。这种说法违背了随着生产力的发展等因素，劳动人口从绝对贫困转向（在市场经济和雇佣劳动的条件下）相对贫困的两极分化趋势，依然在继续进行的客观规律。特别是中国，由于在改革过程中，诸如教改、医改、房改、国企改革等政策中的某些失误，在不该市场化的地方搞市场化，以及土地征用、房屋拆迁等使居民利益受损等影响，导致了某些新的贫困阶层的出现，更加剧了"贫者愈贫，富者愈富"的过程。当然政府正在采取措施解决这些问题，这也是不能忽视的。

能不能拿基尼系数来判断我国是否已经达到两极分化的境地？基尼系数作为衡量贫富差距的工具，是一个中性指标，"二战"后世界各国都在使用。我国基尼系数由1964年的0.184，1978年的0.2，上升到1980年的0.26，1990年越过0.4。上升速度之快，世界罕见，几乎找不到一例。令人惊讶，这是不能回避的。从水平上说，我国基尼系数已超过许多发达的资本主义国家，但还没有达到社会动荡比较强烈的拉丁美洲一些发展中国家的水平。

另一方面，我确实同意有些专家所说，影响基尼系数的结构性因素甚为复杂，不能简单地套用基尼系数的某些国际规范于我国。比如说按国际标准，0.4是社会失衡的临界点，超过0.4，就要进入警戒状态，这一条我看就不能随便套用。那种认为基尼系数上升是市场经济发展过程中的必然现象，需要长时间等待对付才能解决的观点也是不妥的。

现在我们国家的经济实力和财政力量已经成长到可以加速解决贫富差距问题的阶段。何以"让一部分人先富起来"，可以很快实现（几年）；而"先富带动后富实现共富"，则需要很长很长时间（几十年、上百年）的等待呢？这在我们社会主义国家更是说不过去的。

除了以上的考虑外，我之所以对两极分化问题持上述比较中性而又有一定倾向的观点，还有一个考虑，就是对领导我们进行改革开放的中国共产党政治路线的坚定信心。改革开放以来出现的收入差距扩大和贫富分化的现象，一方面是采取一部分人先富起来的正确政策的结果，但是还没有来得及解决带动大部分人共享改革成果，这属于正确的政策但实践经验不足的问题；另一方面也有社会上种种错误思潮的干扰的影响。我们党中央始终保持改革的社会主义方向，在发展社会生产，搞活市场流通，完善宏观调控，改善人民生活等方面，取得许多成就，有目共睹。在这样的总形势下，即使分配等方面的改革出了点问题，怎么可以说小平同志的假设已经言中，改革已经失败了呢？

我们看到党对人民负责的郑重精神，特别是十六大以来，本着对人民群众切身利益的关怀，提出了以人为本的科学发展观和构建和谐社会的思想，作了"让改革成果为全体人民分享"的政治承诺。针对日益发展的社会矛盾，淡出"效率优先、兼顾公平"的原则，突出"更加重视社会公平"的方针。利用财税改革和转移支付手段，着手解决分配不公问题。采取积极措施，解决诸如医疗服务、教育收费、居民住房、土地征收、房屋拆迁等涉及群众利益的突出问题。2006 年 5 月，党中央还召开了专门会议，研究收入分配制度改革问题。

特别是最近十七大报告关于小康社会分配格局和改善民生改革收入分配制度的阐述，在解决社会公平问题上，向前迈进了一大步。

十七大报告关于分配问题，有几个新提法，值得我们注意，比如说，小康社会奋斗目标要基本消除绝对贫困的现象；初次分配和再分配都要处理好效率和公平的关系；提高劳动报酬在初次分配中的比重，等等，都是全新的亮点，有的可以说有突破性的意义。

关于基本消除绝对贫困现象。减少绝对贫困的工作，过去在扶贫工作中已经这样做了，如前所述，已经取得很大成绩。但是，绝对贫困即使全部消除，按照市场经济规律和我国的现状，贫富差距和相对贫困还有继续发展扩大的趋势。重视社会公平问题就要同时注意遏制相对贫困的扩大趋势（压缩基尼系数增长的幅度），接着逐步缩小相对贫困本身（压缩过高的基尼系数）。这个与相对贫困斗争的目标，文件中没有明确标出来，但是文件中有着"提高低收入者收入"、"调节过高收入"以及"逐步扭转收入分配差距扩大趋势"这样的提法，实际上也表达了逐步减少相对贫困的意思，这是可以肯定的。这里还有一点值得注意。就是十七大报告把"收入分配差距扩大的趋势"，不再像过去文件讲的那样说成是"部分人员"中收入差距扩大的不准确的表述。因为收入分配差距（以基尼系数为代表）从来就是就全社会的分配而言的，而不是就部分人群来说的问题，这也是一个进步。

十七大报告还第一次正式提出初次分配和再分配都要处理好效率和公平的关系，也就是第一次强调初次分配也要讲公平，这是过去没有讲的。我们知道，从党的十四届三中全会开始，把收入分配原则表述为"效率优先，兼顾公平"，经过十五大、十六大，继续这样提，在十六大时还发展为"初次分配注重效率，再分配注重公平"。就是说在总体分配上公平处于兼顾的第二位情况下，初次分配还要不讲公平，只讲效率。这个提法有毛病，到十六届四中全会时，适应新情况、新要求，才开始淡出"优先"、"兼顾"的提法。也就是说，开始不提"效率优先，兼顾公平"了。把公平问题放到兼顾的第二位，以及把公平问题推到初次分配之后，让再分配来解决，这个提法在一段时间一定范围起了促进效率的作用，但不利于解决社会公平问题。所以，到十六届五中全会（2005 年）报告征求意见稿中又重新出现"效率优先，兼顾公平"、"初次分配注重效率，再分配注重公平"的字样，在征求意见时受到一些同志的反对，于是十六届五中全会文件最终定稿时还是勾销了这两个提法。同时突出了"更加重视社会公平"的鲜明主张。"优先兼顾"提法的淡出和更加"重视社会公平"主张的突出，无疑是收入分配领域理论政策的一大进步，党中央的这一决策大家都很欢迎，但是一部分精英人士反对，不知是什么心理。

到这次十七大又进一步明确提出初次分配和再分配都要处理好效率与公平的关系，要害是初次分配也要注意公平。这是一个大亮点，我说至少是十七大报告的亮点之一，意义非凡。

在初次分配中也要实现公平与效率的统一，这是中央分配理念的一个重要变革，意在遏制近年收入分配状况恶化、贫富差距扩大的趋势。

在整个国民收入分配中，再分配所调节的只能涉及小部分，而初次分配的数额要比再分配大得多，涉及面也广得多。许多分配不公平问题产生于初次分配领域，诸如企业分配中资本所得偏高，劳动所得偏低；高管人员所得偏高，一般雇员所得偏低；垄断行业所得偏高，一般行业偏低；农民工所得大大低于城市人员；等等，都是初次收入分配中发生的问题。初次分配不公的大格局一旦形成，再分配无力从根本上改变，只能在此格局基础上，通过财政税收转移支付等等做出局部的修补。所以在初次分配中就要处理好效率与公平的关系，更多体现靠再分配手段是很难矫正的。就是实行福利主义的资本主义国家也矫正不了收入差距扩大的问题（瑞典经济研究所最新研究成果显示，瑞典目前总人口的1%所拥有的财产占到瑞典全国私人所拥有财富的32%，这一比例接近美国1%富人拥有35%私人财产的比例）。十七大决心从初次分配阶段开始就注意处理效率与公平关系，再分配要更加注重社会公平，这对于建立合理的收入制度，缓解和缩小收入差距的扩大，无疑是一个福音。

十七大报告还提出"提高劳动报酬在初次分配中的比重"。这是实现初次分配中就重视社会公平的很重要的要求。提高劳动报酬在初次分配中的比重，具体在劳动工资制度方面，必须切实强化劳动者权益的保护，加强对劳动法、劳动合同法等相关的执行力度，严禁以低工资和残酷剥削为手段的暴利行业和血汗工厂，让职工的工资福利能够得到切实的提高。还要进一步完善社会保障制度，逐步提高最低工资标准，着力形成职工工资增长的长效机制等。

初次分配中影响收入分配比重的核心问题是劳动与资本的关系，即资本对劳动的剥削问题，资本盈利高而劳动报酬低的问题，特别是在我国资本与劳动在初次分配中过于不公，加重了贫富差距扩大。从1994年到2005年，劳动者报酬所占比重从51.2%下降到41.2%，企业盈余比重则从23.4%上升为29.6%，而在发达国家，例如在美国，目前两者比重约为56.3%和12.4%。这就涉及社会所有制关系或财产关系问题了。经济学中有一条道理，财产占有的差别，往往是收入差别的最重大的影响要素。马克思主义认为所有制关系或财产关系决定收入分配，不否定个人能力的因素对收入高低的影响。即使是西方主流经济学人士也承认决定收入分配的重要因素是财产关系。如美国萨谬尔逊就说过："收入差别最重要是由拥有财富多寡造成的。……和财产差别相比的个人能力差别是微不足道的"，又说，"财产所有权是收入差别的第一位原因，往下的依次是个人能力、教育、训练、机会和健康"。

提高劳动报酬在初次分配中的比重，虽然不会影响财富、资本和其他生产要素报酬的绝对增长，但不可避免地要影响其在初次收入分配中的比重。这就要本着按劳动分配为主、按资本和其他生产要素也参与分配的原则，对初次分配的机制进行必要的改革和调整。这也符合我国宪法中关于按劳动分配为主的精神。"以按劳分配为主"是与"公有制为主体"相匹配的。如果公有制为主体能够坚持，按劳分配为主才能实现。否则就要变按劳动分配为主为按资本分配为主，如有些学者评估说我国现在"已由按劳分配为主转向按要素分配为主"，这样就不可能提高劳动报酬在初次分配中的比重。

所以，从分配领域本身着手，特别是从财税等再分配领域着手，来调整收入分配关系，缩小贫富差距，我们现在已经开始这样做，这是必要的，但是还远远不够。我国贫富差距扩大最根本的原因在于所有制结构的变化已对公有制的主体地位发生深刻的影响，还需要从基本生产关系、基本经济制度来接触这一问题，才能最终阻止向两极分化推进的趋势。这就是邓小平同志所说的，"只要我国经济中公有制占主体地位，就可以避免两极分化"，"基本生产资料为国家所有，为集体所有，就是说归公有"，就"不会产生新资产阶级"。

所以，坚持公有制为主体、多种所有制经济共同发展，这一社会主义初级阶段的基本制度，对缩小我国贫富差距，解决社会公平问题非常重要。所以我们解决分配问题的重点要逐渐从分配领域本身，再分配本身，逐步把重点转到巩固我们的公有制为主体，巩固我们的社会主义基本经济制度，这样才能够从根本上解决阻止两极分化，实现更加重视社会公平的目的。

原载《财经研究》，2008 年第 2 期

论又好又快发展

刘树成

2006 年 11 月 30 日，中央经济工作会议召开前夕，中共中央政治局召开会议，分析当前经济形势和研究明年经济工作。这次会议首次引人注目地提出：努力实现国民经济又好又快发展①。

2006 年 12 月初召开的中央经济工作会议，在强调提出努力实现国民经济又好又快发展时，进一步指出：又好又快发展是全面落实科学发展观的本质要求②。

2007 年 3 月 5 日十届全国人大五次会议上的《政府工作报告》，全面贯彻落实科学发展观，再次强调：实现经济又好又快发展。

"又好又快"这一提法，与新中国成立以来，在半个多世纪中，我们曾经使用过的、人们耳熟能详的"多快好省"和"又快又好"的提法相比，"好"字首次排在了"快"字之前。"好"与"快"，两字顺序的对调变化，看似简单，而绝非易事。这是一个具有历史意义的重大变化。这一变化，深刻记录了我们在社会主义现代化建设征程上，风风雨雨、坎坎坷坷的探索历程；充分反映了半个多世纪来，特别是改革开放以来中国经济发展所取得的举世瞩目的伟大成就；鲜明体现了科学发展观的本质要求和经济发展理念的大变化。

一、多快好省：新中国初期的艰辛探索

"多快好省"，这是 1958 年我们党提出的社会主义建设总路线的简明代表性概括。这一总路线的酝酿、形成和实践的过程，反映了新中国成立后，在当时特殊的国际和国内背景条件下，即在外有帝国主义的军事威胁和经济封锁，内为旧社会遗留下来的"一穷二白"的贫困面貌，为了找到适合中国国情的

---

① 参见《人民日报》2006 年 12 月 1 日第 1 版相关报道。
② 参见《人民日报》2006 年 12 月 8 日第 1 版相关报道。

社会主义建设道路，我们所进行的早期的艰辛探索。

新中国成立后，经过三年的国民经济恢复，从 1953 年起，开始了大规模的工业化建设和对农业、手工业、资本主义工商业的社会主义改造。到 1955 年 10 月，在推进农业合作化高潮中，毛泽东在党的七届六中全会上提出，要"使合作社办得又快又多又好"（毛泽东，1977，第 206 页）。这是"多快好省"这个提法的最早雏形。

紧接着，1956 年《人民日报》发表了题为《为全面地提早完成和超额完成五年计划而奋斗》的元旦社论，首次完整提出"又多、又快、又好、又省"的原则，并把这一原则由指导农业合作化运动推广到作为指导各项工作的普遍原则。该社论对"多快好省"给出一个具体解释："必须又多又快，才能赶上国家和人民的需要；必须要好，要保证质量，反对不合规格的粗制滥造；必须要省，要用较少的钱办较多的事，以便用可以积累起来的财力来办好一切应该办而且可以办的事情。"这篇社论虽然也指出"又多、又快、又好、又省，这四条要求是互相结合而不可分的"，但其所要强调的基调是争取实现更高的发展速度。在这篇元旦社论的影响下，1956 年，在党的实际工作中产生了一种急躁冒进、急于求成的倾向。为了解决这一不良倾向，在党内工作中开展了"反冒进"。但是，到 1957 年 10 月，毛泽东对这一"反冒进"进行了严厉的批评，认为"反冒进"扫掉了"多快好省"，要重新恢复这一口号（毛泽东，1977，第 474 页）。随后，1957 年 12 月 12 日，《人民日报》发表了题为《必须坚持多快好省的建设方针》的社论，重申了这个口号。

进入 1958 年，《人民日报》发表了题为《乘风破浪》的元旦社论，再次重申"多快好省"方针，并又提出"鼓足干劲，力争上游"的口号。在 1958 年 3 月举行的中共中央工作会议即成都会议上，毛泽东提出："在多快好省、鼓足干劲、力争上游的总路线下，波浪式地前进"（毛泽东，1999，第 372 页）。这就逐步形成了社会主义建设总路线，并有了一个初步的表述。1958 年 5 月，中共八大二次会议根据毛泽东的倡议，正式提出了"鼓足干劲、力争上游、多快好省地建设社会主义"的总路线。

1958 年 6 月 21 日，《人民日报》发表了题为《力争高速度》的社论，对这一总路线进行了详细的阐释，指出："快，这是多快好省的中心环节"，"速度是总路线的灵魂"。社论提出我们的伟大目标是："在基本上完成了社会主义革命以后，我国人民最迫切的要求，就是把我国的全部国民经济都转移到现代化大生产的轨道上去，迅速而彻底地摆脱历史遗留给我们的贫困和落后，使我国成为一个经济、文化高度发展的社会主义强国。"社论强调:"用最高的速度在尽可能短的时间内达到这个伟大目标,才能最终地巩固我们的社会主义制度。从国内看是这样,从国际看更是这样。"

于是,原本互相结合而不可分的"多快好省",逐渐变成了以"快"为中心、以高速度为灵魂的总路线,在实践中导致了以"全民大炼钢铁"、"超英赶美"等为主要内容,以高指标、瞎指挥、浮夸风为重要特征的"大跃进"运动。

在"大跃进"中,"超英赶美"时间表的变化最能突出地反映出当时"快"与"高速度"的影响和作用。在十五年内赶上和超过英国,这是1957年11月首次提出的。到1958年1月,这一提法校正为"在十五年或者更多一点的时间内赶上和超过英国"。但是,两个月后,1958年3月,在成都会议上,这一提法却改为"十年或稍多一点时间赶上英国,二十年或稍多一点时间赶上美国"。这样,赶超英国的时间由"十五年或者更多一点",变为"十年或稍多一点"。一个月后,1958年4月,提法又改为"十年可以赶上英国,再有十年可以赶上美国"。又一个月后,1958年5月,内部掌握的口径是:七年赶英、十五年赶美。再一个月后,1958年6月16日,提法改为:五年超英、十年赶美。一天后,1958年6月17日,最后的提法是"两年超过英国"。就在短短的几个月内,超英的时间由"十五年或者更多一点"变为十年、七年、五年,最后仅仅为两年;赶美的时间由"二十年或稍多一点"变为十五年、十年(逄先知、金冲及主编,2003,第761~824页)。

1958年,以"快"为中心的"大跃进",使GDP增长率一下子冲高到21.3%的高峰(见图1中的第二个周期)。超高速的经济过热增长,伤害了整个经济发展的机体,打乱了经济正常运行的秩序,造成国民经济重大比例的严重失调,立即遇到供给面的三大"瓶颈"制约:(1)生产资料供给紧张,包括煤、电、油、运(交通运输)、材(钢铁等原材料)的供给紧张;(2)工业消费品供给紧张;(3)加之自然灾害严重,粮食供给紧张。由此引起全面短缺,高速增长难以为继。之后,1960年、1961年和1962年的三年,经济增长率大幅下落,均为负增长。其中,1961年经济增长率的降幅最大,为-27.3%。这样,从1958年经济增长率的最高峰(21.3%)到1961年经济增长率的最深谷(-27.3%)之间的峰谷落差近50个百分点(48.6个百分点),这是新中国成立后十个经济周期中波动幅度最大的一个周期,是一个典型的"大起大落"。

在 1981 年 6 月党的十一届六中全会通过的《关于建国以来党的若干历史问题的决议》中，对"多快好省"的总路线做了如下分析（中共中央文献研究室，1982，第 754 页）：1958 年，党的八大二次会议通过的社会主义建设总路线及其基本点，其正确的一面是反映了广大人民群众迫切要求改变我国经济文化落后状况的普遍愿望，其缺点是忽视了客观的经济规律。在这次会议前后，全党同志和全国各族人民在生产建设中发挥了高度的社会主义积极性和创造精神，并取得了一定的成果。但是，由于对社会主义建设经验不足，对经济发展规律和中国经济基本情况认识不足，急于求成，夸大了主观意志和主观努力的作用，没有经过认真的调查研究和试点，就在总路线提出后轻率地发动了"大跃进"运动和农村人民公社化运动，使得以高指标、瞎指挥、浮夸风和"共产风"为主要标志的左倾错误严重地泛滥开来。

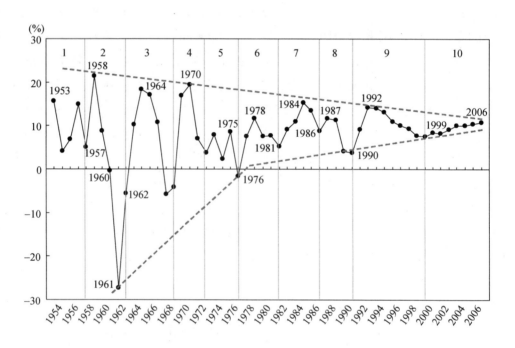

图 1　中国经济增长率波动曲线（1953～2006 年）

这样，"多快好省"作为一个带有 20 世纪 50 年代"大跃进"时代印记的词汇，一般不再使用了。新中国成立之后到 1976 年，我们的社会主义建设虽然经历过严重挫折，但总的看，仍然取得了很大的成就，基本建立了独立的、比较完整的工业体系和国民经济体系，从根本上解决了工业化过程中"从无到有"的问题（中国近现代史纲要编写组，2007）。特别是毛泽东著名的《论十大关系》（1956 年 4 月）、《关于正确处理人民内部矛盾的问题》（1957 年 2 月）等著作，是中国社会主义现代化建设初期探索中所取得的重要而宝贵的理论成果。

二、又快又好：举世瞩目的大发展

1978 年 12 月，党的十一届三中全会拨乱反正，结束了"以阶级斗争为纲"的历史，全党工作中心转移到社会主义现代化建设上来。由此，开启了中国改革开放和社会主义现代化建设新的历史时期。党的十一届三中全会指出："为了迎接社会主义现代化建设的伟大任务，会议回顾了建国以来经济建设的经验教训。""实践证明，保持必要的社会政治安定，按照客观经济规律办事，我们的国民经济就高速度地、稳定地向前发展，反之，国民经济就发展缓慢甚至停滞倒退。"当时沿用了"高速度"一词，但开始强调"稳定"发展，提出"基本建设必须积极地而又量力地循序进行"（中共中央文献研究室，1982，第 5～6 页）。

在 20 世纪 80 年代的探索中，"速度"与"效益"逐步联系起来。1981 年底，在五届全国人大四次会议上的《政府工作报告》中，首次提出"经济效益"问题，并把它作为经济建设的方针，指出："真正从我国实际情况出发，走出一条速度比较实在、经济效益比较好、人民可以得到更多实惠的新路子。"1982 年 9 月，党的十二大首次把"提高经济效益"放入经济建设总的奋斗目标中，提出："从一九八一年到本世纪末的二十年，我国经济建设总的奋斗目标是，在不断提高经济效益的前提下，力争使全国工农业的年总产值翻两番。"1987 年 10 月，党的十三大进一步将"效益"放到经济发展战略中，提出："必须坚定不移地贯彻执行注重效益、提高质量、协调发展、稳定增长的战略。这个战略的基本要求是，努力提高产品质量，讲求产品适销对路，降低物质消耗和劳动消耗，实现生产要素合理配置，提高资金使用效益和资源利用效率，归根到底，就是要从粗放经营为主逐步转上集约经营为主的轨道。"

1992 年初，邓小平在南方谈话中强调提出："现在，周边一些国家和地区经济发展比我们快，如果我们不发展或发展得太慢，老百姓一比较就有问题了。""我们国内条件具备，国际环境有利，再加上发挥社会主义制度能够集中力量办大事的优势，在今后的现代化建设长过程中，出现若干个发展速度比较快、效益比较好的阶段，是必要的，也是能够办到的。"（邓小平，1993，第 375～377 页）

"发展速度比较快、效益比较好"，这就首次提出了"又快又好"发展的问题。随后，1992年10月，党的十四大在确立社会主义市场经济体制的改革目标的同时，提出"走出一条既有较高速度又有较好效益的国民经济发展路子"。

邓小平南方谈话和党的十四大，为中国改革开放和社会主义现代化建设打开了一个新局面。但是，由于当时改革开放才十来年，原有的计划经济体制还没有根本转型，原有体制下的投资饥渴、片面追求速度的弊端还没有被克服。在这种情况下，经济增长很快冲到14.2%的高峰（见图1中第九个周期），出现经济过热现象。针对此，1993年1月29日，《人民日报》发表本报评论员文章，题为《促进经济又快又好地发展》，提醒我们："在大好形势下，我们也应该保持清醒的头脑，认真对待、积极解决高速发展中存在的问题，扎扎实实地进行工作，防止发生经济过热现象，力求国民经济在新的一年里又快又好地发展。"在治理经济过热中，党中央一再强调："更好地把解放思想与实事求是结合起来，进一步把党的十四大确定的路线方针政策和目标任务贯彻好、落实好，确保经济建设又快又好地发展。""充分调动、保护、发挥群众的积极性，促进经济又快又好地发展。"（江泽民，2006，第295、366页）

在"又快又好"思想指导下，1993年下半年至1996年，国民经济运行成功地实现了"软着陆"，既大幅度地降低了物价涨幅，又保持了经济的适度快速增长（刘国光、刘树成，1997）。

1997年9月，党的十五大重申"发展速度比较快、效益比较好"的提法，进一步提出："走出一条速度较快、效益较好、整体素质不断提高的经济协调发展的路子。"这时，进一步加进了"整体素质不断提高"的要求。

2002年11月，党的十六大提出，要在本世纪头二十年，全面建设惠及十几亿人口的更高水平的小康社会，在优化结构和提高效益的基础上，国内生产总值到2020年力争比2000年翻两番。并提出走新型工业化道路，即"走出一条科技含量高、经济效益好、资源消耗低、环境污染少、人力资源优势得到充分发挥的新型工业化路子"。这时，在加速工业化和全面建设小康社会中，保护资源和环境的问题更加突出出来。

到2003年10月，党的十六届三中全会在更高的层次上，更丰富的内涵上，形成和提出了科学发展观，指出："坚持以人为本，树立全面、协调、可持续的发展观，促进经济社会和人的全面发展。"

2005年10月，党的十六届五中全会通过了《中共中央关于制定国民经济和社会发展第十一个五年规划的建议》，该《建议》在提出"避免经济大起大落，实现又快又好发展"时，强调指出："发展既要有较快的增长速度，更要注重提高增长的质量和效益"。这里，将"提高增长的质量和效益"放到了"更要注重"的位置上，也就是说，又好又快，"好"字在前，已呼之欲出。

改革开放以来，中国经济发展取得了举世瞩目的伟大成就，实现了邓小平高瞻远瞩所预计的：在现代化建设长过程中，出现若干个"发展速度比较快、效益比较好"的阶段，是必要的，也是能够办到的。

三、又好又快发展的基础条件

现在，为什么提出又好又快发展呢？一方面是因为我们有了又好又快发展的基础条件，另一方面是因为进一步解决经济发展中现有突出矛盾和问题的迫切需要。这就是说，又好又快发展既有现实的可能性，又有迫切的必要性。

改革开放以来，中国经济生活发生了巨大变化。这些变化成为我们走向又好又快发展这一新的历史起点的基础条件。这一基础条件可概括为六大历史性变化：（1）经济体制，由高度集中的计划经济体制转变为社会主义市场经济体制；（2）供求关系，由长期短缺转变为一定程度的相对过剩；（3）经济运行，由大起大落转变为快速平稳；（4）经济总量，由改革开放之初的世界第十位上升到第四位；（5）外贸总额，由改革开放之初的世界第二十七位上升到第三位；（6）人民生活，由解决温饱到实现小康，并向全面小康迈进，人均 GDP 由改革开放之初的不到 300 美元上升到近 2000 美元。这六大历史性变化为又好又快发展提供了重要的体制性基础条件、必要的市场供求格局、良好的经济运行环境、坚实的物质基础、有利的国际经济条件和新的发展动力。

关于经济体制和供求关系。新时期最鲜明的特点是改革开放。在改革开放中，中国社会主义市场经济体制初步建立，并进入不断完善的新阶段。我们建立的社会主义市场经济体制，就是使市场在国家宏观调控下对资源配置起基础性作用。市场机制的引入，为社会主义制度下经济的发展增添了生机和活力；不断加强和改善宏观调控，有利于克服市场自发调节的缺陷，保持经济的健康发展。在改革开放和社会主义市场经济体制的推动下，中国市场供求格局已经发生了历史性的根本变化。新中国成立以来长期存在的短缺状况基本改变，买方市场初步形成，并开始出现一定程度的相对过剩。在原有的高度集中的计划经济体制下存在着强烈的投资饥渴和扩张冲动，在长期短缺经济下商品供给严重不足，这就难以实现又好又快发展。社会主义市场经济体制的建立和不断完善，商品短缺状况的基本改变，为又好又快发展提供了重要的体制性基础条件和必要的市场供求格局。如果没有改革开放，没有市场机制的引入和宏观调控的加强，没有市场供求格局的这一历史性变化，中国经济发展是难以走上又好又快轨道的。

关于经济运行。前面的图 1 显示，新中国成立以来到现在，经济增长率共经历了十个上下起伏的周期波动。其中，从 1953～1976 年"文化大革命"结束，共经历了五个周期。在这五个周期中，曾有三次"大起大落"。每次"大起"，经济增长率的峰位都在 20% 左右。1958 年为 21.3%，1964 年为 18.3%，1970 年为 19.4%。每个周期内，经济增长率的最高点与最低点的峰谷落差，在第二个周期内最大，高达 48.6 个百分点；最小的峰谷落差也在 9.9 个百分点（见表 1）。1976 年"文化大革命"结束后和 1978 年改革开放以来，又经历了五个周期。其中，在已有的四个周期中，经济增长率的高峰都在 11% 以上至 15%。1978 年为 11.7%，1984 年为 15.2%，1987 年为 11.6%，1992 年为 14.2%。就这已有的四个周期看，峰谷落差均已降至 6 个或 7 个百分点左右，但仍然有些偏大。1999 年是第九轮经济周期的谷底年份，经济增长率为 7.6%。2000 年、2001 年经济增长率分别回升到 8.4% 和 8.3%，从而进入新一轮经济周期；2002～2006 年，经济增长率分别为 9.1%、10%、10.1%、10.4% 和 10.7%。这就显示出近几年来中国经济增长的一个突出特点，即从 2000 年到 2006 年，中国经济已连续七年在 8%～10% 左右的适度增长区间内平稳较快地运行；其中，2003～2006 年，连续四年在 10% 或略高的位势上平稳较快地运行。从前面的图 1 看到，中国经济增长出现的这一高位平稳运行的新轨迹，在新中国成立以来的经济发展史上还是从未有过的。

在新中国半个多世纪的经济发展史上，经济增长率连续四年在 10% 以上的情况共有三次（见图 1 和表 2）。第一次是 1963～1966 年，当时的经济增长率分别为 10.2%、18.3%、17% 和 10.7%。显然，这四年的经济增长虽然很高，但很不平稳，呈现出陡峭的尖峰型。第二次是 1992～1996 年，共五年，当时的经济增长率分别为 14.2%、14%、13.1%、10.9% 和 10%。显然，这五年的经济增长率在逐年回落，处于经济波动的下行区，呈现出下坡型。第三次即 2003～2006 年，既较快又平稳，呈现出高位平稳型。同时，这三次经济增长率连续几年高增长时所对应的物价态势也不相同。第一次，1963～1966 年，商品零售价格上涨率都是负数，分别为 -5.9%、-3.7%、-2.7% 和 -0.3%。当时实行的是物价管制和低物价政策。第二次，1992～1996 年，居民消费价格上涨率分别为 6.4%、14.7%、24.1%、14.8% 和 6.1%。这就是说，在该期间内，曾对应着高达 14%~24% 的严重通货膨胀。第三次，2003~2006 年，居民消费价格上涨率分别为 1.2%、3.9%、1.8% 和 1.5%。这表明，在该期间内，物价处于低位平稳的良好状态。

表 1 各周期内经济增长率的峰谷落差

周期序号	起止年份	峰谷落差（百分点）
1	1953~1957	9.9
2	1958~1962	48.6
3	1963~1968	24.0
4	1969~1972	15.6
5	1973~1976	10.3
6	1977~1981	6.5
7	1982~1986	6.4
8	1987~1990	7.8
9	1991~1999	6.6
10	2000~2006	（正在进行）

表 2 中国经济连续四年及以上高增长的情况

年份	GDP 增长率（%）	物价上涨率（%）
1963	10.2	-5.9
1964	18.3	-3.7
1965	17.0	-2.7
1966	10.7	-0.3
1992	14.2	6.4
1993	14.0	14.7
1994	13.1	24.1
1995	10.9	14.8
1996	10.0	6.1
2003	10.0	1.2
2004	10.1	3.9
2005	10.4	1.8
2006	10.7	1.5

从图 1 中国经济增长率波动曲线的总体趋势看，改革开放以来中国经济的增长与波动呈现出这样一种新态势：峰位理性地降低、谷位显著地上升、波幅趋于

缩小，也就是呈现出经济周期波动微波化、稳定化趋势（刘树成主编，2006）。在经济运行经常处于"大起大落"的情况下，是难以实现又好又快发展的。现在，经济快速平稳的增长态势为又好又快发展创造了良好的经济运行环境。

关于经济总量和外贸总额。改革开放以来，中国 GDP 总量不断上升（见图 2）。1978 年改革开放之初，GDP 总量为 3624 亿元人民币。经过 8 年努力，到 1986 年，上升到 1 万亿元的水平；这八年中，平均每年增加 800 多亿元。又经过五年努力，到 1991 年，上升到 2 万亿元的水平；这五年中，平均每年增加 2200 多亿元。从 1992～2006 年的十五年期间，中国 GDP 总量平均每年增加 11000 多亿元。到 2006 年，GDP 总量突破 20 万亿元（209407 亿元）。扣除价格因素，2006 年 GDP 总量是 1978 年的 13.3 倍，在长达 28 年中，GDP 年均增长 9.7%。中国经济总量在世界上的排位，由 1978 年的第十位，上升到 2000 年的第六位，排在美、日、德、英、法之后；2000～2004 年，均稳定在第六位；2005 年上升到第四位，超过了英国和法国；2006 年预计仍为第四位；2007 年有望超过德国，上升到第三位。与此同时，1978 年改革开放之初，中国进出口贸易总额仅为 206 亿美元，2006 年上升到 17607 亿美元（见图 3）。中国进出口贸易总额在世界上的排位：1978 年为第二十七位，1990 年上升到第十六位，2000 年为第八位，2001 年为第六位（前五位是：美、德、日、法、

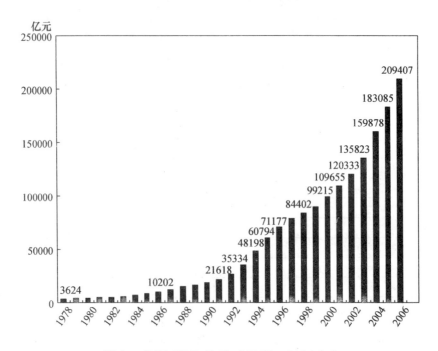

图 2　中国 GDP 总量（1978～2006 年）

英），2002 年为第五位，2003 年为第四位，2004 年超过日本，成为世界第三大贸易国。中国综合国力和国际竞争力的大提高，为又好又快发展奠定了坚实的物质基础和有利的国际条件。

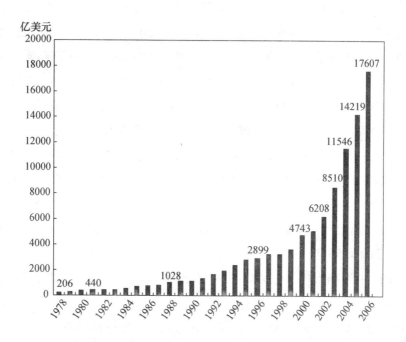

图 3 中国进出口贸易总额（1978～2006 年）

关于人均 GDP 水平。改革开放初期，1981～1987 年，中国人均 GDP 始终停留在 300 美元以下；1988～1994 年，上升到 300～400 美元的水平；20 世纪 90 年代中期以后，每年不断提高，1998 年突破 800 美元，2001 年突破 1000 美元，2006 年又上升到近 2000 美元。人均收入水平的提高，推动着消费结构升级，使消费结构由吃穿用向住行升级，由一般吃穿用向高级吃穿用升级。这就为又好又快发展注入了新的动力。

以上分析说明，我们已具备了支撑经济又好又快发展的诸多有利条件。

四、又好又快发展的迫切必要性

中国经济的快速增长举世瞩目，但也积累了不少值得我们高度重视的矛盾和问题。这些矛盾和问题如果不能很好地解决，经济的快速增长将难以为继。这就要求我们在经济发展中不仅要在"快"字上做文章，而且更要在"好"字上狠下工夫。当前，中国经济发展中需要进一步解决的突出矛盾和问题有以下四个方面：

（1）经济增长的不稳定因素仍然存在。改革开放以来，特别是近几年来，中国经济增长的稳定性不断增强，但影响经济平稳较快发展的一些因素仍然存在，集中表现在固定资产投资总规模依然偏大，经常出现投资增长过快、过热倾向。虽然在每次宏观调控中，投资增幅会受到一定抑制，但导致投资过快增长的体制性问题尚未根本解决，一些地区投资扩张冲动仍然强烈，投资反弹并引发经济较大波动的风险依然存在。加之近几年中，还有一些相关的重要推动性因素，如2007年各级党政领导换届，2008年中国举办奥运会，2009年庆祝新中国成立60周年等，都有可能推动投资和经济增长趋向过热。与此同时，我们也要看到，连续多年的固定资产投资的快速扩张，使部分行业产能过剩，这也有可能影响到未来投资增速的较大幅度回落。如果经济出现大的起伏波动，将损害整个经济发展的机体，将对经济和社会发展的全局产生重大影响。如何在经济快速增长中防止"大起大落"，保持经济运行的良好的平稳性，仍然是不可忽视的大问题。·

（2）粗放的经济增长方式尚未根本改变。改革开放以来，中国经济增长虽然很快，但"四高一多"（高投入、高能耗、高物耗、高污染、多占地）的粗放经济增长方式尚未根本改变，经济增长所付出的代价很大。特别是目前中国正处在工业化、城市化加快发展时期，这是能源和各种资源消费强度较高、污染排放较重的时期，经济发展和资源环境的矛盾越来越突出。靠大量消耗资源和牺牲环境来维持经济快速增长的路子，再也不能走下去了。"十一五"规划提出了五年内单位国内生产总值能耗降低20%和主要污染物排放总量降低10%的目标，并作为约束性指标。2006年，全国各地区和各部门加大了工作力度，取得了积极进展，使单位国内生产总值能耗由前三年的上升转为下降（下降1.2%），主要污染物排放总量增幅减缓（化学需氧量、二氧化硫排放量由上年分别增长5.6%和13.1%，减为增长1.2%和1.8%）。但是，全国没有实现年初确定的单位国内生产总值能耗降低4%左右、主要污染物排放总量减少2%的目标。"十一五"规划提出上述两个约束性指标，是一件十分严肃的事情，不能改变，必须千方百计地完成，坚定不移地实现。

在各种资源中，土地是一种具有特殊意义的资源，它涉及农业特别是粮食问题。粮食问题，即中国13亿人口的吃饭问题，始终是中国经济和社会发展中一个不容忽视的大问题。在中国工业化、城市化加快的过程中，耕地在不断减少。截至2005年10月31日，中国大陆耕地面积为18.31亿亩，人均耕地面积1.4亩，仅为世界人均耕地面积平均水平的40%。根据最新统计，截至2006年10月31日，中国大陆耕地面积降至18.27亿亩，人均耕地面积1.39亩。中国的一个重要国情是人多地少。而且，在耕地面积中，有效灌溉面积只占46%，而优质耕地（指水资源充沛、热量充足的耕地）仅占耕地面积的1/3，且主要分布在经济发展快、建设占地多的东南部地区。根据"十一五"规划，到2010年末，全国耕地保有量为18亿亩。这是一条直接关系到13亿中国人吃饭问题的底线。所以，在中国近年来的宏观调控中，特别强调严格控制土地的使用问题，其根源就在于粮食问题或吃饭问题。节约集约用地，不仅关系当前经济社会发展，更关系国家长远利益和民族生存根基。在土地问题上，绝不能犯不可改正的历史性错误，遗祸子孙后代。

转变经济增长方式，走新型工业化道路，缓解能源资源和环境压力，都必须克服技术"瓶颈"的制约，都迫切要求加快推进科技进步和提高自主创新能力。我们的自主创新能力总体上不强，有的领域与发达国家的差距还在扩大，我们仍将长期面对发达国家在经济科技等方面占优势的压力。国际科技进步和中国现代化建设都要求我们加紧建设创新型国家。

（3）经济的结构性矛盾比较突出。在近年来经济的快速增长中，也积累了不少结构性矛盾，比较突出的是：投资消费关系不协调，投资规模过大，消费需求相对不足，特别是广大农民和城镇低收入者的收入水平低，消费能力不强；一二三产业比例不协调，工业特别是重工业比重较大，服务业比重偏低，而农业基础薄弱的状况尚没有改变，粮食稳定增产和农民持续增收的难度加大；城乡之间、地区之间的发展不协调；外贸顺差较大，国际收支不平衡的矛盾突出出来。随着中国对外开放的不断扩大，特别是在经济全球化趋势深入发展和国际产业转移不断加快的情况下，国际收支状况对国内经济稳定发展的影响越来越大。

（4）经济增长中存在着不和谐性。改革开放以来，中国社会结构深刻变动，利益格局深刻调整。总体上看，中国人民群众的收入水平和生活水平不断提高，但尚有不少低收入群众的生活比较困难，不同社会成员之间收入差距扩大。同时，社会事业发展滞后，教育、卫生、住房、就业、社会保障等一些涉及人民群众切身利益的问题还没有得到很好解决，群众反映比较强烈。如何在经济增长的同时，加快构建社会主义和谐社会，加快发展各项社会事业，让全体人民共享发展的成果，是摆在我们面前的重大课题。实现社会和谐，必须坚持以经济建设为中心，大力发展社会生产力，为社会和谐创造必要的物质基础。然而，经济发展和社会财富总量增加并不能自然而然地实现社会和谐。如果只顾经济增长而忽视社会发展，忽视人的发展，那么就会加重经济与社会发展不平衡的矛盾，最终经济发展也难以顺利进行。

以上分析表明，在一定意义上相对来说，快速增长已不是难点，而如何让经济发展得更"好"，如何进一步解决中国经济发展中的上述种种矛盾和问题，才是我们面临的最大问题。

五、怎样实现又好又快发展

又好又快发展就是要在经济发展中着力解决以上四个方面的矛盾和问题，把"好"放到优先的位置上。着力解决以上四个方面的矛盾和问题，也就构成了"好"的四个方面的内涵，或者说构成了怎样实现又好又快发展的四个重要方面，即不断提高经济增长态势的稳定性，不断提高经济增长方式的可持续性，不断提高经济增长结构的协调性，不断提高经济增长效益的和谐性。这四个方面就是我们常说的不断提高经济增长的质量和效益[①]。

（1）不断提高经济增长态势的稳定性。这就是要在充分发挥市场机制在资源配置中的基础性作用的同时，不断加强和改善宏观调控。宏观调控不是一朝一夕的事情，而是贯穿于社会主义市场经济发展的全过程。但根据经济形势的不断发展和变化，针对经济运行中出现的新情况、新问题，宏观调控会有不同的政策取向、操作步骤、松紧力度和实施重点。当前，我们要继续实施稳健的财政政策和货币政策，保持宏观经济政策的连续性和稳定性，并不断完善这些政策措施。在宏观调控中，要继续坚持有保有压、不搞"一刀切"的原则，要更多地运用经济手段和法律手段来引导和规范经济行为，要正确处理中央和地方的关系，充分发挥中央和地方两个积极性。

（2）不断提高经济增长方式的可持续性。这就是要推动和加快经济增长方式的转变。当前，要把节能降耗、保护环境和节约集约用地作为转变经济增长方式的突破口和重要抓手。我们要本着对国家、对民族、对子孙后代高度负责的精神，增强忧患意识和危机感，在全社会大力提倡节约、环保、文明的生产方式和消费模式，加快建设资源节约型和环境友好型社会。同时，我们要加快建设创新型国家，加快建立以企业为主体、市场为导向、产学研相结合的技术创新体系，完善自主创新激励机制，落实鼓励和支持自主创新的财税政策、

---

① 关于"好"的内涵，即经济增长质量和效益的内涵，理论界曾进行过探讨和综述（梁亚民，2002）。

金融政策和政府采购制度。

（3）不断提高经济增长结构的协调性。这就是要处理好国民经济中的重大比例关系，不断调整和优化经济结构。投资和消费的关系是保证经济正常运行的一个基本的重大的比例关系。当前，要调整好投资与消费的关系。坚持扩大内需方针，重点扩大消费需求。要采取多种措施，努力增加城乡居民收入特别是中低收入者的收入。完善消费政策，努力培育各种新型消费热点，鼓励和扩大居民消费。同时，继续严把土地和信贷两个闸门，控制固定资产投资和信贷规模，保持固定资产投资的适度增长。在调整和优化产业结构中，首先要加快发展现代农业，扎扎实实地推进社会主义新农村建设。要大力发展服务业，特别要发展物流、金融、信息、咨询、旅游、社区服务等现代服务业。要加快发展高新技术产业，振兴装备制造业，广泛应用先进技术来改造和提升传统产业。在地区发展方面，坚持统筹兼顾、合理规划、发挥优势、落实政策，促进区域协调发展。在对外开放方面，要转变外贸增长方式，优化进出口结构，努力缓解外贸顺差过大的局面；注重提高引进外资质量和优化结构，更多地引进先进技术、管理经验和高素质人才。

（4）不断提高经济增长效益的和谐性。经济增长效益包括经济效益和社会效益。经济效益主要包括产品质量、资金使用效益、资源利用效率等等。社会效益更为广泛，包括促进社会事业发展，以人为本，改善民生，让全体人民共享经济增长的成果。现在，我们不仅要注重提高经济效益，而且更要注重提高社会效益，也就是说，要使经济增长有助于实现社会和谐。这就是要在经济发展中坚持以人为本，维护社会公平正义，更加重视教育、卫生、文化等各项社会事业发展，妥善处理经济增长和收入分配的关系，不断完善社会保障和收入分配制度，坚持积极的就业政策，注重为农村和城镇低收入者提供更好的基本公共服务，积极改善民生，解决人民群众最关心、最直接、最现实的利益问题。这其中，也要妥善处理满足群众需要和政府财力可能的关系，既要尽力而为，正确发挥各级政府的公共服务职能，推动公共资源配置更多向群众直接受益的方面倾斜；又要量力而行，防止把期望值抬得过高，脱离实际可能。要在经济发展中形成全体人民各尽其能、各得其所而又和谐相处的局面。

为了做好以上四个方面的工作，实现经济又好又快发展，还必须坚定不移地推进各项改革。要坚持社会主义市场经济改革方向，适应经济社会发展要求，积极推进经济体制、政治体制、文化体制、社会体制改革，加快构筑落实科学发展观、构建社会主义和谐社会、实现经济又好又快发展的体制保障。

　　"又好又快"是一个有机统一的整体，"好"字放在首位，决不是不要"快"，而是要好中求快，使"快"更能持久。为什么还要好中求"快"呢？前面我们提到，改革开放以来我国经济生活发生了六大历史性变化。这些变化的确很重要，但我们不能忘记，还有一个重大的、基本的国情没有改变，那就是我国还处于并将长期处于社会主义初级阶段。初级阶段就是不发达的阶段。目前，我国经济总规模虽然已经较大，位居世界第四位，但人均收入水平仍很低。据国际货币基金组织的最新数据，2005 年我国人均 GDP 仅为 1716 美元，在世界排名第 108 位，仍属下中等收入国家，仅相当于美国的 1/25，日本的 1/21，世界平均水平的 1/4，大体上与萨摩亚、乌克兰、刚果和摩洛哥等相当。为了继续提高我国人民的收入水平和生活水平，为了在工业化、城市化加快发展中缓解就业压力，为了逐步缩小城乡差距和地区差距，为了增加国家财力以加快各项社会事业的发展和提供更多的公共服务，都需要我们继续保持一定的较快的经济增长速度。

　　总之，"又好又快"就是要认真贯彻落实科学发展观，加快构建社会主义和谐社会，把工作重心放到全面提高经济增长的质量和效益上来，防止片面追求和盲目攀比增长速度，使我们继续朝着全面建设小康社会的宏伟目标迈进。

参考文献

1. 邓小平：《邓小平文选》第 3 卷，人民出版社，1993。

2. 江泽民：《江泽民文选》第 1 卷，人民出版社，2006。

3. 梁亚民：《经济增长质量问题研究综述》，《兰州商学院学报》2002 年 4 月，总 18 卷第 2 期。

4. 刘国光、刘树成：《论"软着陆"》，《人民日报》1997 年 1 月 7 日，第 9 版。

5. 刘树成：《经济周期与宏观调控》，社会科学文献出版社，2005。

6. 刘树成主编：《中国经济周期研究报告》，社会科学文献出版社，2006。

7. 毛泽东：《毛泽东选集》第 5 卷，人民出版社，1977。

8. 毛泽东：《毛泽东文集》第 7 卷，人民出版社，1999。

9. 逄先知、金冲及主编：《毛泽东传（1949～1976）上》，中央文献出版社，2003。

10. 中共中央文献研究室：《三中全会以来重要文献选编·下》，人民出版社，1982。

11. 中共中央文献研究室：《三中全会以来重要文献选编·上》，人民出版社，1982。

12. 中国近现代史纲要编写组：《中国近现代史纲要》，高等教育出版社，2007。

原载《经济研究》，2007 年第 6 期

继续延长本轮经济周期的适度高位运行
——析中国经济周期波动的良性大变形

刘树成

一、本轮经济周期的新特点

从 2000 年开始的我国本轮经济周期呈现出一个显著的新特点：在我国以往历次经济周期中，上升阶段一般只有短短的一二年，而本轮经济周期的上升阶段到现在（2007 年上半年）一直持续了 7 年半。这充分表明，中国经济周期波动出现了新的波动形态，或者说出现了良性大变形，即经济周期波动的上升阶段大大延长，经济在上升通道内持续平稳地高位运行。这在新中国成立以来的经济周期波动史上还是从未有过的。

图 1 显示出，新中国成立以来，从 1953 年起开始大规模的工业化建设，到 2006 年，GDP 增长率的波动共经历了 10 个周期。在前 9 个周期中，上升阶

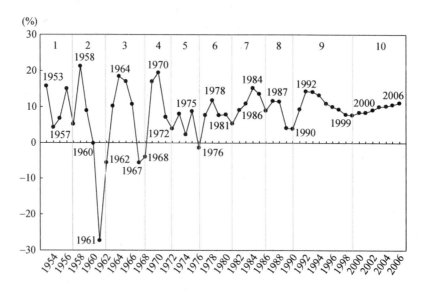

图 1　中国经济增长率波动曲线（1953～2006 年）

段一般只有一二年（见表 1）。本轮经济周期从 2000 年开始，到 2006 年，七年中 GDP 增长率分别为 8.4%、8.3%、9.1%、10%、10.1%、10.4% 和 11.1%。2007 年上半年为 11.5%。

表 1　中国历次经济周期

周期序号	起止年份	上升阶段的年数	峰位经济增长率
1	1953~1957	2 年	1956 年 15.0%
2	1958~1962	1 年	1958 年 21.3%
3	1963~1968	2 年	1964 年 18.3%
4	1969~1972	2 年	1970 年 19.4%
5	1973~1976	2 年	1975 年 8.7%
6	1977~1981	2 年	1978 年 11.7%
7	1982~1986	3 年	1984 年 15.2%
8	1987~1990	1 年	1987 年 11.6%
9	1991~1999	2 年	1992 年 14.2%
10	2000~2006（正在进行）	7 年	2006 年 11.1%

如果我们把经济周期波动由上升通道转向下降通道的拐点来临比喻为"狼"来了，那么，近三年来，不论国际上还是国内，不断有人预测说：中国经济的拐点来了——"狼"来了。但实际表明，"狼"没有来。

二、原因分析

"狼"为什么没有来？也就是说，为什么本轮经济周期的上升阶段一直在延长，而下降拐点一直没有来？中国经济周期波动之所以出现良性大变形，原因是多方面的。这里，我们从供求分析框架出发进行分析。

（一）供给面分析：体制因素

1. 供给面的活力和经济增长制约因素的新变化

过去，在原有计划经济体制下，是需求主导型经济周期。经济上升的驱动力常常是需求膨胀（包括投资需求膨胀和消费需求膨胀），而供给严重制约。每当经济过热时，主要的"瓶颈"制约是煤、电、油、运、材（重要原材料，如钢铁、水泥等）的供给短缺。在供给面的严重短缺下，不得不对过热的经济进行大幅度的向下调整。而现在，在社会主义市场经济体制下，是供给主导型经济周期。市场机制的引入及其在资源配置中发挥了重要的基础性作用，使经济的供给面增添了生机和活力，市场供求格局发生了历史性的根本变化。新中国成立以来长期存在的严重短缺状况基本改变，制约经济增长的因素发生了新变化。原有的"煤、电、油、运、材"的"瓶颈"制约已不同程度地逐步缓解，有的还出现了一定程度的、阶段性的相对过剩。这有利于延长经济周期的上升阶段，支撑经济在适度高位的持续运行。

2. 就业结构的新变化和劳动生产率的提高

改革开放以来，随着劳动力市场的发育和发展，劳动力要素的流动，我国就业结构包括就业的城乡结构、就业的产业结构、就业的所有制结构，都发生了重大的新变化。劳动力由农村向城镇转移，由第一产业向第二、三产业转移，由国有企业向非国有企业转移，大大提高了劳动生产率。2006 年与 1978 年相比（见表2）：（1）从就业的城乡结构看，城镇就业比重由 23.7% 上升到 37.1%，上升了 13.4 个百分点；乡村就业比重由 76.3% 下降到 62.9%，下降了 13.4 个百分点。（2）从就业的产业结构看，第一产业就业比重由 70.5% 下降到 42.6%，下降了 27.9 个百分点；第二产业就业比重由 17.3% 上升到 25.2%，上升了 7.9 个百分点；第三产业就业比重由 12.2% 上升到 32.2%，上升了 20 个百分点。从 1997 年起，第二产业加第三产业的就业比重超过了第一产业。（3）从就业的所有制结构看，在城镇中，国有单位就业比重由 78.3% 下降到 22.7%，下降了 55.6 个百分点；城镇中各种非国有单位的就业比重由 21.7% 上升到 77.3%，上升了 55.6 个百分点。从 1998 年起，城镇中各种非国有单位的就业比重超过了国有单位。以上就业结构的变化，提高了劳动力资源配置的效率。

表 2　就业结构的变化

年份	就业的城乡结构		就业的产业结构			就业的所有制结构	
	城镇	乡村	第一产业	第二产业	第三产业	城镇国有	城镇非国有
1978	23.7	76.3	70.5	17.3	12.2	78.3	21.7
2006	37.1	62.9	42.6	25.2	32.2	22.7	77.3
增减	+13.4	-13.4	-27.9	+7.9	+20.0	-55.6	+55.6

（二）需求面分析：发展因素

近些年来，我国经济发展进入了工业化、城市化加快阶段。整体上说，人均收入水平不断提高。1998 年，我国人均 GDP 水平突破 800 美元，2001 年突破 1000 美元。据国际货币基金组织最新数据，2006 年我国人均 GDP 水平达

2001 美元。这就推动着消费结构的升级，推动着房地产业和城市建设的迅速发展。整体上说，消费结构的升级表现为：居民消费结构由满足温饱需求的"吃、穿、用"阶段，向满足小康需求的"住、行"阶段升级；由百元级的小型耐用消费品（如手表、自行车、缝纫机），向千元级的中型耐用消费品（如彩电、电冰箱、洗衣机等家用电器）升级之后，又向着万元级、特别是数十万元级的大型耐用消费品（如住房、轿车）升级。城镇中除高收入者外，一部分中等收入者的收入也正在不断积蓄，这部分购买力具有一定的广泛性和持久性。消费结构的升级和相应的产业结构的升级，是我国本轮经济周期上升阶段的重要推动力。

（三）政策面分析：宏观调控因素

过去，我国经济周期波动经常是"大起大落"。大起大落的要害是"大起"。从 1953～1976 年"文化大革命"结束，共经历了五个周期，其中有三次大起大落。每次"大起"，经济增长率的峰位都在 20% 左右。1958 年为 21.3%，1964 年为 18.3%，1970 年为 19.4%（见表 1）。1976 年"文化大革命"结束后和 1978 年改革开放以来，又经历了五个周期。其中，在已有的四个周期中，经济增长率的峰位都在 11% 以上至 15%。1978 年为 11.7%，1984 年为 15.2%，1987 年为 11.6%，1992 年为 14.2%（见表 1）。以往的宏观调控也都是在"大起"之后，即经济全面过热之后再来进行调控。在本轮经济周期中，汲取了历史上多次"大起大落"的经验教训，宏观调控表现出新特点：第一是及时调控。在经济周期的上升过程中，及时地进行宏观调控，防止由偏快转为过热，防止由局部性问题转为全局性问题。第二是不断调控。在经济周期的上升过程中，不断地、多次性地进行微调，控制住经济波动的峰位，使经济波动不"冒顶"，即不突破经济适度增长区间的上限（从我国目前国情看，大体为 11% 左右）。这就有利于经济周期上升阶段的延长。

三、政策建议

1. 宏观调控：化大调整为不断的小调整

2006 年，我国 GDP 增长率经修订为 11.1%。2007 年上半年，又略有上升，为 11.5%。根据历史经验，这已经处于或稍微越过我国经济适度增长区间的上限边缘。在我国工业化、城市化加快过程中，潜在经济增长率有可能有所上升，但考虑到资源消耗（特别是能源、土地）和环境污染这些新的经济增长制约因素，潜在经济增长率还不能把握的过高。因此，还要紧密跟踪经济形势的变化，继续加强和改善宏观调控，主要倾向还是防止经济运行由偏快转为过热。这里要强调的是：化大调整为不断的小调整，以延长经济周期继续在适度高位的平稳运行。

本轮经济周期由上升通道转向下降通道的拐点一直还没有来。按照经济周期波动的规律，拐点，或者说调整，总会来的。但拐点有两种：一种是大拐点，一种是小拐点。大拐点是指经济周期由上升通道向下降通道剧烈的、大幅度的转折。这种转折往往要付出较大的调整代价。小拐点则是指经济周期由上升通道向下降通道平缓的、小幅度的转折。有人建议把大拐点叫做"狼点"，以区分于小拐点。不断地进行宏观调控，就是要化大调整为不断的小调整，以防范大拐点——"狼点"的出现。美国著名经济周期专家熊彼特当年曾把经济周期波动中繁荣的转折称为"清理的过程"。他把这种转折或清理过程也分为两种：一种称作"清理的正常过程"，指周期波动中必然的、有益的调整；另一种称作"清理的非正常过程"，指具有巨大损失和破坏性的调整。我们这里所说的"小拐点"，可以对应熊彼特的"清理的正常过程"；我们所说的"大拐点"，可以对应熊彼特的"清理的非正常过程"。

20世纪80年代以来，美国等世界上一些市场经济发达国家出现了经济周期平滑化的趋势。美国学者将其称为经济波动的"大缓和"（Great Moderation）。我国经济周期也出现了平滑化的良性大变形。其中原因，各国情况有所不同，但都与各国市场经济的不断完善和宏观调控的不断改善有关。所谓经济周期的平滑化趋势是指，经济周期由过去那种起伏剧烈、峰谷落差极大的波动轨迹，向着起伏平缓、峰谷落差缩小的波动轨迹转变。这样，在以十年左右为期的"中程"周期来考察时，其中可能包含两三个小的"短程"周期，也就是说，其中可能包含不止一个上拐点（峰顶），可能包含两三个小的上拐点。这有利于延长经济周期在适度高位的平稳运行。

为延长经济周期的适度高位运行，在一轮周期中，针对经济运行中的问题多次进行微调，并不意味着前一次微调没有起作用，也不意味着这次微调之后不再需要进行新的微调。当然，不断地、多次性地进行微调也并不意味着过于频繁的调控，而要给每次调控以一定的消化、吸收过程。

在化大调整为不断的小调整中，还需要强调的是：密切关注宏观总体稳定下的一些局部波动问题，如总体稳定下的不同产业的波动问题，总体稳定下的价格（如物价、房价）波动问题，总体稳定下的股市波动问题等。这里有两个"防止"：一方面是防止经济运行由偏快转为过热；另一方面还要防止一些局部问题的冲击，防止局部问题转化为全局问题。

2. 把政府的微观规制从宏观调控中剥离出来，以"长"抓不懈

最近公布的 2006 年全国和各地区单位 GDP 能耗情况，以及 2007 年上半年全国主要污染物排放情况表明，转变经济发展方式，建设资源节约型、环境友好型社会，仍然是任重而道远。2006 年，我国单位 GDP 能耗虽出现三年来首次由升转降，比 2005 年下降 1.33%，但没有实现年初确定的下降目标；全国除北京外，各地区均未完成 2006 年单位 GDP 能耗降低的目标任务。2007 年上半年，与上年同期相比，全国二氧化硫排放量下降 0.6%，化学需氧量排放量增加 0.5%，污染减排形势亦不容乐观。

节能减排，以及把住土地闸门等，本属于政府的微观规制职能。我们常说把住两个闸门：一个是信贷闸门，一个是土地闸门。信贷闸门属政府的宏观调控问题，而土地闸门属政府的微观规制问题。但由于政府的微观规制是"政府"的职能，很多人就将其视为"宏观"问题而归入宏观调控职能中。这样一来，不利于节能减排和把住土地闸门的贯彻执行。因为宏观调控是针对经济运行的短期波动和变化而采取的措施，根据经济形势的"冷热"变化，其方向和力度可以时松时紧。但节能减排和把住土地闸门等这些属于微观规制方面的长期任务，却不能时松时紧，而必须"长"抓不懈。现在，一些地方由于抓紧了节能减排和土地利用等审批工作，因此经常有人问，什么时候宏观调控可以转松。其意思是，什么时候节能减排的审批门槛和土地闸门可以放松。所以，要把节能减排和把住土地闸门等这些政府的微观规制从宏观调控中剥离出来，以利于"长"抓不懈，下大力推进经济发展方式的转变。

3. 如何解决总储蓄大于总投资的困境

目前，我国总储蓄大于总投资，外贸顺差持续增大。要解决这个外部不平衡问题，就需要扩大内需。内需包括投资需求和消费需求。那么，要扩大哪部分内需呢？这又涉及国内的内部不平衡问题，即当前内需中投资率偏高、消费率偏低。要继续扩大国内投资需求吗？那固定资产投资不是更要反弹和过热，投资率不是更要升高吗！要继续扩大国内消费需求吗？那现在以社会消费品零售总额增长率这一角度所表现出来的消费需求已不算低。近三年来，社会消费品零售总额增长率均在 12% 以上，2007 年上半年又达 15.4%。要说国内消费需求相对不足，那主要是什么不足呢？一是广大农民和城镇低收入者的消费不足；二是医疗、教育、文化等公共服务消费不足；三是居民住房消费不足。现在，我国许多商品处于供过于求的状况，但居民住房供给仍处于短缺状况，房价上涨的压力很大。

要解决总储蓄大于总投资的问题，除了要加强城乡社会保障体系建设，不断提高广大农民和城镇低收入者的收入水平与消费水平；除了要扩大医疗、教育、文化等公共服务消费之外，还有一个重要的问题，就是如何认识和解决我国目前投资率偏高、消费率偏低当中的居民住房问题。

我国目前正处于消费结构升级过程中，这主要是要解决居民住房问题。而居民购买住房，对居民生活使用来说，是消费；但对国际上统一的国民经济统计核算来说，在支出法国内生产总值中却算作投资（固定资本形成），与此同时，居民购买住房后的年度折旧，以虚拟房租的计算列入消费。在我国，住房年度折旧率很低，一般以住房50年为期，年度折旧率仅为2%，这就大大压低了消费率。

加之，在我国，城镇居民家庭人均住房面积的基数较小，在城镇居民消费支出中住房支出所占比重很小，2006年仅为3.1%。而在美国个人消费支出中，住房支出经常占到14%左右。因此，在我国，扩大居民住房需求，增加居民住房支出，是提高我国消费率的一个长期的、重要的途径。而在这个过程中，就要大量地盖房子，增加投资。所以，在目前我国这样一个特定的发展阶段里，投资率偏高、消费率偏低的问题仍然会存在，但在居民住房扩大之后，以及在统计上合理提高住房年度折旧率之后，我国消费率会提高起来。从这个角度说，为了提高消费率，眼前还要保持一定的较高的投资率，以扩大住房供给。

然而，住房是一种特殊商品，其供给的扩大需要珍贵的土地，需要各种原材料的大量投入，这要有一个过程。要加强规划，优化商品房供给结构，加大面向广大群众的普通商品房和廉租房的供给，抑制房价的过快上涨。这既是关系民生的大问题，也是保证我国经济持续、快速、平稳发展的长远问题。

参考文献

1. 曹永福：《美国经济周期稳定化研究述评》，《经济研究》2007年第7期。

2. 刘树成：《多次性微调：使经济增长率不"冒顶"》，《经济学动态》2006年第10期。

3. 刘树成、张晓晶、张平：《未来中国经济周期波动分析》，载王洛林主编《中国战略机遇期的经济发展研究报告》，社会科学文献出版社，2005。

4. 熊彼特:《经济发展理论》, 商务印书馆, 1991。

5. Kim, Chang – Jin and Nelson, Charles R., 1999, "Has the U. S. Economy Become More Stable? A Bayesian Approach Based on a Markov – Switching Model of the Business Cycle", Review of Economics and Statistics, Vol. 81 (4), pp. 608 – 616.

6. Owyang, Michael T., Jeremy Piger and Howard J. Wall, 2007, "A State – Level Analysis of the Great Moderation", Federal Reserve Bank of ST. Louis, Working Paper 2007 – 003B.

原载《经济学动态》, 2007 年第 8 期

促进区域协调发展

吕　政

国民经济和社会发展第十一个五年规划纲要提出的区域发展总体战略是，坚持推进西部大开发，振兴东北地区等老工业基地，促进中部崛起，鼓励东部地区率先发展，健全区域协调互动机制，形成合理的区域发展格局。胡锦涛总书记最近强调指出，要把促进区域协调发展摆在更加突出的位置，切实把区域发展总体战略贯彻好、落实好。区域协调发展包含资源配置的协调、区际经济关系的协调和社会产品分配的协调等方面的要求。为了促进区域协调发展，必须统筹制定区域发展规划，健全区域协调发展的机制，完善各项区域发展政策。

一、合理控制和逐步缩小区域经济发展差距

区域经济发展不平衡是国土辽阔国家的普遍现象。由于自然环境、交通运输条件、市场机制、国际贸易关系以及国际资本流动等因素的影响，沿海国家生产要素的空间配置和经济活动向靠近海岸线的地区集聚具有一定的客观必然性。随着生产力的发展和社会的进步，对区域经济发展差距进行调节，逐步缩小区域经济与社会事业发展差距，也是社会经济发展的客观要求。

上个世纪90年代后期以来，我国的区域经济政策不断完善，区域发展战略有序推进，并取得显著成效。区域经济与社会事业发展不平衡的局面已经发生了积极的变化，区域经济发展差距扩大的趋势开始减缓。"十五"时期，我国东部十省市、东北三省、中部地区和西部地区国内生产总值年均增长率分别为12.4%、10.9%、10.7%和11.1%，区域之间经济增长率的差距已缩小到1个百分点左右。这说明我国各个地区的经济都处在快速增长的阶段。当然，由于地区之间既有的自然区位不同，经济规模不同，人口数量不同，增长的起点不同，目前地区之间实际的差距仍然较大。2005年东部、东北、中部和西部四个地区的国内生产总值占全国的比重分别为55.5、8.7、18.8和17。如果以

全国的人均国内生产总值为100，东部地为153.4，东北三省为104，中部地区为68，西部地区为60.6；上述四个地区财政收入占全国的比重分别为60.2、8.1、15.2和16.6。

为了保证我国经济的协调可持续发展，必须抑制地区经济与社会事业差距继续扩大的趋势。在资源配置和生产运行过程，仍然要坚持效率优先的原则。国民收入初次分配，首先，应优先考虑不同地区出资者、生产者创造社会财富所做出的贡献，使生产要素利用效率最高的地区保持增长的动力，它有利于为中央财政创造更多的税源，以增强中央政府对经济欠发达地区财政转移支付的能力；其次，鼓励经济欠发达地区的人口向经济发达地区转移，既有利于经济发达地区有充足的劳动力的供应，也有利于不同地区的人口规模与其经济活动规模相适应，平衡不同地区的人均收入水平；第三，继续增加对中西部地区建设资金的投入，并鼓励和引导经济发达地区的资金、技术和生产能力有序地向中西部地区转移；第四，通过对国民收入再分配进行调节，使各个地区的城乡居民都能够均等地享受到与现阶段我国经济总体发展水平相适应的教育、医疗卫生、社会保障、文化等基本的公共服务。应增强财政转移支付的力度，改变中西部地区，特别是这些地区广大农村的基础设施、教育、医疗卫生、文化等社会事业发展滞后的状况。

二、地区产业发展和结构调整的主要任务

我国仍处在工业化的过程中，工业在国民经济中占主导地位，地区的财政收入也主要来自于工业。因此各个地区的发展规划都把工业增长放在突出的地位。选择地区经济发展的主导产业时，在指导思想上需要明确，第一，我国工业发展的条件和环境已经发生变化，客观上要求地区工业的发展不应单纯地追求数量扩张，而应当以调整优化产业结构、提高产业素质、增强产业竞争力为主要目标；第二，在发展工业与加强农业的关系上，不应以牺牲农业的发展为代价，必须确保基本农田面积不减少，必须加大对农业的投入和对粮食主产区财政转移支付的力度，提高农业的比较收益。

西部地区发展工业要充分考虑西部地区生态环境的承载能力，有序开发西部地区的能源和矿产资源，提高资源的加工深度，培育具有地区比较优势的特色产业，依托中心城市和国防科技工业，发展先进制造业和高新技术产业。

振兴东北老工业基地的目标，一是通过深化改革，增强大型重点骨干企业的活力和市场竞争力，突破一批制约产品升级换代的关键技术，在重型成套设

备、数控机床、发电设备、汽车、铁路机车和客车、船舶、飞机等主要产品技术和制造能力方面，缩小与工业先进国家的差距，以适应国民经济现代化建设的需要；二是在材料工业领域，大力降低能源消耗，发展精品钢材和各种新型材料；三是发展现代农业，巩固东北作为重要商品粮供应基地的地位；四是扶持资源枯竭型城市和工矿区的产业重组和产业转移，加强再就业培训，开辟新的就业领域。

中部地区劳动力资源充足，贯通东西南北的交通网络已经形成，能源原材料等基础产业具有资源和产业优势，制造业也有较好的基础。中部崛起的主要任务是：继续增加对农业的投入，加强农业产业化体系建设，发展农产品深加工，在促进农业劳动力转移的基础上提高农业的生产经营规模。依托资源优势，建设现代化的大型能源、原材料生产基地。改组、改造机械、汽车、轻工、电子、医药等传统制造业，提高传统制造业的竞争力。

东部地区是我国经济最发达的地区，2005 年东部地区十省市的工业增加值占全国的 59.8%，出口额占 89%，东部地区在国民经济中的地位，要求这一地区必须为经济和社会发展全局做出更大的贡献。但是东部地区经济的持续快速增长，也面临着许多突出矛盾：一是能源、原材料、土地等资源供给不足；二是劳动力供求关系的变化，导致劳动密集型制造业工资成本上升；三是继续扩大经济规模受到环境容量的制约；四是外向型经济与制造业国际竞争力不强的矛盾。要解决这些矛盾，东部地区的发展应当以率先现代化为目标，以推进产业升级为重点。资源密集型重化工业的发展，要在生产经营规模、技术装备和工艺、产品结构、劳动生产率等方面，达到国际先进水平。制造业的发展应在增强自主创新能力的基础上，使技术和知识密集型产业成为东部地区的主导产业，并促进劳动密集型产业向中西部地区转移，加快现代服务业的发展。

三、生产集中化趋势与发挥地区比较优势

在资源配置和企业生产经营过程，由于市场机制的作用，生产要素不仅向优势企业集中，而且向生产要素配置效率更高的优势地区集中。区域协调发展，并不等于在不同地区均等地配置建设项目和生产能力，生产要素配置应坚持效率优先的原则。生产要素的集中化趋势，以较少的国土面积，实现产业集聚，有利于提高资源的配置效率，有利于集中防治污染，有利于上游一体化和发展循环经济。特别是资源密集型产业，如石油化工、煤炭开采、火力发电、

钢铁、有色金属、水泥、玻璃、汽车制造等产业，其生产能力应尽可能向少数大型企业和具有竞争优势的地区集中。

生产集中化趋势与区域协调发展并不是根本对立的。地区经济的发展，应当遵循生产集中化趋势的客观规律，在空间布局上，向地区中心城市集中。在产业选择上，要避免结构趋同和过度竞争，把有限的经济资源投入到本地区的优势产业领域，提高优势产业的市场集中度，促进比较优势转化为竞争优势。

生产集中化是相对的，当一个地区的工业密度超过土地、交通运输和环境容量后，工业的继续扩张就要受制约，其出路一是促进产业升级，二是把不再具有竞争优势的产业向外转移，三是发展现代服务业，并以生产性服务业为纽带，在保留高附加价值的核心业务的同时，促进建立在专业化分工基础上的跨区域生产外包，形成区域之间既有分工又有合作，发挥经济发达地区对周边地区经济发展的带动作用，形成既有利于提高资源配置效率和经济增长质量，又有利于实现区域协调发展的新格局。

四、积极推进主体功能区的形成

主体功能区是根据不同区域的资源环境承载能力、现有开发密度和发展潜力、人口分布、城镇化格局，按照区域分工和协调发展的原则划定的具有特定主体功能的空间单元，它属于一种典型的经济类型区。国家"十一五"规划纲要将国土空间划分为优化开发、重点开发、限制开发和禁止开发四类主体功能区。

优化开发区是指国土开发密度已经较高、资源环境承载能力开始减弱的区域，重点是优化结构，提升参与全球分工与竞争的层次，继续成为带动全国经济社会发展的龙头和我国参与经济全球化的主体区域。重点开发区是指资源环境承载能力较强、经济和人口集聚条件较好的区域，应着重改善投资环境，引导人口、要素和产业合理集聚，加快工业化和城镇化进程。限制开发区是指资源承载能力较弱、大规模集聚经济和人口条件不够好并关系到全国或较大区域范围生态安全的区域，应着重加强生态修复和环境保护，因地制宜发展资源环境可承载的特色产业，引导超载人口合理有序转移，逐步建成全国或区域性的重要生态功能区。禁止开发区是指依法设立的各类自然保护区域，重点是实行强制性保护，控制人为因素对自然生态的干扰，严禁不符合主体功能定位的开发活动。

推进形成主体功能区是根据科学发展观的要求提出的一种区域发展新思

路。其重要意义在于：第一，加强主体功能区建设将有利于促进人与自然的和谐发展，全面协调经济、社会、人口、资源和环境之间关系，引导经济布局、人口分布与资源环境承载力相适应。第二，划分不同类型的主体功能区，有利于强化空间管治，规范和优化空间开发秩序，逐步形成合理的空间开发结构。第三，在主体功能区划的基础上，明确各区域的主体功能定位和发展方向，将有利于优化资源的空间配置，提高资源空间配置效率，推动形成各具特色的区域结构和分工格局，促进各区域协调发展。第四，对不同主体功能区实行分类的区域政策还将有利于根据不同区域的实际情况实行分类管理和调控。

主体功能区建设是区划、规划、政策和考核"四位一体"的工作，也是一项长期的艰巨任务。当前，推进主体功能区的形成，应做好以下几方面工作：一是切实做好主体功能区区划，建立科学的综合评价指标体系，制定符合客观实际的全国和省两级主体功能区区划方案。二是科学编制主体功能区规划。在区划的基础上，科学编制全国和各省市区主体功能区规划，明确各区域的主体功能定位和发展方向，这是推进形成主体功能区的关键环节。三是制定实施分类的区域政策。按照各区域的主体功能定位，调整完善财政、投资、产业、土地、人口管理和环境等相关政策，引导人口、要素合理流动和产业集聚，这是推进形成主体功能区的重要保障。四是建立科学的绩效评价体系。要针对不同主体功能区的实际情况，研究制定不同的绩效评价指标和政绩考核办法，引导主体功能区的健康发展。

原载《人民日报》，2007 年 3 月 14 日

企业生产经营环境变化与应对研究

吕　政

一、资源性产品供给不足，价格上升

人口众多，人均占有的自然资源低于世界平均水平是我国的基本国情。我国人均国土面积 0.8 公顷，人均耕地 0.11 公顷，人均草地 0.33 公顷，人均森林面积 0.1 公顷，分别为世界人均值的 29%、40%、50%、17%。我国水资源总量为 28124 亿立方米，占世界水资源总量的 6% 左右，人均水资源占有量只相当于世界平均水平的 30%。根据地质部门第三次煤田预测统计，我国现已查明的煤炭资源量 6769 亿吨，生产矿井和在建矿井已占用 1916 亿吨，未利用的资源量 4853 亿吨。在尚未利用的资源量中，精查储量 810 亿吨，在精查储量中，目前可供建井选用的储量为 227 亿吨。根据全国第二次油气资源评价结果，我国石油总资源量 940 亿吨，天然气资源量为 38 万亿立方米。到 2002 年，全国石油剩余可采储量为 24·25 亿吨，天然气剩余可采储量为 20169 亿立方米。到 2005 年，我国石油进口量已占石油消费量的 40%；我国铁矿石的品位平均为 34%，相当于澳大利亚铁矿石品位的 51%，进口量已占国内需求量的 50%；进口的铝土矿占国内需求的比例为 33%，进口的铜矿占国内需求的 50%。

另一方面，我国工业构成中的重化工业显著提高。1998 年以来，资源密集型的重化工业持续高速增长，平均增长速度比劳动密集型的轻纺工业高出 4 个百分点。重工业与轻工业之间的比例由 1998 年的 55∶45 变为 2006 年的 69∶31。1990 年我国生产的一次能源为 9.87 亿吨、发电量 6212 千瓦时、钢材 5153 万吨、水泥 2.097 亿吨，2005 年我国人口比 1990 年增长了 14.35%，但上列能源、原材料的产量和消费量比 1995 年分别增长了 130%、318%、580%、402%，生产总量和人均消费量都出现了超常规的增长。

这种变化，一是由于城乡居民的生活水平在基本实现小康之后，消费结构出现新的趋势，即住房需求和购买私人轿车的需求显著上升；二是城镇化的步伐逐步加快；三是全社会的固定资产投资快速增长，2006 年全社会固定资产投资在 10 万亿元左右，相当于 2006 年 GDP 的 50%。

从生产过程的能源消耗来看，我国综合能耗普遍较高，一般比国外同类设备或技术高出 10% 以上。就能源的加工转换效率来看，我国的能源加工转换效率是逐渐提高的，但是与国外相比，仍有较大的差距。例如，与国际先进水平相比较，我国钢铁工业的吨钢综合能耗高出 30%，粗铜冶炼能耗高出 37%，氧化铝高出 53%，玻璃高出 66%，水泥熟料综合煤耗高出 75%，炼油高出 69%。开采、加工转换和终端利用效率低，使我国资源供给不足的矛盾更加突出。

"十一五"国民经济与社会发展规划中提出单位 GDP 能源消费降低 20% 的目标，2006 年上半年的实际情况是：GDP 增长 10.9% 的同时，煤、电同比分别增长了 12.8% 和 12%，能源消耗增长仍然快于经济增长，全国单位 GDP 能耗同比上升 0.8%，没有达到节能的预期目标。2006 年上半年我国能源效率不升反降的原因：一是结构调整在短时间内难以见到成效，在经济总量持续快速增长的情况下，单位产值能耗并没有下降，特别是高耗能行业仍然以较快的速度增长；二是经济调节的手段与力度不够，一些企业还没有采用新的节能生产技术。

在资源供给紧约束的情况下，资源性产品价格上涨的趋势是不可逆转的。其结果，必然导致企业生产经营成本的上升，但是，下游加工工业产品供大于求，价格上涨的空间小，这就逼迫企业必须改变粗放经营的状况，降低能源原材料消耗，以降低成本。

二、劳动力成本上升是必然趋势

从总体上讲，我国劳动力资源丰富，现阶段仍然具有劳动力价格便宜的比较优势。但这并不等于我国可以长期保持低工资水平不变。持续 30 年的计划生育政策，使我国人口总量已进入低增长时期，城乡青壮年劳动力的比例在下降；另一方面，由于国家对农村、农业和农民政策的不断调整，农民从事农业的收益逐步提高。在这种大背景下，工业企业继续维持低工资水平，甚至实行"血汗工厂"的原始积累方式，将难以保证劳动力的供给。

2003 年以来，在沿海外来农民工较集中的一些地方，出现了所谓"民工荒"。我国劳动力总供给大于总需求的格局并没有发生变化，农村仍然有大量剩余劳动力需要转移。在劳动力供给大于需求的情况下出现"民工荒"，主要是对农民工的工资和应有的福利待遇被压低、劳动条件差造成的。他们的工资和基本的福利没有达到现阶段我国社会必要劳动的水平，解决这个矛盾的主要责任在企业。进城务工农民的工资没有体现保证社会必要劳动的基本要求，而且存在着劳动时间长、劳动条件差的问题。"民工荒"的出现，实际上是通过劳动力市场及其工资的市场机制进行强制性的调节，客观上要求企业必须提高农民工的工资待遇，改善农民工的劳动条件。对进城务工的农民，应当为他们建立失业、养老和医疗保险基金；跨地区流动的农民，应为他们建立能够跨地区兑现的个人账户。

有人担心提高农民工的工资和社会保障水平，将会导致企业生产成本的上升，影响我国劳动密集型产品的出口竞争力。对于这个问题需要从以下几个方面来认识：第一，提高农民工的工资，首先有助于调整企业主与农民工之间的分配结构，缩小贫富差距，实现社会公正，使社会物质财富的创造者能够分享经济增长和社会发展所带来的利益；第二，有助于提高低收入群体的购买力，即使在出口增速下降的情况下，可以通过扩大国内市场需求促进经济增长；第三，劳动力成本的上升，迫使企业进行技术创新；第四，有助于改变依靠低价格参与国际竞争，既牺牲了本国工人利益却又经常遭到进口国家反倾销的出力不讨好的状况。

目前的社会分配不公、收入差距扩大的矛盾，首先是国民收入初次分配不合理。这种不合理主要表现在两个方面：一是垄断性企业获得的超额利润没有有效地征收到国家财政，一部分转化为垄断性企业的工资和福利；二是民营企业的雇主与雇员的分配结构不合理。解决社会分配不公的矛盾，必须首先解决国民收入初次分配不合理的问题，提高普通员工的工资水平。

三、部分行业的生产能力相对过剩

工业生产能力过剩是指工业生产能力超出了社会有效需求，其产品难以在市场上得到充分实现，生产能力闲置率超出了合理界限。2002年以来，由于固定资产投资规模的持续扩大，并逐步形成新的生产能力，导致部分行业的生产能力过剩。但从全局考察，并不会出现生产过剩危机。与上年同期相比较，30类制造业企业的平均景气指数比上年同期上升约5个百分点，略有下降行业是塑料制品、橡胶制品、化学纤维、医药制造、化学原料及制品等下游行业，约占20%。按照一般经济规律，工业生产能力利用率以70%为临界点。目前，我国工业大多数行业的生产能力利用率在70%以上的见表1。

表 1　我国工业行业生产能力利用率（70%以上）　　　　单位:%

煤炭开采	92.8	原油开采	95.6	化学纤维	72.4
水泥	77.3	平板玻璃	84.9	生铁	81.3
钢材	77.7	电解铝	73.5	机床	82.4
微型电子计算机	78.1	家用洗衣机	70.6		

在大多数情况下，生产能力 100% 的利用是不可能的，上列煤炭和原油开采能力利用率都在 90% 以上，反映了这两个行业的产品供求紧张，因而出现过度开采的问题。生产能力的相对过剩则是普遍现象，生产能力的相对过剩，有利于促进竞争，淘汰落后。当然这并不等于承认上述行业所有生产企业的存在都是合理的。以钢铁、水泥为代表的资源密集型行业的突出矛盾不是总量过大的问题，而是结构问题，即大量生产技术水平落后、浪费资源、污染环境的落后企业没有退出生产。所以，政策的着力点是推进结构调整。

生产能力相对过剩必须是适度的，在利用率低于 70% 的情况下，将导致生产要素配置效率的下降、产品库存增加、企业相互拖欠的矛盾加剧。目前生产能力低于 70% 的见表 2。

表 2　我国工业行业生产能力利用率（低于 70%）　　　　单位:%

汽车	55.5	轿车	60.2	家用电冰箱	62.7
空调器	56.0	手机	59.5	彩色电视机	64.5

部分行业产能过剩的主要原因是：第一，固定资产投资增长过快。2002年以来，我国固定资产投资连续 5 年增速超过 20%，2006 年投资率已经超过50%。固定资产投资建成期一般为 3～5 年，大量投资所形成的产能在 2005 年开始释放，由此导致生产能力过剩。第二，国内消费需求相对不足，在商务部监测的 84 种纺织品服装中，86.9% 的商品供过于求；73 种家用电器中，87.7% 的商品供过于求；19 种五金电料商品全部供过于求。第三，投资体制不合理和政府参与产业投资的强烈冲动。第四，生产要素的定价机制不合理导致的工业的过度投资。工业土地市场不健全，工业用地的低价转让价格政策，导致大量的不具备资金能力的投资者进入资本密集型的重化工业；一些自然资源开采权的定价只反映劳动和资本成本而不反映自然资源消耗的机会成本和社会责任成本。

解决工业部分行业生产能力过剩问题的办法：一是继续加强宏观调控，控制固定资产投资规模；二是依靠市场竞争，淘汰落后生产能力；三是严格市场准入标准，完善市场准入机制，限制不具有规模效应和技术落后企业的进入；四是扩大国内需求，特别是增加以农民为主体的低收入阶层的收入及其购买力。

在现代市场经济条件下，由于政府对经济运行过程的宏观调控，在一定程度上，避免或降低了生产危机，保证社会再生产的正常运行。实践证明，2003年下半年开始的以抑制局部行业投资过热为主要目标的宏观调控是完全必要的，如果没有这种调控，生产过剩的问题将更加严重。在当前工业生产能力相对过剩的条件下，宏观调控政策的选择，不应当简单地放松对投资规模控制，刺激投资品市场的需求，以便让所有的企业都能活下去。与此相反，应当利用供给大于需求的时机，强化市场竞争，提高市场准入的技术经济标准，淘汰落后生产能力，使社会再生产在更高的生产力水平上实现协调发展。

四、生产要素集中化与生产外包趋势明显

在市场竞争机制的作用下，生产要素向优势企业集中是必然趋势，尤其是资本和资源密集型产业，如钢铁、有色金属、石油化工、火力发电、主要建筑材料、交通运输设备制造、造纸等行业，应当促进生产要素向大企业集中。以火力发电为例，采用大型发电机组发电煤耗只有320克/千瓦时，但我国发电的平均煤耗超过400克/千瓦时。如果火力发电的平均煤耗达到大型机组的水平，一年就可节约2.8亿吨标准煤，相当于目前发电用煤量的25%。大型钢铁企业的吨钢综合能耗在700千克左右，与国际先进水平的差距已明显缩小，但大多数中小钢铁企业的吨钢综合能耗超过1吨，比国内大型钢铁企业高出30%。由此可见，在资源密集型产业，限制并逐步淘汰不具有规模效应、技术落后的中小企业是完全必要的。

最近，国务院国资委提出国有资本进一步向关系国家经济安全和国民经济命脉的重要行业和关键领域集中，向竞争实力强的大企业集中。到2006年底，国有经营性资产价值达13万亿元，主要分布在石油、石化、煤炭、冶金、电力、交通、通信、军事工业等基础性行业和骨干企业。有人认为提高基础产业进入门槛，资本密集型产业向国有大企业集中抑制了民营资本进入基础性产业，不利于民营经济的发展。从法律上和政策上看，并不存在阻碍民营企业进入资本密集型基础产业的障碍，即凡是国有资本能够进入的领域，民营资本也能够进入。但是由于资本密集型产业的有机构成高，要求资本的投入强度大，

与劳动密集型的中小企业相比，技术管理和生产经营管理相对复杂。民营资本进入资本密集型产业，需要解决两个问题：一是从家族独资形态转向资本多元化和社会化，这样才能解决单个私人资本不足的矛盾，适应基础产业由技术构成所决定的资本有机构成高、资本投入强度大的客观要求；二是民营企业必须实行资本所有权与经营权分开的现代企业制度，信任不具有血缘和裙带关系的外聘的专业经营管理人才，通过委托代理制克服家族治理资本社会化大型企业的局限。钢铁工业需要以宝钢这样现代化的大型企业为主导，但现阶段我国任何一家单个私人资本都还没有能力兴办这样的大型企业；我国需要能够制造1.5吨大型水压机的第一重型机械厂，但没有哪一家私人企业愿意投资这种资本总量大、利润率低的重型机械制造业。由于几千年小农经济的历史局限性，中国的民营企业要克服上述两种历史局限性，还需要一个过程。而现代生产力的发展，又不可能容忍资本密集型基础产业继续停留在技术装备落后、生产规模小、产业组织分散的小企业的状态。

在生产要素集中化的同时，生产外包是产业组织结构变化的一个新趋势。外包逐步成为国际产业转移的新兴主流方式。外包是指企业把非核心的生产、营销、物流、研发、设计活动，分别转包给成本低的发展中国家的企业或专业化公司去完成。外包可能伴随着生产资本的直接投资，也可能仅仅通过外包合同，以非股权方式将业务分解或把非核心业务转移。21 世纪初，越来越多的跨国公司更加注重核心业务的发展，而将非核心业务以"外包"的方式，交由其他专业公司处理，其实质在于截取价值链中的高利润环节，缩小经营范围，将有限的资源集中配置到企业的强势领域，以降低企业的运营成本，突出企业的竞争优势。其中，成本削减是绝大多数企业进行离岸外包的初衷，也是外包带来的最直接、最明显的收益。同时，通过外包，企业能以更低廉的薪金雇用更高素质的人才，以支持更高层次的技术需求或更大的制造规模。企业外包，将推动产业组织结构向着在全球范围内进行专业化分工的方向发展。要适应这种社会化大生产的趋势，企业必须放弃"大而全"、"小而全"的生产方式，集中力量做好做强核心业务，把不具有竞争优势的生产经营环节外包给其他企业。

五、企业必须承担相适应的社会责任

传统观点认为，企业在商言商，只要搞好生产经营，吸纳就业，增加商品供应并能获得利润，为社会创造了财富，就是尽到了社会责任。这种认识是对的，但不全面。因为在现代社会化的大生产条件下，企业的生产经营活动不是孤立进行的，总是在一定的政治、经济关系中运行的，企业在盘算怎样赚钱的同时，也必须考虑到利益相关者的利益。企业的社会责任分为强制性的和自愿性的两种类型。

强制性的责任首先表现在企业必须依法纳税。政府向企业征税，是在国民收入初次分配中对社会剩余产品的一种扣除，以用于国家行政、科学、教育、国防、社会保障等公共事业的开支，从而使社会的各项事业不断发展，同时也为企业的生产经营及其发展提供更好的公共产品以及和平稳定的社会环境。企业纳税是政府财政收入的源泉。政府财政收入的不断增长，才能按照社会公正的原则，进行国民收入的再分配，协调社会各阶层的利益关系，从而为解决社会矛盾，构建和谐社会奠定基础。所以企业偷税漏税，不仅属于违法行为，也是企业未履行社会责任的表现。

强制性的责任还表现在企业提供的产品必须符合标准，不得造假售假，对消费者构成欺骗和危害。这本来应当是企业的自觉行为，但由于我国的市场经济秩序还不健全，在事实上存在着地方保护主义，少数企业为了牟取不正当利益，造假售假时有发生。其结果，不仅损害了消费者的合法权益，违背了公平竞争的原则，也是引发商家与消费者之间的纠纷和矛盾的主要原因。所以，执行产品的技术标准，接受政府的质量监督，是企业必须履行的社会责任。

企业的社会责任还有非强制性的，即企业自愿承担超越社会契约或法律的要求。契约或法律约束通常是公民和企业必须遵守的最低的社会行为准则，但社会契约和法律还不可能对所有的行为都做出严格的规定。对于有利于社会的公益性事业，契约和法律并不强求企业去做，它属于一种价值观念和社会道德的范畴。但从世界上大企业发展的历史看，不少大企业家也是大慈善家。一方面在不断地赚钱，另一方面又经常地向社会捐赠，资助社会公益事业或社会慈善事业。这种行为既有利于社会事业的发展，同时也为企业树立了良好的社会形象，增强消费者对该企业产品或服务的忠诚度和向心力，为企业的发展赢得更广阔的市场机会，最终也有利于企业的长远发展。

企业既要追求利润最大化，也要兼顾外部经济性的要求。利润最大化是有条件的，即在追求出资人利益的同时，也必须兼顾利益相关者的利益。

有一种观点认为，在市场经济和投资主体多元化的条件下，资本金是出资人的，而不是国家的，投资者愿意上什么项目，想上多大规模的项目，盈利还是亏损，完全是投资主体自己的事，政府不必干预。这种观点似是而非。现代市场经济是有规则的经济，改革政府的行政审批，不等于取消市场准入规则。微观经济主体的投资行为并不考虑外部的合理性问题。例如 2000 年国家曾经下令在当年 6 月 30 日零点之前必须关掉淮河流域的 5000 吨以下的小造纸厂，以减少对淮河的污水排放量。如果从局部的微观利益看，只要造纸企业能赚钱，就有存在的合理性。关掉小造纸厂，会损害地方的利益，会导致造纸厂职工下岗、失业，乡镇和县级财政会减少收入，因此关掉地方小造纸厂似乎是没有道理的。但是从外部看，由于 5000 吨以下小造纸厂技术指标达不到环境保护标准的要求，对淮河造成了严重污染，使淮河的水质下降，直接影响到淮河流域广大人民群众的生活和健康。据有关部门统计和测算，淮河流域小造纸厂兴办以来累计创造的利润约 60 亿元，但为了治理淮河的污染，已经投入和将要投入的费用要高达 600 亿元。很显然，企业的盈利导致了巨大的外部损失。这种情况说明，当局部的和企业的经济合理性导致外部的、更大的不合理性时，企业就应当服从外部合理性的要求，自觉地履行社会责任。如果企业不自觉、不愿意履行社会责任和义务时，作为社会公共利益的维护者的政府，就得采取强制性的手段，限制企业的投资和生产经营活动。

近几年，由于我国经济持续高速增长，对能源的需求十分旺盛，特别是我国能源生产和消费结构仍然以煤炭为主导，煤炭供不应求的矛盾突出。在这种情况下，在具有煤炭资源的地区小煤窑迅速发展。从积极的方面考察，小煤窑的产出增加了煤炭供给，有利于缓解能源紧张的压力。但是，小煤窑在开采过程中，确实存在着浪费资源，破坏环境的问题。与此同时，许多小煤窑的业主把家乡的地表挖得千疮百孔，并以牺牲矿工的安全为代价，获取丰厚的利润。但在赚了钱之后，又远走他乡，到北京、天津、大连等城市购买高档住宅，当起寓公，过着食利者的生活。少数人暴富，大多数当地农民刚刚越过温饱，很显然，这种状况不利于实现社会和谐。在家乡采煤发了财，却不愿回报当地社会，虽然不属违法，但可以说是一种没有社会责任感的表现。当市场机制无法自动地解决这种社会矛盾时，就需要社会的管理者、裁判者——政府进行干预，比如提高煤炭资源的开采利用标准，达不到资源利用标准的，不得开采；再如，大幅度提高资源开采税，调节利益分配关系，把这种所得用于当地的经济建设和社会公共事业中，使利益相关者能够分享企业发展的成果。

参考文献

1. 国务院发展研究中心产业部 "中国产业发展跟踪研究" 课题组：《2006

年电力煤炭供需形势预测》,《中国证券报》,2005 年 11 月 24 日。

2. 国务院发展研究中心产业部"中国产业发展跟踪研究"课题组:《2006年中国钢材石油供需形势预测》,《中国证券报》,2005 年 11 月 30 日。

3. 曹建海:《消解产能过剩,抑制固定资产投资大起大落》,《第一财经日报》,2005 年 12 月 16 日。

4. 仲大军:当前企业的社会责任,《中国经济快讯周刊》第 38 期,2002。

原载《财经问题研究》,2007 年第 2 期

市场化改革的特色之路

张卓元

中国从 1979 年实行改革开放到现在，已近三十年。改革开放以来，中国经济高速增长、经济实力和综合国力大大增强，全球影响力大大提升。2006年，中国 GDP 比 1978 年增长 12.3 倍，年均增速达 9.68%，比同期全球经济平均增速 3.5%、发达国家平均增速 3% 高一倍半到两倍，人均 GDP 已达 2000美元。从 2005 年起，中国已成为世界第四大经济体，对外贸易居世界第三位。进入新世纪以来，中国对世界经济增长的贡献率已达 15%。中国已成为举世公认的新兴的经济高速增长的大国。"中国的奇迹"已成为全世界经济学家的重要研究课题。

为什么中国经济能实现比亚洲"四小龙"和日本在上个世纪 60～80 年代还要长时间的高速增长呢？最根本的，是中国从 1979 年起实行改革开放，不断推进从传统的计划经济体制向市场经济体制转轨，不断完善初步建立的社会主义市场经济体制。

一、市场取向加渐进改革，在保持社会稳定中实现体制转轨

中国是一个拥有十几亿人口的发展中大国，处于社会主义初级阶段。长时期实行传统的计划经济体制严重束缚了企业和职工的积极性、主动性，缺乏活力和进取精神。"文化大革命"更使我国经济走到崩溃的边缘。粉碎"四人帮"后，1978 年底，在邓小平领导下，党的十一届三中全会作出了扭转乾坤的重大决定，把全党工作重心转移到现代化建设上来，实行改革开放。所谓改革，就是改革传统的排斥商品生产和市场关系的计划经济管理体制，开始引入市场机制，逐步放开市场、放开价格。中国是一个大国，社会生产力和人民生活水平比较低（1978 年全国有 2.5 亿人尚未解决温饱问题），各地发展也很不平衡，因此，改革经济体制既要坚定不移，又要十分谨慎，分地区分步推进，"摸着石头过河"，不能一步到位。

一是恰当确定改革顺序和着力点。改革从农村开始，实行家庭联产承包制，首先解放农村生产力，很快农业连年丰收，为改革创造了雄厚的物质基础，然后向城市扩展。先搞放权让利，随后强调制度创新。前期以国企改革为中心，进入新世纪后以行政管理体制改革建设公共服务型政府为关键。经济体制改革同政治、文化、社会体制改革协调推进。

二是逐步放开市场和价格。先放开小商品和部分农副产品价格，这些产品价格一放开，很快它们就像泉水般涌流出来，增加供给，并在增加供给基础上活跃市场、稳定价格，使老百姓亲身感受到改革给他们带来的实惠，使改革得到最广大群众的支持。上个世纪 70 年代末 80 年代初放开水产品、水果、蔬菜、肉禽蛋等价格和市场后出现令人惊叹的市场"魔力"说明了这一点。到 90 年代初期，绝大部分农产品、工业消费品、工业生产资料的价格和市场已经放开，整个国民经济的活力显著提高，告别了短缺经济时代，买方市场格局初步形成。

三是先体制外后体制内。改革开始不久，即允许和鼓励个体经济发展，接着允许和鼓励私营经济发展，在体制外培植市场经济主体。然后"倒逼"体制内加快改革，特别是国有企业改革和国有资产管理体制改革。目前，个体、私营经济创造的 GDP 已占全国 GDP 的 40% 左右，提供了 80% 以上的新增就业岗位。上个世纪 90 年代后期，国企改革加快推进，国有经济布局和结构的战略性调整大规模展开，进入新世纪后进一步推进了国有资产管理体制改革，这就使国有经济在整个国民经济中的主导作用和控制力得到进一步增强。

四是先微观后宏观。从 1979 年起，农村实行家庭联产承包制，城市扩大企业自主权，发展个体私营经济，逐步放活微观经济主体，在此基础上，要求改革宏观经济管理体制，从直接管理向主要运用经济手段和法律手段的间接管理过渡。1985 年 9 月，由中国经济体制改革研究会、中国社会科学院和世界银行联合举办的"宏观经济管理国际研讨会"，在从重庆到武汉的长江"巴山号"轮船上进行。来自国外的一批著名学者和专家（如美国的托宾、匈牙利的科尔奈、波兰的布鲁斯、日本的小林实等），就宏观经济管理问题和我国经济改革过程中碰到的许多重要问题，如改革的目标模式选择问题、经济体制模式转换的方式是"一揽子"还是"渐进式"问题、价格双轨制问题、改革的经济环境问题等，展开了深入的讨论。他们对宏观经济管理问题，包括直接控制和间接控制、财政政策和货币政策以及它们之间的搭配、工资控制和个人收入分配政策、对外贸易和国际收支平衡等问题，系统地介绍了国外的经验，使与会的中国经济学家大开眼界，从此展开对中国宏观经济管理问题的系统研究和讨论，并有效地推进了中国宏观经济管理改革，保证中国经济在总体稳定的条件下高速增长。

五是从试办经济特区到全方位对外开放。20 世纪 80 年代以来，经济全球化逐渐深入发展。顺应这一历史潮流，我国不失时机地实行对外开放，发展对外贸易，大胆利用外资。1979～1980 年开始建立深圳、珠海、汕头、厦门 4 个经济特区（1988 年又建立海南经济特区），作为对外开放的"窗口"。1984 年，开放沿海的上海、天津、广州等 14 个港口城市。1985 年，又将珠江三角洲、长江三角洲、闽南三角地区的 61 个市、县开辟为沿海经济开放区。1990 年，开发和开放上海浦东新区。1992 年以来，进一步开放沿海、沿江、沿边和沿桥广大地区。2001 年，中国加入世贸组织，形成全方位、宽领域、多层次对外开放格局。我国对外开放的不断扩大，不仅有效地促进了经济的增长和对外经贸关系的发展，而且有力地推动了经济改革的深化，按国际通行的市场规则办事不断冲击着传统体制的陈规陋习。

总之，中国经济改革，既坚持市场取向，又采取逐步推进办法，避免社会震动过大。1992 年党的十四大明确社会主义市场经济体制的目标模式后，改革步伐加快，在 20 世纪末已初步建立起社会主义市场经济体制，市场已开始在资源配置中发挥基础性作用，公众的市场意识、竞争意识不断增强。2002 年，党的十六大进一步提出要在 2020 年建立完善的社会主义市场经济体制的任务，目的在于使新体制更加成熟、定型。

二、中国市场经济体制的特色

中国是在社会主义条件下实行经济体制转轨、发展市场经济的，也就是说，中国发展的是社会主义市场经济，使社会主义与市场经济相结合。这是前无古人的伟大创举。有的国家也实行过市场社会主义，但有的失败了，有的还在摸索。中国不同，中国是一个拥有十多亿人口的大国，中国在社会主义条件下发展市场经济，无论其成效还是影响，都是无与伦比的。可以说，中国创造了一个全新的市场经济体制模式。

中国社会主义市场经济与一般的市场经济的区别主要有两点：一是实行以公有制为主体、多种所有制经济共同发展的基本经济制度，实现市场经济与公有制的有机结合；二是以社会成员普遍受惠实现共同富裕为目标，要求以人为本。

传统的经济理论认为，市场经济只能与私有制相结合，排斥公有制。但是，中国却创造了市场经济与公有制相结合的成功范例。中国坚持公有制为主体，同时坚持多种所有制经济共同发展，公有制经济和非公有制经济优势互补、互相促进。公有制之所以能与市场经济相结合，是因为我们找到了公有制能与市场经济相结合的实现形式，即股份制；也是因为我们实行了政企分开和政资分开，对国有资产管理体制进行改革。公有制与市场经济相结合，还突出地表现为公有制经济与非公有制经济在市场上公平竞争。公有制经济的主干国有经济，控制着关系国民经济命脉的重要行业和关键领域，主导国民经济的发展。中国非公有制经济改革开放后发展很快。私营经济从 20 世纪 80 年代末开始起步，1992 年后获得迅速发展，其户数以两位数速度增长。目前，个体私营经济已成为国民经济中一支重要的力量。最重要的是，改革开放以来，尽管我国个体、私营等非公有制经济迅速发展壮大，并没有影响国有经济继续发展壮大，真正做到了多种所有制经济共同发展。与此同时，社会结构出现重大变化，主要是出现了一个新的社会阶层，包括民营科技企业的创业人员和技术人员、受聘于外资企业的管理和技术人员、个体户、私营企业主、中介组织的从业人员和自由职业人员等六个方面的人员。据估算，新社会阶层目前大约有5000 万人，加上在相关行业的所有从业人员，总人数约 1.5 亿人。他们掌握或管理着 10 万亿元左右的资本，使用着全国半数以上的技术专利，并直接或间接上交全国 1/3 的税收，每年吸纳着半数以上的就业人员（见《人民日报》2007 年 6 月 11 日）。

社会主义市场经济的另一重要特点是以人为本，以共同富裕为目标。以公有制为基础，分配方式以按劳分配为主，是走向共同富裕的制度基础。改革初期，为打破长期实行的"大锅饭"体制，打破平均主义的分配方式，邓小平提出让一部分人和一部分地区先富裕起来，先富带动后富，逐步实现共同富裕；1993 年党的十四届三中全会决定还提出了"效率优先，兼顾公平"的方针，目的都在于尽快做大"蛋糕"，把国民经济搞上去。由于种种原因，从 20世纪 90 年代末开始，我国地区之间、城乡之间、不同群体之间出现经济和收入差距过大问题。所以，这几年，党和政府提出要更加注重社会公平，采取一系列措施力图扭转城乡之间和地区之间经济差距扩大的趋势和不同社会群体之间收入差距扩大的趋势，大力帮助困难地区和群体，使全国人民都能共享改革发展的成果。在社会主义市场经济条件下，"两极分化"不行，"一极分化"也不行，要实行普惠制，即要使全体人民都能在经济社会发展中不断提高生活水平和质量，当前特别是要很好解决部分群众上学难、就医难、住房难、就业难、养老难等问题。初次分配就要注重公平，再分配更要着力调节收入分配差距过大的缺陷，政府要向公共服务型政府转变，建立健全公共财政体系，逐步实现基本公共服务均等化。

三、以完善和法治化为主题推进市场化改革，防止"权贵资本主义"

进入新世纪后，中国经济改革的主题，已从过去建立社会主义市场经济体制的框架转变为不断完善新的体制，并走向法治化。

以完善为主题推进市场经济体制建设，一是在所有制结构方面，坚持和完善公有制为主体、多种所有制经济共同发展的基本经济制度。继续推进国有经济布局和结构的战略性调整，深化国有企业股份制、公司制改革，加快推进垄断行业改革，健全国有资产管理体制。以放宽市场准入和解决融资困难为重点，继续支持、鼓励和引导非公有制经济发展，形成各种所有制经济平等竞争、相互促进的新格局。

二是在经济运行机制方面，以发展要素市场和大力推进要素和资源价格市场化为重点，健全统一开放、竞争有序的市场体系，更好地发挥市场的功能和作用。要形成科学发展的宏观调控体系，主要运用经济手段和法律手段，促进宏观经济的稳定和协调。

三是在收入分配方面，要采取多种措施，提高低收入者的收入水平，扩大中等收入者的比重，调节过高收入，使"基尼系数"逐步降下来。着力建立健全社会保障制度，编织好社会"安全网"，逐步使人人都享有基本的养老、医疗、失业的社会保障和最低生活保障，伸张社会的公平正义。到 2020 年，实现全面建设小康社会的各项目标。

四是积极推进行政管理体制改革，切实转换政府职能。政府不应再充当资源配置主角，把资源配置的主角交给市场和企业。政府要向公共服务型政府转型，切实履行经济调节、市场监管、社会管理和公共服务职能。在经济职能方面，主要是保持宏观经济的协调和稳定；反对垄断，维护市场秩序，促进公平竞争；调节收入分配，促进社会公平。

社会主义市场经济是法治经济。必须使市场经济在法治轨道上运行，而且法律必须是体现发展社会主义市场经济要求的好法，不是恶法。只有这样，才能避免使社会主义市场经济蜕变为"权贵资本主义"或"坏的"市场经济，才能有效防止腐败蔓延。要使市场经济规范有序运行，不仅市场主体要依法经营，照章纳税，政府也要依法行政，更不能带头违法，破坏法治环境。这几年有的地方政府带头违法占地、不执行环境保护法规、越权和违法审批项目、超权减免税收、封锁市场等现象，必须尽快纠正。中央政府要加强对改革的领导和统筹协调，不让部门、地区利益和少数既得利益集团左右改革方案和进程。

原载《人民论坛·双周刊》，2007 年第 13 期

不断完善社会主义市场经济体制，促进国民经济又好又快发展

——学习党的十七大报告的一点体会

张卓元

党的十七大报告指出，实现未来经济发展目标，关键要在加快转变经济发展方式、完善社会主义市场经济体制方面取得重大进展。本文拟从深化改革、不断完善社会主义市场经济体制促进国民经济又好又快发展方面，谈谈自己的学习体会。

中国已初步建立社会主义市场经济体制，但还不完善，改革攻坚任务尚未完成。今后需着力抓以下几方面改革，以便为经济增长包括转变经济发展方式提供强大动力，加快形成落实科学发展的体制机制保障。

一、坚持和完善基本经济制度，形成各种所有制经济平等竞争、相互促进新格局

党的十七大报告指出，坚持和完善公有制为主体、多种所有制经济共同发展的基本经济制度，毫不动摇地巩固和发展公有制经济，毫不动摇地鼓励、支持、引导非公有制经济发展，坚持平等保护物权，形成各种所有制经济平等竞争、相互促进新格局。党的十六大以后，国有企业改革不断深化，大部分国有企业已进行公司制股份制改革。中央企业的公司制改革也在逐步推进，已有宝钢、神华等 19 家企业按照《公司法》转制。中央企业及所属子企业的股份制公司制户数比重，已由 2002 年底的 30.4% 提高到 2006 年的 64.2%。股权分置改革基本完成。截至 2006 年底，全国 801 家国有控股上市公司已有 785 家完成或启动股改程序，占 98%。国有经济布局和结构的战略性调整也取得重大进展。1998 年，全国国有工商企业共有 23.8 万户，而到 2006 年，国有工商企业户数减少至 11.9 万户，正好减少了一半。1997 年，全国国有工商企业实现

利润 800 亿元，而到 2006 年，国有工商企业共实现利润 1.2 万亿元，增长 14 倍。可以认为，经过多年努力，国有企业已走出困境，而且成为具有较高劳动生产率和较强竞争力的市场主体。2007 年 1～5 月，国有工业企业的盈利水平已略高于全国工业企业平均盈利水平。但是，国企改革任务还相当重。国有企业数量仍然太多，主要是地方国有中小企业太多，许多企业仍然活动在一般竞争性领域，很难发挥自己的优势。国有大型企业特别是中央企业公司制改革刚起步不久，股份制改革则远未完成，今后需加快推进。垄断行业改革也刚起步，今后将成为国企改革重点，但阻力和难度却不小。而垄断行业只有深化改革，引入竞争机制，同时加强政府监管和社会监督，才能有效提高资源配置效率，平息老百姓怨言。国有资产管理体制改革亟需完善，包括需加快建设和健全国有资本经营预算制度，完善对各类国有资产包括国有自然资源资产、金融资产和非经营性资产的体制和制度等。改革开放近三十年的实践证明，只有深化国企改革，才能使国有制同市场经济很好结合起来，国有企业才能适应市场经济，国有经济作为公有制经济的主干，才能得到有效发展并在国民经济中发挥好主导作用。

个体、私营等非公有制经济是我国社会主义市场经济的有机组成部分，是我国重要的经济增长点、提供新就业岗位的主渠道、满足全国人民不断增长的物质文化生活需要的生力军，必须继续毫不动摇地鼓励、支持和引导它们健康发展。进入新世纪以来，我国个体、私营等非公有制经济继续迅速发展。2002 年，我国个体工商户为 2377 万户，从业人员 4743 万人，营业额 20834 亿元；私营企业 243 万户，从业人员 3409 万人，营业额 14369 亿元。到 2006 年，个体工商户已发展到 2576 万户，从业人员 7500 万人，营业额 25489.5 亿元；私营企业已发展到 497.4 万户，从业人员 6396 万人，营业额 34959 亿元。但目前我国非公有制经济发展仍然存在一些体制障碍，主要是有些领域在市场准入方面存在"玻璃门"，看起来似乎畅通，实际进不去，或不让进去。还有就是融资困难和负担较重。今后，需大力落实党和政府关于鼓励、支持和引导个体私营等非公有制经济发展的政策，破除各种体制障碍，推动非公有制经济进一步发展。

根据党的十七大报告的精神，今后完善基本经济制度，应着力于形成各种所有制经济平等竞争、相互促进新格局。改革开放近三十年的经验表明，在一般竞争性领域，个体私营经济有其灵活适应市场的优势；而对投资大、建设周期长、规模效益明显、社会效益突出的重要行业和关键领域，国有经济有优势。党和政府的职责在于，创造良好的环境，使各种所有制经济能充分发挥自己的优势，平等竞争，相互促进，共同发展。

二、加快形成现代市场体系

党的十七大报告提出加快形成统一开放竞争有序的现代市场体系，这是完善社会主义市场经济体制、促进经济又好又快发展的重要方面。新世纪新阶段，加快形成现代市场体系，重点有两个：一是发展各类生产要素市场；二是完善反映市场供求关系、资源稀缺程度、环境损害成本的生产要素和资源价格形成机制。

发展各类生产要素市场，首先要发展多层次资本市场，包括在海外上市的大公司回来发行 A 股，加快创业板和场外交易市场建设，大力发展公司债券市场等，完善市场结构和运行机制，提高直接融资比重。同时，稳步发展金融衍生产品市场，培育外汇市场，积极发展保险市场等。资本等各类金融市场的健康发展，对于提高我国资源配置效率，具有决定性意义。

劳动力资源丰富，是我国的一大优势。要建立和健全统一规范的劳动力市场，形成城乡劳动者平等就业制度，使数以亿计的农村剩余劳动力平稳有序地向城市，向二、三产业转移，以提高我国社会劳动生产率。据统计，农村劳动力转移至第二、三产业，劳动生产率平均提高 4 ~ 5 倍。还要发展各类人才市场，完善鼓励技术创新、管理创新等激励机制和市场环境。

规范发展土地市场。我国人均耕地只及世界平均水平的40%，在工业化、城市化过程中，要严格限制、有效使用农用地转为非农用地。要发展土地市场，更多地用市场手段节约土地，杜绝浪费宝贵的土地资源。抽样调查表明，我国转为非农用地中，只有占15%的部分是通过"招拍挂"（即实行拍卖挂牌招标协议）出让的，绝大部分是采取行政划拨或协议批租出让的，极容易产生腐败。今后需更好地规范和发展土地市场，提高土地资源配置效率。此外，还要进一步发展技术咨询等要素市场。

其次，要深化价格改革，并以生产要素和资源产品价格改革为重点。我国长期以来高投入、高消耗、高污染、低效率的粗放型经济增长方式之难以根本转变，一个重要原因，在于我国生产要素和资源产品价格受政府管制，明显偏低。资金价格低、地价低、水价低、汽油和天然气价格低、矿产品价格低，不能反映资源的稀缺程度，许多资源产品价格也不能反映环境损害成本，从而鼓励人们滥用浪费。

要建设资源节约型、环境友好型社会，形成节能、节地、节水、节材的生产方式和消费模式，必须深化生产要素和资源产品价格改革，使它们的价格能很好地反映市场供求关系和资源的稀缺程度。有许多资源产品，它的开采和使用，往往会损害环境和破坏生态，所以它们的价格还要反映环境损害和生态破坏成本。国内外经验表明，在市场经济条件下，价格是最灵敏的手段，运用价格杠杆，能最有效地迫使生产企业和消费者节约使用生产要素和资源，并促进循环经济的发展。

今后，需根据经济发展需要和社会的承受能力，按照价值规律的要求，逐步提高生产要素和资源产品价格。重点是提高能源价格，包括提高天然气和电力价格，要尽快出台燃油税，提高汽油价格。要逐步提高水价，水价应包含水资源价格，污水处理要能补偿成本并略有利润。要提高矿山开采的资源补偿费。经营性土地一律公开拍卖，严防暗箱操作。资金的价格利率要逐步市场化，改变负利率或利率偏低状态。等等。提高能源和水价等同时，要考虑对农民和低收入群体某种补助，包括适当提高最低生活保障标准、发放临时性补贴等。

要进一步发展商品市场，发展现代化流通方式和新型流通业态，促进营销方式转变，培育各类市场流通主体，降低流通成本和交易费用，提高竞争力。构建农村现代流通体系，支持龙头企业、农民专业合作组织和农户联结，提高农民进入市场的组织化程度和增收能力。

加快形成现代市场体系，还要整顿和规范市场秩序，当前要特别注意维护食品、药品安全，打击各种商业欺诈活动和哄抬物价行为。要建立和健全社会信用体系，加快建设和完善企业和个人征信系统，建立有效的信用激励和失信惩戒制度，强化全社会信用意识和诚信行为，营造诚实守信、公平竞争的市场环境。要规范发展行业协会和市场中介组织。

三、深化财税、金融等体制改革，完善宏观调控体系

深化财税改革，完善财税体制和政策，对转变经济发展方式、实现科学发展至关重要。党的十七大报告提出，围绕推进基本公共服务均等化和主体功能区建设，完善公共财政体系。我国已经进入全面建设小康社会、加快推进现代化的新阶段。2006年人均GDP已超过2000美元。在工业化、城市化快速推进和经济体制转轨、社会转型的过程中，人们对公共产品的需求增长迅速。但是，长期以来，由于受经济发展水平限制和思想认识不足的影响，公共产品不

仅供给量不足，供给结构也不合理，不适应基本公共服务均等化的新要求。表现在：城乡、地区和不同群体之间公共服务资源分配差距较大。农村公共服务水平明显落后于城市，流动人口享受的公共服务大大低于户籍人口，西部地区公共服务水平落后于东部地区。医疗卫生资源大约80%集中在城市，其中2/3又集中在城市的大医院，而中西部地区农村缺医少药问题普遍存在。教育资源过度向城市倾斜，在城市又过度向重点学校倾斜，而不少贫困地区农村中小学却达不到义务教育规定的标准。人口老龄化趋势不断加快也对社会保障特别是农村社会保障问题提出了新的要求。为改变基本公共服务差距很大的状况，要大力调整财政支出结构，在向公共财政体系转型过程中，国家财政投入应更多地投向长期"短腿"的社会事业，包括义务教育、基础医疗和公共卫生、基本社会保障、公共就业服务、廉租房、环境保护等方面建设。政府的公共政策和财政投入要更多地关注农村特别是西部农村，除免除农业税和农村义务教育免费外，要尽快构建全覆盖的农村新型合作医疗体系并逐步提高水平，建立农村最低生活保障制度，还要着力逐步解决农村饮水安全、农村公路与公共交通、电力供应、农业水利与防灾设施及服务、病虫害防治、农业市场信息技术推广等服务、气象和通讯设施服务等。政府的基本公共服务应着力在欠发达地区落实，加大中央财政向中西部地区转移支付力度，提高具有扶贫济困性质的一般转移支付的规模和比例。政府的基本公共服务还要更好地面向困难群众，除建立最低生活保障、基本卫生和医疗服务、社会救助等制度外，还要关注困难群众的就业问题，加强就业培训，消除"零就业家庭"等。

完善公共财政体系，还要促进和保障主体功能区建设。根据国家"十一五"规划纲要，各地区要根据资源环境承载能力和发展潜力，统筹考虑未来我国人口分布、经济布局、国土利用和城镇化格局，将国土空间划分为优化开发、重点开发、限制开发和禁止开发四类主体功能区，明确不同区域的功能定位，并制定相应的政策和评价指标，逐步形成各具特色的区域发展格局。公共财政体系要促进和保障主体功能区建设，特别是要增加对限制开发区域和禁止开发区域用于公共服务和生态补偿的财政转移支付，逐步使当地居民享有均等化公共服务。

要深化预算制度改革，强化预算管理，逐步把政府收入尤其是土地收入纳入预算管理，接受人大和社会的监督，以约束地方政府搞政绩工程的冲动。健全中央和地方财力与事权相匹配的体制。完善中央对地方的转移支付，提高一般性转移支付的规模和比例，提高基层政府的财政保障水平。中央对地方财政转移支付重点用于改善民生。有条件的地区推进省管县、乡财县管的财政管理方式。调整和提高资源税，使其能满足环境治理和生态修复需要以及保障安全生产。开征物业税，以抑制对房地产的过度需求，还可以充实基层财力。开征燃油税，促进汽油节约。全面实现增值税转型。完善出口退税政策，进一步抑制高耗能、高污染、资源性产品出口。等等。

深化金融改革，对于优化资源配置，提高我国的综合国力、国际竞争力、抗风险能力，都很重要。

根据党的十七大报告精神，今后要进一步发展各类金融市场和金融机构，形成多种所有制和多种经营形式、结构合理、功能完善、高效安全的现代金融体系。继续深化国有商业银行改革，有条件上市的争取上市。稳步推进政策性银行改革。深化农村信用社改革，使之成为服务"三农"的社区性金融机构。加大城市商业银行改革力度，发展地方中小金融机构。推进金融资产管理公司改革。放宽市场准入，鼓励和引导各类社会资金投资发展金融业。通过改革，提高我国金融业竞争力。

继续稳步推进利率市场化改革，实现金融产品价格和服务收费的市场化。完善人民币汇率形成机制，逐步实现资本项目可兑换。深化外汇管理体制改革，放宽境内企业、个人使用和持有外汇的限制。

加强和改进金融监管，防范和化解金融风险。坚持国家对大型商业银行的控股地位，加强登记、托管、交易、清算等金融基础建设，确保对外开放格局下的国家金融安全。在继续实行银行、证券、保险分业监管的同时，根据金融业务的综合经营大趋势，强化按照金融产品和业务属性实施的功能监管，完善对金融控股公司、交叉性金融业务和监管。尽快建立和健全存款保险、投资者保护和保险保障制度。建立有效防范系统性金融风险、维护金融稳定的应急处置机制，加大反洗钱工作力度等。

最后，要推进国家规划改革，完善国家规划体系，使国家的发展规划和地方的发展规划相衔接，改变地方发展规划在先、国家发展规划在后的不正常情况。深化投资体制改革，减少审批，需保留审批的要规范和简化程序。按照科学发展、节约资源和保护环境的要求，健全和严格市场准入制度，严格限制和禁止高消耗、高污染项目建设。发挥国家发展规划如五年规划、年度计划和产业政策在宏观调控中的导向作用和协调作用，并综合运用财政政策和货币政策，不断提高宏观调控水平，为国民经济的运行提供稳定的环境。宏观调控不能泛化，不能把政府的所有干预和调节经济活动，统统冠以宏观调控的美名。

在调控方式上，逐步做到主要运用经济手段和法律手段，辅之以必要的行政手段。以总量调控为主，努力保持总供给和总需求的基本平衡，也要促进重大结构的优化，做到全面、协调、可持续的发展。

四、深化收入分配和社会保障制度改革

党的十七大报告关于深化收入分配和社会保障制度改革方面的着力点，在于更加关注民生，更加致力于改善民生，使城乡居民都能享受到改革发展的成果。

报告提出坚持和完善按劳分配为主体、多种分配方式并存的分配制度，健全劳动、资本、技术、管理等生产要素按贡献参与分配的制度，初次分配和再分配都要处理好效率和公平的关系，再分配更加注重公平。针对这几年居民收入分配差距过大的问题，要求今后逐步提高居民收入在国民收入分配中的比重，提高劳动报酬在初次分配中的比重，着力提高低收入者收入，逐步提高扶贫标准和最低工资标准，建立企业职工工资正常增长机制和支付保障机制，落实对农民工的各项政策等。还提出要扩大财政转移支付，强化税收调节，打破垄断经营，创造机会公平，整顿分配秩序，逐步扭转收入分配差距扩大趋势。要逐步提高中等收入者比重，创造条件让更多群众拥有财产性收入。等等。特别提出，各项社会建设，要以解决人民最关心、最直接、最现实的利益问题为重点，使经济发展成果更多体现到改善民生上。

进一步健全社会保障体系，是一项最重要的社会建设。党的十七大报告的一个亮点，是提出加快建立覆盖城乡居民的社会保障体系。要以社会保险、社会救助、社会福利为基础，以基本养老、基本医疗、最低生活保障制度为重点，以慈善事业、商业保险为补充，加快完善社会保障体系。不仅在城市要建立最低生活保障制度，农村也要普遍建立最低生活保障制度，逐步提高保障水平。为解决农民看病难和农村缺医少药问题，要求普遍建立新型农村合作医疗制度，财政要逐步增加对新型农村合作医疗的补助。越来越多的城市，也把没有参加医疗保险的老人、小孩、待业人员等纳入医保范围。把公共卫生和基本医疗列为基本公共服务的范围，要求政府负责向城乡居民提供，并逐步做到均等化。完善失业、工伤、生育保险制度。提高统筹层次，制定全国统一的社会保险关系转续办法。社会保障体系是社会的稳定器和安全网。社会保障体系日益完善，将有力促进社会的稳定，人民的安居乐业，并有利于调整投资与消费的结构。

五、深化政府改革

政府改革是整个改革的重要环节。党的十七大报告提出，行政管理体制改革是深化改革的重要环节。要抓紧制定行政管理体制改革总体方案，着力转变职能、理顺关系、优化结构、提高效能，形成权责一致、分工合理、决策科学、执行顺畅、监督有力的行政管理体制。

政府改革的实质是转换政府职能，从全能型政府转变为公共服务型政府。加快推进政企分开、政资分开、政事分开、政府与市场中介组织分开，规范政府行为，加强行政执法部门建设，减少和规范行政审批，减少政府对微观经济运行的干预。鉴于目前政府特别是地方政府热衷于经济建设、配置资源，过多地干预微观经济活动，追求 GDP 的高速增长，因此，深化政府改革显得更加迫切和重要。

党的十七大报告提出要转变经济发展方式，实现国民经济又好又快发展，看来关键在于深化政府改革。政府五年一任期，考核政绩一直以 GDP 增速为主要标准。政府追求 GDP 最大化，往往追求短期 GDP 最大化。这就极易导致粗放扩张，而把有利于经济长远发展的自主创新、节能减排、保护环境和生态放在一旁。所以，要转变经济发展方式，现在看来，最重要的，是要深化政府改革，转变政府职能，政府真正履行经济调节、市场监督、社会管理和公共服务职能，真正为市场主体服务，创造良好的发展环境，不再充当资源配置的主角，减少对微观经济运行的干预。与此同时，考核政府官员政绩不再以 GDP 论英雄。政府应把更多的精力用到为居民提供基本公共服务，用到改善民生上面。应当看到，我国人均 GDP 已超过 2000 美元，总体上越过温饱线进入小康阶段，居民对公共服务的需求不断增长，要求政府在这方面做出更大的努力，以便使人民群众的生活质量逐步提高，并促进社会更加充满活力、更加和谐进步。

此外，还要继续推进农村综合改革，进一步扩大对外开放等。由于这些都是专门的大问题，本文从略。

原载《经济研究》，2007 年第 11 期

全球化与中国农村的发展

张晓山

一、全球化的相关讨论

对于全球化产生的影响，可谓见仁见智，但在全球化导致国家间变得越来越不平等这一问题上却较少争论。世界银行 1999/2000 年度的发展报告指出，最穷国家的人均收入仅是最富国家的 1.9%，而几十年前，这个比例是 3.1%（World Bank：World Development Report，1999/2000）。在 1999 年 9 月到 10 月间，美国国家情报委员会 ［the National Intelligence Council of USA（NIC）］ 就全球化问题发起了两个公开的研讨会并构造了四种可能形成的全球化前景。前景 1：包容性全球化（Inclusive Globalization）；前景 2：有害的全球化（Pernicious Globalization）；前景 3：区域竞争（Regional Competition）；前景 4：后超级世界（Post – Polar World）。当时的讨论认为，除了第一个前景外，在其余 3 个前景中，全球化并没有创造出广泛的全球合作。在第二个前景中，全球化的负面影响导致了广泛的紊乱。在第三和第四个前景中，全球化刺激了地区主义（NIC 2000 – 2）。

但正是由于全球化所暴露出的问题，也就有可能通过改进全球经济治理、改变国际市场的运作方式以及其赖以存在的规则，使全球化变成一个能够使更多人受益的包容性过程并能够应付更大的变动，在这些方面还存在很大的政策调整的空间。

在世界银行出版的报告《惠及穷人——农村发展战略》中，作者指出"早期农村发展方面的政治关注（例如确保城市地区的食品安全）虽然已经在很多地区实现，但今天，农村穷人政治上的声音却被大大忽视了"，因此，"很多国家的政策改革还远未完成"。此外，一个国家能否从全球化中获益的关键是它所采取的政策。所以，发展中国家最重要的任务是要深化内部的改革，并通过制度变迁和组织创新来调整政策以适应全球化的挑战。国家内部的

"治理"问题正在变得越来越重要，这一问题也意味着需要对政策和制定与执行政策的机构进行改革。通过改革，刺激持续增长所需的主动性和投资活动。

如果上述判断站得住脚，紧接着的问题是：谁将从全球化过程中获益？在中国特定条件下，如何通过政策调整来缩短全球化带来的阵痛过程，如何克服全球化带来的负面影响？

二、"华盛顿共识"—"亚洲共识"—"北京共识"—中国模式

面对全球化的挑战，各国的应对政策不同，也就形成不同的发展模式、发展道路和战略。比较系统的一整套政策就成了所谓的"共识"。最著名的是"华盛顿共识"，这是世界银行的经济学家约翰·威廉逊在1990年概括了世界银行、国际货币基金组织以及美国财政部为代表的经济学家，在处理金融危机和经济改革时，向各国政府推荐甚至迫使其推行的一整套经济政策。由于实践中的不成功的经历，此后，又出现了扩展的"华盛顿共识"，在原有的药方上又加上了法制/政治体制改革，规制，反腐败，灵活的劳动市场等。

2003年8月19日到22日，在新加坡召开了第三届亚洲学者大会（ICAS3，3rd International Convention of Asia Scholars），其中一篇文章提交会议的《新的后华盛顿共识是可持续民生战略的最好的同盟军吗?》①介绍了"后华盛顿共识"，认为这种新的共识，使用参与和减缓贫困作为一种平衡手段来使"市场友好型"（新自由）政策具有新的合法性。这篇文章质疑这种共识的正确性，认为这种"后华盛顿共识"仍然坚持的宏观政策框架（贸易自由化、私有化、专家治理）与可持续的减缓贫困高度不协调，文章探索"可持续的民生"战略如何有效地与另一种宏观政策相结合，更能有助于减缓贫困。

2002年11月3日，在汉城召开的第四届亚洲发展论坛开幕之际，前世界银行行长沃尔夫根森（James David Wolfensohn）做了一个录像致辞，在致辞中他说："在东亚，对于贸易的角色、发展和经济学的理解，已形成一种'亚洲共识'，它很像多年前'华盛顿共识'被宣称为共识一样。但你们的共识与'华盛顿共识'不同的是，它看上去是一个巨大的成功！"

究竟有没有"亚洲共识"？亚洲国家的成功可用相似的经济指标及社会指标来衡量，但是否都源自于一套相近的经济社会政策？亚洲国家在发展中出现

---

① 作者为洛斯基尔德大学（丹麦）的玛西娜（Masina）和皮特罗（Pietro P.）

的问题，也各有各的原因，最终仍要归到各自不同的历史背景和在转型期各自不同的制度变迁路径及措施。

此后，美国高盛公司中国顾问雷默（Joshua Cooper Ramo）于 2004 年 5 月在英国思想库伦敦外交政策中心发表了一篇题为《北京共识》（The Beijing Consensus）的论文。在这篇长文中，雷默对中国过去二十多年的发展经验作了一些总结，认为中国的经验在于渐进式的创新和实验。他的文章引起了不少争论，如有的学者提出，切莫夸大"北京共识"（郑永年，2005 年）。林春则认为，"北京共识"的提法过于乐观，实际上也并未形成。相比之下，"中国模式"的提法更为准确稳妥，也比较灵活（参见林春，2006 年）。应该说，中国改革与发展进程中政策措施的不断调整就是对发展观、发展道路和发展战略的回顾和重新审视，科学发展观的提出也就说明所谓的"中国模式"本身是在反思、检讨、总结改革的经验与教训的过程中不断发展的。

三、"中国模式"与中国农村与农业的发展

2001 年 12 月初，在哈佛大学肯尼迪学院商业和政府中心举办的中国社会科学院学者参加的双边研讨会上，哈佛大学的 Dani Rodrik 教授提出，如按照"华盛顿共识"，1978 年由世界银行来设计中国的改革方案，将是如下的疗法：

存在的问题	解决办法（药方）
农业产出低	价格自由化
缺少私人激励	土地私有化
财政收入拮据	税收改革
国家垄断	贸易自由化
失业问题	社会安全网
工业的重构	金融改革
国有企业问题	私有化
等等	

而中国在当时采取的解决办法（政策措施）是：在农村推行家庭联产承包责任制；价格双轨制；发展乡镇企业；采取开放政策来吸引外国直接投资；促进私营个体企业和合资企业的发展。

我们从中国当初的改革路径的选择可以归纳出以下几点：

1. 改革隐含的思想是让一部分人和一部分地区先富起来。"农村、城市都要允许一部分人先富裕起来，勤劳致富是正当的。一部分人先富裕起来，一部

分地区先富裕起来，是大家都拥护的新办法，新办法比老办法好"（邓小平，1983 年）。

2. 在实践中，中国采取的是先易后难的渐进的改革，而不是休克疗法。在相对狭窄的领域推行的改革先导致增长，其余的改革措施后行。这种改革能减少既得利益集团的抵制，使改革能平稳进行。这是一种帕累托改进。

3. 在从计划经济向市场导向经济的转轨过程中，采取对外开放的政策，在原有的国营企业旁边，出现新的部门，如乡镇企业、个体私营企业、合资企业等，使效率较高的新经济体制在旧体制的一旁逐步发育、成长起来，使就业和收入的来源多样化，群众对旧体制的依赖性逐渐下降，来自于新部门的收益就可以支付改革的成本（樊纲，1991 年）。

改革以来，中国采取的是增长导向的发展战略，因而长期以来的政策选择及发展模式是将资金的投入和资源的配置向大城市和沿海地区倾斜（注：当然也包括将资源投向并不一定有效率的国有企业），据认为资源的这种配置和使用可能最有效益。如广东、江苏、山东 3 省，GDP 已超过 1 万亿元，如再加上浙江、上海，5 个省市 GDP 已占全国 GDP 的近 50%。这种战略的思路是努力把蛋糕做大，再将经济增长的收益逐渐涓滴到底层，扩散到其他地区。回顾这种发展战略实施的 20 多年的历程，有几个问题需要特别指出：

1. 在中国，增长导向的发展战略也是政府主导型的发展战略。由于改革以来的分权化，地方政府主导了本地区的发展，出现了国外一些学者所说的"地方政府公司主义"（Local State Corportism），他们认为中国的地方政府将其行政范围内的企业视为一个大公司整体的一部分，政府与企业的关系如同公司内部的关系，地方政府充当的是董事会的角色，而政府的干预对企业的成功是不可缺少的因素（Jean Oi，1995）。近年来，中央政府通过宏观调控来遏制地方政府的投资冲动，通过提出以人为本的可持续的发展战略来消除地方政府对 GDP 的崇拜，都涉及到在经济全球化和现代化的背景下，如何协调"条条"与"块块"的关系，如何通过行政管理体制的改革，重新定位各级政府的职能。

2. 在渐进的改革中，既得利益也渐渐地积累起来，设租与寻租行为在不同阶段以不同形式出现，产生了新的利益集团。有的学者曾指出，先易后难的渐进的改革没有触动或较少触动原有的既得利益，真正的难题也就不可能获得解决。而且这种战略在实施中会产生出新的阻碍进一步改革的既得利益集团，使困难的"硬核"更硬（樊纲，1991 年）。有的学者曾计算过，1988 年的价差、利差、汇差再加上杂项租金，高达 4000 多亿元，占 1988 年国民收入的 40% 左右，他认为巨额租金是产生腐败现象和导致分配不公的主要土壤（胡和立，1989 年）。

3. 老的"大锅饭"体制被打破了，但新的全面配套的社会政策框架并没有及时建立起来。在改革的初期阶段，中国仍然处于短缺经济，无论是消费品还是资本货物都是需求大于供给，新旧体制中的生产部门都还能盈利。如果当时能建立起社会安全网，以后的问题要相对好办得多。但 1984 年，配合搞活国有企业，对职工养老社会保险制度进行试点改革，开始在国有企业中推行退休费社会统筹。但与企业改革、物价改革、财税改革相比，养老社会保险改革一直居于次要地位，严重滞后。直到 1993 年《中共中央关于建立社会主义市场经济体制若干问题的决定》才做出明确的安排，开始了"以社会统筹与个人账户相结合"为核心内容的基本养老保险改革方案（肖振禹等，1998 年），这方面的改革延误了近 10 年的时间，积累了社会矛盾。

4. 由于资源配置向大城市和沿海地区倾斜，我国长期存在的城乡二元结构进一步固化，造成了要素市场的分割和单向流动。在农村，资本是稀缺生产要素，边际生产率高，对农民发展生产、增加收入会发挥重要作用，但现行的金融政策导致大量资金从农村流入城市。由于农村金融服务具有交易成本高、利润低的特点，因而商业银行不断从农村收缩营业网点，农民很难从正规金融机构获得贷款，他们不得不将金融需求转向非正规金融部门。如果大量的农村剩余劳动力不能和资本结合，创造就业的大量机会将会失去，农村的资源使用效率大大降低，农民的发展机会受到极大限制。在农村，土地同样是稀缺的生产要素。但在将农用土地转为非农建设用地的征地过程中，稀缺的生产要素土地往往变成了廉价的公共产品，在中国目前的情况下，模糊的农村集体土地产权制度得以使国内外企业与地方领导、村干部结成同盟。他们以低价从村民手中获得耕地，然后通过改变土地用途获得巨大利润，而许多曾经拥有这些耕地的村民没有得到应有的补偿，则成为利益受损者。农村相对高素质的农村劳动者也是稀缺资源，但这部分劳动者也往往流向城市。

5. 全球化过程通常伴随着结构调整，而真正的结构调整需要一种培育新产业或进行产业结构升级的战略。中国现正处在工业化和信息化并行的时代，产业结构的调整升级以及信息技术产业的出现总是导致资本对非熟练、受教育水平低的工人的替代。对一般劳动力（文化水平低的非熟练工人）的需求也在逐步下降。如何处理供给相对充足、需求有限的简单劳动与资本之间的关系，这是一个理论上和实践中仍需进一步探索的问题。应该承认，相对于廉价的素质较低的劳动要素而言，资本仍是稀缺的生产要素，边际生产率高，必然要求有较高的回报。当前，资本导向型的民营企业、家族或合伙企业、中外合资或外国独资企业仍有巨大的发展潜力，也应促进和鼓励其发展。而在各类企业的发展中，资本在大多数情况下仍对劳动处于支配地位，这亦是不争的事实。但问题是，长期以来，我们的劳动力成本低廉的竞争优势，在很大程度上是挤压了农民工合理的劳动待遇、像样的生产生活条件和基本的社会保障而形成的。简单劳动的低工资率使农民工无法享有像样的生活条件，也无法支付在城市的定居成本，农村劳动力及其家庭无法真正从农村转移出来。

回顾20多年的增长导向发展战略的实施，中国经济的奇迹已为世界所公认。但我们必须清醒地看到增长中产生的问题及一些深层次的矛盾。关键是在这一进程中，社会上一部分群体或个人享受到了改革和对外开放的收益，却不用支付相应的改革成本。有相当一部分社会群体或个人要负担改革和对外开放的成本，却享受不到改革的收益或得不到应有的补偿，相当一部分社会群体和地区被排斥在全球化和现代化的增长进程之外。中国大部分的农民、广大中西部的农村地区和作为弱质产业的农业就是处于这一进程的受损的一方：（1）近年来农民收入增长缓慢，城乡居民收入差距越拉越大，成为社会收入差距扩大的主要原因，城乡综合基尼系数达到0.42以上。2003年的城乡收入差距比为3.23∶1，这是改革开放以来城乡之间最大的收入差距，如考虑到城乡两种统计口径的不同以及社会福利方面的差距，城乡的收入差距大约为6∶1。（2）如按年人均纯收入低于683元的标准，2005年末中国农村贫困人口为2365万人；如按年人均纯收入684~944元的标准，2005年末农村低收入人口为4067万人（参见《中华人民共和国2005年国民经济和社会发展统计公报》）。如按照世界银行的标准计算（一天一美元，按购买力平价），2000年中国仍有10800万农村人口生活在贫困线以下。（3）近年来，随着城乡收入差距的拉大，农村地区市场消费的增长也相应低于城镇地区，农村地区在全国消费市场中的地位继续下降，严重制约了国内需求的扩大。2005年全年社会消费品零售总额达到67177亿元，比上年增长12.9%，扣除价格上涨因素，实际增长12.0%。分城乡看，城市消费品零售额45095亿元，增长13.6%；县及县以下消费品零售额22082亿元，增长11.5%，但占全社会消费品零售总额的比重仅为32.9%，比2004年又下降了1.2个百分点（《农村经济绿皮书》，2006年4月）。如回顾历史，进行纵向比较，1985年这一比重最高时曾经高达

56.5%，而那一年城乡收入之比为 1.86:1，是改革开放以后城乡收入比率最低的年份之一。

以往的实践证明，资源配置向大中城市和沿海地区倾斜，通过增加投资、扩大出口，在一段时期内仍可维持经济的较快速的增长。但现实提出的问题是：中国的资源配置是否还应着力向一部分地区（大城市和沿海地区）倾斜？国内外工商资本和金融资本与中国廉价的劳动力及廉价的土地相结合的进程是否还将延续下去？以牺牲环境和劳工权益为代价的低成本扩张的工业和经济发展的道路是否已走到头了？"三农"问题的根源在于现有的城乡二元经济结构、资源配置格局和国民收入分配格局。把相当一部分人口排斥在现代化进程之外的增长模式缺乏深厚的底蕴，难以长期持续下去。只有占中国人口大多数的农村人口的生活得到改善，购买力得到提高，国内消费市场才能启动，经济的增长才有坚实的底蕴。

四、科学发展观的提出、发展模式和发展战略的调整与农村的发展

江泽民同志在十六大报告中指出，我们的目标是建立惠及十几亿人口的小康社会，而现在城乡二元结构尚未改变，地区之间收入差距扩大的趋势尚未扭转，还有相当一部分人口生活在贫困线以下。在 2003 年的十六届三中全会上，中共中央又提出，"坚持以人为本，树立全面、协调、可持续的发展观，促进经济社会和人的全面发展"，按照"统筹城乡发展、统筹区域发展、统筹经济社会发展、统筹人与自然和谐发展、统筹国内发展和对外开放"的要求推进各项事业的改革和发展。2004 年 9 月中共十六届四中全会上"科学发展观"已成全党全国的共识。此后，中共中央又提出，未来的发展目标是构建社会主义的和谐社会。

审视近些年来中国共产党提出的方针、路线和政策，可以看出一条清晰的主线和轨迹，这说明面对经济全球化的挑战，中国共产党和中国政府正在用科学的发展观来统领全局，高度关注社会公正问题，新的发展道路和发展模式正在逐步付诸实施。这种发展模式的特点是支持导向的发展战略，将国民收入再分配向广大农民、向中西部的农村倾斜，促进可持续的经济增长。什么是可持续的增长？即建立在公平分配基础上的增长，这实际上是发展的传统概念。从这个意义上讲，二十多年来，中国实现了经济的高速增长，但在一定程度上还未实现真正意义上的发展，因为相当部分的农村人口还未能享受到增长的收

益。支持导向的发展战略不是坐等更高的经济增长率、更大的经济总量，而是直接通过公共支持计划来消除贫困、促进公平。这种发展战略显然是与科学的发展观、5 个统筹的思想相一致的。

中国农村和农业的发展战略是国家宏观的经济社会发展战略（中国模式）的一个有机的组成部分，这也就不难理解，为什么中国共产党和中国政府近年来将解决"三农"（农业、农村和农民）问题作为全党和全国工作的重中之重，现在又将社会主义新农村建设作为一项重大的历史任务提上了工作日程。扶持农业，关心农民的疾苦，关注农村的发展，走新的发展道路，落实"两个反哺"，更加自觉地调整国民收入分配格局，促进公平分配基础上的可持续增长，统筹城乡经济社会发展，建设社会主义的新农村，这是具有高度综合性、系统性和全局性的中国农村和农业发展战略，其目标是使包括广大农民在内的全体国民分享现代化、经济全球化所带来的收益。这并不是慈悲为怀，推行善举和善政，而是符合社会经济发展规律的战略选择，不仅是为了解决公平问题，也是为了解决长远的效率问题，是解决"三农"问题的治本之策。

五、落实新发展模式要注重的几个问题

落实新发展模式的政策举措必须具备可行性和可持续性，有几个方面的问题值得关注：

（一）推进行政管理体制的改革，转换政府职能，同时保持社会稳定

在经济全球化和中国现代化的进程中，政府和市场各自职能的定位问题始终是经济发展的一个关键问题。而各级政府职能的定位问题尚未解决，资源的优化配置、行政管理体制的改革、精简机构等问题，都与之相关。首先要转变政府职能，推进各级政府行政管理机构改革和财税体制的改革。在行政机构改革中，一定要改变重经济、轻社会发展，指标层层分解、一票否决制滥用等方面的错误思想和做法，祛除"报喜不报忧"、对上负责不对下负责、政绩为先、搞"形象工程"等官僚机构的顽症。

政府要关注 GDP 增长，要吸引外资，这是无可非议的。如能有更多的资源投向可产生利润、税收和就业的领域，就能提供更多的就业机会，促进经济的增长，创造更多的税收，政府的财政实力得以增强，有条件为老百姓提供更多的公共服务。但问题的关键是政府要从原来很多情况下直接干预或者直接管理经济活动跳出来，要完整地认识并掌握政府的四项职能——经济调节、市场

监管、公共管理和社会服务。政府不应直接参与资源的配置，而应充分发挥市场在配置资源上所起的基础性作用，着力创造一个有利于资源优化配置的良好的制度环境。

长期以来政府管理上存在的问题是：传统的管理模式；传统的发展观（GDP 崇拜）和政绩观；政府部门的职权、责任和财政支持不对称，形成自身的利益驱动。各级政府的管理模式是沿用计划经济的办法，用行政命令的手段，把各种经济指标（GDP 增长率、财政税收任务、招商引资）和社会指标由上而下，层层分解，把完成任务和政绩、考核以及经济收益挂钩，带有很强的行政强制性。传统的管理模式、发展观和政绩观相结合，就导致：第一，政府直接操纵资源的配置，直接干预经济活动的主体，干了许多不该干的事。20世纪 90 年代，地方政府出台不少兴办乡镇企业的法律法规，鼓励乃至强制基层政府推动乡镇企业的发展。在政绩压力以及财政收入的激励下，集体企业得到了非常规的发展，盲目决策、经营不善导致的企业亏损成为乡村两级债务的一个重要根源。近年来，地方政府又用鼓励外资企业、合资企业或民营企业的发展，往往采取各种直接的经济干预手段，如为企业提供廉价的土地；减免税收；为企业寻找贷款，甚至提供贷款担保；帮助企业上市，甚至捆绑上市。

在我国上市公司的并购过程中，政府扮演了非常特殊的角色：政府可以将上市公司的股权无偿地划转给一家公司或几家公司，政府也可以无偿地将资产注入到上市公司，政府还可以将上市公司欠国有银行的债务一笔勾销，等等。特别是在亏损公司的重组过程中，地方政府往往会将大量的资本注入到上市公司中去，严重破坏了市场经济法则，降低了资本的效率。这是我国上市公司资产重组过程中的一个重大误区。

第二，政府该干的事（公益事业、公共产品的提供）又存在严重的失职：一种情况是该干的事不干。公益事业具有较强的外部性和非营利性，无经济回报，不属于硬指标，一些地方政府就不优先考虑，而让农民群众自己去做。

另一种情况是干的事情超出地方实际能力，上级是"光给政策不给钱"。在中西部地区，导致乡村增加公益事业和办公设施建设供给的压力很大一部分来自于上级政府推动的小城镇建设、村建运动以及"普九"等各类达标活动。公益事业和办公设施建设的数量和标准通常由上级决定，但是资金主要由乡村自筹。如"五个一工程"示范村（要求每个村有一个文化中心，一个广播室、一套收视设备、一个宣传栏和一支宣传队伍）等。由于规定的规模和数量、质量通常高于乡村的由实际条件形成的需求以及政府的财力，导致借贷或者拖欠工程款项的行为大量发生。长期以来，乡村公共产品的供给模式表现为供给过剩与不足并存的双重特征。

政府职能能否改变，要看其行为能否受到有效制约：（1）树立正确的政绩观则需要进一步深化政治体制的改革，通过制度创新，改变各级政府对上负责，而不是对下负责的局面，在工作中真正体现向人民负责和向党的领导机关负责的一致性。（2）各个政府部门的职权、责任和财政预算相匹配，能公正地履行自己的职责，而不是追逐本部门利益。（3）政府部门及公务员的行为要受到政府之外的人大、政协、群众团体、媒体以及普通民众的有效监督、质询和问责。

（二）通过广大民众参与全球化进程，实现社会公正

阿马蒂亚·森曾指出："只说全球化使穷人变得越来越穷并不能解决问题。我们需要看到，创造财富的进程也能伴之以公平的分配。因而，我们需要营造一种鼓励大众参与全球化过程的氛围。"但是我们应该怎样和通过何种手段实现大众的参与呢？如何实现社会公正？如何使政府真正成为对人民负责的政府？如何改变政府的职能，使其财力、人力、物力真正用于公共服务领域，造福于广大农民群众？这就要建造有效的监督机制、群众的参与机制，其中一个重要的方面是大力发展农村的非政府组织、社区、农民的合作社及协会等，提升农村弱势群体的社会资本和组织资本。斯蒂格利茨曾提出一个总量生产函数 $Q = F（A，K，L，H）$，其中 Q 是产出，K 是资本，L 是劳动，H 是人力资本，A 是一系列因子，包括信息、知识、社会和组织资本等，他认为构成 A 的这些因子构成了发达国家和发展中国家在产出上的主要差异（斯蒂格利茨，2000年）。各国的经验表明，投资于社会资本、组织资本和人力资本，往往能得到更高的回报。提高农民的组织化程度，不仅能提高群众对公共事务的参与度，使他们对行政管理机构的监督更为有效，再分配更为透明、公平，最终也将有利于增加产出、提高效率。

应尝试在乡村两级的议政和行政之间建起一种有效的民主制衡机制，解决"老板（广大农民群众）缺位"的问题。可以借鉴有些地方的经验，做实村民代表大会制度，或成立村民理事会，将其塑造成行政村的议决机关，而原来的权力机关村委会则成为具体的执行机构，村庄的重大事项由村民代表会议商议决定后，交由村委会实施。这样，村代表不仅成了联系村集体和村民的纽带，而且也是村民参政议政的代理人。由村代会对执行机构（村委会）进行有效的监督和制约，防止违背民意、权力腐败等问题的发生，有助于克服村级组织

行政化的倾向。如果这种体制能够成功，就可进一步把乡镇人民代表大会做实，由它来监督和制约乡镇政府的决策和行政。只有在乡村两级建立起有效的制衡机制，农村的公共财政体制才能真正落实，民主决策、民主管理、民主监督才不至于流于形式，农村基层才能真正做到"有人办事，有钱办事，有章理事"。

（三）改革社会保护的体制，调整收入再分配的格局，来创造、保护和促进农村弱势群体的能力

阿马蒂亚·森曾指出，贫穷并不仅是收入的剥夺，更重要的是能力的剥夺，穷人无法行使某些基本的功能，这是一种绝对的剥夺（阿马蒂亚·森，2002年）。我们所说的公平分配，即是要改革社会保护的体制，调整收入再分配的格局，来创造、保护和促进弱势群体的能力，使他们能与社会上其他人一样，能得到机会、利用机会，在相对平等的基础上竞争。公平分配，首先是获取和使用机会的能力培养上的公平。而现行的收入再分配体制恰恰剥夺了农民及其子女的能力，没有为他们提供与社会其他人士公平竞争的一个平等的起点，造成了农村劳动力的人力资本的质量难以提升，就业机会难以获得，农民收入难以增加。能力的剥夺体现于我们社会事业的发展相对滞后于经济的发展，农村社会事业的发展又滞后于城市。

以公益事业优先为原则，逐步建立农村的公共财政体制。按照《"十一五"规划》所提出的，"公共财政配置的重点要转到为全体人民提供均等化基本公共服务的方向"，保证乡镇和村有能力提供适合其规模的公共品和服务。使公共财政的"阳光"逐步照耀到农村，使农民能与社会上其他人一样，能得到机会、利用机会，在相对平等的基础上竞争。

（四）通过财税体制的改革，确保新发展模式在财政上的可支撑性

财税体制上的突出问题主要有两个：

1. 国民收入分配格局扭曲，"条条"与"块块"的关系、中央与地方、地方的上级层次与基层之间的利益格局严重失衡，突出表现为税收的分享结构严重向城市、向政府的上级层次倾斜。

1994年通过分税制改革形成中央和地方权力的重新划分，随着这一改革的推进，大大地解决了改革之初财政分配关系中"两个比重"过低的问题，但也在一定程度上造成地方各级的财权和事权划分的扭曲。总的态势是财权上收，事权下放。上边对下边是光给政策不给钱，基层的财权和事权严重不对称。各种政府部门由自身的利益驱动，向农民伸手，最终把负担转嫁到农民头上，触犯农民的利益，造成农民与集体，农民与地方政府的纠纷，甚至抗争。

从 2003 年起，几个主体税种实行省、市、县共享，并且提高了对县一级的上划比例。县级政府从国税中得到的分成比例，增值税从 25% 降到 20%。县级政府从地税中得到的分成比例，营业税从 100% 降到 50%；个人所得税从 50% 降到 15%；企业所得税从 50% 降到 15%；城市建设维护税从 70% 降到 50%，加之取消农业税，使县级和乡镇的财源更趋薄弱，财政自给能力进一步降低。目前的财政体制已不能被称作真正意义上的分税制，县级政府除了营业税、城市建设维护税外，能享有的几乎都是一些没有什么发展潜力、税基窄小的税种，有增长潜力的所得税，先是被划为共享税，现在共享的比例又进一步向县以上调整。县及县以下的财力进一步减少，但要保障的方面越来越多。

2. 行政管理体制的改革滞后，部门既得利益固化的局面没有得到改观。

迄今为止，我国中央财政的转移支付中，专项资金占很大比重，市场配置资源的比重在缩小。据从有关部门了解，中国 2004 年财政转移支付总额约 1 万亿元多一点，其中税收返还占 40%，实际转移支付约 6000 亿元。在这 6000 亿元当中，专项转移支付占 57%，财力性转移支付仅占 43%；在财力性转移支付中，一般性转移支付不到 750 亿元，占财力性转移支付的 29%，仅占实际转移支付的 12%。财力性转移支付的其余部分用于调整工资补贴，农村税费改革，以及县乡财政补贴、民族地区补贴等。专项转移支付的支配权掌握在中央各部门手中，一些部、委、办掌握着大量的专项资金，拥有资源的配置权，而且支配资源的权力越来越大。目前中央政府部门直接分配与管理支农投资的有发改委、财政部、科技部、水利部、农业部、国家林业局、中国气象局、国土资源部、国务院扶贫办、国家防汛抗旱办等 10 个部门，如加上交通、电力、教育、卫生、文化、民政等安排涉农专项投资的部门，则有十六七个部门之多。如农业基本建设投资主要由发改委系统单独管理或发改委与农口主管部门共同管理，农业科研投资由科技和财政或农业部门共同管理，农产品补贴由财政部门管理或财政与流通部门共同管理；支援农业生产支出、农林水气部门事业费、农业综合开发资金由财政部门或财政与农业部门共同管理。投资的管理渠道繁多，"条条"管理，部门各自为战，投资分散，交叉重复，资金使用效率低下，浪费和腐败相结合的现象时有发生。

《"十一五"规划》中指出，要"调整和规范中央与地方、地方各级政府间的收支关系，建立健全与事权相匹配的财税体制"，"完善中央和省级政府的财政转移支付制度"，"明确界定各级政府的财政支出责任，合理调整政府间财政收入划分"。通过规范、透明和制度化的财政转移支付和对税收收入在中央和地方各级政府之间分配比例的调整，可以避免光给政策不给钱的做法，并使新的发展模式可持续。

（五）　通过新的发展模式来提高经济效率

有的学者提出，是要增长，还是要福利？中国处于二元经济结构，存在大量剩余劳动力，我们需要 GDP 的高速增长来创造就业。如因提高福利导致劳动成本增加，将对就业产生不利影响。还有的学者提出，我国现阶段人均 GDP 只达到 1000 美元左右，基尼系数还处在倒 U 形曲线的上升阶段，随着市场经济体制的深化，客观上还有继续上升的趋势。所以我们不能马上强行提出降低基尼系数、实行公平分配的主张，大约 2010 年左右，我国人均 GDP 可达 1500 美元左右。此时，基尼系数将倒转为下降趋势，我国社会主义市场经济体制也将趋于完善。那时提"公平与效率并重"，应该不会引起大多数正直人们的反对。

支持导向的发展战略，意味着资源配置格局和国民收入再分配格局的调整。如果说国民收入再分配包括财政收支、信贷收支和转移收支等几方面内容，这就意味着财政、信贷资金投放方向的调整、更为规范的转移支付。这种调整，从长远看，能培养农村居民和弱势群体的能力和人力资本，但从近期看，能否在农村和不发达地区创造增长？提供社会公共服务的重点的转移往往伴随着工作职位的转移，公共开支与就业机会是联系在一起的。但公共开支的增长能产生多大的乘数效应，能在多大程度上促进农村和不发达地区就业、农民收入和经济的增长？对社会公共事业的侧重是否会对大型项目和工程的投资产生"挤出"效应，从而影响经济的增长？这是新发展模式是否可行的关键性问题，需要做进一步的研究和论证。

（六）　通过农村土地制度的改革，支付新发展模式所需的一部分运作成本

什么样的改革能提供调整收入再分配格局必要的资源，支付制度变迁所需的成本？农村土地制度的改革是关键。在未来十几年间，土地资本的分配方式与分配格局的改变，可以支付新发展模式所需的一部分运作成本。

农民作为集体所有者拥有的最重要的资产（农村土地）的问题一直是利益相关者（Stakeholders）关注的重点，无论是农用土地搞规模经营、连片开发，还是农地转为非农用地，侵犯农民经济利益和政治权利的行为都时有发生。在当前条件下侵犯农民的公民权益往往是通过侵犯农民的合法土地权益表

现出来的，因而保障农民地权不受侵犯是维护农民公民权的一个重要"底线"。在这个意义上，地权与其说是"最低福利保障"不如说是"最低权利保障"。

据有关部门粗略估计，改革开放以来国家通过土地征用从农村转移出的土地资产收益超过 2 万亿元。1987～2001 年，全国非农建设占用耕地 3394.6 万亩，其中 70% 以上是征地，这就意味着至少有 2276 万亩耕地由原来的集体所有变性为国家所有。据统计，1999 年、2000 年、2001 年全国招标拍卖挂牌出让国有土地使用权，价款分别达到 114 亿元、246 亿元、492 亿元，2002 年仅前 5 个月就达到近 300 亿元，总计 1152 亿元。这些土地绝大部分都是国家从各农村集体经济组织征用来的集体土地。根据调查，多数地方征地收入分配的大致比例是：农民得 10%～15%，集体得 25%～30%，政府及其机构得 60%～70%。据有关资料，开发商拿到的地价中 72% 是政府各项税费，"以地生财"成为地方政府的重要筹资手段。耕地被征用后，许多农民成为"种田无地，就业无岗，低保无份"的"三无"人员。目前失地农民 3500 万人，失地又失业的占 50%。到 2010 年，失地农民可能超过 1 亿人。

按照《全国土地利用总体规划纲要》，2000～2030 年的 30 年间占用耕地将超过 5450 万亩。如果按现行的征地补偿原则计算，在未来十几年内，农民因土地的低价征用将损失 3 万亿元以上。据有关方面统计，一般每征用一亩地，就伴随着 1.5 个农民失业。那么，未来 30 年占用耕地 5450 万亩，至少暂时性地造成 8000 万农民失业。

在农地转为非农用地的问题上，既然这一进程不可逆转，重点应放在使利益相关的农民分享农地转移用途后的增值收益上。未来的 3 万亿元怎么分配？无论哪一种分配形式，关键是使普通农民政治上的民主权利能得以行使，经济上的物质利益能得到保障。要探索社区集体和普通农民对土地的财产权利的真正实现形式，使失地农民有生存权和发展权，使留在农村、从事农业的农民亦有生存权和发展权；使村干部由和企业、地方政府合谋，转为受社区成员监督，使土地转变用途的增值收益能真正用于新农村建设，用于增进农民的福祉。

六、结论

为构建中国的和谐社会，我们的发展模式要有利于缩小城乡之间、发达地区与欠发达地区之间人均享受基本公共物品和社会福利的差距，这不仅是解决公平问题，构建和谐社会的要求，从近期看，农民不至于因病致贫，因子女上学致贫，从而减轻农民的负担，使广大的农民群体可以有资金去发展生产，去消费，实现良性循环；从长远看，这样的政策导向可以提高农民的人口素质，提升农村人力资本的质量，促进农村发展和城市化进程，这也是从根本上解决效率问题，使国民经济的发展有一个坚实的基础。

科学的发展观和正确的政绩观的基础是共产主义的人生观和世界观，它与人的理念和价值观念密切相关。政策是由人来制定和执行的，而人则有自己的思想感情、立场观点和价值取向，并组成部门或集团。在社会的转型期，权力与资本在某些地方公然结盟，少数政府官员站在强势集团一边，肆无忌惮地剥夺弱势群体的经济利益，践踏他们的政治权利，这反映了这部分人的立场和价值观念。改革也是革命，必然触动现存的利益格局，如何一方面深化政治、经济和行政体制的改革，另一方面调动一切积极因素，减少既得利益集团对改革的阻力，保持社会的稳定，这是对中国共产党和中国政府执政能力的考验。1986 年，邓小平同志在中央政治局常委会上的讲话中曾指出，"只搞经济体制改革，不搞政治体制改革，经济体制改革也搞不通，因为首先遇到人的障碍。事情要人来做，你提倡放权，他那里收权，你有什么办法？从这个角度来讲，我们所有的改革最终能不能成功，还是取决于政治体制的改革"（《邓小平文选》第三卷，第 164 页）。在 20 年后的今天，重新学习小平同志的这段话，感受尤为深刻。

全球化背景下的农村发展最终是为了促进人类社会发展的终极目标——人类联合体的早日实现，在那里，"每个人的自由发展是一切人的自由发展的条件"（《共产党宣言》）。这应该是科学的发展观和以人为本的可持续发展战略的精髓，也是社会主义新农村建设强调农民群众主体地位所蕴涵的基本理念和价值观念。

参考文献

1. 胡和立：《1988 年我国租金价值的估算》，《经济社会体制比较》1989 年第 5 期。

2. 樊纲：《论改革过程》，《改革、开放与增长——中国经济论坛 1990 年学术论文集》，中国经济论坛编委会编，上海三联书店，1991 年 5 月。

3.《邓小平文选》第三卷，人民出版社，1993 年。

4. Jean C. Oi, Local State Corporatism: The Organization of Rapid Economic

Growth, Ch. 4, Chinese Rural Industry Takes Off: Incentives for Growth, Univ. of California Press, 1995.

5. 肖振禹主编:《谁来养活 4 亿老年人》,《养老——你指望谁》,改革出版社,1998 年。

6. Joseph E. Stiglitz: Development Thinking at the Millennium, Annual World Bank Conference on Development Economics, 2000, p. 19.

7. Global Trends 2015: A Dialogue About the Future With Nongovernment Experts, NIC 2000 – 02 December 2000.

8. 阿马蒂亚·森:《以自由看待发展》第 4 章,中国人民大学出版社,2002 年。

9. 郑永年:《切莫夸大"北京共识"》,新加坡《联合早报》2005 年 2 月 15 日。

10. 林春:《承前启后的中国模式》,《读书》2006 年第 4 期。

11. 中国社会科学院农村发展研究所、国家统计局农村社会经济调查总队著:《2005～2006 年:中国农村经济形势分析与预测》(农村经济绿皮书),社会科学文献出版社,2006 年 4 月。

原载张晓山、赵江涛、钱良举等主编:《全球化与新农村建设》

社会科学文献出版社,2007 年 5 月

走中国特色农业现代化道路是
历史发展的必然要求

张晓山

2007 年的中央 1 号文件明确提出，"发展现代农业是社会主义新农村建设的首要任务，是以科学发展观统领农村工作的必然要求"。在新中国成立后的半个多世纪里，使中国成为一个现代化的社会主义强国，一直是全党和全国人民为之奋斗的目标，而现代化的一个重要方面就是农业现代化。回顾几十年的历史进程，在当前形势下强调走中国特色农业现代化道路，具有鲜明的时代特点和深远的战略意义。

一、从传统农业向现代农业转变，是世界各国经济发展客观趋势的反映，符合当今世界农业发展的一般规律

1. 在工业化和现代化的进程中，随着经济的发展，农业占国民经济的比重将越来越低，二、三产业占国民经济的比重逐步上升，这就使一个国家有能力为农业提供现代化的先进物质技术装备和服务手段，为农业从传统向现代过渡创造了条件。同时，经济发展和社会分工扩展后，工业和服务业生产率更高，收益更大，于是需要更多的劳动力从农业部门转移到工业和服务部门，国家的就业结构也发生变化，农业劳动者在总就业人口中的比例也将不断下降。

2. 随着经济的发展，受消费者需求的驱动，以及新科技革命和市场化的影响，围绕着农业生产，派生出很多相关联的产业。生产资料供应、食品储藏、保鲜、运输、分割、精深加工、批发零售等产业不断涌现，农副产品加工技术及加工方式不断发展。在这个进程中，从田头到餐桌的食品链条越来越长，环节越来越多，结果是消费者最终支付的食品价格中，初级产品所占份额越来越小，加工增值部分所占份额越来越大，一些发达国家农产品加工业产值甚至达到农业增加值的 3～4 倍。例如美国，80% 以上的农产品经过加工，初

级产品加工增值5倍左右。这个趋势与在国民经济发展进程中农业增加值占GDP的比重越来越低的趋势是相一致的，是农业现代化的必然走向。

3. 随着农业生产市场化、商品化进程的加速，专业化分工和区域化布局的趋向愈发明显，区域布局带动了产业集聚，引导技术、信息、资金等各种资源不断向优势区域集中。专业化生产要有社会化服务作为保障，于是形成了产加销一条龙、贸工农一体化的新型农业产业体系，提高了农业生产效益。

4. 近年来，农业新技术革命蓬勃兴起，以生物技术、信息技术为核心的新的农业技术体系，改变了原有"石化农业"的技术模式，成为农业发展的决定性因素。生物技术不断超越生物固有的生产潜能。信息技术使农业生产具有了智能性和精确性。设施农业技术增强了生产的可控性。新能源新材料技术拓展了农产品的应用领域。目前，越来越多的国家已把农业新技术革命作为经济发展的一项重要战略。

5. 现代农业即是在全球化格局中的农业。世界农业发展的一个重要动向是贸易自由化带动了世界农产品贸易的发展。近年来农产品贸易总量增长迅速，2004年达到7830亿美元，年均增长4.5%，远远超过农业生产的增长速度。

6. 世界农业的发展经历了三个阶段：即原始农业、传统农业和现代农业阶段。目前，在世界范围内可以看到农业的几个阶段同时并存，发展很不平衡。发达国家已处于现代农业阶段，生产水平高，城乡差距小；而发展中国家多还停留在传统农业阶段，生产不稳定，城乡差距大。

7. 随着世界各国农业的发展，农业的多功能性日益突出。各国的实践证明，农业不仅基本满足了人们对食物和工业原料的需求，而且在消除贫困、吸纳就业、保护环境等方面的功能更加明显，支撑着各国经济社会的发展。

二、中国共产党对农业现代化道路的认识在实践中不断深化与发展

在新中国成立后的半个多世纪里，使中国成为一个现代化的社会主义强国，一直是全党和全国人民为之奋斗的目标，而现代化的一个重要方面就是农业现代化。1958年12月10日，中共中央八届六次会议通过的《关于人民公社若干问题的决议》中就提出，逐步地把我国建成为一个具有高度发展的现代工业、现代农业和现代科学文化的伟大的社会主义国家。但什么是现代农业？应该说，从新中国成立后到改革开放之前，我们的认识一直停留在加强农业的

物质技术基础，尤其是加速实现农业机械化这一层面上。早在 1955 年，毛泽东同志就提出了"用二十五年时间，基本上实现农业机械化"的战略任务。1959 年，在我国农村实现人民公社化之后，毛泽东同志又强调，"农业的根本出路在于机械化"。当时还提出了"土、肥、水、种、密、保、工、管"的农业"八字宪法"。20 世纪 70 年代提出了工业、农业、科技和国防四个现代化的奋斗目标，其中农业现代化包括的内容是农业机械化、电气化、水利化和化肥化。

改革开放后，1979 年 9 月《中共中央关于加快农业发展若干问题的决定》提出，"全国实现农业现代化，彻底改变农村面貌，这是我国历史上一场空前的大革命"。文件强调了政策的重要性，指出"我们必须着重在最近两三年内采取一系列的政策措施，加快农业发展，减轻农民负担，增加农民收入，并且在这个基础上逐步实现农业的现代化"。1983 年的中央 1 号文件指出，"联产承包责任制和各项农村政策的推行，打破了我国农业生产长期停滞不前的局面，促进农业从自给半自给经济向着较大规模的商品生产转化，从传统农业向着现代农业转化"。文件强调，"要按照我国的国情，逐步实现农业的经济结构改革、体制改革和技术改革，走出一条具有中国特色的社会主义的农业发展道路"。这就将发展现代农业和改革结合起来，将技术变迁和制度变迁结合起来。

此后的 20 年中，我们对现代农业的认识不断深化。党的十六大提出了建设现代农业的重大任务，十六届五中全会又提出了推进现代农业建设的新要求。2007 年的中央 1 号文件则提出，发展现代农业，"要用现代物质条件装备农业，用现代科学技术改造农业，用现代产业体系提升农业，用现代经营形式推进农业，用现代发展理念引领农业，用培养新型农民发展农业"。这就进一步明确，建设现代农业是一项复杂的系统工程，既涉及生产力的发展，也涉及生产关系的变革，既要夯实经济基础，也要改进和完善上层建筑，并要提升人力资本的质量。这是对现代农业认识的进一步深化与发展。

三、中国建设现代农业，要遵循各国农业发展的普遍规律，并反映我国经济发展的客观趋势

1. 随着经济的发展，中国农业增加值占 GDP 的比重已从 20 世纪 80 年代初的 30% 以上降到 2004 年的 13.1%，2005 年的 12.4%，2006 年的 11.8%。但中国的城镇化进程滞后于工业化进程，农业现代化进程滞后于工业化和城镇

化进程。2006 年，我国非农产业占国内生产总值的比重为 88.2%，而将农村相当一部分流动人口计算在内的城市化率只有 43.9%。占总人口 56.1% 的农村人口，占总劳动力 40% 以上的农业劳动力，只对应占国内生产总值 11.8% 的农业 GDP。产业结构和人口结构、就业结构的偏差很大，因此在中国实现农业现代化必然是一项长期、艰巨的历史任务。

2. 从 20 世纪 90 年代后期开始，我国农业发展进入了一个新阶段，农产品供给从短缺转为总量基本平衡、丰年有余，因而要对农业和农村经济结构进行战略性调整。在这个新阶段，中国的农业正在由传统农业向现代农业转变，农产品生产的市场化、商品化、专业化的进程加速，经过几年的努力，以区域化、优质化、产业化为标志的农业产业发展新格局逐步形成，这为实现农业的现代化奠定了良好的基础。

3. 中国农产品的供给走向必然与世界其他国家的发展历程相一致，但 2004 年我国农产品加工业产值与农产品产值之比，按小口径计算为 0.72∶1。这个数据既表明在农产品加工增值方面我们与发达国家的差距，也意味着在发展农产品加工业、扩展农业产业链条方面我国存在巨大的发展空间。

4. 在入世后，中国的农业全面向世界开放，中国农产品的生产和贸易已经被纳入全球的框架之中，农产品国际贸易对我国农产品的生产和务农劳动者收入的影响也越来越大，中国的农业发展面临国际和国内市场的双重挑战。

5. 中国走农业现代化道路要因地制宜，实事求是。中国地域辽阔，不同的地区资源禀赋具有多样性，经济社会的发展处于不同阶段，各地农业的发展也同样处于不同的阶段，并在同一时点并存。在中国，既能看到根基深厚、源远流长的传统农业，也能看到初具雏形的现代农业，甚至在少数地区还能发现原始农业的痕迹，农业经济的区域发展很不平衡，这就使中国实现农业现代化的任务具有艰巨性、复杂性和多样性的特点。

6. 中国要实现农业现代化则要不断深化"农业是国民经济的基础"这一认识。农业的多功能性已开始为国人所认同。2007 年 1 号文件已提出，建设现代农业，必须注重开发农业的多种功能，向农业的广度和深度进军，促进农业结构不断优化升级。同时要把从事农业的不同群体，尤其是从事农业生产的弱势群体，纳入到农业现代化的进程之中。

7. 农业新技术革命使我们发展现代农业面临新的机遇，同时也要迎接新的挑战、解决新的课题。中国人多地少，资源短缺，不可能走发达国家石化农业的道路，我们应积极运用新技术革命的成果，同时吸收借鉴发达国家发展现代农业的经验教训，发展环境友好型和资源节约型的农业，走出一条有中国特色的农业现代化道路。

四、与走中国特色农业现代化道路相关的几个问题

（一）走中国特色的农业现代化道路就要在农业中建立社会主义的生产关系

推进现代农业建设，符合世界农业发展的一般规律。但世界各国所走过的农业现代化道路与各自国家的历史背景、具体国情和社会形态密切相关。发展现代农业，意味着新生产要素的引入以及要素的重新配置，这也势必导致生产关系的变革。西方国家在农业现代化的进程中，在农业中形成和奠定了资本主义的生产关系。可以说，西方国家农业现代化的进程就是农业资本主义化的历程。16 世纪至 18 世纪末 19 世纪初，英国大地主阶级通过"圈地运动"，大规模剥夺独立小农的土地，建立了大地主土地所有制基础上的资本主义大租佃农场，形成了英国的资本主义农业。19 世纪以后的德国，由封建地主经济逐渐过渡到资产阶级—地主经济，形成了保留封建残余的农业中资本主义发展的"普鲁士式道路"。而同时期的美国，在没有封建束缚的条件下，在农村普遍建立农民个体经济的土地所有制，然后通过小农经济的两极分化产生出资本主义农业发展的"美国式道路"。西方各国发展现代农业的道路虽然不同，但都是先通过对小农的剥夺，在农业中形成和奠定了资本主义的生产关系。正如马克思曾指出的，资本主义生产方式"在农业中，它是以农业劳动者的土地被剥夺，以及农业劳动者从属于一个为利润而经营农业的资本家为前提"（《资本论》第 3 卷，第 694 页）。资本主义生产方式的巨大功绩是："一方面使农业合理化，从而第一次使农业有可能按社会化的方式经营，另一方面，把土地所有权弄成荒谬的东西"（《资本论》第 3 卷，第 697 页）。

走中国特色的农业现代化道路，即要在农业中不断巩固完善和发展社会主义的生产关系，我们认为与之相关的几个问题可能需要认真研究：

（1）在发展现代农业时要尊重和保护农民的土地承包经营权。

（2）农户与龙头企业之间应建立公平合理的利益联结机制。

（3）将提高农民进入市场的组织化程度作为完善农业中社会主义生产关系的一个重要组成部分。

我们将在下面的几个部分中重点阐述这几个问题。

（二） 走中国特色农业现代化道路要正确理解发展集体经济和适度规模经营

十七大报告提出，有条件的地方可以发展多种形式的适度规模经营，探索集体经济有效实现形式。

小平同志曾讲过"两个飞跃"，他指出，"第二个飞跃，是适应科学种田和生产社会化的需要，发展适度规模经营，发展集体经济"（《邓小平文选》第 3 卷，第 355 页）。如何准确地理解小平同志这段话？

首先要明确，什么是集体经济？江泽民同志 1998 年在安徽讲话中指出，"把集体的土地承包到户，实行双层经营，本身就是农村集体经济最有效的实现形式"。发展现代农业，要坚持以家庭承包经营为基础、统分结合的双层经营体制不动摇，赋予农民长期而有保障的土地承包经营权。但同时要处理好稳定与创新的关系。农业生产力的发展意味着新生产要素的引入以及要素的重新配置。新的形势下农户家庭经营的内涵正在发生变化，从事种植和养殖的农产品生产和营销专业户成为家庭经营的主体力量，他们对"统"所提供的服务有了新的要求，其对应的以统分结合、双层经营为特征的农业基本经营体制亦要不断改进和完善。应该说，在稳定的基础上，创新统分结合的双层经营体制就是发展集体经济。

其次要明确，什么是适度规模经营？在我国绝大多数农村，要形成大部分的农村人口转移出去、只留下少数农民经营大农场的局面将是一个漫长的历史进程，即使在可以预期的将来农村人口减少一半，农村人均耕地也只有三亩多，因而不可能通过简单的土地归并来实现规模经营。在探索规模经营时，我们首先要明确农业经营的规模如何界定。列宁在 91 年前分析农业中资本主义发展规律时曾指出："资本主义农业发展的主要路线就是按土地面积计算仍然是小规模的小经济，变成按生产的规模、畜牧业的发展、使用肥料的数量、采用机器的程度等计算的大经济。"[1] "土地的数量只能间接地证明农户的规模，而且农业集约化进行的愈广泛，愈迅速，这种证明就愈不可靠。只有农户的产值能够直接地而不是间接地证明农户的规模，并且在任何情况下都能证明。"[2] 列宁提出的这些观点对我们现今农业的规模经营仍有指导意义。一个农民原来种 3 亩地，以后扩大到种 20 亩地，种植的作物不变，投入只按比例增长，其

---

[1][2]　列宁：《关于农业中资本主义发展规律的新材料》（1915 年），《列宁全集》第 22 卷，人民出版社 1958 年版，第 58 ~ 59 页。

结果是劳动生产率的提高，这是外延式的规模经营；一个农民还是种 3 亩地，但通过增加物质和技术的投入，降低劳动投入的比重，生产高附加值的农产品，导致产出有较大幅度增长，同样提高了劳动生产率，增加了收入，这就是内涵式的、与集约化经营相结合的规模经营，这种规模经营在中国的农业发展（尤其是经济作物的种植）中可能更有应用价值，这与在大田作物种植中通过土地使用权的流转，土地向种田能手集中，扩大经营规模的方式并行不悖、相辅相成。

（三）发展现代农业，要尊重和保护农民的土地承包经营权，使专业农户成为现代农业的主力军

十七大报告提出，坚持农村基本经营制度，稳定和完善土地承包关系，按照依法自愿有偿原则，健全土地承包经营权流转市场。

中国通过解放后的土地改革以及改革开放后的家庭联产责任制，使广大农民群众较为平均地享有了农村集体土地的承包经营权，这就为在中国农村实现规模经济、发展现代农业提供了一个相对公平的起点。稳定与完善农村基本经营制度是发展现代农业、建设社会主义新农村的制度保障。早在 1979 年，《中共中央关于加快农业发展若干问题的决定》就指出：对农民要“在经济上充分关心他们的物质利益，在政治上切实保障他们的民主权利。离开一定的物质利益和政治权利，任何阶级的任何积极性是不可能自然产生的”。江泽民同志在 1998 年在安徽考察工作时的讲话中引用了这段话，并强调，“这是我们花了很大代价才认识的真理”。他还指出，“实践看，家庭经营再加上社会化服务，能够容纳不同水平的农业生产力，既适应传统农业，也适应现代农业，具有广泛的适应性和旺盛的生命力，不存在生产力水平提高以后就要改变家庭承包经营的问题”。如果家庭经营能够适应现代农业，那改革开放以来家庭经营发生了什么样的变化？当前农户的构成与 10 年、20 年前有何不同？

根据 1996 年第一次农业普查报告，全国农村住户合计 21382.8 万户，87377.2 万人；其中纯农业户 12671.9 万户，占 59.26%；农业兼业户 3901.2 万户，占 18.24%；非农兼业户 2735.8 万户，占 12.8%；非农业户 2073.9 万户，占 9.70%。也就是说，当时纯农户和一兼户占到农户总数的近 80%，而时隔 11 年后，现在农户的构成发生了什么变化？从事农业的主体是谁？

我们的一个有待检验的判断是：当今中国农户的构成是大量小规模兼业农户与少数专业农户并存。从变动趋势看，纯农户不断减少，兼业户大量增加，专业户正在兴起。中国农村出现的各类专业种植户、养殖户、营销户（包括经

纪人）是在农产品生产市场化、商品化、专业化程度不断提高的进程中涌现出来的。他们从事完全以市场需求为导向的专业化生产，是具有企业家精神的现代农民，应该说是中国农业先进生产力的代表。

发展现代农业就要在农村中培养和发育农业企业家，促使一部分有能力、懂技术、会经营的农民能在农业中创业、致富和发展，鼓励土地向专业农户集中、发展规模经营和集约经营，使他们成为发展现代农业的主体、主力军。

如山东潍坊，随着农业生产的专业化、商品化程度的提高，已经发育和造就出一支专业农户（种植户、养殖户和营销户）的队伍。潍坊 100 多万农户中，专业户占 1/3（人均过万元）。安丘市 150 万亩耕地，其中 90 万亩种经济作物，45 万亩是创汇基地。培养了一支闯国际市场的农民队伍，一个普通菜农的眼睛都盯住国际市场。

但在发展现代农业时，长期以来也存在另一种思路和做法，认为现代农业的主体形式应当是企业，要形成一大批大规模从事农业生产的农业企业。在一些地方，大公司进入农业，取得大片农地的使用权，直接雇工从事规模化的农业生产。与工商企业进入农业、大规模租赁农户承包地相联系的是从事农业的主体由家庭经营转为雇用工人，有些地方也提出鼓励和支持农民向农业产业工人转变。在这个问题上，两种不同的观点和实践中的不同做法的争论可能将长期进行下去。

从全国来讲，以农户为基本经营单位的农业基本经营制度仍然有旺盛的生命力，发展现代农业，要在稳定和完善家庭承包经营的基础上进行。在鼓励土地向专业农户集中、发展规模经营的同时，要防止一些工商企业进入农业，以发展现代农业为名圈占农民的土地、损害和侵犯农民经济利益的事件发生。

（四）发展非合作组织的垂直一体化（公司加农户）的关键是在农户与龙头企业之间建立公平合理的利益联结机制

在农业中只有将科技创新与组织创新、制度创新较好地结合起来，才能加速农产品科技化、市场化、商品化的进程，提高中国农产品的市场竞争力，促进现代农业的发展。

现代农业的发展和农业产业链条的扩展必然导致农业生产方式的变革，这种变革只有通过制度创新和技术创新才能实现。科技创新是现代农业发展的核心和关键。但科技创新成果的传播、应用和推广必然需要制度保障和组织载体。农业产业化经营即是实现生产方式变革的有效途径，制度创新和技术创新的载体。

在优化农业资源配置，促进生产力的发展时，农村的利益结构也相应发生变化和调整，联结农民、市场、企业和政府这些利益相关者的是什么机制？

我们所说的农业产业化经营从本质上讲即是农业的垂直一体化经营。美国的约翰·布莱克（John D. Black）是提请人们注意在合作社组织结构中一体化的必要性的最早一批农业经济学家当中的一个。1924 年，在他的前瞻性研究"合作社中央营销组织"中，约翰·布莱克认为，在农业营销方面提高效率的最大的机会蕴藏在垂直一体化的路径中，无论是合作社的垂直一体化，还是非合作组织的垂直一体化，或是二者的结合。

在前苏联，莫斯科合作社出版社 1925 年出版了本国农民学家 A. 恰亚诺夫著的《农民经济组织》一书，恰亚诺夫在该书中指出，"表现为合作形式的农业纵向一体化过程比起资本主义的纵向一体化来是向前迈进了一大步，因为在这种形式下是农民自己将农场生产的一些部门交给了一体化的合作组织，而这一点是资本主义在经过多年努力之后都未能做到的。这就是我们对于在资本主义社会条件下农业生产纵向一体化的理解——它既可以表现为纯资本主义的形式，也可以采用合作制形式"。

尽管中国与美国及前苏联的农业自然条件不同，资源禀赋不同，但约翰·布莱克和 A. 恰亚诺夫 80 多年前提出的多种垂直一体化的联结形式应该是在一定程度上反映了农业经济的客观规律，美国的实践也证明了这点。在美国，农业的高度专业化是农业一体化的基础。20 世纪 50 年代后半期，在高度社会分工和专业化的基础上，农业同产前与产后部门（相关联的工商企业）通过经济上、组织上的结合，或通过相对稳定的业务联系，形成一种经营形式或经营系统，被称为现代大农业或垂直一体化经营的农业。农业的垂直一体化经营，依照农业关联企业与农民结合的不同方式和不同程度，可分为三种形式：

（1）农业关联企业与农场结合在一起，形成经济实体，构成农工商综合体。

（2）合同制。农业关联企业与农场主签订合同，在明确双方各自承担的责任和义务的条件下，把产供销统一起来，原有工商企业和农场仍保持各自独立的实体不变。

（3）农民组成合作社，直接参与到农业垂直一体化的进程之中，成为一体化的主体成分。

我们认为，非合作组织的垂直一体化（公司加农户）的关键是在农户与龙头企业之间建立公平合理的利益联结机制。因而，"扶持龙头企业，就是扶持农民"这个命题的成立是有一定条件的，并不是绝对的。

（1）公司加农户在联结农民与市场方面，是一种重要的契约联结方式，在一定的条件下对当地农村的发展起到积极作用。主导产业往往是由龙头企业带动，否则很难做大做强。龙头企业在带着农民闯市场方面功不可没。农民通过定单农业或其他契约联结形式或组织形式，使自己的产品提高了科技含量，有了稳定的销售渠道，收入相对有保障。农民通过与公司交易不仅能获得技术，生产出的产品能实现价值，而且在实践中学会了如何使自己的产品适应市场需求，如何遵守市场规则，注重信用。

（2）我们认可在农业产业化经营中的农业龙头企业，甚至农业的跨国公司在联结农民与市场方面所起到的积极作用。龙头企业在技术、信息、资金、市场销售渠道、网络、产品品牌等方面具有的条件是小农户不具备的，能帮助农民进入市场。但也必须正视公司加农户这种契约联结方式在现实经济生活中存在的问题。

农业产业化经营中，公司是追求利润最大化，农户是希望自己生产出来的农产品能卖个好价钱。在初级农产品通过储藏运销、深度开发和加工增值形成的新增价值的分割上，二者显然是有矛盾的。由于初级农产品的供给正处于总量阶段性过剩的阶段，农民的组织化程度又很低，公司掌握着技术、信息、资金、市场销售渠道、网络、产品品牌，在剩余的分割上往往占据主动的和支配性的地位，在交易中公司处于强势地位，分散的个体小农户往往处于弱势地位，谈判地位严重不对等，双方的利益格局在很多情况下是失衡的，是一种不平等的互利关系。

（3）如果认可以上分析的话，那就应该承认"扶持龙头企业，就是扶持农民"这个命题的成立是有一定条件的，并不是绝对的。在发展现代农业中农业龙头企业的带动作用应体现在农户与企业之间公平合理的利益联结机制的建立上。

如果一些农业龙头企业能逐步增强其社会责任感，与农民之间能建立较为平等的伙伴关系，通过公司的企业行为，在获取经济效益的同时，保护和增进农民的利益，并帮助当地社区的发展，形成双赢的局面，这样的企业行为才是值得倡导和鼓励的，只有扶持这样的龙头企业，才真正算是扶持农民。

在实践中，有的龙头企业提出"制欲感恩"的理念。提出"农业发展我发展，我与农民共兴衰"的口号，在一定程度上体现了它们的社会责任感。农业产业化经营中普通农民是否能从现代农业的发展、农业龙头企业的发展中真正得到实惠，这是中国特色农业现代化能否实现的一个需要解决的重要问题。

（五）发展合作社的垂直一体化、提高农民进入市场的组织化程度是完善农业中社会主义生产关系的一个重要方面

　　发展合作社的垂直一体化，即是发展农民的专业合作社，包括合作社和龙头企业在内的行业协会，这种组织形式和制度安排更能保障农民和企业的利益，也使农户和企业更能与政府沟通。

　　当前，"统分结合"中的"统"和"分"都在发生变化。从"分"来看，纯农户在减少，兼业户在增加，专业户在兴起。从"统"来看，农民对"统"有了新的要求，除了要求原有的社区集体经济组织具备生产服务、资产积累、管理协调等功能外，更需要对市场营销、金融、技术、信息、质量标准和产品品牌等提供统一的服务。为满足农民市场化导向的需求，近几年大量突破社区界限的各类农民合作组织和中介组织应运而生，形成了各类专业服务组织与社区集体组织相配合的新型服务模式，使"统"的内涵更加丰富。

　　2006 年 10 月 31 日全国人大常委会通过了《农民专业合作社法》，自 2007 年 7 月 1 日起实施。这部法律出台的最大意义是从此中国农民的合作社正式具有了合法地位。其中，《农民专业合作社法》的第二条规定了合作社的性质；第十四条和第十五条规定了成员资格，认可了企业可以成为合作社的社员。第十七条规定了合作社的表决权。对于这些条款，研究者和实际工作者从不同的角度阐发了不同的观点。有些同志担心根据上述条款，合作社会受到龙头企业或大户的控制。像这类合作组织是否还能算是真正的合作社？他们认为，作为投资者企业的公司或龙头企业，它们只能通过返还一小部分利润的方式对农户做一些让步，但它们与农民的根本利益是不一致的。按照目前的法的规定，许多非合作社性质的龙头企业都可以堂而皇之地挂起合作社的牌子，这样的结果会使真正的农民自我服务的合作社难以得到发展。

　　而一些合作社的实际工作者认为，该法出台后必然遇到法与操作之间的矛盾。从制度设计来看，由于合作社过于强调公平，利益激励不足，运行成本较高。在处理社员积极性和带头人积极性的关系上，带头人的积极性将受到抑制。合作社的规定太死，没有资本的投入，合作社如何做大做强？

　　我们认为，现在出台的《农民专业合作社法》可以说是合作社的利益攸关者之间达成妥协的产物，是在效率与公平、理想与现实之间保持平衡的一种尝试，因此出现利益攸关方谁也不满意的局面也就不足为奇了。关键是在今后合作社的发展进程中，从事农产品专业生产或营销的农民（专业合作社的主体）的利益是否能得到维护，他们获取的剩余是否能够增加，这应是农民专业合作社未来走向健康与否的试金石，而这也必须由实践来检验。中国的农民专业合作社未来发展的道路还很漫长。

在现实经济生活中，《农民专业合作社法》颁布后，也出现了一些企业向合作社靠近，加入或自己组建合作社，目的是垄断农产品的购买权，或打着合作社旗号向国家要资源，获取优惠贷款。这种动向应该值得注意。

我们希望农户组成的合作社能够扩展到农产品加工、营销等行业，发展成为合作社性质的公司，把农产品进入第二、三产业后增值的利润都留在农民手里。但必须立足于中国的具体国情，清醒地看到，在现阶段，"合作社（公司）＋农户"（即合作社自身发展成为龙头企业）的模式还很难成为联结农户与市场的主导形式。当前农民自发组成的合作社或协会往往是从无到有，白手起家，除了资金融通遇到困难外，它们在技术引进、设备改造、农产品质量检测与标准化、企业管理、市场开拓、信息搜集以及经营网点分布等方面，都与专业化的大公司有较大差距，这也就加大了农民专业合作社发展的难度。

结合中国的实际，国外提出过的"合作社的垂直一体化，与非合作组织的垂直一体化，二者的结合"的模式值得我们深入研究。

根据当前的现实社会经济情况，在农业产业化经营中，"龙头企业＋以专业农户为主体的农民专业合作社"是当前发展现代农业、增加农民（初级产品生产者）收入的可行的和现实的途径。要着重鼓励和支持龙头企业逐步增强其社会责任感，与农民之间能建立较为平等的伙伴关系，通过公司的企业行为，在获取经济效益的同时，保护和增进农民的利益，并帮助当地社区的发展，形成双赢的局面。从建设社会主义新农村、构建和谐社会的长远目标来看，应注重发展以农产品生产和营销专业户为主体的农民专业合作社，使其成为调整农业结构、发展现代农业、扩展农业产业链、实现垂直一体化经营的重要的组织载体。

这样的合作组织如能发展壮大，进而形成更高层次的组织体系，就有可能在与农业龙头企业的交易中处于一个相对均衡的谈判地位，甚至进而使合作社发展成为农民自己所有的农业龙头企业，成为一种新型的统分结合、双层经营体制，我们的农业基本经营制度将在稳定的基础上得到创新，科技创新成果的应用也就有了制度和组织的保障。

随着农业产业化的不断推进，分散的农户在市场价格形成中的作用呈现弱化趋势，多数情况下大型龙头企业拥有基本完全的价格决定权。少数龙头企业为了保持市场价格竞争的优势地位，不会轻易提升价格，只会降低收购价格。在饲料等投入物价格上涨、成本上升的情况下，经济利益受损的往往不是龙头企业，而是分散的小规模农户。在鼓励和扶持农村专业大户和技术能手的同时，要关注他们及他们发起组织的协会或合作社能否起示范效应和带动效应，把他们的技能、知识、管理和市场渠道扩散给分散的小规模农户，尤其是村里的弱势群体（妇女、老人），是否有一种机制促使和保证他们这样做？在这方面要有相应的制度变革和组织创新。

解决这一矛盾，最终要靠农民合作组织的发展。要将小规模种植养殖户纳入到组织体系之中，降低他们的市场风险；要将妇女、老人等农村的弱势群体纳入到农业现代化的进程当中，为他们提供完善的社会化服务，减少其生产成本和交易成本。包括农用生产资料供给、农产品销售、加工和农业生产服务在内的农民专业合作社的发展和壮大，将使其成为农业龙头企业的平等的合作伙伴，这将是稳定农产品供求关系，保障小规模农户利益的一支重要力量。

（六）中国发展现代农业要注重深化行政管理体制改革、转变政府职能

当前，与发展现代农业相关的宏观的制度和政策还存在一些问题，如农产品加工业的税收政策、农业保险、金融支撑、部门割裂等问题；宏观经济体制和行政管理体制的改革滞后必然制约现代农业的发展，要改革不适应经济基础的上层建筑，构建有利于现代农业发展的体制和机制。

1. 在农业现代化进程中政府要有科学执政的理念和相应的政策取向，各级政府要找准自己的位置。

政府要从原来很多情况下直接干预或者直接管理经济活动跳出来，要完整地认识并掌握政府的四项职能"经济调节、市场监管、公共管理和社会服务"，如抓质量标准、技术信息、市场开拓。政府要找准自己的位置，按照市场规律去做，解决农民自己解决不了的问题，如做好构建农产品质量安全体系等项工作，为发展现代农业创造一个良好的制度环境。但不干预经济活动本身。

2. 政府在发展农业方面的政策要保持延续性和前瞻性，政府的各届班子应一届接着一届把发展现代农业作为中心工作来抓，避免"领导换，主意变"。

3. 政府在发展现代农业的原始积累阶段，发挥能动的带动作用，在农户专业化生产的起步阶段给予支持，促进农产品生产市场化、商品化和专业化的

进程。采取以奖代补的办法，如：有的地方积极扶持标准化基地建设，每认定一处无公害农产品或绿色食品基地奖励 3000 元，每认定一处有机食品基地奖励 8000 元。建立了 5 个"农产品出口绿卡行动计划"标准化示范区，推广良好农业操作规范 15 万亩（政策扶持、资金支持）。

4. 政府在处理自身与龙头企业的关系、农民与龙头企业的关系时，应鼓励龙头企业与农户建立一种合理的利益联结机制，如有的地方政府对农业龙头企业采取动态管理，评比当地的优秀龙头企业家，谁坑农、害农，一票否决。

（七）中国发展现代农业，要立足于本国，确保农产品的有效供给和国家粮食安全

我国经济越来越深地融入经济全球化的进程，农业经济也同样如此。在入世后，中国的农业全面向世界开放，中国农产品的生产和贸易已经被纳入全球的框架之中，农产品国际贸易对我国农产品的生产和务农劳动者收入的影响也越来越大，中国的农业发展面临国际和国内市场的双重挑战。2006 年中国农产品进出口总额达 630.2 亿美元，比 2005 年增长 12.9%。农产品出口额和进口额均是连续第七年增长，并创造了历史新纪录。中国农产品进出口贸易额已列世界第六位，正在向农产品贸易大国迈进。

对于这种形势，一种观点认为，农产品的大量进口缓解了国内农业资源和环境压力，丰富了国内农产品供应，满足了加工业对原料的需求。

相反的观点则认为，这是一种失控的贸易自由化。国外农产品的大量进口挤占了我国传统的土地密集型大宗农产品的市场，抑制了我国传统种植业的发展，剥夺了中国农民分享经济增长的机会，侵蚀了我国政府支农惠农政策的效果，延缓了我国二元结构的消除。同时外商还控制了我国部分农产品加工企业（如大豆压榨企业），对我国民间中小资本投资产生挤出效应。

在此我们不评判这两种观点，只是分析农产品进出口对我国农用土地资源及对农产品供求关系的影响。

1996 年 10 月，中国政府发表了《中国的粮食问题》白皮书，提出在正常情况下，中国粮食（含豆类、薯类）自给率不低于 95%，净进口量不超过国内消费量的 5%。时隔 10 年后，2006 年中国净进口小麦、大麦和大豆 3064 万吨，净出口大米（换算成稻谷）和玉米为 383 万吨，算下来 2006 年中国净进口粮食（谷物与豆类，不算豆油）2681 万吨，按照国内消费量 5 亿吨计算，净进口量占国内消费量的 5.4%，基本符合粮食白皮书提出的标准。但 2006 年

表 1　2006 年主要农产品进出口与播种面积（耕地）之间的关系

占用耕地的农产品	净出口（万吨）	国内单产（公斤/公顷）	为国外提供播种面积（万公顷）	净进口（万吨）	国内单产（公斤/公顷）	国外为我国提供播种面积（万公顷）
稻谷	52（折稻谷 80*）	6232	12.8			
小麦				61	4550	13.4
玉米	303	5519	54.9			
大麦				214	2455	87.2
大豆				2789	1747	1596.5
豆油						
棉花				364	1247	291.9
蔬菜	568	31856	17.8			
小计			85.5			1989.0

注：* 2006 年净出口的稻谷和大米为 52 万吨，按照出米率 65% 的经验系数转化为 80 万吨稻谷。这样，便于计算播种面积。

资料来源：2007 年《中国统计年鉴》和《中国农村统计年鉴》以及 2006 年 12 月《海关统计》。

国外为我国提供的粮食净播种面积为 1629.4 万公顷，占我国当年粮食种植面积 10538 万公顷的 15.5%。

根据主要耕地密集型农产品（包括谷物、大豆、棉花和蔬菜）2006 年进出口数量粗略计算，2006 年我国通过出口（主要是玉米、稻谷和蔬菜）为国外提供的农产品播种面积为 85.5 万公顷，国外通过进口（主要是大豆、小麦、大麦和棉花）为我国提供的部分主要农作物播种面积为 1989.0 万公顷。这样，我国通过净进口农产品使用的国外耕地的播种面积为 1903.5 万公顷。

此外，2006 年我国还净进口了豆油 142 万吨。按照大豆出油率 15% 折算，折合为进口 947 万吨大豆，等于国外又为我国提供播种面积 542.1 万公顷。总计 2006 年国外为我国提供农作物净播种面积为 2445.6 万公顷，或 3.7 亿亩。

2006 年，我国农作物总播种面积为 15702 万公顷（23.55 亿亩），国外提供的农作物播种面积占国内面积的 15.6%。这部分播种面积按复种指数 1.29 计算，折合耕地 2.8 亿亩，占我国全部耕地资源的 15.3%。按每亩用水 300 立方米计算，则相当于节约国内农业用水 840 亿立方米。

还应说明，以上计算中未包括畜产品净进口和食糖等净进口所可能带来的耕地使用。2006 年中国畜产品出口 37.3 亿美元，进口 45.5 亿美元，畜产品净进口 8.2 亿美元。畜产品净进口所使用的国外农作物播种面积没有计算在内；

2006 年我国食糖出口 15.4 万吨，食糖进口 137.4 万吨，食糖净进口 122 万吨，食糖等净进口所使用的国外农作物播种面积也没有计算在内；2006 年我国进口食用植物油 671 万吨，其他植物油 55 万吨，这其中仅仅考虑了 154 万吨的豆油进口，没有考虑进口达 514 万吨的我国主要靠进口的食用棕榈油。

通过对农产品进出口贸易的分析，可以看出，中国当前满足城乡消费者的农产品供给在相当程度上是借助于国外的耕地和水资源。这意味着我国已经由过去的农产品净出口国变为农产品需求存在缺口的国家。从土地资源的角度来计算国内农产品供求平衡点，我们认为在现行食品消费模式下，满足当前国内对农产品的需求至少需要耕地 21 亿亩，其中大约 13% 的耕地资源来自于国外。

未来相当长一段时期一种可能的前景是人类将面临着不断快速增长的对农产品的需求和不断快速上扬的农产品价格。因此我们在发展现代农业时必须立足于国内，提高农业的土地生产率和劳动生产率，保护耕地资源，确保我国农业的综合生产能力和农产品的有效供给。

（八）在和平发展的战略思想指引下，拓展中国发展现代农业的国际空间

现代农业即是在全球化格局中的农业。世界农业发展的一个重要动向是贸易自由化带动了世界农产品贸易的发展。近年来农产品贸易总量增长迅速，2004 年达到 7830 亿美元，年均增长 4.5%，远远超过农业生产的增长速度。农产品贸易集中度也明显提高。不到世界 10% 的国家和地区占到世界农产品贸易总额的 75% 左右。少数跨国公司进一步控制国际贸易的走向，如几家跨国公司已控制全球大豆出口贸易的 90%，影响着国际大豆贸易的数量和价格。各国在贸易自由化中获得的收益差异很大。正是因为贸易自由化对各国的影响不同，所以一些农产品净出口国极力加速推动农业贸易自由化，而一些农产品净进口国则极力保护国内农业发展的空间，期望延缓贸易自由化进程，以赢得时间调整国内产业结构和政策，尽力减少带来的冲击。

在加入 WTO 后，中国的农业全面向世界开放，中国农产品的生产和贸易已经被纳入全球的框架之中，农产品国际贸易对我国农产品的生产和务农劳动者收入的影响也越来越大，中国的农业发展面临国际和国内市场的双重挑战。2005 年中国农产品贸易额近 560 亿美元，但农产品贸易在中国总贸易中的比重已经下降到 3.9%。中国农产品贸易政策必须服从于整个国家的发展模式和贸易政策，服务于大局。中国的农产品贸易政策在一定程度上可以说是中国贸易产品与世界各国贸易进行博弈的必然结果，在这个博弈进程中，中国的农民和

农业为中国贸易的大政方针的顺利实施做出了牺牲。中国发展现代农业，要在经济全球化格局中，能动地利用农产品进出口贸易以发挥我国农业的竞争优势、提高我国农产品的国际竞争力，使我们有比较优势的部分劳动密集型产品能够走出国门。同时，必须立足于国内，确保我国农业的综合生产能力和农产品的有效供给。要调整贸易政策和战略，掌握贸易自由化进程的主动权。改进和完善中国农产品的贸易政策，就需要更深入地研究比较优势理论、竞争优势理论和农产品贸易的理论，将其应用于中国的实际，在和平发展的战略思想指引下，发展全球化格局中的我国现代农业，拓展中国发展现代农业的国际空间。

原载《农村工作通讯》，2007 年第 12 期

当前中国宏观经济调控的几个问题[①]

李 扬

中国经济发展正处在一个新的历史起点上。为了在未来 10 年甚至更长的时期中保持经济平稳较快增长的势头，我们需要对近年来我国宏观调控实践中暴露出的问题进行分析，并探讨进一步完善的方略。

一、宏观调控应当有一个科学、统一、稳定的分析框架

现在人人都在谈宏观调控。但是，我们注意到，不同的研究者、不同的部门在探讨这个问题的时候，概念并不统一。例如，现在大家都在说投资率和投资增长率过高。若就投资领域自身来看，大家所列举的问题确实存在，而且比较严重。然而，问题的关键在于，论及宏观经济平衡，我们必须认识到：投资只是社会总需求的一个部分；它是否适当，首先要看总供求是否平衡。这是大道理，相比而言，投资是小道理，而大道理是管小道理的。换言之，关于投资率的高低问题，如果不在宏观总平衡的框架中去分析，可能失之片面。与此相同的还有出口问题。现在大家都说出口太多，顺差太大，进而造成了外汇储备增长过快。这些都是确实的，带来的问题也颇棘手。但是，出口也只是总需求的一个部分，它是否适当，还是应当纳入宏观经济总平衡的大框架中来分析，才能正确判断。所以，我们应当重申宏观经济平衡的基本恒等式，即：储蓄 = 投资 + 净出口。这个恒等式所表达的是宏观经济运行的基本关系。大家知道，对于 GDP，可以从供应和需求两个侧面来分析。从供应面上说，GDP 中未消费部分就是储蓄。从需求面上说，国民经济的储蓄必须被使用，使用的方向只有两个，一是投资，二是出口。根据这个恒等式，在储蓄率保持高水平的条件下，或者等价地说，在消费率保持低水平的条件下，压低投资和减少出口都是

---

① 本文系作者在"中国经济50人论坛"于 2007 年 7 月 29 日在山东田横岛召开的"未来十年中国需要研究的重大课题"研讨会上的发言。

不可能的。如果一定要压，则GDP的增长就要受到损失，或者，国内经济就会感受到通货紧缩的压力。总之，正像一些研究者曾经通俗地描述的那样，从需求角度看，国民经济增长有三个"轮子"：消费、投资、出口。如果GDP的增长率既定，它们相互之间的关系就是此涨彼消的。所以，在宏观调控中，如果要压投资，就必须考虑消费和出口能否增长并填充投资下降让出的空间；如果要压出口，就必须考虑，消费和投资的增长能否填充出口下降让出的空间。离开宏观经济总平衡这个大道理，单纯地谈投资和出口，都是片面的。忘记这个恒等式，对形势的判断就会出问题，采取的措施就可能会损害国民经济的平稳增长。

这样看来，中国宏观经济运行的所有问题的根源集中在高储蓄上。近年来，我们曾在学术性杂志和新闻媒体上发表过若干篇文章来分析中国的高储蓄问题①。概括地说，中国的高储蓄取决于一系列重大的长期因素，其中，人口结构的变化（人口参与率不断提高）、城市化的高速发展、工业化的不断加深、经济改革的不断深入，是最主要的因素。值得指出的是，这些因素都是长期性的实体因素，都与货币因素关系不大，因而都不可能在短期内被有效地改变。这意味着，在今后一个不短的时期中，我们的国民经济还将在高储蓄率的环境中运行。在消费需求不能有效提高的条件下，这同时就意味着，相对较高的投资和出口事实上是我国宏观经济正常运行的必要条件。所以，增加消费，包括居民消费和公共消费，由以降低储蓄率，才是宏观调控的根本任务。

问题是如何增加消费。近年来，为了提高消费率，有关部门采取了一系列措施，但是收效甚微。其中的原因值得探讨。很多人提出要增加广大农村居民的消费。这个想法肯定不错，但短期内显然难以奏效。因为，要增加农村居民消费，首先要提高他们的收入；而在城市化推进的过程中，实现这一目标并不容易。另一条路径是增加城镇居民的消费。这肯定也是对的。问题是，从总体上说，城镇居民对传统消费品的消费已近饱和，要想增加，谈何容易。毋庸讳言，近几年来，我们就是在上面两个方向上转圈圈，但苦无出路。我们可能需要深入消费结构及其发展演变规律的层面，进行更细致的分析。最近，中国社科院经济所所长刘树成教授提出了以投资来促进消费增长的思路②，非常值得关注。他认为，与发达国家相比，中国居民消费率显著偏低的一个重要原因，

① 参见：李扬、殷剑峰、陈洪波：《中国：高储蓄、高投资和高增长研究》，《财贸经济》2007年第1期。
② 《经济观察报》，2007年7月26日。

在于住房消费支出过低。而要增加居民住房消费，首先便应增加住房存量。因为，从经济关系上说，住房消费只是住房存量提供的服务。这一点，同折旧与固定资产存量之间的关系颇为类似。认识到这一层关系，进一步便有这样的推论：要增加中国居民的住房消费，首先就需要增加住房投资，增加住房存量。于是，如果我们能够设计适当的体制框架，大力增加为普通百姓买得起的住房的投资，增加住房存量，则我国居民住宅消费支出可望逐渐增加，飙升的房价也会受到较强的抑制。事实上，2000 年以来，在 CPI 统计中，我国居民住房消费占比已经提高了近 3 个百分点，上面所说的经济联系已经在发生作用。我认为，这是一个具有洞察力的分析。它不仅指出了投资与消费之间的长期关联关系，而且对社会上对我国 CPI 未能充分反映住房价格上涨因素的诟病给出了一个专业的解释。深入思考，这里的分析思路还可以进一步扩展。我们还看到，与国外相比，中国居民消费支出中另一类显著偏低的因素是各种服务、交通、娱乐、发展类消费比重较低。同样地，要提高居民消费中此类消费的比重，也应首先增加对相关设施的投资。如果这一分析正确，那么，我们要做的事情，显然主要是完善投资结构。我们应当支持那些可能增加未来新的消费、支持消费升级的投资，约束那些支持产能业已明显过剩之传统产业的投资。令人欣慰的是，分析近年来我国投资结构的变化可以看到：投资结构调整的趋势已经出现。

二、公平收入分配应当成为今后宏观经济政策的核心

从供给角度来看，当前中国宏观经济运行的所有问题，都归因于高储蓄率或与此有关。但是，指出这一事实还不够，进一步，还需要细致地研究：在国民经济中，究竟是哪一个部门在储蓄？只有深入分析国民储蓄的部门结构，我们才能制定有的放矢的政策。

最近，我们运用资金流量表的数据，完成了一项关于中国储蓄结构的研究[①]。由于资金流量表的数据滞后两年，这项研究只能覆盖 1992 ~ 2003 年共 12 年的情况。研究的主要结论有三：

其一，1992 ~ 2003 年，居民储蓄率从 22.6% 下降到 18.1%。到 2003 年，居民储蓄在总储蓄中的占比仅为 42.1%。这个下降比较显著。而且，虽然还

① 李扬、殷剑峰：《中国高储蓄率问题探究——基于 1992 ~ 2003 年中国资金流量表的分析》，《经济研究》2007 年第 6 期。

没有可靠的数据来分析 2003 年以来的情况，但是，各种相关数据可以让我们较有把握地判断：居民储蓄率下降趋势仍在继续。居民储蓄率下降的原因，可以从两个方面寻找：一是居民收入占国民总收入的比重变化；二是居民储蓄倾向的变化。分析显示，我国居民储蓄率的下降，主要归因于居民在国民收入分配中的份额下降。一个基本事实是，改革开放 30 年，居民收入水平的上升幅度明显跟不上 GDP 的增长幅度。值得注意的是，近年来，由于各种改革措施的推行，使得居民必须用自己的储蓄来解决诸如养老、失业、医疗、教育等问题，居民的储蓄倾向事实上是有所提高的。将这一因素考虑在内，我们可以认定，我国居民收入占比下降问题比统计数据显示得更为严重。

其二，企业的储蓄率稳步上升。1992～2003 年，企业储蓄率从 11.55% 上升到 15.47%，提高了 3.92 个百分点。2003 年，企业储蓄占总储蓄的 36%。国内外有些分析者认为，企业储蓄率提高，反映出中国企业效率近年来有较大的改善。这可能是事实，但并不是全部。我们认为，至少还有三个因素不可忽视：第一，企业的工资成本较低，这与居民收入水平上升较慢的事实相表里。第二，企业的资金成本很低。改革开放 30 年来，中国的利率水平经历了由高到低的发展过程。用比较市场化的同业拆借利率来衡量，1997 年达到历史最高（接近 9%），自那以后一路下滑，1999 年落到 3% 以下，此后便一直保持在 3% 左右。造成中国利率长期低水平的原因很多：在国内，主要归因于储蓄率长期高悬——资金供应充裕，自然使得利率水平很难上行；从国际环境看，全球经济稳定增长、各国储蓄率普遍提高并导致流动性膨胀，使得全球利率也处于历史上较低的水平上，在金融全球化的背景下，这显然也对我国利率水平的走势有较大影响。第三，国有企业的垄断性提高，造成利润高升。

其三，政府储蓄率急剧上升。1992～2003 年，政府储蓄率从 6.55% 提高到 9.39%。2003 年，其占总储蓄的比率为 21.7%。从研究的时间段看，政府储蓄率经历了两个阶段的变化：第一阶段是 1992～2000 年。那时，我们面临的是"两个比重下降"的问题，政府储蓄率在波动中略有上升，由 1992 年的 6% 微升至 2000 年的 6.4%。第二阶段是 2000～2003 年，明显的趋势是政府储蓄率急剧上升，而且，政府储蓄率的上升构成国民储蓄率提高的主因。2003 年，政府部门的储蓄率比 2000 年上升了近 3 个百分点，而同期国民储蓄率却只上升了不到 4 个百分点。也就是说，2000～2003 年，我国增加的国民储蓄中有近 75% 来自于政府部门。2004 年以来政府储蓄的变化尚无可靠的数据来判断，但是，相关的数据已经显示：相同的趋势可能延续着。我们都知道，2004

年和 2005 年，财政每年仅超收就达到 5000 亿元，2006 年超收 7000 亿元，2007 年预计可超收 1 万亿元。政府储蓄率上升的原因，可以从国民收入的初次分配和再分配两个层面分析。从初次分配来看，由于经济高速增长导致生产税（主要是增值税和营业税）收入超速增长，同时也由于地方政府越来越深地直接卷入了投资和生产过程，我国政府得自初次分配的收入提高很快。在再分配环节，政府的主要收入来源是所得税和社保缴款，主要支出是社会保障福利、社会补助和其他。统计分析显示，政府特别是地方政府在再分配环节取得了正的收入，换言之，作为一个总体，政府的收支并没有发挥改善收入分配格局的积极作用。另外，我国政府特别是地方政府还存在大量未统计的收入。如果把这一部分加进来，政府储蓄上升的趋势就更为显著了。

国民收入分配格局的上述变化，对国民经济运行的影响极为深广。举例来说，在目前的储蓄格局下，要想控制投资就无法下手。统计显示，2007 年 4 月，我国投资的资金来源的 55.6% 是"自筹资金"，这显然归因于企业和政府储蓄率上升。在这种格局下，通过金融信贷等货币政策手段来控制投资就不会有明显效果，因为政府和很多企业的投资并不依赖贷款。

基于上述分析，我们认为，今后中国宏观调控的主要任务之一，就是调整收入分配格局，实现社会公平的目标。

公平收入分配是一个大题目，应当采取的措施很多。集中来说，主要有两个方面：

首先是逐步提高劳动报酬。在此，尤为重要的是完善有关最低工资标准的规定，并严格执行之。事实上，在一些地区出现的"民工荒"，已经反映出我国劳动者要求提高工资薪金的意愿。完善各种社会保障制度，适度增加社会福利支出，亦为必须之举。这是因为，在统计分析的时期中，国民可支配收入中社会福利支出的占比不仅没有提高，反而有下滑之势，构成近年来我国居民部门可支配收入相对下降、收入分配结构恶化和国内消费需求增长不快的主要原因。最后，应当通过积极发展资本市场、发展直接融资，改变银行间接融资比重过高的状况，据以为居民获取存款利息之外的更多的财产收入创造条件。

其次，财政政策应当在提高国内消费率和公平收入分配方面发挥更为积极的主导作用。在上个世纪 90 年代初期提出的"提高两个比重"的战略任务已经基本实现的背景下，财政部门应加速向公共财政转型。作为这一转型的重要内容，"减税增支"应当成为今后一段时期安排财政政策的基础内容之一。就减税而论，降低生产税的税率和降低所得税税率，应属题中应有之义。就增支而言，应当大力增加"为全社会提供公共服务的消费支出和免费或以较低的价格向居民住户提供的货物和服务的净支出"，以期同时实现增加居民部门收入和增加政府部门公共消费的目标，为提高国内消费率和公平收入分配做出积极贡献。

但是，这里需要特别指出：提高居民收入水平和增加社会福利支出，固然为建设和谐社会、公平收入分配和提高国民消费率所必须，但是，在实行这一转变时，我们应当十分认真地考虑如下两个可能是同等重要的问题。第一，迄今为止，中国经济的竞争优势主要体现在低工资方面。如果确认今后工资水平逐步提高是一个趋势，那么，我们就应清醒地意识到：这样做，同时就意味着中国今后在劳动力成本方面的竞争优势开始下降。因此，一个或许更为重要的任务是，我们必须加快重新塑造中国的核心竞争力，要全面转向节约型、技术进步型和环境友好型的增长方式上来。我觉得，目前已经到了严肃地提出并全面落实这个战略转型目标的时候了。第二，当我们提出全面向公共财政转型，财政政策应更加注意公平收入分配和提高全民福利水平的目标时，千万要注意，一是不能体制复归，二是不要走北欧"福利国家"的老路。现在，社会上存在着这样的倾向，认为财政收入每年以接近30%的速度增长，政府可以逐渐把各种支出都包下来——在扶贫、住房、医疗保健、教育、养老等等领域，我们都听到了要增加财政支出的诉求。在我看来，这些诉求都有一定的合理性，但是，在对此进行体制安排时，应当特别小心谨慎。我们主张，利用当前及今后一段时期政府收入高增长的有利条件，解决一些临时性、一次性问题，还历史的旧账，是可以的，也是应当的。但是，凡属制度性安排，凡属刚性的支出，均应谨慎从事，从低标准做起。冷静且有远见的决策不能只看眼前，更要考虑到：财政收入高速增长的格局毕竟不可能长期持续，财政支出上去了就会形成下一年更多支出的"基数"，极易造成"尾大不掉"。中国改革开放前、北欧及其他很多国家的经验教训告诉我们，福利增加是容易的，皆大欢喜；而要减少则是困难的，那样就会有人骂政府，就会有人上街游行，酿成社会动乱。总之，经济转型势在必行，但我们应瞻前顾后，做好长期安排。

三、加强金融监管的协调

进入新世纪以来，中国金融体系最终确立了分业监管的框架。几年来的实践显示，改革的成效是显著而积极的。我们基本确立了与国际接轨的对银行业、保险业和证券业的专业监管法律、法规体系；整个金融行业加强了以风险和资本为核心的专业监管；保护投资者和存款人利益的理念受到更大的重视；培养了一支专业化的监管队伍；在此基础上解决了大量历史遗留问题，等等。这些都是有目共睹的成就。

但是，存在的问题也很明显，这就是监管的不协调。目前我国金融监管的不协调主要表现在三个方面：第一是多头监管，造成监管过度。"上面千条线，底下一根针"，各类监管措施全部落在金融机构的"针"上，致使被监管者疲于奔命。第二是监管真空，有一些该监管的事情没有人管。第三是监管冲突，各个部门监管理念不同，出发点不同，想解决的问题不同，依据的法规不同，常常使得机构和市场无所适从。监管的不协调造成了大量问题。例如，最近国家开始启动 QDII，推动中国金融业"走出去"。由于缺乏协调，银行、保险、证券等部门各搞一套，形成多头对外格局，留下笑柄。再如，在创新理财产品、发展债券市场、形成收益率曲线、推出金融衍生产品等等问题上，基本上都是各部门各行其是。这样做的结果，或者是破坏了金融体系的统一，制约了市场的发展；或者人为造成监管套利空间，为不良金融行为埋下隐患。鉴于以上种种，加强监管协调，已经成为决定中国金融业未来能否健康发展的突出问题。其实，监管协调的问题，在本届政府一开始就已经被提出，但始终没有下文。我们希望能够尽快获得解决。

关于监管协调，我想强调三个要点：第一，应当明确，所谓金融监管协调，指的是在合理确定各专业监管当局监管功能和监管职责前提下，统一各专业监管当局的监管原则、制度、标准、程序、技术、方法；促进金融部门之间统一信息共享平台形成；处理涉及多家监管当局的综合类金融问题；保证金融稳定，促进金融发展。第二，实行监管协调，需要改造现有的分业监管框架，尽快从目前的机构监管和功能监管并重、侧重机构监管的格局，过渡到以功能监管为主。第三，在从机构监管向功能监管全面转型的基础上，在目前"一行三会"之上，设置常设性的协调机构。至于这种协调机制是常设性的论坛，还是联席会议，还是实体性机构，还需要细致认真地讨论。但是，鉴于中国是一个行政权力很强、很集中的国家，不设立实体性机构，可能缺乏统一的权威性。

我们认为，未来一个相当长时期中，中国的金融监管体系可能保持着双层结构。一个层面，是现有的对银行、证券和保险业的专业监管机构，它们对各金融领域实行功能监管。上一个层面，则是旨在处理各种综合金融问题的协调机构。这个协调机构的主要功能包括：第一，统一监管的原则、制度、标准、程序、技术和方法，目标是促进统一的中国金融服务法形成；第二，统一金融活动和金融监管的信息，建立一体化的信息平台；第三，负责对跨部门的机构、市场、产品和服务的监管；第四，负责与金融系统之外的机构和部门（如财政部、发改委、商务部）的协调。

四、货币政策和财政政策的协调配合

在市场经济条件下，货币政策和财政政策是国家调控宏观经济运行的两大政策体系，而且，它们的调控都集中于社会经济中的货币资金的流转与运行。由于调控对象的一致性，两大政策体系在资金方面客观上存在着"犬牙交错"、相互影响的关系；它们之间应当协调配合，当属天经地义。

在传统体制下，由于实行高度集中统一的计划经济体制，财政政策发挥主导作用，货币政策只是财政政策的"侍女"，其功能和作用比出纳所多无几。那时，基本上谈不上两大政策的配合问题。改革开放到上个世纪末，随着财政放权让利、"拨改贷"等改革措施的推行，一方面，政府收入"两个比重下降"，预算内财政收入最低达到仅及 GDP 的 10% 左右，以致中央财政连年赤字、全国 2/3 的县级财政入不敷出，一些地方连公务员的工资都开不出；另一方面，企业居民的收入大幅度增加，大量储蓄资金向银行汇集。在一定意义上，1994 年的分税制改革，就是为了扭转上述趋势而推出的。毫无疑问，在财政收入连应付"人吃马喂"都捉襟见肘的条件下，两大政策事实上谈不上什么协调配合，如果有，那也主要表现在金融部门为财政赤字提供融资便利方面。进入新世纪以来，情况有了极大的变化。前已述及，随着国民收入持续高速增长，随着各项财政税收制度逐步完善，随着税收征管的逐步加强，广义上的政府收入在 GDP 的占比已经达到 30% 以上水平；"提高两个比重"的任务已经基本完成。另一方面，中国全社会的金融资产规模已达 50 万亿元左右。在这种新形势下，积极探讨货币政策和财政政策之间的分工、协调的体制和机制条件，认真研究两大政策体系配合的渠道、模式和方式，已成当务之急。

关于财政政策和货币政策的协调配合，理论文献堪称汗牛充栋，各国的实践也丰富多彩。因此，在宏观经济学、财政学和货币经济学的著作中，都有大量成熟、系统的模型来分析两大政策体系配合的机制、体制、方式、分工、合作等问题。本文仅从货币政策的角度，结合近年来我国的政策实践，就几个比较突出的问题做一些分析。

其一，关于基础货币调控的协调。大家都知道，我们可以把基础货币的供求概括成为一个方程式。在资产方面，包括外汇（外汇占款）、对政府债权、黄金和对各类金融机构的债权等；在负债方面，包括法定准备金、超额准备金、现金发行、央票、政府存款等。根据这个方程式，央行调控基础货币的操作可以有三种格局：第一，资产负债总量不变，仅在负债方进行调整，即各负债科目此长彼消；第二，资产负债总量不变，仅在资产方进行调整，即上述各类资产此长彼消；第三，资产、负债同时增减。为简便起见，我们只讨论资产负债总量不变的一种情况。先看资产方调整。假定央行增加了对政府的债权，此时，若欲保持资产总量不变，它就必须或减少持有外汇、或减少持有黄金、或减少对其他金融机构的再贷款；反之则相反。再看负债方调整。假定财政存款增加，此时，若欲保持负债总量不变，它就必须或减少法定准备金和超额准备金（通过降低法定准备金率），或减少货币供应，或回收流通中央票；反之则相反。显然，如果财政存款的总量很大，变动也十分频繁，它对基础货币的影响就绝不可忽视。中国的情况恰恰是这样。举 2006 年的情况为例。当年，财政的国库存款最多时达 1.6285 万亿元，最少时仅有 0.8557 万亿元，两者相差近 8000 亿元。根据中国目前央行资产负债的情况，这 8000 亿元的变化，相当于法定准备金率 4~5 个百分点、外汇储备 1000 多亿美元的变化。如此之大的冲击，是制定和实施货币政策时无论如何都不能忽视的。我们注意到，在一些实行零准备金率的国家，调整财政存款的布局，事实上就是货币政策手段之一。例如在加拿大，政府就是通过在各类商业银行之间、在商业银行和央行之间移转财政存款来实施货币政策的。进一步，就财政存款的上述变化，我们还可以对财政政策做些分析。大家知道，2006 年预算内财政收入为 3.9 万亿元，而且当年还发行了数千亿元的国债。然而，财政在央行的存款却长期处于 0.8557 万亿元（相当于财政收入的 20%）到 1.6285 万亿元（相当于财政收入的 40%）之间。面对如此巨大的数额及规模如此之大的变化，我们是有理由提出大量质疑的。

略加思考便知：我们上面的分析框架，完全适于讨论新近推出的 1.5 万亿元特别国债的发行问题。毫无疑问，这项举措，不仅有关货币政策和财政政策，而且有关外汇储备管理政策。遗憾的是，对于有着如此巨大冲击的改革举措，我们的两大调控当局却沟通甚少，而且，当市场已经产生诸多猜测并已出现较大动荡时，当局的解释都语焉不详。这种局面，肯定会使我们的市场发展和宏观调控蒙受较大损失。

其二，发展金融市场的协调。财政政策，特别是它的债务政策，一向就有着很强的金融含义。基于此，国债政策兼有财政政策和货币政策两个属性。正是在这个意义上，国债市场构成市场经济国家金融体系中的"核心金融市场"；它不仅为市场提供流动性，而且为市场提供交易基准。显然，在国债问题上，两大当局精诚合作至关重要。然而，我们在中国再次看到了两大当局缺乏协调配合的情况。仅就收益率曲线来说，央行在着力培养自己的曲线；财政部则致力于经营自己的曲线；证监会也在尝试在交易所市场上生成一簇曲线；另外还有得到银监会的支持的中债公司的国债收益率曲线，等等。固然，形成合理的收益率曲线需要有效的市场竞争，但是，如果这种竞争只是因为相关调控当局各行其是的话，那就与市场经济法则背道而驰了。

其三，开放经济条件下两大政策体系的分工配合问题。这个问题大家都很熟悉，复杂的理论我们也不拟深入讨论。我们只想强调，对于开放型大国经济来说，由于客观上本国经济的独立性较强，追求同时实现内外均衡，构成宏观调控的基本任务。然而，经济政策理论（例如"丁伯根法则"）和各国实践均告诉我们：由于一种政策工具只能实现一项政策目标，要实现内部均衡和外部均衡两个经常不相容的宏观调控目标，至少需要两种以上的政策工具。同样已经成为共识的是：在浮动汇率制下，财政政策优于实现对外均衡，而货币政策则优于实现对内均衡。因此我们看到，像美国、英国、日本、韩国之类的大国，均确定了由货币当局主要负责内部均衡、而由财政当局主要负责外部均衡的分工。顺理成章地，由于外汇储备更多地涉及外部均衡问题，这些国家大都选择由财政当局来主导外汇管理体制，并负责制定汇率政策。在这方面，中国的情况更令人沮丧。近两年两个当局关于外汇储备管理、汇率管理等问题时起争论，说明分工协调已经刻不容缓；然而，所有这些问题至今都没有明确的说法，说明我们在应对全球化的新挑战时，在理论基础和实践经验方面，都是极度缺乏的。

其四，在兼有社会效益和私人效益的各种项目上的协调配合。我们知道，经济社会中的产品可大致分为两类，一类是公共品，一类是私人品。单纯的公共品由财政资金支持其生产，而单纯的私人品则由商业性资金支持其生产。这都是很清楚的。复杂的是大量处于中间状态的"准公共品"，从理论上说，在这些混合类产品的生产中，公共资金和商业性资金是配合使用的。我们国家有三家政策性银行，其他国家也有类似的金融机构，这些都是用来处理准公共品之"生产"和"提供"的。然而，现实中，与百姓相关的准公共产品，无论是规模还是种类，都远远超出这些政策性银行业务的覆盖范围，例如，小企业发展、居民住房、医疗卫生、教育、环境保护等等，都是兼有公共性和私人性的产品或服务，都需要综合使用公共资金和商业性资金，因而都需要在财政和货币政策之间保持某种协调配合。其中，关于这些产品的生产如何建立具有"商业可持续性"的基础，以及在此前提下，政府（财政）究竟应以何种方式提供支持等问题，都需要给出明确的制度安排。

总之，只要涉及资金筹集、使用及运转，大抵都会有商业性资金和财政性（公共）资金的交错，于是，就应有财政政策和货币政策的协调配合问题。这是客观存在，不因我们是否认识到而有所改变。差别只是，当我们认识到协调的必要性并主动采取配合措施，宏观调控的效力就会增强；相反，宏观调控的效力就可能递减，搞得不好，还会出现副作用。

五、货币政策范式的调整

从 1996 年正式编制并公布货币统计口径算起，中国正规的货币政策只有11 年历史。然而，由于市场化改革使得大量国民储蓄集中于金融体系中，货币政策从一登上历史舞台就为人们广泛关注；近年来，它更成为世人瞩目的焦点。

中国货币政策的历史虽短，但是，无论是从政策体系框架的完善程度、货币政策的操作理念方面来看，还是从从业人员的素质和具体的操作艺术来看，其发展、进步都有目共睹，并得到国际同行的高度评价。正因为如此，货币政策对于保证近年来国民经济持续较快增长，发挥了不可磨灭的作用。

近年来，一个突出的现象是，中国货币政策的操作频率日渐提高。2007年才到 7 月底，短短 7 个月内，法定准备金率就调整了 6 次，从 9% 提高到12%。同期，银行存款利率也调整了 3 次，1 年期定期存款利率从 2.52% 上升到 3.33%。央票的发行，也动辄达千亿之巨。有人评论说，当今中国的央行是世界上最繁忙的央行，此言不虚。

然而，也应看到，面对极其复杂的中国经济，货币政策的调控效果似乎不佳，政策效力有日渐衰退之势。这一点，已经逐渐成为社会共识。

货币政策效果不佳是多方面因素造成的：

其一，当前的中国经济的高速增长及增长中出现的问题，是一系列高度复杂的因素共同作用的结果。其中，改革的不断深入、城市化的飞速发展、人口结构的变动、长期的高储蓄、以 IT 革命为基础的"新经济"的扩展、全球化的深入发展、全球经济格局的调整、世界经济长周期的影响等等"风云际会"，综合决定了中国经济运行的当前态势。面对这样一些主要根源于实体经济领域的长期因素，寄望于货币政策这种着眼于短期、且主要在短期内发挥作用的政策体系来产生重大影响，是不切实际的。其二，货币政策要发挥预期的作用，决定于同其他宏观经济政策的配合程度。在中国，举凡财政政策、计划政策、贸易政策、改革措施等等，都处于不断调整过程之中。不配合、不协调的现象，在所难免。另外，金融监管职能分设之后，银行、证券、保险领域的监管举措，也都具有较强的货币政策含义。因此，监管政策与货币政策是否协调，也在相当程度上决定货币政策成效。其三，的确，货币政策是有用的，但同时也要看到，货币政策并不是万能的。金融理论和各国的政策实践都告诉我们，货币政策只能解决它所能解决的问题。现在，把国民经济几乎所有的问题都压在货币政策头上，实在是勉为其难。其四，在中国经济发展中，各级政府、特别是地方政府，发挥着至关重要的作用。这涉及政府体制问题，同样也是货币政策难以企及的。

当然，货币政策自身也需要改进。随着经济的增长，随着经济对外开放程度不断加深，随着金融市场渗透的领域逐步扩大，随着金融创新不断深入，货币政策实施的环境发生了根本性变化，从而造成货币政策的传导机制发生了重大变化。如上所有变化，都使得我们目前以调控货币供应量为主的货币政策范式逐渐失去了有效发挥作用的条件，面临着越来越大的挑战。这种挑战主要表现在如下三个方面：

其一，货币供应量的统计口径越来越模糊，其"可测性"和"可控性"逐步降低。近年来，虽然央行在控制基础货币供应方面日趋娴熟且成效显著，但货币供应量的计划指标与实际达到的指标之间的差异有增大之势。其中，重要的原因在于，由于金融市场发展和金融创新的深入，金融资产的整体流动性在不断提高，这一方面使得货币供应易变性增强、货币乘数不稳定；另一方面则使得能够发挥货币功能的金融资产不断增多，使得当局在统计货币供应方面心劳日拙。大家知道，大约一个月前，北京大学的宋国青教授和高盛公司的梁红女士分别都对我国的货币供应统计口径提出了质疑。宋国青认为经过调整的M2A更符合中国的货币供应的实际；梁红则认为中国应当增加M3统计口径。他们的质疑是合理的。他们所依赖的理论和举证的事实异曲同工，都看到了货币供应的系列随着金融市场的发展和金融创新的深入而不断变化和加长的事实。

其二，货币供应量与GDP以及物价水平走势的"相关性"降低，以至于即便对货币供应量实施了有效控制，亦难以实现货币政策的最终目标。这种状况，还是由金融市场发展和金融创新带来的。这些发展和创新，不仅增加了可以发挥货币功能的金融工具的系列，而且使得这些金融工具的流通速度不断提高，从而更加剧了流动性膨胀的局面，致使社会上可贷资金充斥。另外，基于IT 技术之上的支付清算制度现代化的影响也不可小视。有研究者认为，2005年人民银行大额实时支付清算系统的启动，大大减少了金融机构对支付清算准备金的需求、减少了企业和居民的闲置资金，其综合效果就是提高了货币的流通速度。要用数量指标来衡量，这大约相当于降低法定准备金率 2～3 个百分点。

其三，主要商业银行的公司化改造，改变了货币政策的传导机制。大家知道，虽然理论上我们可以概括出很多货币政策的传导渠道，但通过银行机构的信贷渠道始终都占据关键地位；在中国这种以银行为主导的金融体系中，这种现象尤其显著。信贷是银行机构的行为。因此，银行体系的改革就不能不对货币政策信贷传导产生影响。总的趋向是，由于利润目标受到强调，商业银行应对央行调控的"对策"比过去更层出不穷了。

聊以自慰的是，以上所列种种，并非中国特有的现象，它们在世界上具有普遍性。由于金融市场发展和金融创新的深入，世界各国以调控货币供应量为核心的货币政策操作范式均遇到了不确定的冲击，致使世界上越来越多的货币当局开始摈弃这种货币政策范式。例如，美联储前主席格林斯潘在上个世纪90 年代初向美国国会作证时就曾明确宣布：鉴于对货币供应量的精确调控日趋困难、且货币供应与经济增长的关系日趋疏远，美联储的货币政策操作将放弃货币供应量目标。

问题是转向哪里？人们常常不假思索地回答：转向调控利率（和汇率）。这里存在两个问题：第一，当前世界各国的普遍问题是，经由一个中介目标——无论是"量"还是"价"——来实施货币政策，均陷入了调控不力和政策效力递减的困境，因为，中介变量与最终被调控变量之间的关系，已经因金融市场的飞速发展和金融创新的风起云涌而变得越来越不确定了。因此，从一个"量"的中介目标转向另一个"价"的中介目标，并没有最终解决"工具规则"的失灵问题。第二，在中国，由于利率市场化尚未彻底完成，向以利率为中介操作范式转变存在不可逾越的困难。因为，利率手段充分发挥作用，以利率的完全市场化和金融市场的一体化为前提。而在中国，客观地存在着对存贷款利率的部分管制、汇率形成机制的不完善、金融结构以银行主导以及市场分割等诸方面的缺陷。这些缺陷，均严重地制约了利率手段发挥作用的空间。

面对困境，我们或许需要认真考虑从上个世纪 90 年代初期开始在世界各主要国家普遍发生的向"通货膨胀目标制"转变的潮流。从本质上说，通货膨胀目标制度并不只是关注通货膨胀、而不关注其他宏观经济政策目标，相反，从实行这一制度之国家的政策实践看，这一制度框架比任何一种现行的政策框架都更广泛、全面、深入地从总体上关注金融的运行和实体经济的运行。因此，通货膨胀目标制中的目标通货膨胀率本身，就是与其他宏观经济政策目标相协调统一的结果，换言之，货币当局盯住的目标通货膨胀率，是经过改造和重新定义，从而包含了大量其他宏观经济信息的目标变量区间。在实践上，通货膨胀目标制度是一种货币政策范式，同时也是一个操作框架。在这个操作框架中，目标通货膨胀率当然形成约束，但更多的则是给货币当局提供了较大的相机抉择空间。观察美联储近年来的货币政策操作，我们便可看出新范式与旧范式的区别。大家都记得，新世纪以来，美国的利率水平曾有过两次方向相反的变动，一次是减息，一次是加息。在减息操作时，联邦基金利率曾连续十余次下调；在加息操作时，联邦基金利率又连续十余次上升。这种操作方式，若根据过去的工具规则来评价，是几乎不可理解且不能允许的。在这里，美联储决定利率政策的唯一根据只是要将通货膨胀率以及其他宏观经济变量调控到目标区内。为达到该目标，采取何种手段，该手段实行多大剂量，都退居次要了。总之，我认为，中国目前的货币政策范式已经走到了尽头，我们确实应当认真思考向通货膨胀目标制转变的问题了。事实上，对传统货币政策范式的失效问题，货币当局早已有比较深刻的认识。例如，吴晓灵副行长在几年前就已确认了央行调控货币供应量力度不足的事实，只是苦于一时间找不到替代的手段，而不得已"退而求其次"。再如，周小川行长在 2006 年就曾多次发表过关于中国货币政策多目标的言论。这一切充分说明：我们的货币当局早已在认真思考模式的转型问题了。

应当清醒地看到，实行货币政策操作范式转变，需要一系列条件。第一，中央银行应当有独立性。这里的独立性，包括独立于政府、独立于政府部门、独立于企业、独立于市场等多重内容。第二，应当全面改造和完善我国目前的各项货币政策工具。其中，尽快改革准备金制度，特别是尽快取消对准备金支付利息的制度，使得准备金真正发挥约束银行贷款的作用，具有相当重要的意义。第三，必须加快利率市场化改革，为货币政策传导创造前提条件。第四，应当尽快清除在各类市场之间的人为阻隔，理顺货币政策传导的渠道。第五，大力提高货币政策的透明度、公开性和可信度。毫无疑问，上述各项改革均非一蹴而就。但是，为了使得我国货币政策成为宏观调控的有效手段，我们必须尽可能加快改革。

六、资本市场发展

在今后中国金融发展中，资本市场必须要有更大的发展，这可能已经没有多少疑问了。但是，要发展资本市场，我们就必须容忍、在一定程度上还须鼓励资金从银行体系向市场流动，即容忍并鼓励"脱媒"现象发生。对此，我们应有充分的思想准备。在这方面，我们千万不能像一些人最近所表现出的那样，看到居民储蓄存款增速下降或绝对额减少，就惊呼"猛虎出笼"，犯下"叶公好龙"的毛病。从内容上说，股票市场应当进一步完善，债券市场应当受到更大的重视，应当促进货币类（汇率）产品市场的开发；在原生金融产品充分发展的基础上，加快金融衍生产品市场的发展，等等，都是急切需要做的工作。

在我看来，发展中国资本市场，更有一些理念性、方向性的问题需要强调。

其一，在发展机制上，应当尽快从迄今为止的监管当局驱动和主要依靠行政手段推动的格局中脱离出来，发挥广大企业、金融机构和居民的主观能动性，并着实依靠市场机制来求发展。要做到这一点，我们显然需要进一步放松管制，更彻底地实行金融业的对内开放。

其二，资本市场发展应当致力于服务实体经济。股票市场为企业服务似乎问题不大，但是，我们的债券市场的服务对象却大有问题。中国的债券市场，如果把央票、短期融资券都算在内，其规模在近年来增长很快。但是，这个市场存在着严重的缺陷，主要表现就是：市场上与企业相关的债券，与居民相关的债券，与实体经济活动相关的债券比重太低。目前我们市场上充斥的都是金融类债券。出现的情况是，A 银行发行 B 银行买，商业银行发行政策性银行买，证券公司发行商业银行买，中央银行发行商业银行买，如此等等，转来转去，资金只在各类金融机构中间移转，很少落到实体经济和微观经济主体中去。须知，金融是为经济服务的，金融产品不为实体经济服务，不和实体经济相关联，它就很可能是泡沫，据以形成的价格及其走势就很可能不反映市场的真实情况。在这种格局下，货币当局的很多调控手段，特别是利率的调整，很可能就只产生分配效应，造成这样一些买卖债券的金融机构的收入此涨彼消，对实体经济的影响甚微。应当说，这也是近年来我国货币政策效力有所弱化的原因之一。

其三，调整服务对象。迄今为止，我国的资本市场主要是服务于大企业的，中小企业基本上被排除在外；股票市场如此，债券市场更是如此。在今后的发展中，改变这种格局，是一项重要任务。小企业融资难，包括债务性融资困难，更包括股权性融资困难。因此，在未来的发展中，我国应大力鼓励各类投资者的创业活动，应当大力发展私人投资市场，同时，为了提高市场的流动性，应建立为中小企业筹集和交易股权资本的交易体系。其中，允许最原始的股权交易市场运作，建立以报价驱动为运行机制、以专业化投资中介机构为中心的场外交易体系和产权交易体系，是急需开展的制度创新。

其四，致力于建立统一市场。中国债券市场的总体规模本就很小，但就是这个小规模的市场，还被分割为交易所市场、银行间市场和柜台市场，而且三个市场关联很少。这也是造成市场低效率的原因之一。客观地说，市场分割的问题早就被人们所认识。但是，由于中国的市场分割事实上是因监管当局互不协调、争当"老大"造成的，所以，市场统一问题久久得不到解决。现在看来，要想由哪个市场来一统天下并不现实。因为，任何改革都有所谓的"路径依赖"，都有其制度背景并牵涉到既得利益。不承认这个现实，改革难以实际推进。所以，力促各个市场统一互连可能是改革的方向。我们不仅需要让投资者比较自由地进入各类市场，形成投资者的统一，还须允许相同的产品在不同市场中发行和交易，这就有了品种和市场交易的沟通。进一步，再加上托管、清算机制的一体化，我国金融市场统一的目标就可能容易实现。

其五，发展多层次资本市场。除了继续巩固现有以交易所、银行间市场、柜台交易为中心，以指令驱动为主要机制的市场体系之外，下一步的重点是要发展以报价驱动为基础、以投资银行为中心、以场外交易为主要方式的多层次市场。那种主要以规模来划分市场层次的理念，必须摈弃。

其六，转变调控理念。要使中国资本市场健康发展，我们必须从根本上摈弃调控金融产品价格特别是调控股票价格的想法，让市场机制充分发挥作用。2007 年以来，我国股票价格上涨较快。这不仅引发了人们对市场泡沫的担心，而且激发了希望当局调控股票价格的动议。这些说法和想法，都植根于对金融市场运作规律的片面认识。观察世界各国股票市场价格的走势，我们必须承认，大上大下，剧烈波动，是这个市场的常态。如果说中国的股市不规范，不足以作为分析的对象，那么，看看美国的股市走势，情况也基本相同。从上个世纪 80 年代末期开始，美国股市至少经历了两次剧烈波动，而且，若就波动幅度而言，哪一次似乎都不比我国股市逊色，甚至堪与美国 1929 ~ 1933 年的大萧条相比。这就提出了一个认识股市走势常态的问题。前几年我到哥伦比亚大学做访问研究。进入商学院，入目而来的是贴在墙上的一张其大无比的图。图上画了两条曲线，一条是 GDP 的增长，另一条是道琼斯指数的走势。观察这张图可以得到三个印象。首先，就大趋势而言，两条曲线拟合得十分完美。这意味着，股市充分反映了国民经济的发展变化，两者是共同成长的。其次，就某一时段而言，道指同 GDP 的走势并不完全一致；时段越短，两者的差异越大，有时甚至背道而驰。这表明，所谓股市是国民经济的晴雨表，只能在长程中才能观察到。再次，GDP 的增长曲线比较平滑，而道指走势却大上大下，波幅极大。这表明，股市就是以相当夸张的涨涨跌跌来支持国民经济发展的。描述这一事实，旨在说明，那种希望股指像经济增长那样平稳上涨的想法是不切实际的，而人为"调控"股指，则更是违反了市场规律。那么，这是否意味着监管当局就可以听任市场完全自由地发展呢？不是。在我看来，当局针对股市所要做的事情主要归结为两类。一类是加强监管。应切实保证证券发行者的信息透明、公开、及时、全面，以便投资者进行有效选择；严格禁止内幕交易，确保交易公平、公正；保护投资者利益，严厉打击各种侵害投资者利益的行为。另一类是严格禁止银行信贷资金违规进入股市，严防货币印刷机同资本市场特别是同股市联系起来。就此，我们不妨还是看一看美国的事例。如所周知，上个世纪 30 年代美国发生了大危机，股市下泻，造成银行倒闭，最终引致经济长期衰退。其中最主要的原因，是银行利用企业和居民的存款进入股市炒作。同样在上个世纪 80 年代末和 90 年代末，美国又发生了股灾。前已述及，若用股指下跌幅度来衡量，这两次股灾比 30 年代有过之而无不及。但是，在这两次股灾中，美国的银行体系未受影响，经济也比较平稳，社会更无动荡。其原因何在？关键在于，从 30 年代中期开始，美国实行了严格的银行和证券市场分业管理和分业经营的体制；90 年代虽然废止了格拉斯—斯蒂格尔法，但股市同银行信贷之间的防火墙则依然牢固地树立着。这些结果的差异告诉我们：防止股市暴涨暴跌，恐怕是一个难以实现的目标，因为涨涨跌跌正是股市的本性所在；而防止股市的涨跌影响银行体系的正常运转，防止股市的动荡向实体经济传染，则是应当做而且可能做到的。因此，监管当局关注的重点，应该是在股市同银行信贷之间筑就严格的防火墙，由以保证银行市场的稳定，确保实体经济的运行不受影响。

原载《财经问题研究》，2007 年第 9 期

在浮动汇率制下对汇率实施干预：智利的经验及对中国的启示[①]

李　扬

一、导言

在上个世纪 90 年代末期之前，智利实行的是管理浮动汇率制度。与此相应，那时智利的货币政策实际上是汇率目标制（exchange rate targeting）。这种制度的特征就是，货币政策的一切操作都以保持本币与所确定的目标货币（智利选择的是美元）保持钉住关系为出发点和归宿。

1997 年亚洲金融危机的爆发，在全球掀起了一场对现行汇率制度的巨大冲击，智利也未能幸免。此次金融危机发生在经济和金融的全球化进一步深入发展的背景下，因此便有了与以往任何一次危机都不相同的特征。如果说过去的经济和金融危机主要导因于国内经济的基本面存在缺陷（经济结构不合理、财政赤字过大、通货膨胀率过高等）或者存在严重的外部不平衡（经常项目长期逆差、对外过度负债、出口结构不合理并导致贸易条件恶化等），那么，90 年代末期以来的国际金融危机则主要起因于国际投机资本的恶意冲击，其攻击的主要对象则是实行各种形式固定汇率制的经济体。面对这种新的变化，所有的非关键货币国家无疑都必须对其实行的各种形式的固定汇率制进行变革，但是，究竟转向何方则颇费踌躇。虽然国际社会曾就此提出过各种不同的改革方案，但从本质上说，可以选择的改革方向事实上只有两个：一是实行更为彻底的浮动汇率制；二是放弃本国货币主权，实行某种程度的"美元化"。从发展过程来看，拉丁美洲的很多国家都做出了实行某种程度美元化的选择。智利则不然，经过认真分析，该国决定转向更为彻底的浮动汇率制。

[①] 本文系作者 2006 年 12 月份访问智利的研究报告。

这种选择有着深刻的历史背景。智利货币当局认识到，上个世纪 80 年代开始以来该国的几乎所有危机都与实行固定汇率制有关。例如，1982 年的危机就是如此。当时，恶劣的国际经济环境，加上脆弱的金融体系，使得智利的产出下降了 13%。1999 年的危机也是一样。不同的是，它的直接诱发因素是国际金融动荡。为了应付国际投机资本对智利比索的压力，智利货币当局不得不放宽了汇率波动的幅度。由于汇率调整的幅度受到限制，智利货币当局不得不采取极为紧缩的货币政策，尽管当时国内经济的发展急切需要货币当局给予扩张性的政策予以支持。分析起来，当时所以出此下策，一是为了减少政府支出，二是为了应付高达 GDP 5% 的经常项目的巨额赤字，三是为了克服外资外逃所带来的国内资金短缺，四是为了防止通货膨胀反弹，五是为了弱化上述所有不利局面给国内企业的资产负债表造成的潜在冲击。所有这些措施，使得智利再次陷入严重的经济和金融危机之中。

频繁发生的金融危机，以及克服金融危机所付出的巨大代价，促使人们重新考虑汇率制度的选择问题。智利货币当局认识到，面对危机，当局所以缺少有效的应对手段，关键在于稳定汇率的承诺束缚了自己的手脚。在维持管理浮动汇率制度的益处及其弊端之间进行反复权衡之后，智利货币当局做出判断：实行更为彻底的浮动汇率制，可能得益大于损失。于是，在亚洲金融危机的冲击开始弱化，国内通货膨胀率下降到 2% 左右的时候，当局决定，从 1999 年 9 月开始，实行更为彻底的浮动汇率制。

从管理浮动汇率制转向完全的浮动汇率制，对于货币当局将提出一系列严峻的挑战。其中一个具有核心意义的挑战就是：在浮动汇率制下，货币当局是否需要干预汇率的走势？如果回答是肯定的，进一步的问题便是：当局应当如何去干预市场？在干预过程中，如何避免回归管理汇率制度？如此等等，智利货币当局都给予了明确且具启发性的回答。

二、应对汇率波动的货币政策反应：理论说明

如同世界上所有中央银行一样，智利中央银行掌握着一系列的政策工具来应对汇率波动。在 90 年代，货币当局依赖资本项目管制并依托大量外汇储备的积累来应对波动；在亚洲金融危机期间，货币当局采取货币政策和外汇市场干预的综合手段来应对危机；采取浮动汇率制以后，当局则主要通过入市干预来平抑波动。问题在于，货币当局入市干预，恰是固定汇率制以及管理浮动汇率制的基本特征，实行彻底的浮动汇率制之后，这种干预与过去有何区别？在

不同的汇率制度框架下，货币当局实施干预的影响是否存在区别？如此等等，事实上都是需要认真回答的。

智利是一个实行通货膨胀目标制的国家。大量的研究显示：此类国家货币政策大都会对汇率的长期失衡做出反应。然而，这种反应并非机械的，而是根据当时的情势所做出的相机抉择。

如果汇率水平主要由利率水平内生地决定（所谓汇率的利率平价），问题就要复杂得多，此时，货币政策的影响力会得到加强。根据智利的经验，货币政策（利率）每发生100个基点的变化，就会直接使汇率变动1%。

货币政策是否会对汇率冲击做出反应，还取决于货币当局手中是否掌握其他的货币政策工具，例如资本管制和外汇市场干预之类。同时，还要看汇率波动的性质：如果波动是短期的，货币政策通常不会做出反应，因为这种波动不会对社会的通货膨胀预期产生影响。当然，所有这些，都取决于货币政策的可信度。如果货币当局缺乏诚信，它的一项短期的政策行为便会对通货膨胀产生持续性影响，因为公众会做出当局的行为将加重国内通货膨胀的预期；相反，如果公众对货币当局拥有充分的信任，后者干预汇率的行为便会对国内经济产生最小的冲击。

实行浮动汇率制的一个最大的好处，在于它使得货币当局能够对真实冲击（例如，贸易条件的变动和劳动生产率的变化）做出及时反应，从而使得其干预成本最小化。事实上，货币当局并不需要以逐日盯市的方式对汇率水平的任何名义波动做出反应，它所关注的只是真实汇率水平这种由经济运行的基本面及其变动所决定的变化。

总之，浮动汇率制条件下货币当局的入市干预，其目的主要在于使得汇率真实水平得以稳定，而不是维持汇率名义水平的稳定，相反，只要汇率的真实水平是稳定的，货币当局常常并不理会汇率名义水平的波动。由于存在这种基本区别，与各种管理浮动和固定汇率制相比，货币当局在浮动汇率制下入市干预的频率要低得多，但是，由于事关经济的基本面（实体经济运行），货币当局一旦决定干预，其力度则可能要大得多。

三、汇率干预的渠道分析

虽然世界上有很多国家声称自己实行的是浮动汇率制度，但是，研究显示：除了新西兰和波兰，在包括美国、欧盟在内的所有实行浮动汇率制度的国家中，货币当局都会入市干预汇率；而且，即便没有进行过入市干预，这些国家也从来都没有放弃过这种权利。

货币当局入市干预汇率，通常可有三条渠道。

第一是资产组合渠道（portfolio channel）。其基本机制就是，通过改变投资者的币种配置来变动汇率水平。显然，在这种干预方式中，中央银行必须向市场提供货币供应（本币）或外币资产，目的在于增加市场流动性，减少市场波动。统计分析显示，通过这种渠道来干预市场并借以干预汇率，所产生的短期冲击是比较大的。

第二是"宣示"渠道（signaling channel）。其机制就是，货币当局的入市干预作为一种信号，向市场展示了未来货币政策的可能走向，从而可能影响包括外汇在内的各类资产价格。举例来说，如果货币当局出于防止通货膨胀的目的来干预市场，市场参与者们就会预计，当局的进一步举措将是采取相对紧的货币政策，国内银根将收紧。

第三可称为信息渠道（information channel）。其基本机制就是，货币当局通过干预行为及其公开的政策表达，向市场传递某种信息，以引导市场进行调整。以智利为例。鉴于汇率的走势越来越与经济的基本面相脱离，因此，对政策传导的信息渠道的实证研究便集中于外汇市场的微观结构方面。研究显示，如果用汇率波动作为衡量标准，则市场的不确定性越大，干预的影响力越强。

然而，尽管研究者和货币当局都相信干预是能够对汇率走势产生影响的，但是，迄今为止的实证研究并没有提供强有力的证据来支持这一看法。严格地说，货币当局的干预肯定是有影响的，但是，其影响的大小至今仍待观察。从研究的角度看，这里涉及两个统计上的实证问题。其一是相关资料很难被及时、全面地收集到，即存在所谓"数据滞后"（lack of data），这使得人们很难准确地研究实施干预的影响力；其二，由于市场运作极为复杂，我们事实上很难有把握地将各类干预的影响清晰地分离出来，从而分别给予评价。

四、智利干预汇率的经历

在转向完全的浮动汇率制时，智利当局并没有放弃对市场进行干预的权利，相反，货币当局在当时就宣布："如果出现了外汇市场的不稳定和汇率的过度波动，并对经济运行产生严重负面影响，中央银行对汇率市场进行干预就是必要的。"

有幸的是，自从实行完全的浮动汇率制以来，这种干预只在2001年和2002年发生过两次。第一次导因于2001年的阿根廷的货币兑换危机，第二次导因于 2002 年的巴西大选。

这两次干预都有一些共同的背景。例如，在货币当局入市干预之前，都有明确的证据显示：比索的贬值已经超出了经济的基本面所确定的水平，因而有过度贬值之嫌。从经济的基本面来看，智利同阿根廷和巴西的经济和金融联系都是比较小的。例如，智利同这两国之间的贸易充其量不超过智利对外贸易总量的 20%。因此，比索的急剧和过度贬值清楚地说明：市场已经失去了其基准，因此，如果听之任之，将会对智利的通货膨胀产生不利影响；这种不利影响若继续发展，就可能在智利导致经济增长减速的不利后果。然而，在这种情况下，如同过去所发生的那样，客观上却要求货币政策进一步紧缩，而这种货币政策态势将不利于经济的恢复。因此，入市干预便成为弱化比索过度贬值所带来的通货膨胀压力的第一道防线。如果货币当局不进行干预，名义汇率的过度贬值将导致真实汇率高于其均衡水平，从而将在经济中引致通货膨胀，而通货膨胀的蔓延又将反转来导致货币进一步贬值。事实上，此时进行干预，或许并不能将名义汇率调整至当局认为的合适水平，但确有防止比索过度走弱的作用。从另一方面说，如果干预不能产生效果，那就说明，名义汇率水平的变动确为恢复真实汇率所必需。基于上述认识，当局入市干预便不应当延续过长时间，而且，干预的出发点只应明确为向市场提供流动性和恢复外汇市场的秩序，绝不应当刻意追求某一汇率水平，或者着意为了平抑外汇市场的波动。事实上，这正是管理浮动制下的干预和完全浮动制下的干预之间的基本差别。智利货币当局的这两次对冲干预证明，此前的市场反应确属空穴来风；如果不进行干预的话，确实会进一步引起经济的混乱。

第一次干预从 2001 年 8 月 16 日开始。面对市场汇率的剧烈波动，货币当局经过缜密研究后决定对市场进行干预。其中，对外汇现汇市场进行长达 4 个月的干预，估计涉及金额为 20 亿美元，同时，货币当局还宣布了一项打算销售价值 20 亿美元的美元定值中央银行票据（Dollar - denominated central bank bills，BCDs）的计划。从最终结果看，货币当局在现汇市场上进行干预所花费的货币总值比其预期的一半还要少，这笔资金仅相当于国家外汇储备的 5%。从干预次数来看，货币当局总共入场 15 次，也远远少于原先的预计。较之 1998 年的情况，无论是干预涉及的资金规模还是干预的次数，都不可同日而语。

此间，货币当局发行了总额达 30.4 亿美元的 BCDs，其中包含部分属于滚动发行计划的票据。在干预期之前，货币当局就在现汇市场上出售 BCDs，此次为了干预市场所发行的 BCDs 超出滚动发行计划约 23 亿美元，这使得总的干预资金达到总额 31 亿美元。在那期间，比索汇率总共升值 3.9%。其间，汇率日贬值最高纪录为 2.8%（9 月），日升值最高纪录为 1.8%（10 月）。

2002 年 10 月 10 日，货币当局宣布了一项与 2001 年极为相像的干预计划：20 亿美元的现汇市场买卖和 20 亿美元的 BCDs 销售，干预期限延续到 2003 年 2 月 10 日。这次危机以及市场干预导因于巴西危机。那时，比索兑美元的汇率在一个月内贬值了 7%，并且有进一步加速之势。然而，那时的经济的基本面丝毫没有显示出有趋坏的迹象；市场所受到的影响几乎全部来自巴西的动荡局势。这意味着，比索的贬值仅仅是由外部传染造成的。然而，与 2001 年不同，货币当局事实上并没有入市干预，而只是在市场上销售了美元定值的债券。进一步，中央银行行长于 2002 年 12 月宣布了一项将对干预计划的后半段进行修正的方案。在其后的几天里，BCDs 的销售计划就被削减了一半。结果，在干预的头两个月中，每个月销售的 BCDs 仅为 5 亿美元；在后来的两个月中，每个月的销售额进一步下降至 2.5 亿美元。在此期间，全部干预涉及金额为 15 亿美元，在现汇市场上更是完全没有入市干预。在整个干预期中，智利的外汇储备并没有变化，而 BCDs 的未清偿额（存量）则增加至 58 亿美元。在 2002 年这次干预活动中，比索汇率总共升值 2.1%。此间，汇率日贬值最高纪录为 1.3%，而日升值最高纪录则为 2.3%。

比较这两次干预过程中的汇率动态是饶有兴味的。相比而言，在第一次干预期内，汇率的波动幅度要大得多，这既归因于阿根廷经济的衰退，也归因于比索的走软。在第二次干预期内，货币当局的宣示效应发挥了重要作用，这显然归因于货币当局已经在市场上树立了良好的信用。在第一次干预期内，货币当局的宣示发生于实际干预之后，其实际效果并不显著。这是因为，市场普遍预期，原先公布的干预计划将不会得到完全的实施，正如后来实际所发生的那样。这里的教训是，如果货币当局欲同时仰仗宣示效应和实际干预行动，则对政策意向的宣示过程应当在采取实际干预行动之前。

就干预的频度和力度而言，智利的干预政策是比较温和的。事实上，在实行浮动汇率制之后的 6 年中，货币当局只是在现汇市场上进行了 15 次干预，而且，干预所涉金额，无论就其绝对额而言还是就其与市场交易量相比的相对额而言，都是比较小的。在 2001 年的干预中，干预金额仅及市场日交易量的 5%，而在其后的干预中，货币当局甚至根本就不在现汇市场中现身。

就其透明度而论，即便根据国际标准，智利货币当局的这两次干预的透明度都是相当高的。根据 IMF 的归纳，世界各国进行市场干预的透明度都是很低的；换言之，在世界各国，在市场干预方面，通行的仍然是保密原则。加拿大、中国香港、欧洲中央银行在进行市场干预过程中，多少都会向市场提供一定的信息（通常通过出版物）。美国则仍然保持着秘密进行的传统，但近来已经开始向透明度方向转变。在日本，透明度时高时低，并无定则。进一步看，即便那些在干预过程中保持透明度的国家，通常也不会公布其干预所涉金额（中国香港除外）；即便公布，其时间也会滞后数月。至于与干预有关的信息，则或者在其后公布，至多是同时公布。智利则不同，它不仅事先公布干预的信息，而且公布干预所涉金额以及干预的时间。例外的情况就是，当局在现汇市场中的干预时间和金额是保密的。即便如此，就政策的透明度而论，智利在当今世界上也居于领先地位。

智利货币当局所以选择用一种透明度较高的形式来进行市场干预，主要基于两点考虑。其一，在所有可以影响市场行为的三个政策传导渠道（见上文的讨论）中，货币当局更倾向于利用信息渠道，因而它不愿意让市场感到意外；其二，更为重要的是，货币当局认为，干预只是为了向市场提供流动性并据以稳定市场，而不是与市场投机者争高下。这样做，有效地防止了所谓"热衷于干预"（addicted to intervention）现象的发生。我们注意到，在那些外汇储备规模比较大的国家中，这种现象常常难以避免。在智利货币当局看来，干预只是一种对外汇市场是否存在泡沫以及泡沫究竟有多大的测试，而不是试图去管理汇率。因此，智利货币当局并不特别在意干预是否有效的问题。所以如此，是因为，智利货币当局认为，通过宣示渠道和信息渠道来进行干预是最为有效的：通过信息渠道进行干预，可以使得干预行为不至于对资产价格产生扭曲性影响；而通过信息渠道进行干预，则可以向市场指示货币政策的未来方向。正是因为如此，在智利，市场干预的结果总是使得市场汇率更接近其由实体经济所决定的均衡水平。

五、小结：对中国的借鉴意义

从以上分析可以看到，智利在实现从管理浮动汇率制度向完全浮动汇率制度转变的过程中，比较成功地实现了市场机制发挥主导作用和政府进行适当干预的结合。应当认为，智利货币当局对浮动汇率制度的干预实践，为世界各国提供了极为丰富的经验。

中国正在改革人民币汇率的形成机制。改革的方向是建立一种更具灵活性、富有弹性的汇率制度。毋庸置疑，无论实行何种汇率制度，亦无论这种转变的速度是快是慢，中央银行对市场进行干预总是必须的。就此而论，智利的经验对我们有着十分积极的借鉴意义。这些借鉴主要包括：

第一，在从管理浮动汇率制度向更具弹性的汇率制度转变过程中，必须充分重视使得这种转变得以有效展开的相关基础制度的建设问题。在这方面，诸如完善市场体系、改革微观经济主体的公司治理结构、推进利率的市场化改革等等，都是必须首先要做的基础性改革。

第二，在任何经济体制下，宏观调控当局总是需要对市场运行进行干预的。但是，关键在于要确立符合市场经济运行规律的干预立场（或称干预的哲学），并由以选择适当的干预渠道和方式。我们觉得，迄今为止，我国货币当局以及其他宏观调控当局在实施各类宏观经济政策时，无不以"管理市场"为目的，换言之，我们这里客观存在着非常强烈的"热衷于干预"倾向。智利的经验告诉我们，正确的立场是维护市场秩序，创造让市场充分显示真正的经济趋势和市场参与者偏好的机制。如果着眼于去管理市场，甚至热衷于在市场中从事交易，一方面会干扰市场的运行，扰乱市场信号，致使市场的自动回归均衡水平的机制难以发挥正常作用；另一方面，将自己的调控者身份降格为一个握有垄断权的市场参与者，最终会削弱当局干预的效力。

第三，必须认真研究市场干预的各种可能及其后果，并且根据自己的国情，选择适当的干预渠道。为了使得货币当局掌握足够的手段来进行有效干预，必须不断丰富自己手中的政策工具武库，并理顺货币政策传导渠道。

第四，为了使得市场干预具有效率且成本最小，必须首先树立货币当局的诚信形象。在这方面，朝令夕改、文过饰非是最不足取的。

原载《国际金融研究》，2007 年第 5 期

中国经济成就、问题、约束与前景

李京文

中国经济经过 28 年的持续稳定增长，经济总量和多种主要产品的产量都已经在世界名列前茅，成为世界经济的重要组成部分。同时，中国经济也面临诸多困难和挑战。随着经济全球化、产业信息化和知识化的迅速发展，中国产业必须继续积极加快发展，实施自主创新和走出去战略，转变经济增长方式，进一步提升产业的国际竞争力。要真正实施自主创新和走出去战略，就必须了解中国经济取得的成就和面临的制约因素。

中国经济发展取得的成就

中国经济发展取得的成就，主要表现在以下几个方面：

1. 经济持续高速增长。

经济增长率已经连续 27 年保持在 9% 以上，年均增长率达到 9.6%。同时，经济运行的稳定性也有所提高。2003 ~ 2005 年每年国内生产总值增长分别为 10%、10.1%、10.2%。2006 年预计增长 10.5%。2005 年和 1978 年相比，GDP 总量增长 10.9 倍，人均 GDP 也由 1978 年的 175 美元（按 2005 年价格水平）上升到 2005 年的 1750 美元左右（已考虑最近修订的 GDP 水平、通货膨胀及人民币对美元汇率等因素），国内生产总值和出口总额均已位居世界前列。

2. 经济发展的协调性有所改善。

2003 ~ 2005 年我国年均财政收入增长 17.4%，2006 年预计增长 26%。经济增长与效益增长基本同步。2005 年全年居民消费价格总水平涨幅为 1.8%。效益与速度同步提高，全年财政收入增长 19.8%，增收 5231.5 亿元，规模以上工业企业实现利润增长 22.6%。经济增长支撑条件绷得过紧的状况有所缓解，煤炭产量 21.9 亿吨，增长 9.9%；发电量 2.47 万亿千瓦小时，增长 12.3%，迎峰度夏期间国家电网系统拉限电条次和损失电量同比分别减少 61%

和 66%；重点物资运输得到较好保障。

3. 农业得到进一步加强。

2005 年中央财政用于"三农"的支出达到 2975 亿元，比上年增加 349 亿元。粮食播种面积比上年增加 267 万公顷，粮食产量达 4840 亿公斤，增加 145.4 亿公斤。

4. 工业结构升级步伐加快。

高技术产业快速发展，规模以上工业中，高技术产业增加值增长 19.8%。一批重大科技专项和产业化专项顺利实施。重大关键技术和装备国产化取得新进展。重型燃气轮机、城市轨道交通运输装备、大型水电和抽水蓄能机组的引进消化吸收工作顺利推进，百万吨级乙烯装备国产化依托工程开始启动，建成 750 千伏交流输变电示范工程。企业兼并重组步伐加快，淘汰了一批高耗能、高污染和不符合安全生产条件的落后生产能力，部分过度扩张行业投资增幅继续回落。

5. 基础设施建设继续加强。

三峡水电工程、西电东送、南水北调等重点工程建设进展顺利。青藏铁路提前一年全线铺通。县际公路改造工程基本完成。新建公路 13 万公里，其中高速公路 6457 公里。新建铁路投产里程 1203 公里，新增电气化铁路 863 公里，新增铁路复线 486 公里。

6. 服务业继续稳定发展。

政府和企业信息化应用水平进一步提高。邮电通信、现代物流、社区服务、旅游、会展等新兴服务业发展加快，商贸、餐饮等传统服务业保持良好发展势头。

7. 对外开放迈出新步伐。

2005 年外贸进出口总额 14221 亿美元，增长 23.2%。其中，出口 7620 亿美元，增长 28.4%；进口 6601 亿美元，增长 17.6%。机电产品和高新技术产品出口分别增长 32% 和 31.8%。服务业对外开放进一步扩大。控制高耗能、高污染和资源性产品出口取得成效。利用外资继续保持较大规模，水平进一步提高，2006 年实际利用外商直接投资 603 亿美元。2006 年末外汇储备达一万亿美元。企业"走出去"取得积极进展，全年对外直接投资（非金融部分）达 69 亿美元。

8. 资源节约和环境保护取得新成效。

节能、节水、节材、节地、资源综合利用和发展循环经济工作力度加大。

在重点行业、重点领域、产业园区和部分地区启动了国家第一批循环经济试点。对部分高耗电行业实行了差别电价政策，对部分高耗水行业制定了取水定额国家标准，对部分产品发布了强制性能效标准。万元国内生产总值用水量下降 8.7%。节能建筑推广、墙体材料革新及木材节约和代用取得新进展。全社会资源忧患意识与节约意识进一步增强。

为什么中国经济能够长期快速增长

中国经济保持连续 28 年高速增长的原因很难用一种因素来解释，它由诸多因素组合才形成了高速增长的动力源泉。

首先，中国进行了以市场化为取向的改革。改革是从 1978 年开始的，主线是从传统的计划经济体制向社会主义市场经济体制过渡。在经济体制改革过程中，主要采取了自下而上和自上而下相结合的方式，先易后难，先进行增量改革后进行存量改革。这样使改革容易推进，并能很快取得成效。例如，农村实行家庭联产承包责任制；放开城乡商品和要素市场；支持乡镇企业和城市非国有经济发展；设立经济特区，支持沿海地区优先开放和发展；对地方政府实行财税包干制，调动各级政府发展经济的积极性；以多种形式改革国有企业；城镇住房实行商品化改革；建立新的社会福利保障制度；等等。上述一系列的改革，使得生产要素配置由以政府为主转为以市场为主，技术创新由以政府为主导转为以市场为主导，商品生产由以国有经济为主体转为所有制多元化，商品价格消费由计划决定也转为由市场决定。可以讲，由体制改革引起的这些制度变迁使得参与经济发展的各种主体，能有效地组合生产要素和更好地使用资源，这为经济加速增长带来了巨大的动力。

其次，中国坚持了对外开放，实行了外向型的发展战略。在改革初期我国经济发展面临着严重的"双缺口"矛盾，即国内储蓄不足，投资严重短缺。面对"双缺口"矛盾，中国选择了对外开放的战略，从财政、税收、贷款、土地、进出口以及审批手续等方面，采取优惠政策，积极引进外商、外资进入中国，同时政府还采取一系列政策措施鼓励各种类型的企业出口创汇。在外向型战略带动下，中国利用外资的规模不断扩大，由改革开放初期每年实际利用外资不到 20 亿美元扩大到 2005 年的 638 亿美元，从 1979 年到 2005 年中国实际利用外资共8091 亿美元，其中外商直接投资 6224 亿美元。外资的持续引进既缓解了投资短缺的矛盾，又为国内带来了先进的制造技术，从而加快了产业结构的调整步伐。与此同时，受鼓励引进和刺激出口政策的影响，中国的进出口贸易也取得了大幅度的增长。过去的 20 多年里，中国进出口贸易额从 1978 年的 206 亿美元增加至 2005 年 14219 亿美元。进出口额占国民生产总值的比重由 9.7% 上升到 64.1% 。可以说，中国经济的增长在很大程度上得益于对外开放。

再次，中国采取了新的工业化战略推进经济增长。改革开放以后，中国改变了长期压制消费，用高积累支持重工业优先发展的政策，采取了与传统工业化完全不同的发展模式。这种模式的特点是：第一，尊重工业结构演变规律，让以消费品为主体的轻工业优先发展，再以轻工业带动农业和重工业的发展。这种发展战略既降低了经济发展对资本品的需求，明显扩大了就业空间，同时又延长了产业链条，增强了工业化对经济增长的带动力。第二，改变了由国家集中发动工业化的方式，实行了分散式工业化。20 世纪 80 年代以来，中国工业化打破了国家垄断之后出现了几股新生工业化力量，分别是农村乡镇企业、城镇非国有企业和外资企业。这三股新生力量同国有企业在市场中展开了竞争，按照市场需求纷纷扩大市场供给，最终促进了经济的发展。

另外，政府采取积极干预政策，推动经济增长。改革开放以来，中国进行了一系列市场化取向的改革，充分发挥了市场对经济增长的积极作用。但是，中国政府并没有因此放弃干预政策，而是以积极方式对经济发展进行干预，促进经济健康、快速增长。比如，当经济出现波动时，政府利用经济、法律以及行政手段进行调控；当亚洲金融危机出现时，政府坚持人民币不贬值，并采取积极的财政政策，依靠发行国债扩大公共投资，推动经济平稳、快速增长等。政府对经济积极干预的本意是试图为经济快速发展营造一个良好的外部环境，从财政、税收、贷款、土地、审批、进出口和公共设施建设等方面支持经济增长。可以说，这是中国经济持久、快速增长的一个不可忽视的因素。

当然，不断迅速增长着的市场需求也是中国经济发展的最基本动力。从 1978 年到 2005 年，国内社会消费品市场需求规模由 1558.6 亿元扩大到 67176.6 亿元，名义增长 42.1 倍。旺盛的市场需求支撑了中国经济的持续增长。

中国经济发展面临的问题与约束

中国经济的发展可以归纳到五个变量：国内外需求差异、国内外技术差异、国内需求差异、国内技术水平和政策。其中政策是根据前四个变量来决定的，因此主要分析前四个变量。通过对前四个变量的分析可以看到中国经济发展的新约束。

下面，我们首先分析中国经济面临的变化，接着再分析这些变化现象下隐藏的本质，最后我们提出相应的对策。

（一）中国经济发展面临的变化

1. 国内外需求差异。

改革开放初期和中期，国内外居民需求的差异主要体现为物质层次上的差异。比如改革开放初期国内居民主要追求四大件（电视机、电冰箱、洗衣机、空调），而同时期国外居民则是对电脑等高档次电子产品、家具的需求。而目前国外居民和国内居民需求的差异主要体现为"绿色"和"环保"方面，这种需求差异开始约束了中国经济的发展，为了缓解这种约束引申出政策上的相关规定，比如国家在"十一五"规划中明确提出我国单位 GDP 的能耗水平要比"十五"末期减少 20%。

2. 国内需求的差异。

目前，我国不同地区不同收入层次的需求差异比改革开放初期的差异变大。一方面，汽车、家具、金银珠宝等的销售快速增长，出国旅游需求旺盛；另一方面，肉蛋等生活必需品价格波动较大，对生活必需品的需求持续稳定地增长。这种需求差异为中国经济的发展提供了多维立体的道路，但同时也要求中国经济的发展要满足个性化的多样性需求。

3. 国内外技术的差异和国内技术水平。

国内外技术的差异和国内技术水平相辅相成，都体现为我国中小企业创新能力的不足、集成创新能力的不足和创新机制的约束等几个方面。和国外发达国家或地区相比，我国中小企业的创新能力明显不足不是体现为发明专利等产品的开发前期，而是表现为产品商品化的时期。技术不能转化为商品或不能充分转化科技成果的中小企业将直接约束中国经济的健康发展。由于中小企业的创新能力不足和国有大中企业创新动力不足，因而在当代具有历史意义的集成创新在中国经济发展中的作用还没有充分发挥出来。国内外技术的差异和国内技术水平较低影响中国经济健康发展的根本要素在于创新机制不完善。

（二）制约中国经济发展的要素分析

我们将中国经济发展的新约束归纳为资源能源的约束、人的素质不高的约束、个性化的多样性需求的约束和政策机制体制的约束。不同的约束对中国经济发展的影响不同，这些约束实质上是我国的科技水平、人口素质、资源状况和环境状况等因素决定的。

1. 科技水平对中国经济发展的影响。

目前，科学技术水平对经济发展影响的总趋势是以质的提高为主导的社会经济发展，正经历由消耗资源型为主向以扩张资源型为主的转变，转变的关键在于技术进步和经济的发达程度，呈倒"U"型运动轨迹。我们国家还没有达到"U"型的转折点。实际上，由于我国科技水平的低下，致使本就十分宝贵的资源更难以充分开发。比如，我国每单位能源消耗对 GDP 的贡献率仅相当于发达国家的 1/4 左右，集中表现为产业结构中高耗能的钢铁、水泥等比重过高，而低能耗、高附加值的电子信息、精密制造和第三产业比重过低。

2. 人口素质是推动经济、社会与科技发展的重大因素。

从人口与经济的关系上说，传统的农业和工业经济时代关注的重点是人口的数量和结构，知识经济时代关注的重点将转向人口的质量。新中国成立以来，特别是改革开放以来，我国人口素质有了质的变化，部分指标已经达到中等发达国家的水平，为我国进一步加快现代化进程打下了坚实基础。但是，中国是世界第一人口大国，不是世界第一人才大国，按世界银行的统计口径，目前我国的初等教育入学率较高，中等教育入学率略高于世界平均水平，但远低于发达国家的水平，高等教育入学率不及世界平均水平的 1/3。受教育年限的制约，我国企业职工的技术等级相对较低。劳动者知识面窄，技术单一，现有的技术等级也有不少水分，用人不当，浪费人才的现象普遍。这样的人口素质使在知识经济大环境下的中国经济的发展必然受到制约。

3. 资源问题对我国经济社会可持续发展的制约。

目前，我国资源问题突出地表现为以下几个方面：

（1）资源总量，特别是人均拥有量低。土地、水、矿产资源总量不算少，但由于人口众多，人均量就很少。人均耕地面积仅为 2.4 亩，为世界平均水平的 40%。而土地流失和荒漠化日趋严重，土地、水土流失面积已达 335 万平方公里还多，荒漠化土地达 262.2 万平方公里；我国人均水资源量不及世界平均水平的 1/4；矿产资源储量少、品质差、自给率低；石油、天然气、煤炭可采储量仅为世界平均的 11%、5% 和 55%，铁、铜、铝等矿储量只有世界平均的 1/6 左右。

（2）供需缺口不断拉大，资源不足已经成为约束经济增长的"瓶颈"。根据《未来 20 年中国矿产资源的需求与安全供应问题》（中国地质科学院），未来 20 年我国石油需求缺口超过 60 亿吨，天然气超过 2 万亿立方米，钢铁缺口总量 30 亿吨。

（3）经济增长方式粗放，资源利用效率普遍低下。我国金属和主要非金属开发利用的综合回收率仅在 30% 左右，约有 2/3 具有共生、伴生有用组分的矿山未开展综合利用；而已经综合回收的矿山，资源综合利用率仅为20%，尾矿利用率仅达10%，煤炭综合回收率平均不到40%，远低于世界发达国家的综合回收率。

（4）生态环境破坏严重，产业后续发展问题凸现。这些问题包括空气污染严重、水污染严重、城镇被垃圾包围、水土流失严重、荒漠化速度加快和生物物种消失严重等方面。除了上述约束因素外，还有管理体制、分配制度上的问题也直接影响经济的持续发展。腐败问题已经直接影响中国的国际竞争力。

（三）　中国经济发展克服约束的措施

面对这些问题，我们必须：

1. 坚持科学发展观，建设节约型国家、创新型国家，必须做好"五个统筹"。

具体地说就是做好如下方面的工作：

（1）大力节约土地资源、水资源和各种矿产资源，节约能源。我国资源相对不足。但是资源的相对不足却要满足需求的大消耗量，这种情况造成我国资源对外依存度大。资源消耗量大而 GDP 相对比重较小（占世界总量的4%）说明我们的发展不是高效的，也必然会带来环境的污染。我国依靠现有的资源能源使用是不能达到在 2020 年实现 GDP 翻两番战略目标的。因此，必须调整经济结构，转变增长方式，依靠科技进步，在建设节约型社会中实现我们的战略目标。

（2）大力发展循环经济。循环经济是运用生态学规律来指导人类社会的经济活动，是以资源的高效利用和循环利用为核心，以"减量化、再利用、再循环"为原则，以低消耗、低排放、高效率为基本特征的社会生产和再生产范式，其实质是以尽可能少的资源消耗和尽可能小的环境代价实现最大的发展效益。与资源合理利用和物质再生的 3R 小循环相对应，当前我国循环经济转型的首要任务就是促进观念转型（Rethinking）、体制改革（Reform）和功能重组（Refunction）的 3R 循环。

（3）调整产业结构和能源结构。当前许多环境资源问题都与产业结构和能源结构有关。我国改革开放初期的粗放型产业模式直到现在还在一些地方盛行，这种模式必然带来产业结构的不合理和能源结构使用的不合理。

（4）开发新能源和开发海洋资源。太阳能和核聚变能可能是解决人类能源的最根本途径。海洋资源不仅能提供能源产生的原料，而且还具有很多资源，如水资源、生物资源和矿物资源等。

2. 积极推进社会主义新农村建设。

这是支撑我国经济长期又好又快发展的根本潜力。

3. 大力发展社会事业。

这是保证我国经济长期持续发展的重大措施。

前景展望

尽管未来中国经济持续发展存在不少困难和制约因素，但由于中国市场需求潜力大，居民储蓄率将保持较高水平，科技对经济增长的贡献不断提高，劳动力丰富且质量不断提高，改革开放不断深入扩大，这些优势仍将推动中国经济快速增长，未来经济发展前景仍将是十分广阔的。

根据我们采用中国宏观经济计量模型计算，我国经济在 2006～2020 年期间仍将快速增长，年均增长率在 8.2%～8.5% 之间，其中前五年有望达到 9%，后十年为 7.6%，到 2020 年我国 GDP 总量约为 75 万亿元，人均 5 万多元，居上中等收入发展中国家之列。

产业结构变化，预计"十一五"期末，我国三次产业比重将从 2005 年的 12.6:47.5:39.9 转变为 6.5:44.5:49，即未来 15 年中第一产业比重不断下降，第二产业比重在波动中趋于下降，第三产业比重稳步上升。

GDP 使用情况也逐渐变化，投资率将从 2005 年的 42.6% 下降为 2010 年 42.1%，预计到 2010 年总投资将达到 20 万亿元左右。消费率 2010 年将达到 57.1%，到 2015 年上升为 58.5%，到 2020 年预计投资与消费的比重将变为 35.8:64。

主要产品产量也将持续增长，其中粮食产量 2020 年预计达到 5.6 亿吨，人均 381 公斤；能源量将达到 32.8 亿吨标准煤，人均 2229 公斤标准煤；粗钢产量为 10.4 亿吨，人均 710 公斤；发电量 7 万亿度，人均 4820 度。到 2020 年，我国城乡居民生活水平总体上迈入宽裕型。

原载《群言》，2007 年第 3 期

中国区域经济发展的回顾与展望

李京文

20 世纪 50 年代以来，全球经济一体化的进程加快，世界各国间经济依存度加强，资源在全球范围内优化配置，与经济全球化相伴生的区域经济一体化趋势日增。经济全球化在刺激区域经济一体化向更高形式发展的同时，也在不断地冲破与经济区域化相适应的区域经济一体化的制度框架。在这波及世界各个角落的经济全球化与区域化过程中，中国的区域经济发展将呈现出新的特点、新的趋势和新的问题。

中国作为一个人口众多、国土辽阔的大国，各地区的经济发展历来就很不平衡。新中国成立后，区域经济的均衡协调发展成为政府十分关注的重大问题之一。经过 30 多年的建设与改革开放，逐渐形成各具特点的一批大大小小的经济区。

一、世界区域经济发展趋势：经济全球化、区域经济一体化

经济全球化趋势的日益加强已成为世界经济发展的一个重要特征。与此同时，区域经济一体化也在迅速发展。这是世界和中国区域经济发展的重要动因和趋势。

经济全球化是通过贸易、资金流动、技术创新、信息网络和文化交流，使各国经济在世界范围高度融合，各国经济通过不断增长的各类商品和劳务的广泛输送，通过国际资金的流动，通过技术更快更广泛的传播形成相互依赖关系。

经济全球化是开放经济的必然结果，它是随着各国间经济活动日益频繁，要求削减经济交往的壁垒，降低国别限制的制度性成本，从而得以实现要素在更大范围内配置以追求更高效率、更大福利的历史过程。因此，经济全球化是人们在追求成本下降、收益增加过程中的一种制度选择。经济全球化的实质是，通过产品与资源要素在世界范围内的流动与整合，使资源在全球范围内得到优化配置，从而提高全人类的福利水平。各国、各地区资源禀赋的差异与资

源配置效率的差异是经济全球化趋势发展的基础。

据联合国贸易和发展会议（UNCTAD）报告显示，目前，六万多家跨国公司及其遍布全球的数十万子公司和附属企业，形成了一个庞大的全球生产和销售体系。如今世界上任何一件现代化产品，已很难判断它是哪个国家或地区生产，其中任何一个环节出了问题，都可能不同程度地波及整个世界经济，使整个地球日益成为一个"地球村"。不仅传统经济活动走向全球化，而且生产、服务和技术创新也明显全球化。与此相对应，社会文化、生活方式等各方面，也已跨出原来的地理界限，日益显现出全球化的色彩。

全球化发展过程中的主要特点是：贸易扩张、资本流动（尤其是直接投资）和新技术浪潮。

1. 贸易扩张：贸易扩张即国际贸易增长和贸易自由化过程，是"二战"后全球经济发展的最显著的特点，是经济全球化最直接的表现。在全球化进程中，伴随贸易量的迅速扩大，服务贸易迅速增长，服务贸易的重要性也不断增长，服务业已经迅速成为全球经济的重要部分。1990 年，全球服务业占 GDP 的比重突破 60%，标志着全球服务型经济格局的形成。到 2004 年，这一比重上升至 68%。其中，发达国家高达 72%，发展中国家也达到 52%。伴随服务型经济的发展，全球经济竞争的重点正从货物贸易转向服务贸易。1980～2005 年，世界服务贸易出口额从 3650 亿美元扩大到 24147 亿美元，25 年间增长了 5.7 倍，占世界贸易出口总额的比重从 1/7 上升到近 1/5。服务贸易比重的迅速提高，对全球经济体系重建起着重要作用。

2. 资本流动：资本流动的载体最初是跨国公司（MNC），跨国公司通过对外直接投资（FDI），在全球范围内充分利用有利资源和生产要素，降低成本，同时避开东道国的贸易壁垒（包括关税与非关税壁垒）开辟国外市场，追求利润最大化。通过外国直接投资的增长，生产、销售、商品与劳务市场越来越国际化，促进了遍及世界和地区的公司内部贸易，从而加强了贸易联系。目前，FDI 的增长已经成为世界经济中一般经济增长整体中的部分，跨国公司成为经济全球化的发动机。

3. 新技术浪潮：以信息和通讯技术为核心的技术进步降低了运输与通讯成本，使国际间经济活动的交易费用大为降低，加速了经济全球化的进程。首先，技术进步在为国际贸易创造出一系列新机会的同时，其发展本身使得信息产品在国际贸易中的比重不断增加，服务贸易的发展更直接得益于信息技术的发展，从而促进了国际贸易的发展；其次，信息技术的发展推动了跨国公司的发展，因技术和知识的不断创新使跨国公司增强了在知识产权、技术诀窍、管理战略与组织技巧上的企业专属优势，加速了跨国公司的发展，同时也改变了跨国公司内部组织结构，即决策集中化和执行分散化，使得跨国公司总部区位的选择和海外分部、子公司的发展与全球经济发展及其格局变化紧密相联；第三，信息技术的发展加速了金融市场全球化进程，全球金融中心的形成影响了全球城市体系的重建。

与经济全球化一起出现的是区域经济一体化。区域经济一体化是指不同空间经济主体之间为了生产、消费、贸易等利益的获取而产生的市场一体化的过程，包括从产品市场、生产要素市场到经济政策统一的逐步演化。

一国参与经济全球化的过程，也是参与全球市场剧烈竞争的过程。为能在剧烈的市场竞争中处于更有利的地位，发展了区域经济整合，以区域的竞争力面对国际市场竞争的挑战已成为一种趋势。目前，欧盟、北美自由贸易区、南美共同体、亚太经合组织等区域经济一体化组织，范围越来越大，联系越来越紧密，一体化的内容也越来越丰富。尤其近十年，区域经济组织发展很快，世界贸易组织（WTO）1995 年成立时，除日本及中国香港以外，几乎所有 WTO 成员均是一个或多个区域经济组织的成员。区域经济一体化的形成有利于消除民族、国家间阻碍生产力发展的各种障碍，有利于劳动和资本的节约，有利于生产要素在成员国间的自由流动、优化配置，从而达到提高规模经济效益、扩大市场的目的，促进各成员国及世界经济的增长。

生产要素在国家间、地区间分布的不平衡性，决定了生产要素在国家间、地区间是流动的而不是静止的。生产要素的跨国流动是实现区域经济一体化的客观基础。区域经济一体化的目的是为了促进产品和要素的流动，将那些阻碍经济最有效率运行的人为因素加以消除，通过相互协作与统一，创造最适宜的过程及经济结构，保证产品和生产要素的流动受到的限制降到尽可能低的程度。

事实上，区域经济一体化与经济全球化是相互联系、相互促进的过程。一方面，区域经济一体化是经济全球化过程中最终达到全球经济一体化的必经阶段。另一方面，区域化是应对全球化挑战的表现，也是新经济与传统经济之间深刻矛盾的一种显露。作为应对经济全球化的一种重要手段，区域经济合作的结果会产生两种效果：贸易创造及贸易转移，其结局是区域内国家和地区相互经贸关系得到进一步发展，内部贸易壁垒大大消除，生产要素自由流动，资本的相互渗透加强，成员国之间的相互依存和国际分工进一步深化，从而进一步推动全球的生产和金融一体化。

二、中国区域经济发展回顾

中国是一个人口众多、国土辽阔的大国，自古以来各地区的发展就很不平衡。有些地区早就比较发达，有的地区长期比较落后。20 世纪中，新中国成立后，如何处理各地区的发展差距，一直是国家十分关注的重大战略问题。1956 年，毛泽东同志在他所作的《论十大关系》的讲话中就提出了十分重要的意见。当时实行计划经济，苏联援建的 156 项重点工程，就在全国各地作了合理的配置，成为以后各个经济区形成与发展的基础。此后，我国的经济区划经历了四次大调整。第一次是 20 世纪 50~70 年代。此时期，我国区域经济基本布局框架是"沿海"和"内地"，80 年代又把沿海定位为特区。60 年代初，中央根据当时的国际国内形势，提出了"三线"建设的任务，沿海的部分企业也内迁，促进了内地各省、市经济的大发展，特别是军事工业和重工业的发展，大大改变了原来工业生产力过分集中于沿海的经济布局。内地及其"三线"地区成为我国重点开发的地区，在这些地区建立了门类比较齐全的现代工业体系。但在随后的十多年里，由于把沿海和东北视为前线，投资很少，把有限的资源过多地投放到了内地某些短期难以发挥效益的地区，且重工业过分超前发展，使这些区域的经济特别是有的老工业基地经济有所萎缩，直到"文化大革命"结束和改革开放后才逐渐扭转了这种趋势。第二次大调整是 80 年代初中期。中共中央提出"让一部分人、一部分地区先富起来，先富带动后富，最终实现共同富裕的战略"，在区域发展上，实施沿海开放战略，将发展重点放在东部沿海地区。即是非均衡发展战略，区域经济的布局由"六五"时期的"沿海"和"内陆"及其"少数民族地区"演变为"七五"时期的"东、中、西三大地带"及其"少数边穷地区"，划分依据是地理区位和经济水平并兼顾改革因素，鼓励区位优势和开放条件较好的东部先发展。首先在东南沿海建立了 5 个经济特区，随后又开放 14 个沿海城市，在这些城市实行特殊政策。90 年代初开发浦东新区，并推进沿江沿边开放，大大促进了中国经济的加速发展和"长三角"、"珠三角"经济区的快速形成与发展。第三次大调整是 90 年代初中期，提出了"七大经济区"的方案，即在全国推进形成长江三角洲及沿海地区、环渤海地区、东南沿海地区、西南和中南部分省区、东北地区、中部 5 省地区和西北地区，共七个跨省市区的经济区域。划分的依据是：按照市场经济规律和经济内在联系，以中心城市和交通要道为依托。发展战略是：运用发展规划和政府政策，指导各经济区选择适合本地条件和特点的发展重点和优势产业，促进区域经济协调发展。第四次大调整是在本世纪初。改革开放后，我国对"东、中、西"赋予了新的涵义，提出了一批重点发展区，如西部提出了"三大经济带"，在中部提出了"长江、陇海、京广、京九、京哈等交通干线沿线地区"，在东部地区提出"环渤海、长江三角洲、闽东南、珠三角等经济区域"。

改革开放以来，中国经济蓬勃发展，各地区的经济也都有了显著提高。2006年，中国的国内生产总值达到 20.9407 万亿元人民币，按官方汇率折算为 2.7 万亿美元，居世界第 4 位，可按购买力平价（PPP）折算，总量已居世界第 2 位，人均 GDP 为 1750 美元。进出口总额也居世界第 3 位。在这个过程中，中国的各个经济区都有了较大的发展，其中发展最快的是东部沿海地区。例如，上海是改革开放以来发展最快的地区之一。1978 年上海的 GDP 为 272.81 亿元人民币，1990 年为 756.45 亿元，2001 年为 4950.84 亿元，2004 年为 7450.27 亿元。同时产业结构有了很大提升，高新技术产业和现代服务业占了很大的比重。又如浙江，作为全国率先实行市场化取向改革的地区之一，改革开放 20 年后，经济社会各项事业都取得令人瞩目的成就。2004 年浙江省 GDP 突破一万亿元大关，达到 11243 亿元。又如作为"珠江三角洲"经济区龙头的广东省，20 世纪 80 年代初在全国率先实行改革开放，到 1985 年全省生产总值突破 5000 亿元大关，2001 年是全国第一个 GDP 突破万亿元的省份，2005 年又提升为 21701 亿元。总的看，中国东南沿海经济区经过 20 年的迅速发展，已进入工业化的起飞阶段，市场经济体制已基本形成，人均 GDP 已达 2000～3000 美元，在这个地区已形成三个中国最发达的经济区："长三角"、"珠三角"和环渤海经济圈。几年来已经取得不小的成果。经济体制改革基本完成，产业结构渐趋合理，经济增长速度在加快，利用外资水平有了较明显的提高。

纵观国内各地情况，我国已基本形成各具特点的几个大经济区：长三角经济圈、珠三角经济圈（目前正在发展成为包括港澳的泛珠三角经济区）、环渤海经济圈、海峡两岸经济圈、东北老工业基地经济区、西部经济区、中部经济区。在各大经济区内部还形成若干小经济区或城市群，如辽中南城市群、鲁中南城市群、中原城市群、武汉城市圈、长株潭城市群、成渝城市群；等等。

三、中国区域经济发展的展望

（一）经济全球化与区域经济一体化对中国区域经济的影响

1. 经济全球化与中国区域分工格局的演化。

全球化进程的加快，带来了区域经济与全球经济的密切关联。外部力量成为区域经济发展中十分重要的影响因素。根据国际经验和我国的情况，外国直接投资对投资地的影响主要反映在以下几个方面：（1）广泛性：几乎所有投资地区域经济发展的各个侧面均或多或少地受到全球化的影响。（2）层次性：外资对投资地的影响包括直接和间接两种。间接影响还可根据所通过的中间机构的多少，再分为不同层次。（3）区域性：投资企业位于不同区位。与投资企业关联的国内企业位于不同区位，带来外资影响的区域差异。（4）多面性：外资可对投资地带来积极影响，但其负面影响也不容忽视。（5）差异性：不仅不同来源地的外资影响存在差异，不同规模、不同部门的外资影响也存在差异，而且投资于不同类型区域（如不同发达程度、不同产业结构区域）的外资影响也存在差异。（6）时间性：外资的投资区位以及区域影响程度，随着时间而发生变化。

中国是世界上引进外资最多的国家之一，在跨国公司加大对中国投资和产业转移速度的同时，中国政府和企业也在积极进行产业结构调整，大力发展高新技术产业，培育本国的优势产业，这些无疑会改变中国在国际分工中所处的位置，进而影响到中国现有的区域分工格局。目前，在航天工业、数字电视工业、机器人制造业的一部分和部分生物技术工业（如生物制药）等领域，有可能同发达国家处于水平分工或亚水平分工状态；多数工业虽然生产工业制成品，但由于附加价值低，无法同发达国家进行竞争，处于亚垂直分工的状态。而在中国国内，由于区域经济和科技实力发展不平衡，不同区域接受国外转移产业的能力和科技创新能力各异，使得中国区域间原有的资源—加工型的垂直分工格局逐渐淡化，而以技术—劳动力型的水平分工格局将逐渐占据优势。

2. 区域经济一体化进程中各种生产要素逐步向优势地区集中。

改革开放以来，随着地方政府经济权益的增加，特别是地方财政包干体制的实施，一些地方政府为了增加本地财政收入，保护其幼稚的加工业不受外地产品的冲击，便采用种种行政手段，构筑名目繁多的贸易壁垒。如设立各种关卡，禁止到外地采购，限制外地产品进入本地市场，有的甚至采用财政、信贷、价格、奖罚等经济杠杆保护本地产品，对地区资源、技术、人才和商品的进出实行垄断和封锁。由此诱发了各种资源大战，加剧了地区之间的矛盾和贸易摩擦，形成了所谓的"诸侯经济"。"诸侯经济"的形成和区际摩擦封锁的加剧，严重阻碍了商品经济的发展和统一市场的形成，导致了全国区域经济秩序的混乱。实行分税制以后，地方保护主义虽然在一定程度上有所遏制，但并未得到彻底根治。

加入世贸组织后，为了履行中国政府承诺的义务，中国将进一步加快经济市场化的进程，实行统一、公正、合理的经济与贸易政策，强化中央的宏观管理职能，进一步加快区域经济一体化的进程。这种区域经济的一体化，不仅体现在基础设施、产业结构、城市和空间结构的一体化上，而且体现在生活习惯和居民消费形态的一体化，乃至政府调控和经济政策的相互协调上。可以预见，在今后一段时期内，我国珠江三角洲地区、长江三角洲地区、京津冀地区、福建厦漳泉地区以及湖南长株潭地区的一体化进程都将会进一步加快。

由于中国加入世贸组织后，地区之间的要素流动进一步加快。从人口流动来看，由于中西部农业受进口农产品的冲击较大，一些农产品产量下降，导致部分农民失去工作，大量的农业剩余劳动力需要从农业转移到非农产业，由农村地区转移到城镇地区，特别是沿海大中城市地区。从资金流动来看，随着金融体制改革的不断深化，资本追逐利润的趋势将进一步强化。在沿海地区和大中城市地区，由于投资环境和产业配套条件较好，企业竞争能力较强，其投资回报率一般较高。在资本追逐利润机制的作用下，中西部落后地区的资金向沿海发达地区流动，以及农村地区资金向大中城市流动的趋势将会进一步得到强化。虽然这种资金流动趋势可以加快中国工业化和城镇化的进程，提高区域资源配置的效率，但也会加剧区域二元结构，造成区域经济发展的不平衡。其结果是中国一些加工制造业的生产能力将进一步向那些条件较好地区，特别是向沿海地区和中西部大中城市地区转移、集中。

加入世贸组织后，由于进口产品关税的逐步降低、出口配额的取消以及开放领域的扩大，进入中国国内市场的外国商品和外国投资都将会有所增加。在这种情况下，国内市场的竞争将进一步加剧，并出现"国际竞争国内化、国内竞争国际化"，国际竞争与国内竞争日趋融为一体的趋势。市场竞争的国际化和产业组织的变革，将促使中国产业布局逐步由分散走向集中，各种生产要素开始向优势地区和优势企业集聚。在家电、汽车、机械、计算机、医药等加工行业，这种向优势地区和优势企业集中的趋势将更加明显。

可见，随全球经济一体化进程加快，世界各国间经济依存度加强，与经济全球化相伴生的区域集团化趋势日增，中国区域经济发展的空间及其格局不断变化。在这一波及世界各个角落的全球化与区域化过程和中国实行改革开放政策的过程中，我国的区域经济发展呈现出了前所未有的许多新情况、新特点、新趋势、新问题。

（二）　改革开放对中国区域经济发展的影响

上世纪 80 年代以来，与沿海经济加速发展形成对照的是，中国的西部、中部地区和东北老工业基地地区，由于其区位、资源禀赋弱等因素，在市场经济的条件下，经济发展相对缓慢，进一步扩大了与东南沿海发达地区的差距，直接影响了整个国民经济的协调与可持续发展。如经济发展速度，以西部地区的速度为 1，则与东部地区相比，1999 年为 1∶1.43，2002 扩大为 1∶1.57。人均 GDP，2002 年西部约为 600 美元，东部为 1700 美元，东部为西部的 3 倍。

面对国民经济中的一系列问题。中共中央和中央政府提出了要按科学发展观来发展中国经济，其实质是以人为本、全面协调可持续发展。协调区域经济的发展就是其中的要点之一。据此，中国政府调整了中国区域经济的发展战略和布局，先后提出了"西部大开发"、"振兴东北老工业基地"和"中部崛起"的战略，并采取了一系列措施，即：有效发挥中部地区的综合优势，支持中西部地区加快改革发展，振兴东北地区等老工业基地，鼓励有条件的东部地区率先基本实现现代化，逐步形成东、中、西经济互联互动、优势互补、协调发展的新格局。

经过最近几年的努力，上述经济区发展战略措施已取得初步成果。

1. 西部地区投资大幅度增加。1998～2002 年的国债投资及其带动的投资 4 年共达 7000 亿元，建设五大标志性工程：生态环境建设、西气东输、西电东送、青藏铁路和南水北调工程。这些工程进展顺利，此外，铁路、高速公路、港口建设、水利、农村电网改造等基础设施建设顺利推进。重庆、成都、西安等城市建设进展迅速，产业结构加速调整，西部各省市区的经济发展速度超过全国增长速度。

2. 中部崛起。中部 5 省都是农业大省，在全国农业生产和农业产品供应中占重要地位；矿产资源丰富，是我国原材料、能源和水能的重要生产与输出基地；教育发达、人才众多，加上区位优势，中部 5 省的战略地位十分重要。2000～2002 年，中部 5 省的 GDP 增长率和人均 GDP 均已高于全国平均水平。技术创新和改造传统产业均已取得不少成果。

3. 振兴东北老工业基地也初见成效。新中国经济发展是从创建老工业基地开始的，老工业基地在我国经济社会发展中做出了不可磨灭的巨大贡献，不但为我国经济提供了发展必需的能源、原材料和机械设备，还输送了大批人才、技术和经验。但由于设备老化、产业结构不合理、历史包袱沉重等原因，老工业基地地区的经济发展缓慢，经济效益落后。以胡锦涛为总书记的党中央根据国际国内形势，作出了振兴东北老工业基地的正确决策。

已经形成的几个主要经济区域今后将继续加快发展，形成各具特色互联互动、互相竞争、互相补充的局面，成为中国经济空间结构中的支柱和中国经济的重要组成部分。

4. 长三角经济区。长三角经济区仍是我国经济最发达、外向型最高的区域，两省一市经济都将加速发展，各有特色，并取得良好的经济效益和社会效益。今后将由经济高速增长逐步转向平稳增长。在机遇与挑战并存的情况下，将保持规模，提高质量，强化功能，优化结构，实现生产方式与生态环境的转型，以及在国内外产业一体化发展的共同推动下，实现区域经济更好更快的融合。

5. 珠三角。珠三角经济总量已占全国的 60%，当前，广东与港澳正在整合经济，并联系广西、贵州等省区，组成泛珠江三角洲经济圈，进一步推进南方经济的发展，形成一个东、中、西部互动之外的南、中、北部的互动关系。

6. 环渤海经济圈。随着天津滨海新区的建成和河北曹妃甸的开发，华北经济区将有一个大发展，成为中国的能源、重化工的重要基地和金融、物流中心。

与此同时，东北老工业基地也将迅速振兴，东北仍然是我国能源、原材料及装备制造业的最重要基地，其发展与辐射功能将不断提高。西部、中部的开发与建设将使这两个区域成为我国工农业的重要基地。

（三）中国经济将进一步融入全球化，将与世界的主要经济区（欧洲、美国及南北美、非洲、澳洲）建立更紧密的关系

中国将与日本、韩国等亚洲国家，逐步构建亚洲自由贸易经济区。包括东北亚经济区，强化与东盟的经济联系，加强 10＋1 的体系。加强上海会议成员国的经济联系，加强与俄罗斯、东欧、中亚的经济合作与交流。还将进一步发展构建北部湾经济合作区。

中国区域经济的另一发展趋势是在提高城市化水平的基础上，加强各省内部及跨省市的经济合作，形成一批小而特的经济区和城市群。各地区的资源将更多地集聚到经济效率较高的中心城镇经济全球化、区域经济一体化和知识经济时代的到来，以及我国的国情和发展情况，要求我国区域经济的发展将逐渐由以往齐头并进的方式转变为按各地区不同的区位、资源优势划分功能区，然后协调发展，现在国家发改委正在编制具体规划。

四、中国的区域经济发展中存在的问题与对策研究

(一) 区域分工与合作问题

在开放经济的前提下，经济区域之间的相互关系问题，是区域经济研究的重要内容，尤其在全球化趋势下区际经济关系研究更为重要。

中国经济融入世界经济后，迫于市场竞争日趋加剧的压力，各地区为了抢占市场的制高点，增强地区综合竞争实力，将加大产业结构调整和升级的步伐。从本质上讲，地区产业结构调整也就是培育、发展和壮大优势产业，促进产业技术升级的过程。各地区优势产业的培育和发展，将不仅取决于建立在地区资源禀赋基础上比较优势的大小，而且也取决于以企业竞争力为核心形成竞争优势的强弱。宏观层次的地区比较优势仅仅是地区优势产业发展的必要条件，而微观层次的企业竞争优势则是决定地区优势产业发展的充分条件。因此，地区比较优势和企业竞争优势共同决定了一个地区优势产业的发展，它是市场经济条件下地区分工形成和发展的充分必要条件。

在地区比较优势和企业竞争优势的综合作用下，我国地区间产业分工格局也将随之发生变化。从三大地带看，今后沿海地区将进一步向技术和资金密集型产业方向发展，成为全国重要的高新技术和高级（先进）加工制造业基地，而中西部地区在劳动和资源密集型产业上的优势将进一步强化。从城市规模看，一般性的制造业产品将逐步向大城市郊区和中小城市转移，而高新技术产业、大企业或大公司总部以及研究与开发机构将逐步向大城市尤其是地区首位城市集聚。区域间产业分工格局将由传统的部门间分工逐步向新型的部门内产品分工转变。此外，随着跨地区企业兼并重组的不断推进，大公司、大企业出于成本和市场销售等方面的考虑，将在不同地区建立不同甚至相同的分支工厂，成为多分支机构企业。在未来的发展中，这种跨行业、混合型、连锁经营的多分支机构企业，将成为中国产业发展的主体。

另一方面，WTO规则所带来的冲击将迫使国内各区域携手合作，共同构建作为一个大国的整体国际竞争优势。珠三角、长三角等发达地区在经历了多年以来的残酷竞争之后，面对资源约束下竞争成本的急剧上升而纷纷开始寻求合作。区域经济一体化理论和大市场理论（或共同市场）理论是推动我国区域合作的主要理论支撑。随着全球化竞争的加剧，每个国家和经济体为了增加本国或本经济体的经济实力和国际竞争力，都需要吸引更多的资源，建立更大规模的市场，并且与其他国家或经济体实行优势互补，而这只有在与其他相邻

或利益及意愿相同的国家或经济体进行更紧密的多边或双边合作才能做到。区域经济一体化正成为经济全球化的一种补充，是经济全球化的重要体现。一体化的进程要求区域经济实体进行经济资源整合，加强合作，变恶性竞争为良性竞争，实现一体化经济的共同发展。

促进我国区域分工与合作，加强以下两个方面的工作是至关重要的：

1. 加快技术进步，培育地区竞争优势，使各种区域都能在区域分工合作格局中增加利益。我国各省份在产业结构调整中，都认识到技术创新和高新技术产业对区域经济发展的作用，积极发展高新技术产业，提升产业结构的技术层次，从而带动整体产业结构的升级。各区域在依靠区域比较优势进行生产的同时，还要积极开展区域之间的分工协作，按照平等交换、合理分工、发挥优势的原则，逐步建立地带间、省区间、城市间等多级区际分工体系，使区域经济合成一个统一、协调的经济体系。在此基础上，以整体优势积极参与区域分工和产业国际分工协作。

2. 区域合作机制的创新。无论是欧盟共同体还是 APEC 以及我国的泛珠三角地区，其合作与发展都突出表明：区域合作机制是区域之间能否顺利进行合作的关键。由于区域合作要打破行政区划的限制和地方保护主义的束缚，因此，区域合作的模式和机制非常重要。区域合作要讲求一定的原则、条件，双方或多方是在遵循或坚持一定原则、共同遵守约定的条件下进行互惠互利的合作、竞争与发展。区域之间的合作必须有良好的运行机制作为基础和保证。在区域经济合作中，各地政府必须弱化行政区划概念强化经济圈的概念，必须以创新的意识，营造区域合作的新机制，从而能统筹规划，加强区域资源整合力度和协调发展能力，解决各自为政、低层次重复建设、恶性竞争等问题。区域合作机制就是在区域基础设施网络的规划和协调、区域内产业分工与协作、区域内经济发展的责权利竞争、跨区域管理机构的构建以及区域内经济资源的整合方面形成制度性规定或约束，促进区域协调共同发展。

（二）在加快城市化的基础上要促进都市圈或城市群的发展

伴随着世界范围内新一轮的城市化浪潮，城市正成为新世纪推动国家、地区和世界经济发展的"引擎"和"动力"，新世纪正成为城市的世纪。当前，在全球化、工业化、城市化和信息化成为我国经济社会发展的主旋律下，城市群与都市圈，也业已构成区域经济发展的基本单位。尤其是上个世纪末本世纪初被誉为"世界第六大城市群"的长三角城市群的崛起，使城市群的发展不仅成为区域增长与发展的亮点，而且也成为我国经济发展的"增长极"。

随着中国城市化和经济发展进入新的历史时期,中国的城市化和经济发展正面临着改变现有粗放型的经济发展方式,走集约型城市化道路的内在需要。由于城市群或都市圈可以使我国有限的资源在最大范围内实现配置的优化,城市群或都市圈对其内部及周围的城市发展具有巨大的辐射带动作用和提升一个地区的整体竞争力,等等,因此,城市群或都市圈的发展既是中国城市化战略进程的跃升,也是中国新一轮财富涌流的高端载体,因而是中国区域经济的一个发展趋势,更是统筹城乡发展,工业支持农业,城市反哺农村,实现城乡区域一体化的必然举措。城市群或都市圈特别是其中心城市具有极化和辐射带动作用,对所在区域和国民经济的发展功不可没。区域资源的整合决定着经济圈的发展,要以市场为主导,不断整合区域内外资源。

研究表明,中国的都市圈一般具有跨省发展的空间特征。都市圈或城市群的跨省发展不可避免地影响着区域经济的发展,经济圈的产生也就成为必然。如何处理行政区划与区域经济一体化之间的内在关系,实现空间经济整合是当前中国政界和学术界关注的焦点。借助"行政区经济"理论,显然,各自为政的行政区划及其管理体制,极大地制约着都市圈经济的区域融合与一体化进程,在中国现有的政治管理体制下,单纯依靠传统的行政区划管理或政府管理,难以从根本上解决都市圈内部存在的行政分割问题。根据西方较为流行的"治理"理论,"跨省区域治理"应该是中国都市圈或城市群经济空间整合的新思路。

(三) 加强产业集群发展

国际学术界近些年来十分重视对产业集群的研究,与上世纪上半叶研究大中型企业集聚不同,近年的研究更加关注中小企业的集群分布。人们逐渐认识到,不仅大企业对一国(一区域)的经济发展十分重要,众多中小企业的发展也可使区域充满生机,尤其是相对不发达地区,中小企业集群的作用更显重要。产业集群内的企业通过专业化分工、合作与竞争、共享资源,产业显著的外部规模经济效应,不仅可以提高集群内及其周边企业的创新能力和竞争力,而且还能带动整个区域的经济发展,增强区域的竞争力。波特在《国家竞争优势》中指出,一个国家或区域的竞争力取决于该国家或区域内产业的竞争力,而产业的竞争力来源于彼此相关的产业集群。集群所具有的持续创新能力正是区域发展最根本的内在动力。因此,促进区域内集群的形成、发展和升级将是提高区域竞争力的重要途径。在我国已形成了一些产业集群,如北京中关村的电子信息产业集群,广东东莞的电脑制造业产业集群,浙江诸暨大唐袜业集群，河北清河羊绒业集群，等等。这些集群虽然给当地的经济发展带来了很大的动力，但和其他国家和地区类似的集群相比，还有比较大的差距。因此，我国区域经济的发展应该重点放在如何促进区域产业集群的形成以及如何使现有集群升级。

1. 选择一些具有较强经济和社会基础的区域，努力形成有国际竞争力的产业集群，以促进区域经济的发展。比如以本地区的高新区为基础，培育其特色主导产业，制定产业倾斜政策，引导和鼓励产业集群，以此为导向，有目标地吸引那些具备产业带动优势和有产业关联效应或配套协作功能的项目进入开发区，尤其是国际上流动的资金、知识、技术等生产要素及其携带载体——跨国公司入驻，并与之合作和竞争，增强集群的创新能力和经济实力。

2. 发展特色产业集群，提高区域竞争力。经济全球化，使劳动分工从以产业为单位的产业间分工发展到产业内以价值活动为单位的企业间的分工，企业之间的贸易不只是初级产品和制成品之间，而是零部件、元器件、专业性的加工或服务之间的贸易。在这种情况下，区域的发展应该是在历史和产业文化的基础上形成某一专业化的特色产业，然后通过产业集群，构建价值链，发展增值活动，增强区域竞争力。区域发展的关键在于培养有竞争优势和区域特色的产业集群。我国很多地区都有一些历史悠久的具有特色的传统产业，当地政府应该考虑支持这些产业的集聚。

3. 加强集群发展的环境建设。一是完善服务体系，提供产业集群所需的市场环境。根据国外产业集群的发展经验，建设和完善支持集群发展的各种规范的信息咨询服务和中介服务机构；创业服务中心；教育培训体系等。这一方面可以带动本地区第三产业的发展，另一方面，可以为产业集群的形成与发展提供良好的市场环境，吸引更多企业自发地聚集起来。

二是积极营造集群创新环境，包括集群内创新所需要的网络系统，即建立在群内企业之间以及企业与科研机构间长期合作基础上的稳定关系，还包括集群内的制度环境创新，诸如企业的产权制度、区域的科教体制等方面的制度调节，从而降低群内新企业诞生和成长的成本和障碍。

（四）发展区域创新网络将促进区域经济的发展

区域创新网络又称区域创新环境是指地方行为主体（企业、大学、科研院所、地方政府等组织及其个人）之间在长期正式或非正式的合作与交流关系的基础上所形成的相对稳定的系统。这种网络系统，从狭义上说，是指企业选择性地与其他企业或机构所结成的持久的稳定关系，例如战略联盟、合资企业，以及和供应商、客商的垂直联系等。广义的区域创新网络还包括地方行为主体在长期交易中所发生的非正式交流和接触，这些关系也是相对稳定的。在这一稳定的系统中，企业之间联系与协作的网络成为主体。通过这种网络系统的构筑，区域内企业获得重要的协同作用和技术产品的交叉繁殖，从而增强竞争力，推动企业和国家经济与社会的发展。

在当前经济全球化进程加速，新技术革命浪潮不断涌现的形势下，区域如何把握未来世界发展的脉搏，如何在日益激烈的国际竞争中，利用其区域创新网络增强创新功能和提高创新速率等问题，将直接影响区域的今后发展及区域发展动态竞争优势的获得和连续保持，直接关系到区域的发展是继续辉煌还是走向衰落。

我国许多地区的区域创新网络发展很不完善，其作用尚未充分发挥。因此，必须加强对区域创新网络的培育、完善。

1. 提高区域创新网络意识。

我国许多地区自身技术力量并不雄厚的企业，由于缺少长远的发展战略，满足于现有的技术产品，而与大学、科研机构主动地、有意识地交流和联系不足，没有充分利用本地的科技资源形成有发展潜力的新产品、新产业。另外，许多企业在产业链条的组合上，在企业规模扩张的方式上，仍然采取"单枪匹马"的传统方式，专业协作严重不足。上述这些行为大大限制了企业自主创新能力的增强、发展和区域创新网络的完善，所以只有站在长期发展的战略高度，着眼于扎根本地、加强网络联系，才能获得持续、长足的发展。

2. 发挥政府职能，培植良好的区域创新环境。

我国正在建设中国特色社会主义强国，为此必须转变政府职能，发挥政府的作用。这可以从以下几方面入手：一是政府投资建设优良的区域交通运输系统、网络通讯系统，增加对培养人才、生产创新技术的院校和科研机构的投入，以培植良好的物质基础。二是制定有关的政策措施给创新型企业提供优惠的条件，奖励重大的技术创新，鼓励产学研之间的交流与合作，增加政府、研发机构以及企业之间的相互联系，培植具有创新精神的企业文化。三是进一步打破条块分割，将各种不同形式、不同体制的资源都纳入到创新网络中，通过网络组织的运行，实现对技术创新资源的优化配置。总之，政府在区域创新中具有重要的作用，政府应采取措施加强区域创新网络的建设，为区域创新创造良好的环境。

3. 促进区内行为主体间的对话与合作，培植企业的地方积极性。

　　创新从来不是孤立的，无论是大企业还是小公司，在创新过程中都倾向于合作。而且对于企业的创新活动来说，地区内的联系比地区间的联系有更重要的作用。我国许多地区内企业尤其是高新技术企业往往将注意力集中到区外，非常注重与外界，特别是国外的联系，而很少考虑区域内部的合作和共同发展。同行企业间缺乏信任，合作困难，交易费用高；相关行业间缺乏交流，各个产业领域难以融合。这些情形非常不利于区域发展和创新的产生。因此，需要特别注重促进区域内行业主体间的对话与合作，培植它们的本地根植性。

原载《前沿科学》，2007 年第 4 期

评强加给马克思劳动价值论的一些不实之词

杨圣明

改革开放以来，围绕着如何深化和发展马克思劳动价值理论这个题目所进行的热烈讨论中，一方面取得了显著的进步，达成了一些共识；另一方面也有强加给马克思劳动价值论的一些不实之词。本文试图对这些不实之词略加分析，不妥之处，欢迎批评指正。

一、马克思的劳动价值论是毫无意义的"理论假说"吗？

李琪写道："作为理论假设的价值一说并没有增强人们理解经济生活的任何洞察力，当人们透过价值瞭望社会现实的时候，人们并没有获得任何新颖的发现。因此，人们或许应当毫不犹豫地走向一种没有价值的价格理论。人们迟早有一天会意识到，如果想要坚持有关不同经济制度的各种看法，放弃价值一说，不会对人们的这种坚定的愿望产生任何实质性的影响，人们的那些看法同价值一说实际上不存在任何不可分割的逻辑联系。放弃价值一说，只会使人们的那些看法少些冗杂的拖累而变得更加简洁和明晰"。"人们对价值理论的依依不舍之情，反映了人们对一套语言的眷恋。人们或许应当开始锻炼自己逐渐地熟悉一套新的语言，价值一词在这套新的语言里甚至没有留下一丝淡淡的拖痕，这套新的语言或许能够引导人们更加接近那个神秘的世界"①。

这里仅仅从李琪的结论性的两段话，就可见他对马克思劳动价值论的态度了。其实，该文通篇对马克思的劳动价值学说极尽歪曲、挖苦和嘲弄之能事，实在罕见。也许这位人士慑于马克思劳动价值学说的科学威力而心虚，不敢面对马克思，不敢在他斥责的"价值学说"之前冠以马克思的名字。其实，文中引注的作为他批判对象的东西都出自马克思的著作。

李琪文章强加给马克思劳动价值理论的不实之词主要是：把劳动价值理论

---

① 李琪：《价值理论和没有价值的价格理论》，载《价格理论与实践》1989 年第 3 期。（以下引文均出自此文）

说成一种假说。李文写道："由社会必要劳动时间第一层含义所界说的价值，的确不是一种让人们直接感受到的事物，人们日常接触到的总是那些形形色色的价格，因此，价值一说更像是一项理论的假说"。又写道："由第二种含义的社会必要劳动时间所决定的价值，实际上已经完全丧失了同劳动的任何实质性的联系"。

这样，李文就从双重含义上将马克思的劳动价值学说歪曲为"假说"。

马克思劳动价值理论绝对不是一种"假设"，而是对商品经济（市场经济）中的客观经济生活的一种认识和反映，是科学的理论抽象。抽象与假设根本不同。马克思指出，"分析经济形式，既不能用显微镜，也不能用化学试剂。二者都必须用抽象力来代替"①。马克思采用科学的抽象法，不仅从现象中抽象出价值这个范畴，而且从具体劳动中抽象出抽象劳动范畴，从利润、利息、地租中抽象出剩余价值范畴等等。一切科学的抽象范畴，其中包括价值范畴，都更深刻地反映客观世界。列宁曾指出，"物质的抽象，自然规律的抽象，价值的抽象及其他等等，一句话，那一切科学的抽象，都更深刻、更正确、更完全地反映着自然"②。抽象思维是人类区别于其他动物的根本标志之一，也是一切科学的共同特征之一。抽象的范畴既是科学知识的结晶，又是科学前进的阶梯。"抽象劳动"这个范畴是马克思劳动价值学说的精髓。它不仅是理解马克思劳动价值论，更是理解剩余价值论以至整个马克思经济学的枢纽。不懂得劳动二重性，就根本不能理解马克思的价值概念。价值并不是马克思创立的。但是将价值归结为人类抽象劳动则是马克思的功绩。一切反对马克思劳动价值理论者，对于抽象劳动都是一窍不通的。这一点，中外概莫例外，李的文章当然在其中。

马克思劳动价值理论是从商品经济（市场经济）中抽象出来又到商品经济（市场经济）去的一种科学理论。它具有强大无比的洞察力，是人们理解、认识和改造商品经济的锐利武器。借助于价值范畴，可以透析商品经济中人与人之间的经济关系及其本质；可以揭示商品拜物教、货币拜物教、资本拜物教；可以通晓国民经济中价值运动的过程和特点，为宏观经济决策提供理论支撑。马克思正是借助于他的价值理论，才创立了剩余价值学说，揭露了资本主义剥削的秘密，并从根上指明了新社会创造新生活的途径。只有毫不动摇地坚

① 《马克思恩格斯全集》第23卷，人民出版社1975年版，第8页。
② 《列宁全集》第38卷，第181页。

持马克思的劳动价值学说和剩余价值学说，才能正确认识不同社会经济制度的优劣，坚定我们为实现有中国特色的社会主义而奋斗的决心和信心。可见，李琪要我们"放弃价值一说"，其用心何等良苦！

李琪从根本上否定马克思劳动价值论之后，又要人们"毫不犹豫地走向一种没有价值的价格理论"，并且说："放弃价值一说，只会使人们的那些看法少些冗杂的拖累而变得更加简洁和明晰"。这是多么善心！然而，慈善面孔掩饰的叵测之心却油然纸上。须知，马克思劳动价值论的价值专指生产劳动创造的商品的价值。这种价值与价格的关系是本质与现象、内容与形式的关系，二者是辩证的对立统一。既不存在没有价值的价格，也不存在没有价格的价值。对于非劳动创造的一些东西没有价值也有虚幻价格这种情况，马克思早就指出，不能用劳动价值论去说明。他写道："有些东西本身不是商品，例如良心、名誉等等，但是也可以被它们的所有者出卖以换取金钱，并通过它们的价格，取得商品形式。因此，没有价值的东西在形式上可以具有价格。在这里，价格表现是虚幻的，就像数学中的某些数量一样；另一方面，虚幻的价格形式——如未开垦的土地的价格，这种土地没有价值，因为没有人类劳动物化在里面——又能掩盖实在的价格关系或由此派生的关系。"①

在价格与价值的关系这个问题上，西方主流经济学在不同历史时期的观点是有变化的。早期，从威廉·配第经亚当·斯密到大卫·李嘉图，创立并坚持劳动价值论，将价值与价格明确区分开，并认为价格是由价值决定的，而价值则是由劳动创造的；中期，从萨伊的生产要素价值论，经门格尔、庞巴维克的效用价值论，到马歇尔的供求价值论，虽然它们背弃了劳动价值论，但还是区分价值与价格；后期，从凯恩斯至今的现代经济学，一般不再区分价格与价值，而将二者混同使用，或者只承认价格，而否定价值的存在。在后一种意义上，说李琪的观点是抄自西方的也是合适的。

二、劳动价值论是"原始的实物交换说"吗？

晏智杰教授在其《劳动价值学说新探》一书中，首先，将马克思劳动价值理论扣上"原始的实物交换"的大帽子。他写道："马克思价值分析暗示的前提条件之一是实物交换，而且是人类历史上最初的原始的实物交换"（第24页）。他又断言，马克思劳动价值论的原意是："创造商品价值的劳动只是指

---

① 《马克思恩格斯全集》第23卷，人民出版社1975年版，第120~121页。

从原始实物交换分析条件下所抽象出来的交换当事者双方所花费的抽象劳动（体力和脑力消耗）。在马克思分析商品价值的这种条件中还没有货币，更没有资本，那纯粹是一种原始的实物交换；在马克思所说的这种商品价值源泉中没有土地，也没有资本等其他生产要素；在马克思所说的作为价值源泉的这种劳动中也完全没有什么科技含量和经营管理的成本"（再序第 5~6 页）。这样，晏教授就把马克思劳动价值学说"原始化"了、"实物化"了①。其次，晏智杰教授认为，马克思的劳动价值理论"同现实社会生活之间的脱节和抵触已是不争的事实"，"特别是同我们正在进行的以社会主义市场经济为目标的改革实践格格不入"（第 1 页）。"许久以来劳动价值论在我国经济理论界一直是一个不可接触的理论禁区，长期无人敢于问津的结果愈发使这种理论僵化，愈发同我们的改革实践相左"（第 5 页）。"在西方经济学的发展中，对劳动价值论的质疑几乎同这种理论的出现和破产相始终"。"对马克思劳动价值论的质疑也随着它的出现就出现了，在过去的一个半世纪中时起时伏，从未中止过"（第 1 页）。今天，以晏智杰教授为代表的一些人也加入了这个队伍。

最后，怎么办？晏教授写道："我们的目标应当是依据市场经济的实践，矫正传统劳动价值论的偏差，并以能够反映当代经济发展现实，体现时代精神的基本理论取而代之"（自序第 2 页）。请问，以什么基本理论取代马克思劳动价值论？晏教授告诉说："生产要素价值论是对现代社会生产发展规律的科学概括，是人类的共同思想财富，接受这种理论并没有什么不好"。"从西方经济思想发展的过程来看，他们从劳动价值论走向生产要素价值论，以及从价值论走向价格论，是一个意义极其重大的转折"。"需要扩大和深化认识的不是劳动价值论，而是生产要素财富论或生产要素价值论"（再序第 10 页）。"我以为出路在于从传统的劳动价值论转向生产要素价值论或财富论"（再序第 8 页）。

完成了对马克思劳动价值论的曲解、否定和取代三部曲之后，晏教授唯恐别人不同意、不支持他的观点和主张，于是强调指出："关键在于从什么立场出发，秉持怎样的判断标准"（再序第 6 页）。的确如此，换个立场，改个标准，对待马克思劳动价值论的态度就同晏智杰教授的态度大相径庭，甚至背道而驰！

在本文题目的范围内，我们同晏教授的分歧主要在于，马克思的劳动价值论是不是最原始的没有货币的实物交换的价值论。让我们稍加分析一下：

马克思的价值分析中"没有货币"。这是晏教授强加的。如果真没有货

---

① 晏智杰著：《劳动价值学说新探》，北京大学出版社 2001 年版。（本文所引用的均出自该书）

币，那自然就是所谓的"原始的实物交换"，完全符合晏教授的企望。可是，马克思在对价值进行分析时十分重视货币。在《资本论》第 1 卷第 1 章第 3 节"价值形式或交换价值"中，马克思写道："谁都知道——即使他别的什么都不知道——商品具有同它们使用价值的五光十色的自然形式成鲜明对照的，共同的价值形式，即货币形式。但是在这里，我们要做资产阶级经济学从来没有打算做的事情：指明这种货币形式的起源，就是说，探讨商品价值关系中包含的价值表现，怎样从最简单的最不显眼的样子一直发展到炫目的货币形式。这样，货币的谜就会随着消失"①。在这一节中马克思不仅深刻分析了商品价值形式发展的历史进程及其各个阶段的特征，还从这种发展中揭示了价值的最高形式——货币形式的产生、本质和特征。《资本论》第 1 卷第 2 章虽然冠名"交换过程"，但其基本内容则是分析"商品怎样、为什么、通过什么成为货币"；使人们了解和懂得"货币拜物教的谜就是商品拜物教的谜，只不过变得明显了，耀眼了"②。第 3 章以货币为标题，逐一分析货币的各种职能。第 4 章更深入地研究"货币转化为资本"。言而总之，马克思以四章 200 页 15 万字的篇幅全面系统地研究了货币，创立了崭新的货币理论，并与价值理论形成有机体，而晏教授却说"马克思的价值分析中没有货币"，这难道符合事实吗？

作为价值源泉的劳动中"完全没有什么科技含量和经营管理的成本"。这又是强加给马克思劳动价值论的不实之词。马克思深刻揭示了科学技术和经营管理在价值形成的重大作用。他写道："劳动生产力越高，生产一种物品所需要的劳动时间就越少，凝结在该物品中的劳动量就越小，该物品的价值就越小。相反地，劳动生产力越低，生产一种物品的必要劳动时间就越多，该物品的价值就越大。可见，商品的价值量与体现在商品中的劳动量成正比，与这一劳动的生产力成反比"。"劳动生产力是由多种情况决定的，其中包括：工人的平均熟练程度，科学的发展水平和它在工艺上应用的程度，生产过程的社会结合，生产资料的规模和效能以及自然条件"③。劳动生产力与单位劳动时间创造的价值量成正比、与单位商品的价值量成反比，而劳动生产力又取决于科学的发展水平及其在工艺上的应用程度，生产过程的社会结合（即管理体制和运行机制）等众多因素。科学劳动是复杂劳动，是倍加的简单劳动，因而既能创造出倍加的价值，又生产出多倍的使用价值，这种二重作用越来越明显，也

① 《马克思恩格斯全集》第 23 卷，人民出版社 1975 年版，第 61 页。
② 《马克思恩格斯全集》第 23 卷，人民出版社 1975 年版，第 110 ~ 111 页。
③ 马克思：《资本论》第 1 卷，人民出版社 1975 年版，第 53 ~ 54 页。

越来越证明马克思劳动价值论的正确。

晏教授还指责马克思关于价值源泉的分析中"没有土地，也没有资本"。这是混淆价值与使用价值、价值与财富、价值源泉与财富源泉的必然结果。在马克思看来，价值的源泉是一元的，劳动是价值的唯一源泉；而财富或使用价值的源泉则是多元的，除劳动外，还有土地、资本以及其他自然要素。马克思写道："作为价值，一切商品都只是一定量的凝固的劳动时间"；"作为交换价值，商品只能有量的差别，因而不包含任何一个使用价值的原子"①。因此，企图在交换价值或价值中找出土地、资本，不过是缘木求鱼而已。与此相反，土地、资本、劳动等众多要素则是财富的源泉。马克思指出："劳动并不是它所生产的使用价值即物质财富的唯一源泉。正像威廉·配第所说，劳动是财富之父，土地是财富之母。"② 马克思在《哥达纲领批判》一文中，批判拉萨尔混淆价值源泉与财富源泉时也指出："劳动不是一切财富的源泉，自然界和劳动一样也是使用价值（而物质财富本来就是由使用价值构成的！）的源泉。"③

三、马克思的劳动价值论是"斯密教条"吗？

亚当·斯密的价值理论有科学部分，也有庸俗部分。后者即是"斯密教条"。它否定劳动是价值的源泉，把收入（工资、利润、地租）说成是价值的源泉，价值的决定者；或者把价值分解成工资、利润和地租三个部分，抛弃掉生产中消耗不变资本部分，把价值构成由 C + V + M 变成 V + M④。这个教条为"庸俗经济学的在原则上只忠于假象的浅薄理论提供了牢固的活动基础"⑤。从19 世纪初至今的二百年间，这个"教条"一直是许多西方经济学家构筑自己理论体系的基础，或者说这个教条埋下了至今二百年的祸根。众所周知的萨伊的生产要素价值论（劳动生出工资、资本生出利润、土地生出地租），不过就是"斯密教条"的翻版。当然它也进一步庸俗化了斯密的价值理论，舍弃了其合理成分。近几年，我国有些人把"斯密教条"以及生产要素价值论奉若神明。如上文所述，晏智杰教授明确提出要用生产要素价值论取代马克思劳动价值论。还有的人把生产要素价值论或"斯密教条"说成马克思劳动价值论的新发展、新应用。例如，谷书堂、柳欣教授认为，"在资本积累和土地私有

① 马克思：《资本论》第1卷，人民出版社1975年版，第53页、第50页。
② 马克思：《资本论》第1卷，人民出版社1975年版，第57页。
③ 《马克思恩格斯选集》第3卷，人民出版社1972年版，第5页。
④ "斯密教条"有三种表示方式。我们在这里仅采用一种。详见《马克思恩格斯全集》第25卷，第953页。
⑤ 《马克思恩格斯全集》第23卷，人民出版社1972年版，第589页。

权产生之前，商品的价值是由耗费在商品生产上的劳动时间决定的，而一旦出现了资本积累和土地私有权，商品的价值就不再由劳动时间单独决定了，而是由'支配的劳动'或由工资、利润和地租共同构成的了"①。这分明是"斯密教条"及其变种生产要素价值论，哪里是新的劳动价值论一元论！哪里是对马克思劳动价值论的新发展！为了澄清问题，我们应当先看一看马克思是如何批判"斯密教条"的！

马克思在《资本论》第一卷第七篇中写道：

"亚·斯密对再生产过程从而对积累的说明，在很多方面不仅没有比他的前辈特别是重农学派有所进步，甚至有决定性的退步。同本文中所提到的他的错误有关的是他遗留给政治经济学的极其荒谬的教条：商品的价格由工资、利润（利息）和地租构成，也就是仅仅由工资和剩余价值构成。……关于这一点，我将在本书第二卷第三篇和第三卷第七篇更详细地谈到"②。

马克思在《资本论》第二卷第三篇中写道：

"亚·斯密的教条是：每一个单个商品——从而合起来构成社会年产品的一切商品（他到处都正确地以资本主义生产为前提）——的价格或交换价值，都是由三个组成部分构成，或者说分解为：工资、利润和地租。这个教条可以还原为：商品价值 = V + M，即等于预付可变资本的价值加上剩余价值"③。

"把收入看成是商品价值的源泉，不把商品价值看成收入的源泉，这是一种颠倒。由于这种颠倒，商品价值好像是由不同种类的收入'构成'的。这各种收入在斯密看来是互不影响地决定的，而商品的总价值是由这些收入的价值量加在一起决定的。但是现在要问，被认为是商品价值源泉的各种收入，它们各自的价值又是怎样决定的呢？……在这方面，亚当·斯密只是说了一些空话"④。"工资、利润、地租这三种收入形成商品价值的'组成部分'这个荒谬的公式，在亚当·斯密那里，是来源于下面这个似乎较为可信的公式：商品价值分解为这三个组成部分。但是后一种说法，即使假设商品价值只能分成所消费的劳动力的等价物和劳动力所创造的剩余价值，也是错误的"⑤。

马克思在《资本论》第三卷第七篇中指出，萨伊的生产要素价值论是"斯密教条"的"必然的和最后的表现"。他写道："如果像萨伊先生那样，认

---

① 谷书堂、柳欣：《新劳动价值论一元论》，载《中国社会科学》2003年第6期。
② 《马克思恩格斯全集》第23卷，人民出版社1972年版，第648页。
③ 《马克思恩格斯全集》第24卷，人民出版社1972年版，第410页。
④⑤ 《马克思恩格斯全集》第24卷，人民出版社1972年版，第425页。

为全部收益、全部总产品，对一个国家来说都可以分解为纯收益，或者同纯收益没有区别，因而这种区别从整个国民的观点看就不存在了，那么，这种幻想不过是亚当·斯密以来贯穿整个政治经济学的荒谬的教条，即认为商品价值最终会全部分解为收入即工资、利润和地租这样一种教条的必然的和最后的表现"①。

最后，马克思强调指出："总之，应当注意亚当·斯密书中的奇怪的思路：起先他研究商品的价值，在一些地方正确地规定价值，而且正确到这样的程度，大体上说，他找到了剩余价值及其特殊形式的源泉——他从商品价值推出工资和利润。但是后来，他走上了相反的道路，又想倒过来从工资、利润和地租的自然价格的相加数推出商品价值。"② "结果是：斯密的混乱思想一直延续到今天，他的教条成了政治经济学的正统信条"③。

二百年后的今天，"斯密教条"仍然是某些人的正统信条。劳动创造工资、资本创造利润、土地创造地租，而工资＋利润＋地租＝价值，这样的公式难道不耳熟目详吗？历史又在捉弄人了！

看来，坚持、发展和捍卫马克思的劳动价值论，还要继续同"斯密教条"及其诸多变种进行长期不懈的斗争！

原载《马克思主义研究》，2007年第3期

---

① 《马克思恩格斯全集》第25卷，人民出版社1972年版，第951页。
② 《马克思恩格斯全集》第26卷，第1册，人民出版社1972年版，第78页。
③ 《马克思恩格斯全集》第24卷，人民出版社1972年版，第434页。

清洁发展机制在国际温室气体
排放权市场的前景分析

杨圣明 韩冬筠

自 2005 年 2 月 16 日《京都议定书》正式生效以来，经历了短暂的产生与发展过程的国际温室气体排放权市场[①]进入了高速发展的时期，而作为发展中国家参与这个新兴国际市场唯一途径的清洁发展机制（CDM）在这个市场中更是占有举足轻重的地位。根据世界银行和国际排放贸易协会（IETA）联合发布的一份报告[②]，2005 年基于 CDM 项目减排的温室气体排放权交易量达到了 3.46 亿吨 CO_2 当量，交易涉及金额约 25 亿美元，在全球的温室气体排放权市场中占据着半壁江山。随着《京都议定书》第一承诺期的临近，CDM 在这个市场中的作用越来越明显，这已成为不容置疑的事实。但是在第一承诺期之后（也称"后京都时代"），CDM 市场的前景将会是怎样的，这个问题引起发展中国家，尤其是在这个市场中被普遍认为具有巨大潜力的中国的关注。本文拟对这一问题进行初步分析。

一、《京都议定书》与国际温室气体排放权市场

继 1992 年《联合国气候变化框架公约》（简称《公约》）签署并生效，1997 年 12 月在日本京都召开的《公约》第三次缔约方大会达成了全球第一个具有法律约束力的国际环保协定——《京都议定书》。《京都议定书》为《公约》附件一所列的需率先承担限制和减少温室气体排放义务的国家缔约方

---

① 目前，国际温室气体排放权交易市场包括买方购买项目产生的可计量的温室气体减排量的交易和在总量管制和贸易制度下分配得到的排放许可权的交易，本文所讨论的 CDM 市场交易属于基于项目的温室气体减排量交易的范畴。

② World Bank, IETA, State and Trends of the Carbon Market 2006, http://www.ieta.org/ieta/www/pages/getfile.php?docID=1667.

（包括发达国家和前苏联、东欧等经济转轨国家）设置了六种温室气体①的总减排目标和时间表，要求这些国家在 2008～2012 年的第一承诺期内将温室气体的排放水平比 1990 年水平平均削减 5.2%②。同时，为了协助附件一国家履行其规定的定量化限控和减排义务，《京都议定书》建立了三种灵活减排机制，即联合履约（Joint Implementation，简称 JI，第 6 条）、清洁发展机制（Clean Development Mechanism，简称 CDM，第 12 条）和国际排放贸易（International Emissions Trading，简称 IET，第 17 条）。

在三个灵活机制中，国际排放贸易是基于许可权的交易，它通过附件一缔约方之间的协商确定一个总的排放量，并根据这些国家的减排承诺分配给每个国家作为其排放上限的"分配数量单位"（AAU），这些国家可以根据本国实际的温室气体排放量，对超出其分配数量的部分或短缺部分通过国际市场出售或购买 AAU。而联合履约和清洁发展机制是基于温室气体减排项目合作的机制，它们通过一套严密的方法学论证并计算这些项目所产生的减排量③，项目的东道国可以将减排量转让给那些需要额外的排放权才能兑现其减排义务的国家/企业，因此这两种基于项目的机制相当于为所实施的项目创造了一种新产品——与该减排量相对应数量的温室气体排放权，而减排项目的东道国通过出售项目产生的减排量可获得一笔额外的收益。附件一国家与另一个附件一国家合作的机制是联合履约，项目产生的减排量称为"减排单位"（ERUs），而附件一国家与一个非附件一国家（主要是发展中国家）合作的机制是清洁发展机制，项目产生的减排量称为"经核证的减排量"（CERs）。

京都三机制的建立有助于在保证环境完整性④的同时，实现全球减排成本的效益最优。这是因为：一方面，温室效应具有全球性，即在地球任何地方排放（或减排）同样数量的一种温室气体所造成的（或缓解的）全球温室效应的贡献程度是一样的；另一方面，各国的国情不同导致各国的减排成本不一样，甚至差别很大，因此建立以京都三机制为框架的国际温室气体排放权市场

---

① 包括以下六种：三氟甲烷（HFC-23）、全氟化碳（PFCs）、六氟化硫（SF_6）、氧化亚氮（N_2O）、甲烷（CH_4）和二氧化碳（CO_2）。

② 其中欧盟削减 8%、美国削减 7%、日本削减 6%、加拿大削减 6%、东欧各国削减 5%～8%。新西兰、俄罗斯和乌克兰可将排放量稳定在 1990 年水平上。议定书同时允许爱尔兰、澳大利亚和挪威的排放量比 1990 年分别增加 10%、8% 和 1%。

③ 方法学的论证涉及确定某个项目所采用的基准线，这个基准线用于估计如果不实施这个项目，那么这个项目所在地在未来可能会排放多少温室气体，实施项目之后的实际排放量与这个基准线的差额便是这个项目的减排量。

④ 《京都议定书》中的环境完整性是指减排是真实的，减排活动不能导致增排。

能够充分利用市场在配置资源的效率方面的优势，实现以更加成本有效的方式减少全球温室气体的排放，缓解气候变化给人类带来灾难的威胁。

《京都议定书》签署以来，《公约》附件一国家政府加强了对国内温室气体排放水平的控制，但是从目前的情况看，尽管这些国内措施取得了一定的效果，这些国家仅仅依靠国内减排来实现其在《京都议定书》中承诺的水平是非常困难的，一份对 2003 年《公约》附件一国家的排放水平进行的统计资料①表明，除了俄罗斯、东欧等经济转轨国家②由于经济衰退导致实际排放量远远低于其在《京都议定书》中的承诺水平以及发达国家中的德国和英国由于在国内采取了适当的政策而取得了较好的减排效果之外，大多数附件一国家的国内减排并不理想，作为附件一缔约方排放量最大的区域组织欧盟 15 国在 2003 年的排放量仅比 1990 年的水平下降了 1.4%，与其承诺的比 1990 年水平相比下降 8% 的目标相差很远，日本在 2003 年的排放水平不但没有降低，反而比 1990 年的水平上升了 12.8%。在这种背景下，到国际市场上购买可用来抵消其承诺的减排义务的排放权许可或减排额度成为这些国家实现其减排目标的必要方式。2005 年《京都议定书》的正式生效使附件一国家所做的减排承诺的法定效力得以确定，同年 1 月 1 日欧盟启动了帮助其成员国实现京都承诺的欧盟排放交易体系，国际温室气体排放权市场迅速发展起来了。

二、清洁发展机制与国际温室气体排放权市场

在全球温室气体减排的国际合作中，发展中国家是一支重要的力量，这些国家大多正处于工业化初期阶段，能源利用水平相对落后，各种低碳能源的生产技术水平也不高，因此具有巨大的廉价减排潜力。通过清洁发展机制，发展中国家可以获得发达国家提供的资金和先进技术，开发由于存在技术或资金障碍而仅凭借自身的能力难以实施的项目，同时这种开发活动有利于促进发展中国家社会经济和环境的可持续发展。对发达国家来说，由于国内的能源利用效率已达到较高水平，而且经济结构已进入高新技术产业主导的时期，减排潜力有限，若要进一步减排温室气体，势必要开发更先进的能源利用技术，由此导致减排成本很高，通过与发展中国家开展减排项目合作，发达国家既可以以低

---

① Greenhouse Gas Emissions Data for 1990 – 2003 submitted to the United Nations Framework Convention on Climate Change, http://unfccc.int/resource/docs/publications/key_ ghg.pdf.

② 包括爱沙尼亚、保加利亚、克罗地亚、捷克共和国、匈牙利、拉脱维亚、立陶宛、波兰、罗马尼亚、俄罗斯、斯洛伐克、斯洛文尼亚和乌克兰。

于本国减排成本的价格获得可用来抵消其减排承诺的排放额度，又有利于带动本国与项目实施相关的技术和设备的出口。所以，这种国际合作减排机制从经济理论上说是一种"双赢"的机制。

《京都议定书》签署以来，尤其是 2001 年在摩洛哥马拉喀什举行的《公约》第七次缔约方大会就 CDM 体制、运行规则和监测核实公证程序达成了高级别的政治协议之后，清洁发展机制的实施进入实质性的操作阶段。2005 年 2 月 16 日《京都议定书》的正式生效使附件一国家做出的温室气体减排和限排承诺具有法定约束力，以履约为主要目的的国际温室气体排放权交易开始活跃起来，而在这个市场中一直在发挥重要作用的清洁发展机制更是获得了飞速的发展。根据《公约》官方网站公布的数据[①]，截至 2006 年 12 月 24 日，共有 1300 多个 CDM 完成或正在进行审定，估计这些项目到 2012 年一共可产生减排量 15 多亿吨 CO_2 当量，其中 459 个 CDM 项目已成功注册，可产生的年减排量达到 107078523 吨 CO_2 当量，正在申请注册的 CDM 项目有 39 个，可实现年减排量 4159206 吨 CO_2 当量。而自从 2005 年 10 月第一批 CDM 项目获得 CDM 执行委员会颁发的 CERs 之后，到目前已颁发 24629841 份 CERs，这使得 CDM 项目产生的减排量作为附件一国家履约资产的确定性不再受到怀疑。CDM 市场正在以迅猛的发展态势在国际温室气体排放权市场发挥更加重要的作用。

CDM 市场呈现出这样火热的局面与清洁发展机制在制度设计以及自身特点等方面的优势密切相关。首先，CDM 项目的东道国是在第一承诺期内不需要承担温室气体减排和限排义务的发展中国家，在这些国家实施减排项目产生的减排量可以全部提供到国际温室气体排放权市场，因此减排量的供给潜力巨大。其次，《京都议定书》第 12.10 条规定"在自 2000 年起至第一个承诺期开始这段时期内所获得的经证明的减少排放，可用以协助在第一个承诺期内的遵约"[②]，也就是说虽然第一承诺期从 2008 年开始，但是 CDM 项目产生的减排量从 2000 年开始就可以计算，并且这部分减排量可以存储到承诺期内来抵消附件一国家的减排义务，这也是 CDM 市场在第一承诺期之前就已经急剧升温的重要原因。

三、清洁发展机制市场在"后京都时代"的前景

国际温室气体排放权市场作为一个新兴的市场，可以说是《京都议定书》

---

① 　http://cdm. unfccc. int/Statistics.

② 　《联合国气候变化框架公约》京都议定书，http://unfccc. int/resource/docs/convkp/kpchinese. pdf。

为附件一国家设定的法定减排义务以及建立的三个灵活机制的产物，通过境外减排能够以更低的成本实现减排目标是这些国家的政府和企业参加市场交易的动力。换句话说，这个市场的产生和发展与附件一国家是否承担减少温室气体排放的义务以及在多大程度上进行减排努力是密不可分的。由于各国在第一承诺期内的减排义务已经以法定形式确定下来，人们对这个新兴市场的发展有了一定的预期，但是这个市场未来的发展在很大程度上将取决于附件一国家是否继续做出减排努力，也就是国际社会所关心的《京都议定书》第二承诺期的谈判问题。CDM 市场作为这个市场的重要组成部分，其前景也与第二承诺期的生效以及附件一国家将以怎样的力度承诺减排密切相关。

目前，国际社会关于第二承诺期的工作正在有条不紊地进行着，2005 年年底在加拿大蒙特利尔召开的《公约》第 11 次缔约方大会暨《京都议定书》第一次缔约方大会上启动了《京都议定书》第二承诺期的谈判；2006 年 11 月在肯尼亚首都内罗毕举行的《京都议定书》第二次缔约方大会上"后京都"问题，即 2012 年之后如何进一步降低温室气体的排放，成为会议的主要议题。尽管在这次会议上没有达成实质性的协议，而且排放量占全世界 1/4 的美国仍拒绝批准《京都议定书》，但是国际社会对有关继续减排温室气体排放的谈判能够顺利进入第二承诺期的看法还是比较乐观的，原因包括以下几点：首先，随着关于人为温室气体排放对气候变化产生影响的科学证据的增加，各国对采取措施减少温室气体排放的认识更加一致，尤其是一些发达国家意识到了减缓气候变暖任务的紧迫性，愿意进一步承担温室气体减排义务；其次，随着第一承诺期的临近，附件一国家制定相应政策力图如期完成减排义务，而目前的情况表明无论国内减排成本还是国际市场的采购成本都不像预计的那样高，在这种情况下，支付合理的费用来改善环境的质量对这些国家是可以接受的，从而发达国家愿意继续承担减排义务。

基于对第二承诺期谈判结果的乐观预期，我们利用世界银行为温室气体减排国家战略研究开发的著名的 CERT 模型（Carbon Emission Reduction Trade Model）对第二承诺期 CDM 市场的容量和交易价格的情况进行模拟分析。在我们的分析中，做出了以下几个假设：首先，我们认为当前国际温室气体排放权的市场结构类似于寡头垄断，因此采用 Stackelberg 策略模型对市场情形进行模拟；其次，我们假设附件一国家 50% 的减排义务可以由境外减排实现，因为一些国家对利用境外减排尤其是利用项目机制产生的减排额度来实现减排义务规定了上限，我们对这种限制取了一个中间值。

　　CERT 模型将世界市场划分为两组国家和地区，附件一国家和地区是市场的需求方，而非附件一国家是市场的供给方。表 1 列出了这些国家和地区的名称。

表 1　国家和地区的划分

序号	附件一国家和地区	序号	非附件一国家和地区
1	美国	7	能源输出国家
2	日本	8	中国
3	欧盟	9	印度
4	其他经合组织国家	10	亚洲新兴工业化国家
5	东欧	11	巴西
6	前苏联	12	其他发展中国家

　　在模型输入参数的选择上，我们主要考虑两个因素，第一，美国是否做出减排承诺，因为美国是世界上温室气体排放量最大的国家，它是否承担减排义务对这个市场的容量和价格来说是非常重要的因素，因此将美国是否参与作为一个独立的因素进行考察。第二，附件一国家在第二承诺期的减排水平将会怎样，对此，我们考虑两种情况，一是保守估计附件一国家在第二承诺期的减排量将与第一承诺期持平，另一个是乐观估计附件一国家在第二承诺期的减排水平超过第一承诺期，我们在模拟中使用第二承诺期的减排量为第一承诺期的两倍。

　　根据对上述的两个因素的考虑，我们分以下四种情景模拟 CDM 市场的容量和交易价格：（ⅰ）美国承诺减排，附件一国家在第二承诺期的减排量与第一承诺期持平；（ⅱ）美国承诺减排，附件一国家在第二承诺期的减排量是第一承诺期的两倍；（ⅲ）美国不承诺减排，附件一国家在第二承诺期的减排量与第一承诺期持平；（ⅳ）美国不承诺减排，附件一国家在第二承诺期的减排量是第一承诺期的两倍。利用 CERT 模型，我们对这四种情景中全球温室气体排放权市场的容量、CDM 市场的容量以及排放权市场的交易价格进行模拟，结果分别列在表 2、表 3 和表 4 中。

表 2　在四种情景中全球温室气体排放权市场的容量

（单位：亿吨 CO_2 当量）

	第二承诺期的减排量与第一承诺期持平	第二承诺期的减排量为第一承诺期的两倍
美国承诺减排	22.6	37
美国不承诺减排	8.5	17.3

表3 在四种情景中CDM市场的容量

（单位：亿吨 CO_2 当量）

	第二承诺期的减排量与第一承诺期持平	第二承诺期的减排量为第一承诺期的两倍
美国承诺减排	17.9	29.8
美国不承诺减排	6.1	13.5

表4 在四种情景中排放权市场的交易价格

（单位：美元/吨 CO_2 当量）

	第二承诺期的减排量与第一承诺期持平	第二承诺期的减排量为第一承诺期的两倍
美国承诺减排	5.9	11.6
美国不承诺减排	2.1	4.3

从上面的模拟结果中，我们发现：

（1）美国作为世界上头号温室气体排放国同时是温室气体排放权最大的潜在需求方，对全球温室气体排放权市场的容量和价格将产生重要的影响。如模拟结果显示，在附件一国家第二承诺期的减排量与第一承诺期持平的情况下，美国承诺减排的全球市场容量为22.6亿吨 CO_2 当量，而美国不承诺减排的全球市场容量仅为8.5亿吨 CO_2 当量，前者为后者的2.66倍；在价格方面，前一种情景下的排放权市场的交易价格为5.9美元/吨 CO_2 当量，而在后一种情景下的交易价格仅为2.1美元，两者相差2.8倍。从这一组数据中不难看出，美国的参与对于国际温室气体排放权市场发展前景的影响力之大。国际社会一直在坚持不懈地进行说服美国重回京都谈判的努力，一方面是希望美国在遏制全球变暖的国际合作中做出应有的贡献，另一方面是希望美国的参与能够推动这个新兴国际市场的良性发展。

（2）基于CDM的市场在全球温室气体排放权市场中的地位是至关重要的。从有关市场容量的方面看，在美国承诺减排、附件一国家第二承诺期的减排量与第一承诺期持平的情况下，发展中国家通过清洁发展机制为市场提供了17.9亿吨 CO_2 当量的减排量，占全球22.6亿吨 CO_2 当量的79%，而在美国不承诺减排、附件一国家第二承诺期的减排量与第一承诺期持平的情况下，CDM市场提供的减排量为6.1亿吨 CO_2 当量，占全球市场8.5亿吨 CO_2 当量的72%。因此，可以预见清洁发展机制所创造的减排量市场在全球温室气体排放权市场中将继续发挥无可替代的作用。

　　从目前国际温室市场的发展来看，即使第二承诺期谈判出现波折，国际温室气体仍然会存在并发展，原因有几个方面：首先，欧盟将继续坚持减少温室气体排放的环境政策，早在《京都议定书》生效之前，欧盟就以法令形式建立欧盟排放交易体系，成员国可以通过该交易体系实现各自控制温室气体排放的目标，可见欧盟在减缓气候变化问题上的决心，而排放权市场的交易将继续在实现其环境目标中发挥重要作用。其次，美国国内一些地区已经开始限制温室气体排放的努力，2005 年 12 月东北部 7 个州就实施区域性温室气体项目（Regional Greenhouse Gas Initiative，RGGI）的谅解备忘录达成一致，这很可能成为美国第一个强制性的温室气体排放总量与交易计划；加州在 2006 年 8 月通过了美国历史上第一个温室气体总量控制法案——《全球温室效应治理法案》（Global – Warming – Solutions – Act），对加州温室气体的排放量进行了数量限制。作为西方世界排放第二大国的澳大利亚虽然也没有批准《京都议定书》，但是新南威尔士州早在 2003 年就实施了对州内电力生产和消费过程中 GHG 排放进行控制的 GHG 排放交易体系，而目前在联邦政府反对的情况下，国内所有 7 个州正在着手建立全国范围内 GHG 排放权交易体系的计划以协助温室气体排放控制的努力。

　　综上所述，即使京都框架内的国际市场的存续由于第二承诺期谈判的困难而存在不确定性，发达世界中的欧盟、北美地区及澳大利亚这些区域性的排放交易体系也会通过允许利用国际项目合作产生的减排额度来支撑国际温室气体排放权市场，其中 CDM 项目由于在减排成本方面的巨大优势将继续为政府和企业完成排放控制任务提供符合标准的履约资产，CDM 市场发展的前景应该是比较乐观的。

四、结束语

　　清洁发展机制是发达国家与发展中国家合作开发具有减排潜力的项目以减少温室气体排放的重要制度安排，它充分利用了发达国家在技术和资金提供方面的优势和发展中国家在减排潜力和成本方面的优势，在当前高速发展的国际温室气体排放权这个新兴市场中发挥了举足轻重的作用。作为《京都议定书》三个灵活机制所创造的温室气体排放权国际市场的一个重要组成部分，CDM 市场的前景与《京都议定书》能否持续实施密切相关，本文重点对第二承诺期生效情况下 CDM 市场的容量和交易价格进行了预测，同时指出如果就第二承诺期未能达成协议，CDM 的市场容量会受到影响，但是由于欧盟对减排温室气体的坚定立场以及京都机制外的温室气体减排计划对减排额度的需求，CDM 市场的发展仍存在相当的空间，中国是 CDM 市场最大的减排额度提供者，充分发挥自己的优势，积极参加这个市场不但有利于获得本国实现可持续发展所需的资金和技术，而且也是为国际共同减缓温室气体排放所造成的气候变化贡献自己的力量。

原载《国际贸易》，2007 年第 1 期

转变经济发展方式

——关系经济社会发展全局的战略任务

汪同三

中央经济工作会议指出，必须深刻认识加快转变经济发展方式、走中国特色新型工业化道路对于夺取全面建设小康社会新胜利、开创中国特色社会主义事业新局面的重大战略意义和紧迫现实意义，扎扎实实地把党的十七大提出的这项关系经济社会发展全局的战略任务落到实处。当前，我国正处于改革发展的关键阶段。深入贯彻落实科学发展观，必须把思想统一到中央精神上来，努力在转变经济发展方式上取得实质性进展。

转变经济发展方式的重大意义

我国仍处于并将长期处于社会主义初级阶段。在社会主义初级阶段这一长期的发展进程中，必然要经历若干具体的发展阶段。不同的发展阶段会呈现不同的特征，我们必须根据该阶段的特征提出切合实际的发展战略和方针。比如，改革开放之初，由于经济发展落后，我们深切体会到首先把经济建设搞上去的必要性，在发展中更多地注重增加经济总量。随着经济社会的发展，我们逐步认识到，单纯依靠消耗资源和使用廉价劳动力的粗放型增长，既是低效益的，又是不可持续的，进而加深了对转变经济增长方式和经济发展方式重要性的认识。党的十二大提出，把全部经济工作转到以提高经济效益为中心的轨道上来。党的十三大提出，要从粗放经营为主逐步转上集约经营为主的轨道。党的十四大提出，努力提高科技进步在经济增长中所占的含量，促进整个经济由粗放经营向集约经营的转变。党的十四届五中全会更明确提出，实行经济增长方式从粗放型向集约型的根本性转变。党的十五大和十六大都对转变经济增长方式提出了进一步的要求。

进入新世纪新阶段，我国发展呈现一系列新的阶段性特征。党的十七大报告对此进行了全面概括，第一条就是经济实力显著增强，同时生产力水平总体上还不高，自主创新能力还不强，长期形成的结构性矛盾和粗放型增长方式尚未根本改变。的确，改革开放30年来，我国经济增长速度惊人，国家实力明显提高，人民生活显著改善，发展成绩举世瞩目。但在经济高速增长的同时，存在的各种问题也十分明显。自主创新能力不强主要表现在，科技进步对经济增长的贡献率不高，缺乏核心技术；结构性矛盾主要表现在，投资和消费的比例失调，三次产业结构比例失调，以及区域、城乡发展差距和居民收入差距扩大等问题；粗放型增长方式主要表现在，经济效益低，能源资源消耗大，经济增长的环境成本高。针对我国发展新的阶段性特征，党的十七大提出了加快转变经济发展方式、走中国特色新型工业化道路的新的战略任务。这是总结我国现代化建设长期实践得出的重要结论，是根据现阶段我国发展的客观实际提出的重大战略思想，是推动我国经济社会发展必须坚持的正确方向。

转变经济发展方式的主要内容

转变经济发展方式是实现国民经济又好又快发展的根本措施之一，是走中国特色新型工业化道路的前提条件，主要包括以下三项内容。

第一，促进经济增长由主要依靠投资、出口拉动向依靠消费、投资、出口协调拉动转变。长期以来，我国投资增长速度明显高于 GDP 增长速度，明显高于消费增长速度。2001～2006 年，我国 GDP 的年均增长速度为 9.8%，而按累计法计算的全社会固定资产投资的增长速度高达 21%。资本形成对经济增长的贡献率由 2000 年的 22.4% 急速增加到 2006 年的 41.3%，同时最终消费

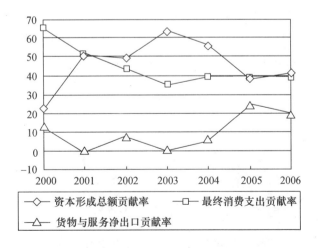

图1　三大需求对 GDP 增长的贡献率

资料来源：历年《中国统计年鉴》。

对经济增长的贡献率则由 65.1% 下降到 39.2%。这种状况使得消费与投资的结构性矛盾更趋突出，十分不利于国民经济持续稳定发展。

投资增长一直是拉动经济增长的主要动力，必须保持投资对经济增长的拉动作用，但又必须密切注意投资增长与消费增长的不协调状况，防止投资的过快增长，努力调整消费与投资的比例关系。促进消费与投资的结构调整，关键不是压缩投资，而是努力扩大消费。扩大国内消费的关键是努力提高居民收入水平。只有通过深化收入分配制度改革，逐步提高居民收入在国民收入分配中的比重，更加重视社会公平，才能从根本上解决扩大国内消费的问题，才能协调消费与投资对经济增长的拉动关系。

从上世纪 90 年代中期以来，我国对外贸易一直保持顺差。特别是 2005 年以来，我国对外贸易顺差急剧增加，2007 年顺差数额预计为 2600 亿美元左右。贸易顺差连年急剧上升，使得外需对经济增长的贡献率也明显上升。保持贸易顺差总体上是有利的，但对我国这样一个大国来说，经济增长主要还是应依靠内需拉动为主。因此，我们在注意协调消费与投资对经济增长的拉动关系的同时，必须注意协调好内需与外需对经济增长的拉动关系。

第二，促进经济增长由主要依靠第二产业带动向依靠第一、第二、第三产业协同带动转变。产业结构问题是影响宏观经济可持续发展的一个主要问题。长期以来，我国经济增长主要依靠工业增长带动。1979～2006 年，我国第一、二、三产业的年均增长速度分别为 4.6%、11.4% 和 10.7%，而 2001～2006 年仍然分别为 4.1%、11.1% 和 10.3%，经济增长主要依靠工业带动的状况没有改善。第二产业增加值占 GDP 的比重已经由 2002 年的 44.8% 攀升到 2006 年的 48.9%，而同期第三产业占 GDP 的比重则由 41.5% 下降到 39.4%。三次产业结构不协调的问题日益突出，加剧了资源环境压力。

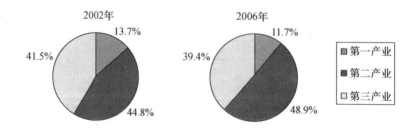

图 2　2002 年及 2006 年 GDP 构成对比

资料来源：2003 年、2007 年《中国统计年鉴》。

调整产业结构，首先必须毫不动摇地巩固农业在国民经济中的基础地位。农业的稳定发展，不仅是宏观经济持续稳定快速增长的根本，是社会稳定的基石，也是提高农民收入水平的基本途径。当前，我国农业产业化、现代化水平有了很大提高，但农业基础薄弱的状况没有改变，"靠天吃饭"的局面依然存在。2004 年以来，我国逐步取消了农业税，对农民种粮给予直接补贴，设立了粮食最低收购保护价。这些政策措施有效地调动了农民的生产积极性，使农产品产量和农民收入都有了明显提高。现在面临的主要问题是，继续保持农业较快增长和农民收入较快增加的难度在加大。

加快发展服务业是当前调整产业结构的重点任务。"十一五"规划要求第三产业增加值占 GDP 的比重提高 3 个百分点。完成这一目标，第三产业的增长速度就不能低于第二产业。但实际情况是，近两年第三产业增长速度均慢于第二产业两个百分点左右。

我们必须立足于优化产业结构促进发展，加强农业基础地位，使农业生产由弱变壮；提高工业生产水平，使工业由大变强；加快发展服务业，使服务业发展由慢变快，实现三次产业协同带动经济增长。

第三，促进经济增长由主要依靠增加物质资源消耗向主要依靠科技进步、劳动者素质提高、管理创新转变。长期以来，我国经济增长过多地依靠增加物质要素投入，而技术进步、劳动者素质提高、管理创新等对经济增长的贡献不足，因而导致了物质资源消耗大、综合利用率低和环境成本高、生态保护差等问题。我国人均资源占有量远低于世界平均水平，许多重要矿产资源相对贫乏，如果不及时改变资源消耗过大的现状，经济增长将难以为继。我国的环境

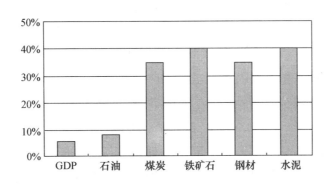

图 3 2006 年中国 GDP 及主要物质消耗占世界比例

资料来源：《十七大报告辅导读本》，人民出版社，2007 年 10 月。

问题也不容乐观。虽然 2007 年节能减排工作取得了重要进展，但全面完成"十一五"规划制定的节能减排任务仍然任重而道远。

实现经济发展方式转变的一个关键环节是增强自主创新能力，尽快扭转自主创新能力不强、缺乏核心技术、缺少自主知识产权、缺少世界名牌的现状。目前，我国出口商品中有 90% 是贴牌产品。我国纺织服装出口占世界贸易总量的 24%，但自主品牌不足 1%，而且没有一个世界名牌。我国彩电、手机、台式计算机、DVD 播放机等产品的产量居世界第一，但关键芯片要依赖进口。我国企业必须将手机售价的 20%、计算机售价的 30%、数控机床售价的 20% ~ 40% 支付给外国专利持有者。这种现状，使得我们不得不更多依靠廉价劳动力的比较优势、依靠资源能源的大量投入来换取微薄的利润。随着资源紧缺程度的加深、生态环境压力的加大、国际竞争和人才争夺形势的日趋严峻，我们必须更加重视依靠科技进步、提高劳动者素质、管理创新来带动经济增长。正如党的十七大报告所指出的，必须把提高自主创新能力、建设创新型国家作为国家发展战略的核心和提高综合国力的关键。

转变经济发展方式的根本保证

转变经济发展方式的根本保证是深入贯彻落实科学发展观。转变经济发展方式是深入贯彻落实科学发展观一项极为重要的内容，科学发展观为如何实现经济发展方式转变指明了方向。

科学发展观的第一要义是发展。转变经济发展方式的目的是实现又好又快发展，实现全面建设小康社会的目标，加快推进社会主义现代化。科学发展观的核心是以人为本。加快转变经济发展方式，就是为了做到发展为了人民、发展依靠人民、发展成果由人民共享。科学发展观的基本要求是全面协调可持续。转变经济发展方式深刻反映了破解经济社会发展深层次矛盾的要求。内外需不平衡、国内需求结构不平衡、产业结构不合理、自主创新能力不强以及体制机制不健全，是转变经济增长方式提出多年而实质性进展不明显的根本原因。转变经济发展方式，比转变经济增长方式具有更广泛、更深刻、更丰富的内涵，既包括了经济效益提高、资源消耗降低的要求，也包括了经济结构优化、生态环境改善、发展成果合理分配的要求。转变经济发展方式既要求从粗放型增长转变为集约型增长，又把经济发展的目标由经济增长扩展为全面协调可持续的经济发展。科学发展观的根本方法是统筹兼顾。转变经济发展方式必须正确认识和妥善处理各种重大关系，统筹城乡发展、区域发展、经济社会发展、人与自然和谐发展、国内发展和对外开放，统筹中央和地方关系，统筹个人利益和集体利益、局部利益和整体利益、当前利益和长远利益。只有深入贯彻落实科学发展观，才能真正实现经济发展方式的转变。

原载《人民日报》，2008 年 1 月 7 日

进一步提高宏观调控的有效性

陈佳贵

　　今年，我国国民经济保持了增长较快、结构优化、效益提高、民生改善的良好态势。但经济运行中一些长期积累的突出矛盾和问题还没有得到根本解决，同时出现了一些值得注意的新情况新问题。针对这种形势，中央经济工作会议对完善和落实宏观调控政策、保持经济平稳较快发展的好势头作出了新的部署。只有认真贯彻落实中央精神，进一步提高宏观调控的有效性，着力解决经济运行中的突出问题，才能保持我国经济的稳定运行和长期可持续发展。

一、中央强调把防止经济增长由偏快转为过热、防止价格由结构性上涨演变为明显通货膨胀作为当前宏观调控的首要任务，是建立在对我国经济运行的科学分析基础之上的

　　经济增长速度偏快。近几年我国 GDP 的增长速度一直较快，而且呈逐年加速趋势。新一轮宏观调控开始的 2003 年，我国 GDP 增长率是 10.0%，2004～2006 年增速分别比 2003 年上升了 0.1、0.4 和 1.1 个百分点。今年前三季度GDP 增长率达到 11.5%，上升趋势进一步增强。分产业看，对国内生产总值贡献最大的工业增长速度加快，今年 1～9 月份全国规模以上工业企业增加值同比增长 18.5%，增速比上年同期高 1.3 个百分点，比上年全年高 1.9 个百分点。预计今年全年我国经济增长速度将达到 11.6%。经济增长速度偏快，给经济结构调整、能源资源合理利用和环境保护都带来了许多困难。

　　拉动经济快速增长的投资和出口增长依然强劲。首先，作为拉动我国经济增长的首要因素，投资增速今年出现了反弹趋势。2003 年全社会投资增长率是 27.7%；经过 3 年的压缩，2006 年下降到 24%。今年，1～9 月份，全社会固定资产投资增长了 25.7%，虽然比上半年回落 0.2 个百分点，但比上年提高1.7 个百分点。其次，对外贸易快速增长，顺差继续扩大。今年前三季度，进

出口总额达到 15708 亿美元,增长 23.5%,其中出口 8782 亿美元,增长 27.1%,增速同比上升 0.6 个百分点。贸易顺差达到 1857 亿美元,已超过 2006 年全年的水平。贸易顺差过大,不仅使国际贸易摩擦大量增加,资源环境更趋紧张,还增加了流动性过剩和人民币升值压力。

消费品价格上涨显著。今年以来,消费品价格结束了长期低迷的状态,呈现出逐月加速上涨的趋势,8 月 CPI 达到 6.5%,9 月达到 6.2%,10 月达到 6.5%,11 月上升到 6.9%。1～11 月 CPI 累计上涨 4.6%。我国是发展中国家,恩格尔系数较高,居民用于购买食品的支出在 CPI 的构成中所占比重超过 36%,对低收入阶层来说这一比例还要高。因此,近期物价的快速上涨对低收入阶层和困难群众的生活影响很大。今年以来新出现的消费品价格显著上涨趋势,是宏观经济由偏快转为过热的重要信号。

资产价格高位持续攀升。除了 CPI,当前我国股市和楼市等资产市场价格也在高位持续攀升。特别是部分大城市房地产价格上涨过快过高,已经严重影响到居民住房,影响到人民群众的切身利益。在证券市场方面,依据上市公司 2007 年上半年的年报数据推算,剔除长期停牌的股票,目前 1243 只 A 股的加权动态市盈率为 40.71 倍。剔除 2007 年中期净利润为负的股票,1127 只股票中只有 261 只股票的市盈率低于平均水平,仅占 23.16%,其余近八成股票的市盈率水平高于 40.71 倍。在流动性过剩和实际负利率背景下,大量资金流入股市容易加大资产泡沫。

资源环境瓶颈制约日益突出。国内某些资源短缺还可以通过高价格进口缓解,但环境污染特别是大气污染和水污染问题是无法回避的。有资料显示,在全世界污染最严重的 20 个城市中,我国占了 16 个。据环保总局监测,2005 年全国七大水系的 411 个地表水监测断面中有 27% 的断面为劣 V 类水质,全国约 1/2 城市市区的地下水污染严重。

二、在目前国民经济高位运行并趋于过热的情况下,原来存在的问题尚未解决,又出现了消费品价格、资产价格上升过快等新问题,宏观调控的难度加大

认识不统一,影响宏观调控政策的落实和有效性。2003 年以来,我国 GDP 增速一直在 10% 以上,今年前三季度达到了 11.5%,已大大超过预期目标,但仍有不少人对经济增长由偏快转为过热的趋势不认同。同时,一些地方政府存在对中央的宏观调控政策响应度不高的问题。在我国现行经济体制下,

各级地方政府控制着许多资源和不少国有企业，他们既是宏观调控的对象，又是政策执行者，对宏观调控政策的落实起着非常重要的作用。应当说，大多数地方政府能够顾全大局，对中央出台的宏观调控政策有正确理解并认真贯彻落实；但也确有一些地方政府从本地区局部利益出发考虑问题，对符合本地利益的宏观调控政策贯彻落实的积极性就高一些，对不符合本地利益的宏观调控政策就采取消极或抵制态度，影响了宏观调控政策的实施效果。

经济规模扩大，调整难度加大。20 世纪 80 年代和 90 年代，当经济出现过热或局部过热时，只要通过实施紧缩的宏观调控措施，经济增长速度就会较快降下来。这次情况显著不同。自从 2003 年下半年开始实施本轮宏观调控以来，经济始终在高位运行。这一方面说明我们对经济运行规律的认识在深化，宏观调控的科学性在增强；另一方面也说明随着经济市场化程度的提高和经济规模的扩大，我国经济一旦走上快车道，就会形成很强的惯性，投资增长持续高位运行，对外贸易顺差继续加大，要想短时间把这种惯性平稳地遏制住，难度大大增加，宏观调控面临更为复杂的局面。

资产价格上涨过快，成为宏观调控的重要课题。当前，除了消费价格显著上涨，比较明显的价格上涨压力的释放处是资产价格，主要表现在证券市场价格和房地产价格的上涨方面。民间资金多但投资渠道较少，加上银行存款的实际负利率，使大量民间资金流入楼市和股市，因而放大了房地产投资需求，推高了股市价格，加剧了资产价格的进一步膨胀。

体制改革不到位，是影响宏观调控效果的深层次问题。当前，投资体制和金融体制改革都滞后于经济发展。在现行投资、金融体制下，地方政府主导的投资来源和投资行为不规范，投资冲动和投资饥渴难以抑制。企业的资源使用和环境污染成本过低，加剧了实现节能减排目标的困难。国民收入分配结构过度向投资倾斜、向资本倾斜，劳动报酬偏低，社会保障不健全，影响了消费需求和投资消费比例关系的调整。国有企业税后利润和自有资金过多，使宏观调控效应减弱。

三、把防止经济增长由偏快转为过热、防止出现明显通货膨胀作为宏观调控的首要任务，按照控总量、稳物价、调结构、促平衡的基调做好宏观调控工作，需要加大宏观调控力度，提高宏观调控的有效性

下决心把过快的经济增长速度特别是投资增长速度降下来。应深入贯彻

落实科学发展观，切实把经济增长的质量和效益放在首位，下决心把过快的经济增长速度降下来。最近两年，最好能降到9%左右。控制经济增长速度，首先必须控制投资增长速度。要综合运用财政、信贷、土地政策和产业政策等手段控制投资规模。同时，加大调整资源税税率的力度，加快实施环境税政策，加大对企业投资的成本约束；控制各级地方政府的直接投资规模，减少财政政策对基本建设的支持力度，加大财政支出结构调整的力度，把财政资金更多地投向教育、卫生、社会保障等薄弱环节，为拉动消费而不是增加生产能力作贡献。利润大的国有企业特别是垄断行业的企业必须上交部分利润，用于弥补社会保障资金的不足。

把稳健的财政政策和从紧的货币政策落到实处。最近几年，财政增收和超收的数额都很大，财政预算完全有条件大幅度减少赤字，特别是不应再发建设国债，国债遗留项目的投资可以放在预算内去解决。近几年，信贷规模增长的幅度一直偏快。今年原安排全年新增贷款2.9万亿元，前三季度已经发放贷款3.36万亿元，比上年同期增贷6073亿元。有一种解释是由于经济增长速度快了，贷款规模自然就要增大。这实际上否定了货币政策要对过快的增长速度进行调节。在实际工作中，必须严格执行从紧的货币政策。

稳定价格，特别是防止消费品价格进一步上涨。通货膨胀归根结底是一种货币现象。防止形成全面的"通货膨胀预期"，首先，要控制货币供应量和贷款规模，并增加人民币汇率的灵活性。其次，进一步增加各级财政对农业的投入，切实落实各项支农惠农政策，以增加粮食、肉类和其他食品的供给；建立价格调节基金、专项补贴基金，完善对农产品提供者、低收入困难群体和在校大学生的补贴政策，做好社会稳定工作。再次，努力加大中低价位住房的供给。各级政府应调整土地供给结构，保证有足够数量的新建住房投入市场；使用政府掌握的资源，切实为有需要的群众提供足够的经济适用房和廉租房，遏制房价过快上涨。最后，要阻止内幕交易和银行资金违规进入股市，采取有效措施防止股市价格泡沫膨胀。

深化改革，破除影响科学发展的体制性障碍。对于宏观经济运行中出现的短期问题，通过发挥不同组合的宏观调控政策的作用就能有效解决；但对于长期存在或反复出现的一些问题和现象，如"投资饥渴症"问题、国民收入分配问题、资源环境税收问题、一些微观主体的软预算约束问题等，仅仅依靠宏观调控政策是很难起作用的。对这些深层次问题，只有通过深化改革，转变政府职能，规范政府行为，调整国民收入分配结构和财政支出结构，转变国有企业、国有银行的经营机制，不断提高经济市场化程度，才能从根本上解决。

原载《人民日报》2007 年 12 月 26 日理论版

从高速增长走向和谐发展的中国经济

陈佳贵 黄群慧 张 涛

一、引言

改革开放 28 年以来，中国的经济"奇迹"为世人所瞩目：中国经济持续快速增长，从 1979～2006 年，中国 GDP 年均增长 9.8%，到 2006 年，中国的全年国内生产总值达到了 209407 亿元人民币，按照汇率折算经济总量列世界第 4 位。中国与世界经济的联系日趋紧密，2006 年中国对外贸易总量达到 1.76 万亿美元，继续位居世界第三位，比 1978 年增长了 30 多倍。中国在世界贸易中的份额上升得更快。1990 年，它在世界出口总额所占份额为 1.9%；2004 年上升到 6.5%。中国在世界进口总额从 1990 年的 1.5%，上升到 2004 年的 5.9%。中国利用外资的规模不断扩大，质量不断提高。2006 年末，中国的外商直接投资累计总额达到 6918 亿美元，成为外商直接投资最大目的国之一。上世纪 90 年代以来，中国对全球经济增长做出了巨大的贡献。由于在整个 20 世纪 90 年代日本经济的停滞不前，在支持和帮助驱动亚洲经济增长中，中国扮演了关键角色。并且由于欧洲经济增长仍然黯淡无光，中国经济增长所提供的机会对亚洲以外的世界也日益重要。根据世界银行公布的数据，自 2001 年中国加入世贸组织以来，中国经济增长对世界经济增长的平均贡献率达到 13%，使中国经济成为全球经济的领跑者。

在中国经济高速增长的同时也产生了许多方面的矛盾和冲突：收入差距、城乡差距、地区差距不断扩大，环境和资源对经济发展的制约日益严重，不断增长的劳动力就业需求与单位资本所提供的劳动就业量日趋减少的矛盾日益突出，腐败行为也在一定程度上对经济增长形成了阻碍。为此，有不少经济学家对中国"经济奇迹"的持久性表示怀疑。1997 年，诺贝尔经济学奖获得者劳伦斯·克莱茵问道："中国经济在 19 年中的惊人表现还能再持续 10 年、20 年或 30 年吗？"在继续高增长 10 年后的今天，我们仍面临着对这个问题的回答，在未来 15 年甚至更长时间内，中国能否继续创造经济奇迹？

二、驱动中国经济持续高速增长的主要因素

追求经济增长是任何一个国家走向富裕的必由之路。什么决定了经济的长期增长？在所有国家工业化和经济发展中，哪些因素起着根本性的决定作用呢？在 20 世纪 40 年代，经济学家强调资本对于长期增长的重要性。20 世纪 50 年代，经济学界开始不满于狭隘地以资本聚集来解释经济增长过程，并提出了总量生产函数的概念，这个概念反映如资本、劳动力、技术一类投入与预期产出量之间的一种关系。这一阶段，劳动对经济增长具有积极影响的理论开始复活（其实，19 世纪的一些理论就曾断言人口增长是影响经济增长的关键因素），并且，经济学家也不再从一个既定生产函数的角度来思考经济增长问题，而是认识到更优良的技术会提高生产函数的水平。至此，从 20 世纪 60 年代起，技术创新就成了探索经济增长原因的核心问题。到 20 世纪 70 年代末，经济学家开始强调更好的教育和技能培训对经济增长的重要影响，这一研究思路突出了一种深刻的认识：要保证不断增多的存量资本在应用中具有不断上升的资本生产率，就必须具备较好的技术知识和较好的技能。即"发展的软件（技能、技术知识和组织知识）能确保发展硬件（资本、劳动）变得更有效率"；在 20 世纪 80 年代中期，伴随着新制度主义思路的兴起与发展，制度理论与经济发展理论融为一体，制度学派认为，不涉及制度就不可能解释经济增长率上的持续差异。

对于中国这样一个人口大国，是什么因素驱动了长达 20 多年的经济增长？对于已经从一个发展中的计划经济转型并实现了经济增长的国家，又有哪些因素能够保证走上真正可持续的经济增长之路？

1. 工业化和城市化的快速推进为中国经济长期高速增长提供了充足动力

我们对中国地区工业化进程的综合评价表明，近十年来，中国绝大多数地区都在加速工业化（见表 1）。中国已经成为名副其实的工业经济大国。第二产业占国内生产总值的比重接近 50%，不仅远远高于 2000 年发达国家 28.6% 的该比例值，而且也远高于 2000 年发展中国家 33.4% 的比例。第二产业对经济增长的贡献率从 1990 年的 41%，提升到 2005 年的 54.9%，中国经济增长表现出了工业化引导的强烈趋势。特别是 2000 年以来，由于汽车、住宅和基础设施建设等最终需求的强劲增长带动了对钢铁、机械、建材和化工等中间品需求和产量的迅猛增长，而中间产品需求和生产的大幅度增长又引起了对煤炭、

表1　中国各地区的工业化速度（1995～2004年）

地区	工业化综合指数			工业化年均增长速度			类型
	1995	2000	2004	1995～2004	1995～2000	2000～2004	
全国	18	26	42	2.7	1.6	4	加速
东部	32	44	72	4.4	2.4	7	加速
中部	6	13	24	2.0	1.4	2.75	加速
西部	5	9	20	1.7	0.8	2.75	加速
东北	27	34	41	1.6	1.4	1.75	加速
浙江	32	47	75	4.8	3	7	加速
广东	35	55	77	4.7	4	5.5	加速
江苏	34	45	73	4.3	2.2	7	加速
山东	20	33	51	3.4	2.6	4.5	加速
内蒙古	5	13	33	3.1	1.6	5	加速
福建	21	35	47	2.9	2.8	3	加速
吉林	16	24	40	2.7	1.6	4	加速
天津	73	83	94	2.3	2	2.75	加速
宁夏	11	15	32	2.3	0.8	4.25	加速
河北	14	24	34	2.2	2	2.5	加速
湖南	2	11	22	2.2	1.8	2.75	加速
北京	81	92	100	2.1	2.2	2	—
湖北	13	28	31	2.0	3	0.75	减速
陕西	10	14	28	2.0	0.8	3.5	加速
青海	7	15	25	2.0	1.6	2.5	加速
江西	2	8	19	1.9	1.2	2.75	加速
山西	28	22	44	1.8	-1.2	5.5	加速
新疆	9	17	25	1.8	1.6	2	加速
河南	6	11	22	1.8	1	2.75	加速
安徽	4	7	19	1.7	0.6	3	加速
黑龙江	22	33	36	1.6	2.2	0.75	减速
四川	4	8	18	1.6	0.8	2.5	加速
上海	89	100	100	1.2	2.2	0	—
辽宁	38	43	49	1.2	1	1.5	加速
海南	6	10	17	1.2	0.8	1.75	加速
广西	2	4	13	1.2	0.4	2.25	加速
云南	15	13	22	0.8	-0.4	2.25	加速
贵州	4	6	11	0.8	0.4	1.25	加速
甘肃	15	11	20	0.6	-0.8	2.25	加速
西藏	0	0	0	0.0	0	0	—
重庆	—	15	28	—	—	3.25	—

资料来源：陈佳贵、黄群慧、钟宏武：《中国地区工业化进程的综合评价和特征分析》[J]，《经济研究》，2006，（6）。

石油及电力等能源需求的大幅度增长，从而形成了一批集成资本与技术、推动经济快速增长的主导产业群。根据工业化的有关理论和工业发达国家发展的经验事实，结合中国工业结构的变化趋势，我们认为，中国的工业化进程已经推进到了工业化中期阶段。也就是说，中国的工业化进程还远没有结束，巨大的国内市场需求，加之生产梯度推移和产业升级效应，将促使中国经济在未来一段时间内还会保持一个较高的增长速度。

　　统计数据显示，改革开放以来，中国经济社会的发展过程是伴随着明显的城市化进程的。1978～2005 年，我国城市化率提高了 25.07%，平均每年增加0.93 个百分点，城市人口增加了 38967 万人，平均每年增加 1443.2 万人。大批农民向城市转移，一方面促进了第二产业和第三产业的发展，并对城市基础设施产生巨大需求，带动投资需求迅速扩张；另一方面城市人口的增加促进城市消费需求的增长。城市投资需求和消费需求的快速增长会逐渐向农村扩散，从而带动全社会总需求的增加，从而为经济的高速增长提供了重要支撑。中国目前城市化水平只有 43%，位于城市化的加速发展阶段，内生性需求使得城市化成为中国未来很长一段时间内不可抗拒的经济发展规律，预计到 2020 年城市化率将达到 60%。城市化对中国经济社会的作用是非常深刻的，它不仅是未来中国经济增长的重要潜力，而且还对改变社会人口结构，影响人们消费需求，进而对生产方式和产业结构的变化都将产生重要作用，可以说，城市化是解决中国经济发展面临的诸多中长期和短期问题的关键之一。

　　2. 大众消费时代来临，消费需求成为支撑中国经济持续高速增长最稳定的因素

　　如表 2 所示，改革开放以来，无论从 GDP 总量还是拉动 GDP 增长速度上看，最终消费需求对中国经济增长的贡献几乎都是最大的。

表 2　支出法估算的需求对经济增长的贡献

年份	消费	资本形成	净出口	年份	消费	资本形成	净出口
	构成（%）				贡献率（%）		
1981～1985	66.1	34.5	-0.6	1985	66.5	55.0	-21.5
1986～1990	63.4	36.7	-0.1	1990	45.5	20.3	34.2
1991～1995	58.7	40.3	1	1995	57.7	39.5	2.8
1996～2000	59.4	37.6	3	2000	75.5	24.3	0.2
2001～2005	55.7	41.5	2.8	2005	37.4	39.3	23.3

　　注：根据《2006 中国统计摘要》计算。

　　资料来源：国家统计局：《2006 中国统计摘要》［R］，第 33～36 页，北京：中国统计出版社，2006。

从基本国情看，中国是一个人口大国，也是一个发展中的大国，市场空间和需求潜力十分巨大。2005 年底，总人口已达 13 亿，城市和城镇的实际居住人口接近 6 亿，呈现出庞大的消费品市场基数。2006 年，中国人均 GDP 已经突破 2000 美元，虽然与发达国家相比还存在不小的差距，但却一直保持着持续增长态势，为消费需求的持续扩大创造了条件。从经济运行轨迹看，居民消费结构的每一次升级都会对经济发展起到重要的拉动作用。在农村，以家用电器为主的第二次消费结构升级已由沿海扩展到越来越多的内陆地区；在城市，以改善住行条件为代表的第三次消费结构升级开始启动，住房消费、汽车消费、电子通讯产品消费、教育消费等消费品市场十分活跃。在大中城市轿车已经开始快速进入居民家庭。居民消费结构的升级不仅拓宽了产业发展的空间，也扩大了市场化投资的空间，进而支撑了中国新一轮经济的快速增长。一些研究认为，中国消费者的影响可能与过去 10 年内中国生产商对制造业和资源类企业的影响一样深远，到 2014 年，中国消费者很可能取代美国消费者而成为全球经济增长的引擎（乔纳森·沃特泽尔，2007）。

3. 对外开放的深化，对中国经济具有重要推动作用

改革开放的近 30 年时间里，中国进出口总额从 1980 年的 380.4 亿元增加到 2006 年的 1.76 万亿美元，年均增长率为 19.2%，已成为全球第三大贸易国。伴随着对外贸易量的迅速增长，贸易商品结构也有了很大改善，高技术产品出口迅速增长，成为提供贸易顺差的重要产业之一。从上个世纪 90 年代末期开始，中国已经成为全球 FDI 的主要东道国之一，吸收外资对中国经济增长和就业做出了突出的贡献。2006 年，中国吸引外资 694 亿美元，列全球第三，位居发展中国家首位。吸引外资为增长和就业做出了突出的贡献。数据表明，2005 年，外商投资企业提供的工业增加值占总工业增加值的 28.6%，外商投资企业提供的税收占全国税收总额的 20.7%，外商投资工业企业中的就业人员占工业企业就业人员总数的 24% 以上（江小涓，2006）。

加入世界贸易组织后，中国继续扩大开放成果，形成了全方位、多层次、宽领域的对外开放格局，逐步与国际市场接轨，与外部经济关联度不断加深。

4. 高储蓄为中国经济持续高速增长提供了充足的资金保证

改革开放以来，中国 GDP 的增长，已经越来越多地依靠投资来拉动，1978~2000 年平均投资率为 37.3%，2000 年以后，投资率进一步攀升，2006 年达到 52.5% 的历史最高水平。

没有资本的形成和积累就没有经济增长。而投资最终来自储蓄，储蓄为经

济增长提供了充足的资本支持。中国是高储蓄率国家，改革开放以来中国高投资率拉动经济高速增长主要是得益于国内储蓄率的高速增长。1978 年我国总储蓄率为 37.9%，2006 年上升到 49%。目前，主要发达国家的居民储蓄余额占 GDP 比例大多在 15%～20% 之间，亚洲国家居民储蓄余额占 GDP 比例基本在 30%～50% 之间；中国居民储蓄余额占 GDP 比例在 2005 年末已经接近 80%。高储蓄率成为改革开放后中国经济的一大特点。理解中国高储蓄率的一个基点是改革开放后，人民的收入水平不断提高，1979～2005 年间，农村居民和城镇居民人均收入平均每年增长分别为 7.0% 和 6.9%。第二个解释高储蓄率的原因来自住房、医疗、保险和教育的市场化改革，这在很大程度上加大了居民的预防性储蓄。高储蓄所带来的快速资本积累成为中国经济实现持续增长最基本的保证。

5. 丰富的劳动力供给和日益提高的劳动力素质成为中国经济持续高速增长的基本要素

中国人口总数和劳动力资源总数都位居世界第一。粗略测算，改革开放以来（1978～2003 年），劳动力对经济增长的贡献达到 10.6%（见表 3）。除了拥有丰富的劳动力资源以外，中国的人口素质也逐步提高。最新的人口普查结果表明：人口的粗文盲率（15 岁及以上文盲占总人口的比重）为 6.72%，比 1990 年普查的 15.88% 下降了 9.16 个百分点。同时与 1990 年普查相比，平均每 10 万人中具有的各种受教育程度人口变化较大，具有大学以上程度的由 1422 人上升为 3611 人，增长了 154%；具有高中程度的由 8039 人上升为 11146 人，增长了 39%；具有初中程度的由 23344 人上升为 33961 人，增长了 45%；具有小学程度的由 37057 人下降为 35701 人，下降了 4%。2005 年最新的人口抽样调查数据显示：与第五次人口普查相比，具有大学程度的人口增加 2193 万人，高中程度的人口增加 974 万人，初中程度的人口增加 3746 万人，小学程度的人口减少 4485 万人[①]。人力资本提高将成为未来中国经济增长的重要源泉。

按照现有的人口发展变化曲线看，中国人口总量 2030 年到达最高点，为 14.06 亿；劳动人口在 2020 年左右达到顶点，为 9.23 亿；劳动年龄人口总量在 2020 年之前不会绝对减少，这期间劳动年龄人口比例仍将保持相对高的水平，

---

① 本文有关人口的资料都来自于国家统计局公布的历次人口普查数据，下文中 2020 年和 2050 年的数据为作者根据趋势外推方法预测。

表3 根据生产函数测算的中国经济增长的源泉（%）

GDP及各要素的增长率	GDP	资本	劳动力	TFP增长率
1978~1985	9.8	8.5	3.1	3.5
1986~1989	8.9	9.8	2.6	2
1989~1997	11.2	11.2	1.1	4
1997~2000	7.7	10.7	1.1	0.8
2000~2003	8.4	10.5	1.1	1.6
1990~2003	9.7	10.9	1.1	2.7
1978~2003	9.4	9.9	2.5	2.4
各要素对经济增长的贡献				
1978~1985		52	12.70	35.30
1986~1989		66.10	11.70	22.20
1990~1997		60	3.90	36.10
1997~2000		83.40	5.70	10.90
2000~2003		75	5.20	19.90
1990~2003		67.40	4.50	28
1978~2003		63	10.60	26.20

资料来源：李善同：《中国经济增长潜力与经济增长前景分析》[J]，《管理世界》2006（9）。

因此，未来一段时间内，保持充足的劳动力供给，维持一个较高的储蓄率是可能的。

6. 技术进步是中国经济持续高速增长的重要因素

改革开放后，中国在技术创新的路径选择上基本上采取了引进吸收和自主研发体系相结合的思路。跨国公司已经在中国的各个制造业领域立足，它们把中国作为生产和研发基地，把最先进的技术和产品引入中国，并开发具有世界竞争力的生产技术和产品。与此同时，中国自身的研究与开发创新能力也在不断提高，企业创新的实力在上升。中国在诸如IT技术和产品领域的普及应用程度在某些方面和某些区域已经赶上甚至超过了发达国家。这意味着，传统产业经过改造获得高速增长的同时，新兴产业也实现着高速增长。比之发达国家，我们的科技发展水平还存在距离。在全世界50个国家当中，中国的科技创新能力仅仅排在第24位，特别是排在印度和巴西的后面。关键的核心技术受制于人的现象非常普遍。中国与发达国家存在的技术差距和中国对外开放的政策使得中国在传统产业仍具有很大增长空间的同时，具备了经济增长的后备新兴产业。

中国政府已经把加强自主创新和知识扩散提高到国家战略的高度来推进：

到 2020 年，R&D 的投入占 GDP 的比重要从 2005 年的 1.35% 提高到 2020 年的 2.5%；科学技术进步对 GDP 的贡献率从现在的 39% 提高到 60%；中国的专利和论文被引用数目从现在世界第 20 位有望上升到第 5 位。可以说，未来中国经济增长将越来越体现技术创新的推动力。

7. "中国模式"的经济体制改革成就了中国经济的奇迹

中国开创了从计划经济向市场经济过渡的渐进式改革模式，"中国模式"的特点是：从基本国情出发，坚持以经济建设为中心，在逐渐改革旧体制的同时，加速发展"新体制"。在转型过程中，各种商品市场、资本市场、劳动力市场、技术市场等相应地逐渐发展起来，市场交易的规则和制度也逐步建立和完善，初步建立起了社会主义市场经济体制，极大地解放和发展了生产力。"中国模式"的改革不仅为中国经济持续稳定发展提供了强大动力，而且为中国经济的持续发展提供了稳定的社会环境。随着改革的深化，制度创新还会继续对中国经济的发展做出贡献。制度的主要功能是为经济增长提供自由环境，一种能够提供个人刺激的有效的制度是经济活力的源泉。"中国模式"的经验在于：坚持解放思想、实事求是，从基本国情出发；坚持以经济建设为中心，用发展的办法解决前进中的问题；正确处理改革、发展和稳定的关系；坚持对内改革与对外开放相结合；坚持把城市改革与农村改革相结合起来。

三、制约中国经济进一步发展的关键问题

作为一个人口庞大的发展中国家，中国近 30 年的持续高增长创造了世界历史的奇迹，但在这个过程中也累积了很多问题，特别是最近一些年里，结构失衡、收入差距拉大、环境压力增加等矛盾更显突出，这些问题不仅提高了经济发展的成本，降低了经济增长的效率，而且也成为制约整体经济长远发展的瓶颈。

1. 结构失衡的压力

当前中国经济的一个突出问题是投资与消费的结构严重失衡，投资率过高、消费率偏低。投资率长期过高，加上投资结构的不合理，不仅会削弱经济自主增长的能力，还导致第三产业增长滞后，也影响到了产业结构的优化和升级，最终还影响到宏观经济总体增长的稳定性和可持续性。

我国区域经济结构也存在严重的不平衡问题，全国的生产力和经济活动不断向经济繁荣的东部沿海地区集中，而中西部欠发达地区占全国经济总量的比重不断下降。近些年，虽然国家实施西部大开发战略和中部崛起战略，但是地

区之间的差距还在扩大，这不仅影响到宏观经济的稳定和国民经济的持续发展，而且也不利于社会公平的实现。

近年来，中国的贸易不平衡呈现进一步加剧的态势。在过去的 15 年中，中国一直保持"双顺差"局面。2005 年，经常项目顺差达 1608 亿美元，资本顺差达 629 亿美元。2006 年，这一趋势继续保持，推动了外汇储备高速增长，现在已突破 1 万亿美元大关。"双顺差"本身并不是一种理想的国际收支格局，持续扩大的双顺差局面很可能给中国带来巨大的福利损失。

2. 来自分配差距扩大的压力

中国在市场经济改革进程中，收入分配差距在逐步扩大。主要表现为：一是从总体看居民收入差距逐年拉大。基尼系数 1981 年是 0.288、1990 年是 0.343、1999 年是 0.397，进入新世纪后则基本上在 0.4 以上的水平发展，2003 年达到 0.46 后继续增加，基尼系数目前已经接近 0.5。二是城乡居民收入差距不断扩大。1990 年城乡居民收入之比为 1∶2.2，1995 为 1∶2.71，2000 年为 1∶2.79，2005 年扩大到 1∶3.2。三是地区间差距扩大。2005 年，收入最高的省（上海）与最低的省（贵州）差距超过 4 倍。四是行业间的收入差距进一步扩大。上世纪 80 年代中期，行业间收入差距开始显现，到上世纪 90 年代中期最高行业人均收入与最低行业之比为 2.23∶1，2000 年又上升到 2.63∶1。从 2000 年到 2004 年，4 年间行业差距又扩大了 1.6 倍。五是城镇内部各阶层之间的收入差距的扩大速度明显加快。特别是近两年，高收入户的收入增长大大超过了低收入户的收入增长。

从某种程度上说，对于像中国这样的转型经济国家而言，收入差距扩大有其客观性，但我们应当注意到，收入差距的持续扩大不仅可能引起宏观经济的波动，从而对经济长期增长产生不良影响，而且也对整个社会的稳定造成潜在、巨大的威胁。

3. 面临资源和环境方面的压力

从资源供给看，中国资源的主要特征是人均拥有的资源量低。人均淡水、耕地、森林和草地等资源占有量只占世界平均水平的几分之一甚至几十分之一。改革开放后 20 多年来，人口的增加与资源的有限性和稀缺性的矛盾日益增加，经济发展模式仍是以"高投入、低效率、高污染"为代价，以数量求发展的粗放型经济增长，加快了自然资源，尤其是那些不可再生资源的耗费速度。经济发展与资源短缺矛盾日益尖锐化，使自然资源愈来愈成为中国长期可持续增长的制约因素。

中国环境问题的严重性在于，一方面，经济的高速增长、传统的经济增长方式对能源、资源的巨大需求，使得污染物的排放总量在不断增加；另一方面，地方保护主义、资金投入不足、治污工程建设滞后、结构性污染依然突出等多种原因，使得治理污染的速度赶不上环境破坏的速度。而且，环境问题与经济发展问题、贫困问题、社会风气问题、社会失范问题、人口问题等交叉、重叠，进一步加剧了解决环境问题的难度。

4. 人口快速老龄化的压力

中国从 20 世纪 70 年代开始实施计划生育政策，在人口数量控制方面取得了明显实效，在短短 30 年时间里实现了西方许多国家用了上百年时间才实现的向人口低增长的转型。人口政策在取得明显实效的同时，也带来了一个未曾遇到过的问题——人口的快速老龄化。历次全国人口普查的数据显示：65 岁及以上人口在总人口中所占的比例，1953 年为 4.4%，1964 年为 3.6%，1982 年为 4.9%，1990 年为 5.6%，2000 年上升到 7.0%，2005 年上升到 11.5%。研究表明，21 世纪的中国将是一个不可逆转的老龄社会。据预测，2020 年中国老年人口比例将上升到 12%，高出世界平均水平 3 个百分点，开始步入老龄化严重阶段；到 2050 年，老年人口比例最高峰值可上升到 23% 左右，高出世界平均水平 7 个百分点、发展中国家 9 个百分点，步入超高老龄化国家行列（见图 1）。

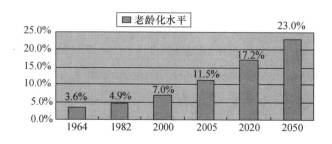

图 1　中国老龄化水平变化趋势

资料来源：2000 年以前的数据来自历次人口普查数据，2020 年和 2050 年为作者根据趋势外推方法预测。

中国老龄化问题的另一个典型特征是"未富先老"。发达国家在进入老龄化社会时，人均国民生产总值基本上在 5000 美元至 1 万美元，目前平均达到 2 万美元左右。而中国在进入老龄化社会时，人均国民生产总值刚刚 2000 美元。中国的老龄化超前于现代化，这意味着，中国必须以比发达国家弱少得多的人均社会财富和长度短得多的时间来应对人类有史以来最大规模的人口老龄化问题（高辉清，2006）。

四、中国经济持续高速增长的和谐发展战略

综观中国经济的全局，支撑中国经济快速增长的因素还没有改变，只要我们认真贯彻落实科学发展观，坚持以人为本，坚持全面协调和可持续发展，认真对待、妥善处理好发展中的各种矛盾和问题，在未来的 10～15 年时期里，中国经济继续保持在 7% 以上的增长速度是完全可以做到的。但是，从我们现在所处的发展阶段和面临的问题看，今后中国最为重要、最为迫切的是要在科学发展观的统领下保持和谐发展。

1. 更加重视协调发展

要按照"五个统筹"的要求，实现城乡、区域、经济与社会、人与自然以及国内发展和对外开放之间的协调发展。

城乡协调发展就是要更加重视解决"三农"问题，深化农村改革，完善支农惠农的政策措施，进一步解放和发展农村生产力，减轻农民负担，增加农民收入，加快社会主义新农村建设，建立新型的农村社会保障体制，加速农村经济和社会的发展。区域协调发展，就是在充分考虑到各地的自然禀赋与经济基础存在差别的基础上，逐步建立促进区域经济协调发展的机制，要实现区域发展战略从沿海优先发展向区域协调发展的全面转型。区域经济协调发展战略的核心，是在充分发挥各地区比较优势的基础上，合理定位，通过突出各自的发展重点，塑造自身的竞争优势。东部地区要在推进产业结构升级方面走在全国前列，优先发展高技术产业、出口导向产业和现代服务业；中部地区要按照可持续发展的要求，依托中心城市和主要经济带构建一批现代化水平较高的工业增长极，推进能源原材料工业和装备工业的集群发展；西部地区要根据自身的资源禀赋和产业基础，以市场为导向，构建起有竞争力的西部特色产业群。经济与社会协调发展，就是要加快社会领域改革和体制创新，增强对科技、文化、教育、医疗卫生和社会保障等领域的投入，加快社会事业的发展。人与自然的协调发展，就是要坚持可持续发展理念和政策，处理好经济建设、人口增长与资源利用、生态环境保护的关系，推动整个社会走生产发展、生活富裕、生态良好的文明发展道路。统筹国内发展和对外开放，就是要注重利用外部有利条件和发挥自身优势相结合，利用国际国内两个市场、两种资源，更好地促进中国现代化建设。

2. 更加重视经济增长的质量和效益

长期以来，我们普遍重视经济增长的速度，经济增长主要依靠劳动、资本、自然资源和土地等要素的投入数量增加，这种经济增长方式不仅效率低，浪费了大量的资源，而且还环境污染严重。目前，我们已经进入了工业化和城市化的加速发展阶段，重化工业的大发展不仅是工业化进展到一定阶段的必然，而且对于中国这样一个大国具有重要的战略意义。但是，重化工业具有资本有机构成较高、投资需求大、能源消耗大等特征，因此，发展重化工业必须走符合中国国情的新型工业化道路，强调集约式、高效益的重化工业发展路径，依靠信息技术、节能技术以及环保技术等领域的创新，最大限度地缓解重化工业发展与资源环境之间的矛盾，使重化工业也能够以最小的资源和环境代价实现自身的快速发展。

从国际经验看，许多国家，特别是后起发展国家，从初期的粗放型增长逐步转变为集约型增长，在很大程度上取决于自主创新能力的培育和发展。不管是源于新发明和技术进步，还是结构调整、规模经济、组织变革、管理方式改变、劳动力素质提高等因素的作用，创新的本质涵义都是指通过生产要素有机组合变化，提高要素效率，从而突破经济资源的瓶颈约束，促进经济持续快速增长。因此，要加强基础研究、前沿技术研究和社会公益研究，加快建立以企业为主体、市场为导向、产学研相结合的技术创新体系。

3. 更加重视结构优化

需求结构方面，要重点调整和改善投资和消费不平衡问题。我国经济发展中存在的投资率偏高、消费率偏低的问题。第三产业发展滞后、居民收入差距扩大等结构性问题，都直接或间接地与收入分配中存在的问题有关，或者说这些经济结构问题在一定程度上是收入分配问题的反映。因此，要提高消费在国民收入分配中的比重，调整收入分配政策，不断提高居民收入，特别要重视提高中低收入居民的收入。

供给结构方面，加快和推进产业结构的优化和升级。就三次产业结构而言，要改善现有的产业增长格局，加快第三产业的发展，要从改革体制、加大投入、完善政策等方面，鼓励和支持服务业加快发展，尤其要发展物流、金融、信息、咨询、旅游、社区服务等现代服务业。要通过发展高新技术产业，振兴装备制造业，积极发展可再生能源，有序发展替代能源，广泛应用先进技术改造提升传统产业等，实现产业结构由高消耗、粗加工，向高效率、精加工转变。要加大推进产业组织结构的调整，加快大型企业的发展，形成一批大的企业集团，提高企业规模经济水平和产业进步；要注重中小企业的发展，推动中小企业与大企业形成分工合作的关系。

4．更加重视深层次的改革

要进一步推进市场化改革。当前，一些深层次的体制障碍还严重阻碍着中国的现代化进程，行政机构的改革、垄断行业的改革、分配制度的改革、金融体制改革、教育与就业制度改革、社会福利制度改革、医疗体制改革、城乡劳动力市场一体化改革等都有待进一步推进和深化，这些改革将成为推动中国经济和谐发展的新动力。

参考文献

1．陈佳贵、黄群慧、钟宏武：《中国地区工业化进程的综合评价和特征分析》［J］，《经济研究》，2006（6）。

2．江小涓：《理解开放与增长》［J］，《比较》2006，（26）。

3．李京文：《中国经济增长的理论与政策》［M］，北京：社会科学文献出版社，1998。

4．李善同：《中国经济增长潜力与经济增长前景分析》［J］，《管理世界》，2006，（9）。

5．乔纳森·沃特泽尔：《中国：最优增长模式》［A］，《崛起？！中国未来10年经济发展的两种可能》［C］，北京：社会科学文献出版社，2007。

6．汪同三、张涛：《从收入分配角度促进经济结构调整》［N］，《人民日报》，2003－10－19。

7．王小鲁、樊纲：《中国经济增长的可持续性》［M］，北京：经济科学出版社，2000。

8．劳伦斯·克莱茵：《中国经济的稳定扩展》［A］，《中国经济增长的理论与政策》［C］，北京：社会科学文献出版社，1998年。

9．高辉清："我国人口政策需要适时微调"，http://news.hexun.com/2113486.shtml，2006。

10．国家统计局：《2006中国统计摘要》［R］，北京：中国统计出版社，2006。

原载《中国工业经济》，2007年第7期

深刻领会和把握"转变经济发展方式"

周叔莲

1995 年，党的十四届五中全会提出"积极推进经济增长方式转变"以来，引发了研究转变经济增长方式的热潮，促进了我国经济增长方式的转变。党的十七大又提出"加快经济发展方式转变"，同样引起人们的热烈关注和认真学习。学习中提出一个问题：转变经济发展方式和转变经济增长方式两种提法是什么关系？有一种意见认为，十七大用转变经济发展方式替代了转变经济增长方式。

这种意见不够确切。因为，经济发展方式虽然包括经济增长方式的内容，但是转变经济发展方式仍然要求转变经济增长方式。而按照上述这种意见，似乎转变经济增长方式的提法失效了，不存在转变经济增长方式的任务了。而事实上，我国仍面临着艰巨的转变经济增长方式的任务，不过它要和转变经济发展方式的其他任务紧密结合起来完成。在十七大报告中也多次提到增长方式的问题。所以，确切地说，从十四届五中全会提出转变经济增长方式到十七大提出转变经济发展方式，不是用一种提法替代另一种提法，而是我国国民经济发展战略的一个重大发展。

那么，什么是经济增长方式和经济发展方式呢？一般来说，经济增长方式内容比较明确，它是指通过生产要素的变化，包括数量增加、结构变化、质量改善，实现经济增长的方法和模式。而经济发展方式的内容则比较丰富复杂，其全部内容和体系结构尚待研究。但现在可以明确的是，它除了包括经济增长方式的内容外，还包括产业结构、收入分配、居民生活以及城乡结构、区域结构、资源利用、生态环境等方面的内容。转变经济发展方式，既要求从粗放型增长转变为集约型增长，又要求从通常的增长转变为全面、协调、可持续的发展。

经济增长理论是经济学的一个专门学科。有很多经济学家专门研究经济增长问题，也有不少经济学家在研究经济增长问题时，超出了经济增长含义的范围，涉及经济发展中的许多问题。例如，美国著名经济学家库兹涅茨写过《现代经济增长》和《各国的经济增长》两部名著，他根据对一些国家长期统计资料的分析，认为现代经济增长具有以下几个特征：一是人均产值和人口的高增长率；二是全要素生产率的高增长率；三是经济结构急剧变动，如农业、工业、服务业比重的变化，企业规模和企业组织的变化，职业状况的变化；四是社会结构和意识形态迅速变化，如城市化、世俗化；五是全球化的发展趋势。我国许多经济学家也早就指出：转变经济增长方式不仅包括经济效益的提高，而且包括经济增长能否持续稳定健康地进行，能否实现产业结构的优化升级和生产的规模化，能否使广大人民的生活质量显著提高及生活环境能否改善。

党的十七大明确提出"转变经济发展方式"，并把它作为"关系国民经济全局紧迫而重大的战略任务"，这是认真总结实践经验和深化理论认识的结果。改革开放以来，在中国特色社会主义理论指导下，我们坚持以经济建设为中心，聚精会神搞建设，一心一意谋发展。党中央不仅一直十分重视转变经济增长方式问题，也十分重视转变经济发展方式问题。党的十二大提出，把全部经济工作转到以提高经济效益为中心的轨道上来。党的十三大提出，要从粗放经营为主逐步转上以集约经营为主的轨道。党的十四大提出，努力提高科技进步在经济增长中所占的含量，促使整个经济由粗放经营向集约经营转变。党的十四届五中全会提出，实现经济体制和经济增长方式的两个根本转变，向结构优化要效益，向规模经济要效益，向科技进步要效益，向科学管理要效益。党的十五大又把完善分配结构和分配方式、调整和优化产业结构、不断改善人民生活作为经济发展的重要内容。党的十六大提出了全面建设小康社会的奋斗目标，强调要走新型工业化道路，大力实施科教兴国战略和可持续发展战略；全面繁荣农村经济，加快城镇化建设；促进区域经济协调发展；深化分配制度改革，健全社会保障体系。进入新世纪新阶段以来，党中央又根据面临的形势和任务提出科学发展观和促进国民经济又好又快发展等战略思想。这样，十七大明确提出转变经济发展方式，就是必然的和自然而然的了。

十七大提出转变经济发展方式，可以从以下几点来认识和理解。

1. 经济发展中出现了一些迫切需要解决的问题。十六大以来，我国经济保持平稳快速发展，国内生产总值平均年增长10%以上，经济效益明显提高，经济实力大幅提升。总体说经济形势是很好的，但也出现了一些值得重视的问题。其中，有些是原来就存在的，但现在尖锐化了；有些是新出现的问题。例如，随着经济快速增长，资源消耗和资源供给的压力明显加大。又如，生态环境压力越来越大，越来越多的地区成为不适宜人类生存的地方。再如，由于积累消费比例不合理和居民收入差距扩大，低收入者收入水平低，制约着经济健康发展。又再如，国际贸易不平衡，外贸顺差过大，国际收支盈余过多。此外，城乡不平衡、区域不平衡、经济社会发展不平衡等矛盾也趋于突出。这些都是经济发展方式的问题，不是单靠转变经济增长方式所能解决的，需要靠加快转变经济发展方式来设法解决。

2. 就经济增长方式论经济增长方式，难以实现根本转变经济增长方式的要求。党的十四届五中全会提出根本转变经济增长方式以来，经过不断努力，虽取得了不少成效，但总体上看经济增长方式尚未实现根本转变。近年来，随着经济增长速度加快，增长方式粗放的问题更加突出。转变经济增长方式要求生产要素结构优化，质量提高，达到节约资源、增加产出的目的，这势必涉及经济发展方式中的方方面面的问题，单靠转变经济增长方式不仅难以根本转变经济增长方式，还可能产生一些新的问题。因此，必须把转变经济增长方式和转变经济发展方式结合起来。

3. 经济发展方式是包括生产、分配、交换和消费等环节的一个大系统，经济增长方式涉及的主要是生产，是经济发展方式大系统中的一个分支系统。马克思说，生产、分配、交换、消费"构成一个总体的各个环节，一个统一体内部的差别"；"一定的生产决定一定的消费、分配、交换和这些不同要素相互间的一定关系。当然，生产就其单方面形式来说也决定于其他要素"。提出和研究经济发展方式，有利于理清生产、分配、交换、消费诸领域之间和各自内部的关系；转变经济发展方式有利于解决当前面临的一些深层次矛盾，从而也有利于经济增长方式的根本转变。

4. 经济发展还涉及生产力和生产关系、经济基础和上层建筑的关系，还需要政治建设、文化建设、社会建设的配合。提出转变经济发展方式，使人们更加重视处理好生产力和生产关系、经济基础和上层建筑等问题，并更有利于经济建设、政治建设、文化建设、社会建设互相配合、互相协调、互相促进，保证国民经济又好又快地发展。

党的十七大提出转变经济发展方式，有多方面的重大意义。它反映了我们党对经济发展规律的认识更加全面和深刻，对实际工作的针对性指导性更强，也是对马克思主义发展理论的充实和发展。现在的主要问题是把这一正确的战略思想贯彻落实到实践中去，解决客观存在的问题，防止和避免停留在书面上和口头上。为此，我们要认真学习和深刻领会这一战略思想的内容和要求，尤其要系统深入研究当前经济发展中存在的重大问题，采取切实有效的措施，扎扎实实地解决这些问题，这是我们党理论联系实际的学风的要求。这样做才能真正完成转变经济发展方式的战略任务。

原载《中国社会科学院院报》2007 年 12 月 18 日；

《中国党政干部论坛》2008 年第 2 期转载

永远的怀念
——悼马洪同志

周叔莲

　　马洪同志是我国著名的经济学家。他坚持马克思主义基本原理，重视世情、国情、社情的调查，在经济管理、经济改革、经济结构、经济发展战略以及工业经济、企业管理等多种学科领域进行了开创性的研究。他不仅是中国经济学理论研究的带头人，而且是中国经济决策咨询的开拓者和领导者，是享誉国内外的经济学大师。

　　我是1977年下半年开始认识马洪同志的。1977年4月中央号召全国企业学大庆，国家计委组织由马洪等人领导的考察组去大庆总结经验。当时我在国家建委工作，要求参加这项工作，经国家建委领导同意，我也参加了考察组。马洪带领大家用了一年时间在大庆调查研究，撰写了《对大庆经验的政治经济学考察》（于光远主编、马洪等副主编）和《大庆工业企业管理》（马洪主编）两本著作，对大庆经验进行了比较全面科学的总结。那时"四人帮"谬论的流毒还有很大影响，《对大庆经验的政治经济学考察》一书中，在政治和经济的关系、生产与生活的关系、按劳分配的性质、科学技术的作用等问题上，结合大庆的经验，批驳了"四人帮"的谬论，推动了理论界的拨乱反正工作。

　　在大庆调查的后期，马洪受命筹建中国社会科学院工业经济研究所，为此他日夜辛劳，花费了大量心血。他和有关单位协商，调来了一批理论水平高、实践经验丰富的同志，如朱镕基、蒋一苇等人。适应当时的需要和条件，工经所组建了工业经济研究室、企业管理研究室、国外工业经济室、数量经济和技术经济研究室；在研究生院成立了工业经济系，招收工业经济、企业管理、技术经济、数量经济等专业的研究生；还积极开展对外交流工作。以后他担任中国社会科学院副院长，仍兼任工业经济所所长，一直到1980年5月。他为工经所的健康发展打下了扎实良好的基础。

　　1979年6月，国务院财经委员会为了更好地贯彻调整、改革、整顿、提高的方针，推进我国社会主义现代化建设，委托工业经济研究所开展全国经济结构调查。马洪组织工经所及有关单位数百人进行调查研究，经过 10 个月的工作，全面系统地摸清了国民经济各部门、各方面的情况和问题，向中央提出了调整经济结构的建议，圆满完成了任务。马洪主编的《中国经济结构问题研究》，在研究内容和研究方法上都有所创新，该书有中文、英文、俄文、日文等多种版本，是改革开放后向国外系统介绍中国经济的第一本经济学专著。

1981 年 4 月，马洪同志在中国社会科学院工经所和四川省社科院联合举办的"经济管理体制改革理论与实践问题讨论会"闭幕式上，作了题为《试论我国社会主义经济发展的新战略》的报告。以后经过补充修改，由中国社会科学出版社于 1982 年 1 月正式出版。该书论述了党的十一届三中全会以后我国社会主义经济发展战略的转变、经济结构合理化、经济管理体制合理化、经济组织合理化等问题。这是我国经济学界首次提出和系统研究中国经济发展战略问题，提出了一系列富有新意的科学论断，引发了以后研究中国经济发展战略的热潮，并推动科技界、社会学界对中国科技发展战略、中国社会发展战略等方面的研究。

马洪在《试论我国社会主义经济发展的新战略》中说：我国现行的经济管理体制"不符合社会主义经济发展的客观规律"，"它和大力发展商品生产、商品交换的要求是不相适应的，和满足人民不断增长、不断变化的需要是不相适应的"；经济改革"就是要有步骤地改变现行经济管理体制严重不合理的状况，建立起能够大大促进生产力发展，适应社会主义四个现代化建设需要的经济管理体制"。他认为经济管理体制要抓住搞活企业这个中心环节。早在 1978 年 9 月，他就在《光明日报》发表《论充分发挥企业的主动性》一文，认为经济管理体制改革应当把发挥企业主动性作为基本出发点，不能只在中央和地方的关系上兜圈子。1979 年他在《改革经济体制和扩大企业自主权》一文中又指出："经济管理体制要从扩大企业自主权入手"；社会主义企业"是商品生产的基本单位"，"企业必须实现经营管理的'自动化'"，即"企业能够经常充分地发挥主动性，实行自主管理，自动调节"。他是建立现代企业制度的积极倡导者。

在党的十二届三中全会召开前夕，马洪同志给中央领导写信，建议把"社会主义经济是有计划的商品经济"这一提法写进全会的决议中。他说："这个提法太重要了，如果不承认这一点，我们经济体制改革的基本方针和现行的一系列重要的经济政策都难以从理论上说清楚。""我们 30 多年来的实践证明，凡是在一定程度上承认商品经济和发挥价值规律的作用时，我国的经济发展就顺利，就迅速，经济效益就好，否则，就得到相反的结果。但是，长期以来，把计划经济和商品经济看做是互不相容的，相互排斥的，截然对立的东西。从认识上说，这往往是经济战线上产生'左'的一个重要原因。"

　　1985 年 5 月，马洪同志又在《加强社会主义制度下市场经济的研究》一文中指出："我国通过改革建立的社会主义有计划商品经济是一种用宏观管理的市场来配置资源的经济，我认为，在这个意义上也可以叫做社会主义市场经济"。党的十四大明确了我国改革的目标是建立社会主义市场经济体制后，江泽民同志委托马洪同志主编一本宣传、普及社会主义市场经济基本知识的读物，他组织专家学者共同撰写了《什么是社会主义市场经济》一书，江泽民亲自写了序言。这本书深受社会各界欢迎，产生了很好的影响。

　　马洪同志长期研究企业管理，改革开放以后十分重视研究发达资本主义国家的情况和经验。他曾多次率团出访，既考察了美国、日本和欧洲各主要发达国家，又考察了印度、巴西等发展中国家，认真进行调查、比较和研究。1979 年10～11 月，他曾率"中国工商行政管理代表团"考察了美国麻省理工学院、宾州大学、印第安纳大学、斯坦福大学、哈佛大学五所大学的管理教育。我作为团员，亲眼目睹他详细询问各个学校的管理教育情况、经验和特点，协助他收集这些学校的博士学位、硕士学位教学计划。回国后他立即主编出版了《美国怎样培养企业管理人才》一书，介绍了美国管理专业教育的体系、学制、课程设置、教学方法、教师队伍、学生构成、科学研究等方面的情况，并撰写了重视培养管理人才的文章。他还组织专家在认真研究的基础上，主编了《国外企业管理比较研究》等书籍，推动了我国管理教育和管理人才的培养工作。

　　我和马洪同志相处 30 年。他是我的领导，也是我的良师益友。他对祖国和人民的热爱，对党的事业的忠诚，勤奋、认真、谦和、负责的工作态度，求真务实、与时俱进的思想作风，都使我深为感动，深受教育。他对己严格，待人宽厚，爱惜人才，乐于助人。他善于发现和发挥别人的优点长处，鼓励发表不同意见。在他领导下工作确实非常辛苦，但心情是愉快的，成绩也明显，学到的更多。他患病期间，我经常去看他，他总要我介绍理论界的情况和动态，每当说起他关心的问题时，他就目光发亮，兴奋起来。他的目光是我永远不会忘记的。后来他病重了，限制探望，我们见面就少了，但我总想念着他。现在他离我们而去，给我留下了永远的怀念。

原载《地方财政研究》，2007 年第 5 期

荣誉学部委员

留给历史评说的旧作：
《试论社会主义市场经济》

于祖尧

　　28 年前，也就是 1979 年，这年的 3 月《经济研究参考资料》发表了我历时半年草成的论文《试论社会主义市场经济》。4 月，我院经济所在无锡召开了"关于价值规律在社会主义制度下的作用"学术研讨会。该文提交给会议，并收在会后出版的论文集中。

　　据文献记载，这篇旧作是我国经济学界最早提出"社会主义市场经济"范畴，并尝试从理论上加以论证的论文。1993 年，这篇文章获社科院首届优秀科研成果奖。今天，尽管"社会主义市场经济"这一提法已经没有多少人表示疑义了，而我的那篇文章也只不过是表达了当初我对我国经济建设中提出的问题的粗浅回应，但在当时还是被当做"异端"列入另册。

　　苏联版的《政治经济学教科书》是我学习政治经济学社会主义部分的启蒙读本。我对它的基本观点可说是坚信不移，甚至在检讨我国经济建设中的失误时都要求教于它。为什么我竟然"离经叛道"，把长期被认定是资本主义同义语的"市场经济"引入社会主义呢？

　　事情要追溯到"文革"。"十年动乱"把人们卷入了派仗，尽管当时要求"理解的要执行，不理解的也要执行"，但我还是当了 10 年的"逍遥派"。按照"要关心国家大事"的"最高指示"，我思考建国后的历史，带着百思不得其解的问题向古人求教。我做了四件事：一是重读《资本论》和《反杜林论》；二是对照我国实践，结合学习苏联国民经济史，系统阅读列宁在十月革命后的著作；三是学习近现代西方经济史，探讨工业化和现代化道路问题；四是用比较方法重读西方经济学家的代表作。这一时期的阅读使我获益匪浅。可以说，为我后来的研究和写作，从理论和历史两个方面作了较厚实的铺垫。

　　粉碎"四人帮"后，经济学界在批判"文革"极左思潮的同时，对我国经济体制问题开展了热烈的讨论。禁区一经打破，各种思潮、各种观念纷纷登台。各种形式的研讨会，从全国理论务虚会到北京地区的双周座谈会纷纷举办，学术界特别是经济学界呈现空前活跃的局面。就改革对策而言，众说纷纭。但在社会主义经济基本理论上依然固守传统观念，改革依然属于旧体制框架内的调整性质。没有理论创新，就不可能实现体制上的突破。创新，一要有无私无畏的胆识和勇气，二要有实事求是的科学精神。一个真理性的认识，要得到社会认可，不仅需要实践，而且需要社会环境和条件。我的文章发表后，遭到同行冷待，固然与我人微言轻有关，但更重要的是传统观念一直将市场经济视为资本主义专属物。在无锡会议期间，有位远在京城的学者致函会议，批评主张实行"社会主义市场经济"的观点，说市场经济就是资本主义经济；实行市场经济就是实行资本主义。当时，主流观念认为，社会主义制度下虽然存在商品生产，改革计划体制应引入市场机制，但社会主义经济本质特征是计划经济。一个学者，当他经过苦心研究取得的成果，不被同行认同，遭到冷遇，其心中的苦涩滋味是常人难以体会的。经过一段思考，在前行和放弃之间，我最终还是选择了硬着头皮继续沿着原来的思路深入下去。20多年来，可以说，我的研究始终跟随改革的实践，沿着完善、丰富、充实"社会主义市场商品经济"理论轨迹进行。

"市场经济"这一范畴在西方经济学辞典里是作为资本主义经济同义语、资本主义特有的经济范畴诠释的。社会主义制度要实行市场经济，是否必须以西方经济学为指导，全面否定马克思的劳动价值论？我的研究得出了相反的结论。马克思认为，一旦社会占有生产资料，商品生产将消亡。但在现实社会主义社会中，商品生产不仅没有行将消亡的客观条件，相反还会进一步趋向发展和繁荣。因此，我们应该结合实际，深化马克思商品论的研究。我在这方面做了以下探索：一是区分资本主义灭亡和商品消亡是两个不同的过程；后者所需要的条件远比前者要高得多；二是从人类历史发展过程区分商品货币的一般规定性，即共性和各个特殊社会中的特殊性即个性，揭示出马克思商品理论中所蕴含的商品生产的普遍规律；三是从恩格斯关于价值规律是商品生产的基本规律的论点中得到启示，既然社会主义实行商品经济，那么，价值规律也必然是作为制约其他经济规律，起主导作用的首要规律起作用；四是从价值、商品、货币产生和发展的几千年长寿史中，揭示出它具有适应不同生产力水平、独立于社会经济制度的特性，从而赋予马克思商品论新的含义；五是从马克思的按劳分配理论演绎出社会主义制度下的劳动不具有直接的社会性，因而必然存在商品和货币，以及商品经济与社会主义是兼容的结论。

我坚持历史唯物主义关于生产力决定作用的原理，不认同生产和交换方式可以任人自由选择的唯心史观，也不认同单纯把经济运行效率作为选择经济制度和体制的唯一标准，更反对把产权明晰唯此唯大的主张。在社会主义市场经济中，所有制改革，无论是结构、形式都必须以我国生产力现状、生产力性质和水平为根据，决不能照搬西方教条。

我的"社会主义市场经济观"是基于对中国国情和国际背景的认识。一方面，中国原是自然经济占优势的农业社会，不可能直接过渡到现代的社会主义，中国必须经历商品经济大发展的历史过程；另一方面，中国原是半封建半殖民地社会，经过新民主主义革命，有可能越过资本主义阶段，逐步过渡到社会主义。中国不可能走上独立的资本主义发展道路。资本主义化即殖民地化，这是一条死路。市场经济和社会主义基本制度相结合，这是我们的唯一正确选择。

实行社会主义市场经济，必然经历长时期的破旧立新过程。破旧立新必须坚持实事求是，从中国的国情出发，切忌拔苗助长搞速成。破旧，决不该对历史采取虚无主义，否定一切；立新，要借鉴西方国家管理经济的成功经验，但决不能迷信、盲目照搬西方的教条。事实上，市场经济对我们并不是舶来品，我们有成功驾驭市场经济的实践经验。在建国前根据地建设和建国后经济恢复时期，我们实行的就是一种特殊形式的市场经济。

我的"社会主义市场经济观"，对市场的本质的理解与主流观点并不等同。我认为，市场是交换关系的表现形式，是社会生产关系的一个重要方面，即社会再生产必经的人们之间互相交换劳动的过程。理论经济学不是从应用层次上、从经济运行角度研究市场，而是要揭示出物的交换所掩盖的人们之间的关系。把经济学的研究对象界定为"研究资源配置的科学"，实际上是从研究被物的外壳掩盖的人们之间的互相关系倒退到研究人与物的关系。

旧作的标题用了"试论"二字，其用意是表明对这个新的重大课题进行初步的试验性探索。理论研究应当具有前瞻性，但任何理论都无法超越实践的限制。社会主义市场经济理论只有在经历了实践——认识——再实践——再认识，循环往复，才能逐步走向完善和成熟。

我国正在经历着"社会主义市场经济从理想到科学"的历史性变革。我的旧作不过是提出了一个供探索的问题，如此而已。

原载《中国社会科学院院报》，2007年5月24日

构建社会主义和谐社会中
财政职能的特殊问题

何振一

在市场经济条件下，构建社会主义和谐社会中，财政除了要发挥为市场经济服务的职能之外，还要发挥什么样的特殊职能作用，才能有效地满足构建和谐社会的需要？这是当前急需从理论与实践结合上给予回答的一项重大课题。

一、社会主义和谐社会的内涵

构建社会主义和谐社会理论，是以胡锦涛同志为总书记的党中央对邓小平理论和"三个代表"重要思想的继承和发展，是马克思主义科学社会主义理论的创新成果，它进一步回答了什么是社会主义，怎样建设社会主义，和社会主义建设目标的问题。这一重大理论，乃是新世纪、新阶段全国人民团结奋斗的重要思想基础，是推动中国特色社会主义事业发展的强大思想武器。

建设和谐社会，始终是人类追求的理想社会形态。在我国乃至外国的历史上，都产生过不少追求社会和谐的思想。例如，在我国古代孔子等儒家思想中，就有"和为贵"、"兼相爱"、"中庸之道""天下为公、送贤与能、讲信修睦"的大同社会的主张（见《礼记·礼运》），道家则有追求人与自然和谐的主张；在近代，有太平天国洪秀全的"天下共享"，康有为在《大同书》中提出的建立"人人相亲、人人平等、天下为公"的理想社会的主张，等等。在外国，如古希腊柏拉图的"理想国"、近代的空想社会主义者的《乌托邦》和《太阳城》著作关于理想社会的论述，以及于1842年英国空想社会主义者欧文在美国印第安纳州进行的构建"新和谐"社会的试验，等等。然而，在阶级社会里，阶级矛盾是不可调和的，只有通过激烈的阶级冲突才能解决。所以马克思主义认为阶级社会的全部历史，从根本上说就是一部阶级斗争史。希望在阶级社会中建设和谐社会，只能是一种良好愿望，是不可能成为现实的，只有在消灭阶级，建立起社会主义制度后，建设和谐社会方能成为现实。所以党的十六届六中全会决议中，开宗明义就明确指出："社会和谐是中国特色社会主义的本质属性"，就是说和谐社会天然是社会主义社会特有的形态，它始终是建设社会主义社会的目标和战略任务。因此，那种把我国历史上出现的"文景之治"、"康乾盛世"及西方的"福利国家"也看成是和谐社会是不科学的。那么社会主义和谐社会的内涵是什么，依据党中央关于科学发展观、构建和谐社会等一系列理论论述和战略部署，就广义社会而言，我理解社会主义和谐社会的内涵至少要包括以下几个要点：（1）社会生产力得到高度发展，消灭了阶级、消灭了剥削、消除了贫富差别和消除了城乡差别和地区差别，实现了共同富裕，这是和谐社会形成的经济基础；（2）全体人民当家做主，经济、政治、文化、社会生活全面实现了法制化，这是和谐社会形成的政治前提；（3）社会先进文化得到高度发达，人人都得到全面发展，人与人关系上诚信友爱、相互尊重、平等相待、团结互助，人人都成为有道德的人、高尚的人、有利于社会的人，这是和谐社会的狭义社会层面的基本形态；（4）人与自然关系高度协调，这是和谐社会赖以存在的自然承载。所以，和谐社会的内涵如果用一句话来概括可表达为：以先进生产力、消灭了剥削和实现共同富裕为经济基础的，以民主、法制、平等为政治前提的社会内部诸关系，以及人与自然关系全面和谐的社会主义社会的外在形态。

二、构建和谐社会中财政职能的特性

构建社会主义和谐社会，是社会主义建设事业的宏伟战略目标，实现这一目标是一个长期历史过程。任何一种社会制度，只有在一定阶级的财政支持下才会产生。在构建社会主义和谐社会的历史过程中，充分发挥财政职能作用，乃是实现这一伟大战略目标的重要保证。

财政一般与财政特殊，财政职能的共性与特性关系的理论，是研究和认识和谐社会构建中财政职能发展变化的一个重要指导思想。我国的财政学界，对财政职能的认识，虽然存在着这样那样的不同，但有关财政和财政职能的一般和个别，共性与特性关系的认识基本是一致的，这样我们就有了讨论的共同思想基础，故这里对财政职能的共性与特性或一般和个别关系不再赘述。这里需要说几句的是，任何类型的财政及其职能，都是共性寓于特殊之中，都是共性与特性的统一体。在财政理论研究上，只注意其共性，忽视其特性的研究，是不完整的。财政职能的共性，反映的是财政一般的本质，而特性才是各个不同社会制度下和不同的经济运行方式下的财政职能内容的具体表现。因为，财政作为满足社会共同需要的社会集中化的分配范畴，它是社会的生产关系的有机组成部分，与生产关系是同一体，是生产关系的另一方面。所以财政分配，它不能不受社会制度性质和不同的经济运行方式的直接制约，这就决定了财政职能作用范围不是固定的而是发展变化着的，在不同社会制度不同经济运行模式下的财政职能，除了共性之外，又必然都各自有其特殊的职能作用，因此，在我国构建社会主义和谐社会，就理所当然地在财政职能作用上有其特殊性。

在构建社会主义和谐社会中财政职能特殊作用是什么，有一种意见认为，我国的经济运行方式是市场经济，基于市场经济要求而形成的财政职能，相对计划经济财政职能，也就是财政职能特殊，我国的财政职能只能限于为市场经济服务这个范围，即是西方财政学体系中所揭示的资源配置、收入分配和经济稳定等三大职能所覆盖的范围，这三大职能已把市场经济下的财政职能特殊概括无遗，无需探求新的职能。然而市场经济不可能离开一定的社会制度而独立存在着，它总是要在一定社会制度下运行着，在我国的市场经济是与社会主义制度结合在一起的，是在社会主义制度下运行的，如前所述，财政职能是受社会制度和经济运行方式双重制约的。在财政职能上就必然是既有与西方市场经济财政相同的部分，即市场经济下财政职能的共性，又有受社会主义制度制约的，为社会主义建设服务职能的特殊部分，即社会主义市场经济下的财政职能特性。因此，西方财政学概括的财政三大职能的作用范围，无论将市场经济下财政职能概括得多么科学、多么无遗，都不可能把我国的社会主义市场经济下的财政职能特殊包括进去。在构建社会主义和谐社会中，我国的财政除了具有为市场经济服务的三大职能之外，还有哪些特殊的职能呢？

依据社会主义和谐社会内涵的理解，和党的十六届六中全会提出的，新阶段构建社会主义和谐社会的目标与任务，看来至少要有以下几项：

第一，维护社会主义公有制主体地位的职能作用。所谓公有制的主体地位，是指公有制在社会总资产中占优势，国有经济控制国民经济命脉，对经济发展起主导作用。在多种经济共同发展的条件下，巩固和发展公有制经济乃是保障我国社会制度的社会主义性质不变的前提条件，也是构建和谐社会所必需的经济基础。要发展公有制经济、保障公有制经济的主体地位，就必须有持续增长的积累和投资，而这些积累与投资的资源从哪里来？只能是从财政集聚集起来的公共资源中供给。说到这里也许有人会问，不是说财政要从盈利性经营领域退出去吗？财政怎能再向生产建设领域投资呢？是的，为了更好地发挥市场经济优化资源配置的作用，财政是要从盈利性投资领域退出去。问题是要正确理解从盈利性投资领域退出去这一概念的内涵，所谓从盈利性投资领域退出去，是指财政不要再从事单纯出于盈利目的的投资，而不是说财政对任何会产生盈利的投资领域都不能再投资。正如邓小平同志指出的，在改革中我们始终要坚持两条根本原则，一是以社会主义公有制为主体，一是共同富裕。出于保卫我国社会的社会主义性质不改变，出于巩固和发展公有制经济和调节控制市场经济，使之沿着有利于社会主义建设的方向发展，以及借助国有资本的力量，诱导社会资本进入农村改造农业小生产，使之转向产业化的社会化大生产，服务于新农村建设，发展壮大集体经济，财政对那些关系国计民生和经济命脉、对经济发展起主导作用领域的投资，无论它有无盈利，都必须发挥出资者职能作用，这是社会主义社会性质决定的，也是构建社会主义和谐社会的必然要求。

第二，促进全体人民逐步走向共同富裕的职能。实现共同富裕乃是和谐社会的基础性内容，因为存在贫富差别的社会是不可能和谐的。实现共同富裕目标，靠市场机制的自发作用无从解决，仅仅靠前述的旨在为市场经济服务的财政调节分配的一般职能也无从解决。因为市场经济下的收入分配，是按要素贡献实施的，即等量贡献取得等量的所得，依据的是等价交换原则，在生产成果分配上，只要各个要素投入者之所得都符合等价交换原则，就是公平的或符合正义的。显然这种公平或正义，是不能解决共同富裕问题的。这是因为，在市场经济下劳动、资本和土地等要素同样都是商品，而劳动要素投入却只能以劳动力形态出现，在以等价交换为原则的成果分配中，劳动力要素是以劳动力价格为尺度，并不是按劳动力所付出的实际劳动质与量为尺度的，再加上在诸多的生产要素中，劳动力要素相对资本与土地等要素，是稀缺程度最低的，从而在分配中始终处于劣势，资本始终处于优势，从而在等价交换的表面公平分配下始终掩盖着严重的不公平，这种分配机制不仅不能实现共同富裕，而且还会不断地扩大着收入差距。这一点已为西方发达的市场经济国家的实践所充分证明。美国是世界上市场经济最成熟的国家，也是自我标榜最注重"公平"、"公正"的国家，从罗斯福实行新政以来，历届政府为了实现收入分配的公平、正义，不断地运用财政职能作用进行调节，然而多年实践的结果，收入差距不但没有缩小，反而日趋扩大，现已成为世界上收入分配两极分化最为严重的国家。据 2006 年香港《东方日报》透露，美国农业部 2006 年 11 月中旬的报告指出，美国共有 3400 万人贫困得无法得到足够的食品。美国《纽约时报》

网站 3 月 29 日报道：2005 年纳税数据分析表明，收入排在前边的 30 万美国人的总收入相当于社会底层 1.5 亿人的总收入，前者是后者人均收入的 440 倍。可见在我国发展市场经济条件下，构建社会主义和谐社会，逐步使全体人民走向共同富裕，仅靠运用适应市场经济要求的财政调节收入分配手段不成，只有寻求特殊的财政职能作用，构造一个在全民建设和谐社会中，能够鼓励先富带后富，在共建中共享，共享中共建的长效机制方能实现。

　　第三，促进城乡差别和地区差别逐步消除的职能。消除这两大差别，在我国是构建和谐社会中具有决定性的战略重任。从发达国家经验来看，实现这两大目标，靠市场经济发展也能起到一定作用，但单靠市场机制的作用来解决，不仅要经历一个漫长的时日，而且还得不到全面的彻底解决。特别是在我国还处于工业化发展的中初级阶段，弄不好还会有差别进一步拉大的可能。只有依靠政府的有力干预，通过行政的、法律的、经济的，特别是财政的干预方能成功。日本的实践，就是一个很好的例证。日本从明治维新始，就试图借助发展市场经济解决地区间发展差距问题，当时日本的北海道地区是最为落后的地区，为了开发北海道，使其快速发展起来以缩小地区差距，专门设置了北海道拓殖银行以支持其开发。这种单纯寄希望于发展市场经济来实现开发目的设想，直至第二次世界大战终了时也没有多少实效，北海道依然处于落后的小农经济为主的状态中。至上个世纪 70 年代在日本内地出现了企业布局过度拥挤，环境污染严重，土地供给紧张，交通堵塞等等，经济发展呈现出不可持续性危险。日本首相田中角荣上台后，为解决经济社会所面临的困难，提出了"列岛改造论"，编制了全国改造与发展规划，在公共资源配置上采取了一系列向欠发达地区倾斜的举措，诸如中央财政加大在这些地区交通、公共事业投资的力度，通过中央十大金融公库，加大对欠发达地区支援力度，并运用财政政策投融资的带头羊作用，诱导私人资本向边远不发达地区投资开发，办企业及转移与扩散企业，等等。通过财政这些独特的职能作用，北海道等后发达地区的经济社会发展才逐步加快起来，工业化、农业产业化和城市化都得到了较快推进，地区之间、城乡之间差距也开始逐步缩小。我国近些年来所采取的财政资源配置向中西部地区、向农村倾斜的措施和政策，以及运用国有经济的主导作用，加大向后发展地区投资力度，运用财政政策引导外资及内资到中西部开发等举措，所取得的显著成效也证明了，只有政府加大干预力度，在财政上采取特殊的职能作用，方能在缩小地区差距和城乡差距方面，取得切实成效。

　　总之，在构建社会主义和谐社会中，必须在发挥满足市场经济要求的财政职能一般作用的同时，大力发掘新的财政职能作用，构造一个促进社会主义和谐社会建设的财政特殊职能作用的长效机制，乃是构建和谐社会的内在要求。

参考文献

1. 中国共产党第十六届中央委员会第六次全体会议文件汇编。

2. 《邓小平文选》第三卷，人民出版社 1993 年 10 月出版。

3. 何振一著：《理论财政学》第二版，中国财政经济出版社 2005 年 4 月出版。

原载《中国财政》，2007 年第 6 期

财力与事权相匹配：完善财税体制的关键

何振一

《中共中央关于构建社会主义和谐社会若干重大问题的决议》中，提出了健全财力与事权相匹配的财税体制的重任。基于现行分税制财政体制的缺欠，采取什么样的改革方略，才能切实有效地完成这项重任，这是需要从理论与实践结合上认真研究的课题，这里就此做些初略的探索。

一、财力与事权不匹配是现行财政体制的主要矛盾

多年来人们在研究完善我国财税体制中，都是运用完善分税制体制这样一个提法，党的十六届六中全会决议中，却提出了健全财力与事权相匹配的财税体制新概念，这是为什么？经过学习和研究，我认为这一新概念的提出，并不是对分税制财政体制的否定，更不是要建立一个与分税制体制不同的新的体制模式，而是对我国现行的分税制体制存在的诸多矛盾认识的深化，是完善我国财税体制理念的创新，抓住了我国现行分税制财政体制的主要矛盾，为我们指明了完善现行分税制体制的关键和要达到的基本目标。辩证唯物主义指出，在复杂的事物发展过程中，有许多矛盾存在的条件下，其中必有一种是主要矛盾，由于它的存在和发展，规定和影响着其他矛盾的存在和发展。因此，解决任何事物，如果存在多种矛盾，就要用全力找出主要矛盾，抓住这个主要矛盾，其他矛盾就可迎刃而解了。1994 年实施的分税制财政体制改革，就其总体来说是十分成功的，既克服了旧的财政大包干体制的包死了国家财政这一主要矛盾，又适应了建设社会主义市场经济体制的需要。在 1994 年前我国实行的财政大包干体制，虽然有利于巩固扩大地方和企业自主权的成果，但这种体制既包死了国家财政，带来了我国财政宏观规模不正常的持续下滑的弊端，从 1978 年的 31.2% 下滑到 1993 年的 12.6%，又包死了中央财政，导致中央财政占全部财政收入的比重大幅度下降，至 1993 年已下降至 22%。致使国家财政的收支矛盾日趋尖锐，陷入了严重的困难局面，人们不得不提出重建财政问

题。为此于 1994 年，实施了以提高"两个比重"为目标的分税制财政体制改革，由于这次改革抓住了财政大包干体制的主要矛盾，并以此为主要着眼点，改革的成效十分显著，自 1994 年改革之后"两个比重"得到迅速的改善，不仅中央财政收入占全部财政收入比重得到大幅度提高，从改革前的 22%提升到 55.7%，而且建立起了财政收入宏观规模快速、持续增长的良好机制，从 1993 年的 12.6%上升至 2006 年的 20%。

1994 年的分税制改革虽然取得了巨大的成效，但是由于受当时改革的客观条件所限，使分税制改革不得不采取了一些变通的方略，致使分税制体制改革的某些基本方面没有完全到位。这主要表现在：由于市场经济体制改革目标刚刚确立，政府职能转变尚未起步，财政职能转换还处于理论探索之中，因此，当时的分税制改革并不具备明确划分各级政府事权的条件，从而也不具备用科学的标准核定各级政府行使事权所必要财力的环境，只好采用承认已有事实的变通办法，即以 1993 年中央与地方各自行使事权的实绩，来确定中央与地方事权划分的边界，以 1993 年收支实绩来确定地方政府可能取得的收入和行使事权所需要的支出数额的办法。这种办法人们称之为基数法，虽然从静态来看，即从改革的时点来看，不失为一种明晰中央与地方事权边界和各自支出责任的好办法。但是从动态上看，它却既不能完全分清中央与地方之间的事权分工，又不能达到事权与财力之间相匹配的目标。因为，从动态来看，政府事权的行使，是存在稳定的和可变的两类，稳定的是指政府在各个年度内行使的规模和力度基本不变的事权，可变的是指在各个年度内不一定都有发生，或虽然都有所发生，但所需要的行使力度和范围会有所不同的事权。由于事权行使上存在这样的不同，使用基数法核定给各级政府的财力与事权就会发生错位。加之多年实施的放权让利改革，各个地方都得到了程度不同的既得利益，对这些既得利益一时还难以触动，为了改革的顺利实施，又采取了保护既得利益，即改增量不动存量的变通方略。以上这些体制构造上的变通方略，虽然使 1994 年分税制改革，顺利地实现了调整中央与地方财政关系，提高中央财政占全部财政比重的目的，但也造成了分税制体制构造上的先天不足，留下了财力与事权不相匹配的严重弊端，富裕地区可支配的财力大大多于行使事权的基本需要，而欠发达地区可支配财力大大低于行使事权的基本需要，这样，不仅未能解决历史原因造成的地区间财力分配巨大差距，反而引发了地区间财力差距呈现出进一步扩大的矛盾，造成了欠发达地区财政收支矛盾的进一步尖锐化，导致大面积的地方财政陷入严重困难局面，严重地制约了地区间公共服务均等化的推进。中央财政为了帮助欠发达地区解决收支矛盾，不得不在财政体制外，不断地增加专项（财力性）转移支付。结果不仅造成转移支付结构上的矛盾，一般转移支付过少，专项性转移支付过大的不合理局面，更造成中央财政负担不断加重，至 2004 年中央财政转移支付总量已达地方财政支出总量的 50%，使中央财政陷入了在收入持续大幅度增长的大好形势下依然要打赤字的困境。

总之，我国现行财政体制运行中所带来的诸多矛盾和困难，都是与 1994 年分税制体制构造上，没有建立起财力与事权相匹配关系直接相关的，所以解决这些矛盾的关键，就在于在完善分税制体制上，要以明确中央与地方的事权，建立财权与事权相匹配的财税体制为着眼点和落脚点，体制构造方略的抉择，都必须服从于和服务于解决财力与事权相匹配的需要，方能成功。

二、构造财力与事权相匹配财税体制方略的抉择

在新一轮财税体制改革中，当选取什么样的体制构造方略，才能达到财力与事权相匹配的目标？基于 1994 年财政体制建设的经验，基于全面落实科学发展观，和构建社会主义和谐社会战略任务的需要，看来做以下几项方略的创新是必要的。

1. 把明确划分中央与地方各级政府的事权放在体制构建的首位，从传统的承认事实的划分事权方法，转向以受益、效率、便民三原则为依据的划分事权的方法上来。我国是单一制国家，在行政管理体制上必须确保国家政令的统一，中央政府承担着对地方政府直接领导的职责。因此，行政管理体制安排的原则，始终遵循统一领导分级管理的方针。统一领导是为了保障政令的统一和畅通，分级管理为的是调动地方各级政府的积极性，确保政府的公共服务的高效率及人民享受政府服务的方便，从而受益、效率、便民三原则就天然成为单一制国家的政府事权划分的基本准则。所谓受益原则，是指政府事权划分要按政府各项服务所覆盖的居民范围，来确定某项服务归哪级政府承担的办法，不同类别的公共品和公共服务的供给，有的受益范围覆盖全国、全体居民受益，则应划归中央负责，有的只覆盖一定区域，则应划归地方各级政府负责。在通常情况下，按受益范围划分事权，也是服务效率最高和最为便民的，就是说受益、效率与便民三个原则通常是同一的。当然在特定情况下也会发生不统一的矛盾。从实践经验来看，这种特定情况主要可归结为两类：一是政府服务事项受益范围涉及若干行政区的情况；二是受益范围虽然是覆盖全国或几个行政

区，但从效率和便民来看，交给基层政府或一个行政区的政府去办，会更为有效率和更为便民。在划分各级政府事权中碰到这两种情况时，当如何处理为佳？基于单一制国家在行政管理上贯彻统一领导分级管理方针的需要，看来依然要首先依受益原则来划分事权，如果是发生前边的第一种特殊情况，则要采取使受益范围内各行政区共同承担责任的基础上，挑选出一个区域具体承担主办责任的补充措施，以提高效率。如果是第二种情况，则要在依受益原则划定责任主体基础上，再由责任主体依效率和便民原则委托给合适的行政层级去具体承办。用这种方式界定各级政府的事权，既可以在体制构造中明确各级政府的事权，又可以做到各级政府在行使事权上的权责利统一，确保体制有效的顺畅运行。

2. 转换收支额度测定与划分的思路，从追求全国使用同一标准，转向因地制宜区别对待的思路上来。从理论来说，在财政体制建设中的收支划分与测定上，采取全国同一标准，乃是最为公平的办法。但从落实科学发展观、构建和谐社会的需要出发，特别是从党的十六届六中全会决议规定的完善健全财力与事权相匹配的财税体制，逐步实现公共服务均等化的要求来说，继续采用同一标准却是不合时宜的。因为在地区间经济社会发展存在巨大差距的情况下，不仅公共服务存在严重的不均等，并且财政收入实际能力也存在巨大差距的条件下，在收支测算与划分上适用同一标准，就意味着对现存差距的固定，这样既不公平，也与实现政府公共服务均等化要求不符。相反，从各地区实际情况出发，给予区别对待，才能实现公共资源配置的公平，确保公共服务均等化的推进。当然，区别对待并不是不要标准，而是说要依地区不同状况，分类设置标准来测定与划分。为此可做如下设想：

（1）在财政支出基本需要测定方面，采取首先用统一的因素法测定出标准支出需要，然后以各类不同地区实际的公共服务水平，与预期要达到的基本公共服务均等化目标水平之差为依据，设定一个系数，对标准支出需要给予调整的办法。这种办法，既可保障测算上的规范统一，又可达到区别对待照顾欠发达地区的目的，缩小公共服务水平的差距。

（2）在收入划分方面，可以设想在实行共享税为主的分税制办法的基础上，对共享税按地区分类采用差别比例分成法。这种办法从实践来看，乃是较为适合我国国情的方略，1994年分税制改革的经验表明，在分税制构建办法上，追求全面实行税种专享式模式，并采用统一的比例划分收入，是与我国国情不相协调的。

　　第一，我国的税制结构与实行完全的税种专享制不相适应。1994 年分税制改革，我们曾经尽最大努力使分税形式向税种专享式靠拢，将当时的 23 种税中的 22 个全部划归地方专享税，仅仅是由于增值税收入占税收总量过半，划归哪一级政府专享，都没法将分税制实施下去，不得不采取了共享办法。这样，虽然从税种上看，1994 年改革的分税模式基本实现了税种专享化，但从税收总量上看，专享税的全部税收仅占全国税收的 40%，共享税却占 60%，总体上看依然是共享税模式。然而改革后在体制运行上，并没有达到理论预想的那样，可以不断地缩小东中西部地区间财力配置上的不均衡，相反，随着体制运行却呈现出不断拉大地区差距的不良后果。中西部地区出现大量的收支不平衡，中央财政为弥补中西部地区财力不足，弥补其赤字，不得不在体制外，不断地增加财力性的专项转移支付，中央财政的负担日趋沉重。中央财政为了能从富裕地区多收取一些财力，以弥补中央财力之不足，中央财政又不得不调整中央与地方之间财力分配关系，即对分税制体制进行调整，相继进行多次把地方专享税种改为共享税种，以达到增加中央财力的目的。截至 2003 年共享税已从 1994 年改革时的一种税，扩大到 9 个税种，剩下的地方专享税都是一些零散小税，全部地方专享税收入，只占全国税收收入的 3.3%，正如有些学者指出的那样，1994 年实施的专享税式的分税制发展到今天，事实上已回归到分税种的比例分成体制。这种情况充分说明，我国税制结构并不适合实施专享式分税制模式。有人可能说专享式分税制最为优越，我们可以优化税制结构，扩大地方税种来满足分税制需要，应当开征的地方税是要开征，但专门为了适应一种分税模式，看来大可不必，因为，综观世界各国的财政体制中的分税方式，并没有一个统一的标准，也没有一个公认的最优模式。各国采取的模式是多样的，比如德国作为联邦制国家，从理论上说，似乎采用税收专享式分税制为最佳，然而德国依自己的国情，却采取了税种共享式的分成体制；日本是单一制国家，却实行了全面的专享式分税制。

　　第二，税收分成实行统一比例与我国需要缩小地区差距，实现公共服务均等化不相适应。实践表明采用按地区发展程度分类适用不同比例办法却优越得多。采用不同比例划分收入，既可以使无论贫困地区或是富裕地区，都能得到比较稳定的满足政府行使事权所需要的基本财力，又可减轻中央财政向地方转移支付的负担，既利于缩小地区间财力差距，又利于在财政体制上，构造起促进公共服务均等化和促进和谐社会建设的长效机制。

　　最后，与上述的财政收支测定与划分方式的改革相配套，还要彻底废弃保护既得利益的做法，取消税收返还制度。因为，保护既得利益的税收返还制，是与行使事权所必需的财力无关的，是与建设财力与事权相匹配体制相背离的。在地区间经济发展差距巨大的条件下，税收返还办法真正得益者是经济发达地区，落后地区所得很少，随着时间的推移，不但不利于缩小地区间财力配置的差距，反而成为扩大差距的消极因素。特别是在我国市场经济体制改革已基本到位的条件下，资本自由流动的条件已齐备，资本出于追求最大限度利润的动机，常常是把生产地设在近资源、近劳动成本低的地区，把销售总部、研发中心等等设在经济发达地区，从而就发生了税源发生地与税收收入地分离的情况，我国的资源及廉价劳动力集中在中西部地区，在这种条件下，不可避免会发生中西部地区的税源向东部地区流失的问题。在这种情况下，实行税收返还制，更是不利于推动地区间财力配置均衡化发展，不利于促进地区间公共服务均等化。因此，取消税收返还制，不仅是实现地区间公平分配之必需，更是健全财力与事权相匹配财税体制应有之义。

3. 转换转移支付实施的思路，创新转移支付机制。应当肯定，近些年不断加大的财力性专项转移支付的成就是显著的，1994年改革前中西部地区人均财力，只相当于东部地区的32%和35%，近些年来经过中央不断加大的转移支付，中西部地区人均财力有明显的提高，至2005年已提高到42%和48%。但是多年的实践也表明，现行的转移支付办法有很大的缺欠，已不适应新时期、新阶段形势要求。对现行的转移支付办法的缺欠，专家学者已进行了多方面的研究，比较集中的看法是：现行的转移支付办法缺少一个总体的法律规范，一般性转移支付少，临时性专项转移支付多等等。这些意见无疑是正确的，但笔者看来还有三项基本缺欠：一是没有建立起稳定的长效机制。二是现行的纵向转移支付方式，采取的是逐级传递式的支付办法，即中央财政先拨给省，然后再由省逐级下拨的办法，这种办法虽然有利于发挥地方因地制宜处理的优点，但也有发生转移支付资金在途中被截留的危险，并且也不利于中央财政在各级政府间做全国"一盘棋"式的统筹安排。此外，这种办法也造成资金转拨时间过长，不利于及时满足需要，大量资金积压在途中，不利于提高资金运用效率。三是缺少横向转移支付功能，不利于调节东中西部地区间税源与税收分离所带来的不公，特别是在我国的宏观战略上，为了促进资源开发和消费的节约，在资源性产品定价策略上，实行生产环节定低价，在消费环节定高价策略，在这种策略下，资源开发的利益也如同税收一样，呈现出从中西部向东部流失的问题，这也需要利用横向转移支付加以解决。故在我国转移支付体系中增加横向转移支付是十分必要的。

综上分析，看来对现行转移支付制度进行以下几方面改革是必要的。

（1）加强转移支付的立法工作，在近期不能实现财政基本法立法的条件下，尽快颁布《财政转移支付法规》是十分必要的，在法规中，把我国转移支付模式的各个要素尽可能地做出明确规定，以便于实现转移支付的全面规范化和强化对转移支付的监督。

（2）实施直接到位的转移支付方式，即无论是一般转移支付，或是专项转移支付，都由承担转移支付责任主体，通过国库直接拨给接受转移支付的主体的办法。除特殊情况外，一律不再实行逐级传递方式，以消除这种方式的弊端。

（3）实施纵横结合的转移支付模式。基于我国的实际情况，可以设想：横向转移支付，只承担解决税源与税收分离及政策定价等带来的地区间分配不公，纵向转移支付依然全面承担促进各级政府财政平衡任务。其所以要这样分工，是因为税源与税收分离及政策定价所带来的地区间分配不公平，由中央财政从纵向实施转移支付是很难操作的，而由地方之间横向交流，却不仅能比较准确地发现应转移的数额，而且由地区友好协商解决，也利于增加先富带后富，发达地区支援落后地区的积极性。

（4）改革税收征管体制，合并国税局与地税局两套征管机构为一体，组建统一的国家收入征收管理局，承担全部国家税收及非税收入的征管工作。在1994年实行分税制改革的同时，分别建立国税局与地税局两套税收征管机构是十分必要的，因为当时建立的分税制体制模式，是税种专享式分税制，实施国税局和地税局征管机构分设，不仅利于加强征管，也利于中央和地方分别运用税收政策实施宏观调控。然而随着税种专享向税收共享转变，再保留两套机构不仅已无必要，而且在实践中还会带来诸多矛盾。相反，统一的征管机构，不仅可以降低征管成本，更利于税政的统一和地区间税收政策的协调。

原载《中国财政》，2007 年第 6 期

试论 2003 年以来宏观经济调控的基本经验
——兼论确定经济冷热的总体指标

汪海波

深入探讨 2003 年以来宏观经济调控的经验，对于进一步完善宏观经济调控的政策，尽可能拉长这一轮经济周期上升阶段的波峰年限，推进全面小康社会建设，具有现实意义。

一、2003 年以来宏观经济调控的基本经验

历史经验表明：正确把握经济周期各个发展阶段经济增速的特点，是科学确定宏观经济调控的任务和政策的基本发展点，也是这方面的一个基本经验。对 2003 年以来的宏观经济调控来说也是如此。

主要由于我国转轨时期投资膨胀机制的作用，1992 年发生了经济过热。这年经济增长率高达 14.2%。针对经济形势的这个特点，中央采取了一系列加强宏观经济调控政策（特别是从紧的财政货币政策），经济过热状态逐步趋于缓解。到 1997 年经济增长率下降到 9.3%（处在现阶段经济增长率合理区间的上限内），在新中国经济史第一次成功地实现了经济"软着陆"。但主要由于我国经济发展中的深层次问题（主要是经济改革远没到位以及由此决定的经济结构失衡和粗放经济增长方式没有根本改变等）没有根本解决，部分地可能由于"双紧政策"转变不够及时，再加上 1997 年 7 月发生的亚洲金融危机对我国经济负面影响的逐步显现，以及 1998 年夏天国内发生的严重水灾，致使出现了内需不足的局面，导致 1998 年和 1999 年出现了经济增速过度下滑的趋势，这两年经济增长率分别为 7.8% 和 7.6%（处在现阶段经济增长率合理区间的下限内）。针对这个特点，中央又加强了宏观调控，特别是明确提出了扩大内需的方针，以及与之相联系的积极的财政政策和稳健的货币政策，并取得了显著成效，2000～2002 年就出现了经济回暖。这三年经济增长率分别为 8.4%、8.3% 和 9.1%。这个历史过程表明：能否把握经济周期各个阶段经济

增长的特点，对于能否正确制定宏观经济调控政策，至关重要。

这个历史过程同时表明：按照经济周期运行的一般规律，2003 年以来面临的经济形势是处于新一轮经济周期上升阶段的波峰年份。与建国后多次发生的经济周期上升阶段的波峰年份相比较，这个上升阶段的波峰年份具有两方面的特点：一方面，以 1999 年波谷年为起点的新一轮经济周期已经进入以轻波（即波峰年和波谷年经济增速的落差在 5 个百分点以内）为重要特征的阶段。这意味着这个时期上升阶段的波峰年份，在正常情况（其中包含适当的宏观经济调控）下，不会出现建国以后多次出现的经济周期上升阶段经济增速的大起情况。另一方面，这个上升阶段的波峰年份经济增速将是持续多年的处在现阶段潜在经济增长率的上限顶峰，甚至在一定幅度内越过这个上限，但不是大幅越过这个上限。将以上两个方面特点概括起来，这个上升阶段的波峰年份的特点就是经济增速持续多年的高位轻波运行。

2003 年以来经济发展的事实已证明了这一点。2003～2006 年经济增速分别为 10%、10.1%、10.4% 和 11.1%；2007 年第一季度为 11.1%，上半年为 11.5%[①]，预计全年为 11.2%～11.4%。估计在三五年甚至更长的时间内，经济增长率仍然会在 10%～11.5% 的区间内运行。如果是这样，与作为波谷年的 1999 年增速相比，这个波峰年份最高只高出 3.9 个百分点；与作为经济增速中位年份 2002 年相比只高出 2.4 个百分点，与处于波峰始点的 2003 年相比，只高出 1.5 个百分点，这些数据表明：这一轮经济周期上升阶段的波峰年份经济增速的波动幅度不大，属轻波范围；但一直高位运行，并在一定程度上越过了潜在的经济增长率，呈现出偏热状态。

这个涉及潜在经济增长率在衡量经济冷热方面的作用以及对潜在经济增长率的估算这样两方面的问题，需做些简要说明。首先要明确经济冷热是一个经济全局概念，而不是经济局部概念。因为经济冷热是指的社会总需求小于或大于社会总供给；其冷热程度就是前者小于或大于后者的程度。因此，从总体上反映经济冷热的指标，必须是反映经济全局的指标，而不能是反映经济局部的指标。在社会总需求小于社会总供给的条件下，社会的生产潜力就没有得到充分发挥，这表明现实经济增长率低于潜在经济增长率。反之，在社会总需求大于社会总供给的条件下，就表明现实经济增长率高于潜在经济增长率。从上述

---

① 《中国统计年鉴》（2006），中国统计出版社 2006 年版，第 59 页；国家统计局网，2007 年 7 月 11 日，7 月 19 日。

相互联系的意义上，也可以说经济冷热就是现实经济增长率小于或大于潜在经济增长率，经济冷热的程度就是现实经济增长率小于或大于潜在经济增长率的程度。正是这一点，使得经济增长率成为从总体上衡量经济冷热的唯一的、无可替代的反映经济全局的指标。

对潜在的经济增长率简单的估算方法，就是按改革以来 1979～2006 年年均经济增长率计算。依此计算，潜在的经济增长率为 9.7%。但潜在的经济增长率的高低主要决定于社会生产力发展的程度。因而它是动态的概念，而不是静态的概念。这样，潜在经济增长率不仅在改革以来的一个长时期内比改革以前大大提高了（1953～1978 年国内生产总值年均增长率仅为 6.2%）[1]，而且在我国当前社会生产力快速发展的年代，新一轮经济周期的潜在增长率也会有一定程度的提高。新一轮经济周期运行特点可以大体上说明这一点。与建国后历次经济周期相比较，其上升阶段的年限要长得多，其下降阶段的增速要高得多[2]。新一轮经济周期年均社会劳动生产率可以更为准确地说明这一点。1953～1978 年社会劳动生产率年均提高 3.2%，1979～1999 年年均提高 6.6%；2000～2006 年年均提高 8.2%[3]。据此分析，可以将新一轮经济周期潜在经济增长率大致估算为 10%，甚至比 10% 还要稍高一些。

如果以上估算是适当的，那么，这一轮经济周期上升阶段的波峰年份，只能看做经济偏热。我国改革以来经济增长历史表明：年经济增长率超过潜在增长率两个百分点，就造成经济过热。1978 年、1984 年、1987 年和 1992 年四个波峰年的经济增长率分别为 11.7%、15.2%、11.6% 和 14.2%；分别高于潜在增长率 2.1 个、5.7 个、2 个和 4.6 个百分点。经济增长率超过潜在增长率 1 个百分点左右，就形成经济偏热。2003～2007 年经济增长率分别为 10%、10.1%、10.4%、11.1% 和 11.2%～11.4%（估计数）。根据这些历史经验，可以认为新一轮经济周期上升阶段波峰年份在经济增速方面的特点，是处于潜在经济增长率的顶峰；或在 1 个百分点左右的范围内超过潜在经济增长率，形成经济偏热[4]。

现在需要进一步指出：新一轮经济周期波峰阶段经济运行的这个特点，并

① 资料来源：《中国统计年鉴》（有关各年），中国统计出版社。
② 详见拙文《牢牢把握重要战略机遇期》，《经济学动态》，2006 年第 10 期。
③ 资料来源：《中国统计年鉴》（有关各年），中国统计出版社；国家统计局网，2007 年 2 月 28 日、7 月 11 日。
④ 这里需要说明：当前我国资源和环境对于经济发展的承受能力已经达到了极限，甚至超过了极限。在这种情况下，是否需要将资源和环境方面的指标列入确定经济过热的考察范围，是一个值得研究的、具有重大意义的问题。但这个问题很复杂，我们在上面的分析，将这一点舍弃了。

不是偶然发生的现象，而是由我国现阶段一系列经济条件决定的。主要是：

1. 20 世纪末，我国已经初步建立了社会主义市场经济体制的基本框架，并正在进一步完善。2001 年我国已经"入世"，到 2006 年"入世"过渡期已经结束。这两点是我国改革开放进入新阶段的两个最基本标志。这意味着 1978 年以来原本作为我国经济发展根本动力的改革开放，继续并在某些重要方面以更大强度推动我国经济的发展。其突出表现有四：一是一向被看做低经济效益的国有经济，随着国有经济战略调整、国有企业公司化改造和国有资产监管体制改革取得决定性进展，其面貌已经有了很大的改观。2006 年，全国国有企业户数共计 11.9 万户，比 2003 年减少了 3.1 万户，年均减少 8%。但实现利润 1.2 万亿元，增长 147.3%，年均增长 35.2%；上缴税金 1.4 万亿元，增长 72%，年均增长 19.8%。2007 年上半年国有及国有控股企业实现利润 7535 亿元，同比增长 31.5%；上缴税金 7769.4 亿元，同比增长 23.9%[①]。二是伴随改革向国有文化事业改革的深入推进，文化产业的增速也大大提高。2006 年我国实现文化产业增加值上升到 5123 亿元，同比增长 17.1%，高于国内生产总值增速 6 个百分点，对经济增长的贡献率达到 3.14%，拉动经济增长 0.36 个百分点[②]。三是伴随发展非公有制经济政策的完善和进一步贯彻。当前非公有制经济增加值占国内生产总值的比重已经达到 2/3 左右。2007 年上半年私营工业企业增加值增长 26.6%，1～5 月实现利润增长 48.6%[③]。四是伴随"入世"的成功，2006 年货物进出口总额达到 17607 亿美元，比 2002 年增长了 1.83 倍；2007 年上半年又上升到 9809.3 亿美元，同比增长 23.3%[④]。

2. 当前我国工业化正处于中期阶段。这个阶段存在多种加速经济发展的因素。主要是：按照马克思主义关于生产资料优先增长的原理，在这个阶段，要求重工业以较快的速度发展，此其一。其二，当前我国居民消费结构正在由以吃、穿为重点向以住、行和文化为重点的转变。这种消费结构的提升，必然促进作为支柱产业的制造业、建筑业和服务业的发展。其三，在这个阶段，城镇化的提速，也是加速经济发展的重要动因。其四，当前我国虽然还处于工业化的中期阶段，但由于处在知识经济时代，它已经在一定程度上并在越来越大的程度上与知识经济化相结合，成为推动经济发展的强有力的杠杆。主要包

---

① 《经济日报》，2007 年 7 月 12 日第 1 版、7 月 25 日第 5 版。

② 《经济日报》，2007 年 6 月 24 日第 1 版。

③ 《经济日报》，2007 年 6 月 28 日第 9 版。

④ 国家统计局网，2007 年 2 月 28 日、7 月 19 日。

括：（1）作为知识经济最主要载体的高科技产业的高速增长。2006 年高技术产业增加值由 2003 年的 5034 亿元增加到 9648 亿元，占工业增加值的比重由 9.16% 上升到 10.68%①。（2）20 世纪后期在经济发达国家兴起的创意产业（这也是知识经济的一个新的重要载体），当前也正在成为促进我国经济发展新引擎。2007 年上半年，北京、上海等地的创意产业增加值已占市区生产总值的 6% 以上，正在成为新的支柱产业②。（3）用信息等现代技术改造传统企业，在促进生产发展方面正在起着越来越重要的作用。

3. 到 21 世纪初，中国在实现人口大国到经济大国转变的基础上，进一步提升了经济大国的地位。其主要表现是：（1）依据国际货币基金数据库的资料，2005 年国内生产总值在世界居前四位的国家是：美国 124857 亿美元，日本 45713 亿美元，德国 27973 亿美元，中国 22350 亿美元。这样，中国经济总量居世界的位次就由 1978 年的第 10 位、2000 年的第 6 位跃升到 2005 年的第 4 位。2006 年中国经济总量约达 27000 亿美元，而德国约为 28600 亿美元，虽然还达不到世界第 3 的地位，但向世界第 3 位逼近的步伐是很快的。（2）依据世界贸易组织数据库的资料，2005 年进出口贸易总量在世界居前三位的国家是：美国 26370 亿美元，德国 17448 亿美元，中国 14221 亿美元。这样，中国外贸总量居世界位次就由 1978 年的第 27 位、2000 年的第 8 位跃升到 2005 年的第 3 位（实际上，2004 年就居世界第 3 位了）。2006 年中国进出口总量达到 17607 亿美元，即使达不到世界第 2 位，但距第 2 位已很近了。

这种经济大国地位的提升，意味着中国拥有更有利条件来加速经济的发展。这些条件主要包括：有文化技术素质迅速提高的数以亿计的劳动力资源，特别是拥有数以千万计的、高速增长的人力资本（即具有大专和研究生学历的各类专业人才），有容量迅速扩大的巨大市场；有更趋雄厚的资金；有更趋强大的制造业；有更有利的条件，在更大的范围和程度上运用世界的市场和资源。

4. 我国已经积累了适应转轨时期市场经济要求的、全过程的、多方面的、系统的宏观调控经验。1992～1997 年积累了"软着陆"的经验；1998～1999 年积累了制止经济增速过度下滑的经验；2000～2002 年积累了实现经济回暖的经验。特别是 2003 年以来，先后提出了科学发展和和谐发展两大战略理念。这些不仅是新一轮经济周期上升阶段的波峰年份以较高的速度增长的重要因

① 《经济日报》，2007 年 3 月 19 日第 5 版。
② 《经济日报》，2007 年 7 月 3 日第 5 版。

素，更是治理经济局部过热、稳定政治局面的最重要保证，从而使得这个波峰年份能在一个较长时期内持续在高位上运行。

但需着重说明的是：以上各点只是为这一轮新的经济周期上升阶段波峰年份在潜在经济增长率顶峰运行，并在一定限度内越过这个顶峰提供了可能性。其所以必然会越过顶峰，形成经济偏热甚至过热，主要是由于经济、政治体制改革还未到位，特别是由于存在以地方政府为主的投资膨胀体制和民主监督机制不健全。

显然，新一轮经济周期上升阶段波峰年份经济运行的这个特点，理应成为制定这个阶段宏观经济调控的任务和政策①的基本出发点。其任务即是尽可能拉长这一轮经济周期上升阶段在潜在经济增长率顶峰运行的波峰年份，治理经济偏热，并防止向经济过热的转变；这个任务又规定了相应的政策。就2003年以来的情况来看，也确实以此为出发点制定了宏观经济调控的任务和政策，并取得了显著成效。这是近几年宏观经济调控方面的一项基本经验。

这些政策主要包括：（1）基于经济趋于偏热的情况，将原来实行的积极的（扩张性的）财政政策和稳健的（中性的）货币政策逐步调整为财政和货币双稳健的政策，稳健的货币政策在执行中按照适度从紧的取向进行了调整。（2）依据与城镇化加速相连的、作为十分紧缺的基本资源之一的土地重要性，提高了土地在这次宏观调控中的战略地位，2004年明确提出严把土地审批和信贷投放两个闸门。后来还考虑到保护环境、节约资源、技术进步和安全生产等方面的要求，又提出提高并严格执行建设项目用地、环保、节能、技术安全等主要市场准入标准。（3）适应社会主义市场经济体制已经初步建立并趋于完善，以及已经"入世"的状况，在这次调控中更多地采用了经济手段和法律手段，也采用了必要的行政手段。（4）鉴于不同经济领域和部门存在有热、有冷的情况，实行了有压有保的区别对待政策。（5）考虑到经济只是偏热的情况，并尽可能发挥调控的积极作用，减少和避免其负面影响，采取了多次微调的方式。（6）鉴于不同年份存在不同的突出问题，实行了重点调控。比如，2003年以后，煤电油运供应紧张成为经济增长的突出"瓶颈"，着力加强了对这些行业增长的支持力度。2005年以来，房地产投资快速增长成为整个固定资产投资膨胀的一个突出因素，着力加强了对这方面投资的调控。

①　这里所说的宏观经济调控政策，主要限于调控经济总量方面的政策，而不包括调整经济结构和实现经济增长转变等方面的政策。

上述政策的实施，已经取得了显著的成效。主要是：2003 年以来，我国经济发展正处于新一轮经济周期上升阶段的波峰年份，极易发生经济过热。但由于实施了上述政策，硬是将经济增长限制在经济偏热的范围内，防止了经济增速的大起，以及由此必然造成的大落。这在新中国经济史上也是第一次，其经济、政治、社会和理论方面的意义十分重大。

当然，上述成就的取得，并不只是调控经济总量方面政策的成功，同其他方面的宏观调控政策的实行和改革的进展，也是直接相关的。近几年来，依据经济结构和经济发展与社会发展的严重失衡，以及环境、资源和就业压力加大等方面的情况，在这次调控中，在调整城乡关系方面提出了发展现代农业和推进社会主义新农村建设的方针，在调整地区经济方面提出了开发大西部，振兴东北地区等老工业基地，促进中部崛起，鼓励东部率先发展的完整的区域经济协调发展战略；在调整第一、二、三产业结构方面，提出了重点大力发展服务业的方针；在调整投资和消费关系方面，提出了重点扩大消费需求的方针；在节约资源和保护环境方面，提出了建设资源节约型和环境友好型社会目标；在发展社会事业方面，提出了要加快发展就业、住房、医疗、教育和社会保障的要求。但从根本上并集中起来说，就是提出和实践了科学发展和和谐发展两大全局性的发展理念，并适应这种理念，推进了经济体制、政治体制、文化体制和社会体制的改革，提高了对外开放的水平。近几年来，在贯彻这些政策方面都迈出了前所未有的重大步伐，取得了显著成就。

但同时必须清醒看到：2003~2007 年上半年，我国经济偏热趋于加剧的状态。2003~2006 年经济增速分别为 10%、10.1%、10.4%、11.1%。2003~2007 年第一季度的经济增长率分别为 9.9%、9.8%、9.4%、10.3% 和 11.1%。而且流动性过剩问题加剧，银行贷款增速过快，固定资产投资过高、外贸顺差继续增长，通胀、环境和资源的压力都在加大。这些情况充分证明：2003 年以来的宏观调控在一定程度上存在力度不足的情况。如果把这次宏观调控与 1993 年开始的那次宏观调控做一下对比，还可以更清楚地看到这一点。那次宏观调控面临的是经济过热，但仅用了五年（1993~1997 年）时间就实现了经济软着陆。这次宏观调控面临的是经济偏热，但已经用了四年半时间，经济偏热不仅没有改变，而且还有加剧的趋势，弄得不好，还有可能向经济过热转变。

宏观调控力度不足主要表现为：（1）2003 年已经发生了经济局部过热，但 1998 年提出的、旨在制止经济增速过度下滑趋势的积极的（扩张性）财政政策，直到 2005 年才宣布转变为稳健的（中性）财政政策。而且在这以后，尽管财政赤字和长期建设国债在逐年减少，但总额仍然不小。所以，这期间稳健的财政政策的执行实际上在一定程度上是从松的。（2）2003 年以后，继续实行了稳健的（中性）货币政策，而且依据经济偏热的发展，适度向从紧的方向微调。但在实际上 2003 年以来，M0、M1 和 M2 的增长都超过了经济增长的需要。从这方面来看，实际上在一定程度上也是执行偏松的。作为基本货币政策工具的利率的作用也发挥得很不够。特别是近半年来，在负利率已经显露，资产价格（主要是股市，还有房地产）飙升、泡沫已很严重的情况下，加息仍迟迟拖到 5 月 19 日才出台；而且其力度似乎仍嫌不足。（3）近几年来，许多地方政府通过出卖国有土地和廉价收购集体土地，大搞城市建设的形象工程、招商引资和开发区，成为推动经济偏热的一个最有力的因素。这些情况说明：在执行土地政策方面，也有力度不够的地方。（4）当前，从某种共同意义上说，我国无论在对外贸易方面，或在引进方面，都面临着由数量扩张型到质量提高型的转变。但 2003 年以来，在这些方面并无显著改变，甚至数量扩张型的对外经贸关系还有所发展。特别是 1998 年以后制定的旨在鼓励出口的出口退税政策，也未得到及时、有效的转变。这些就成为 2005 年以来流动性过剩急剧增长的一个十分重要的因素，也突出反映了对外经贸政策执行中的问题。当然，上述各种问题不只是政策执行本身的问题，它是由多种原因造成的。比如，就当前外贸顺差继续扩大来说，也不只是外贸和引进政策执行中的问题，也不只是由于国内经济失衡和有关部门、出口企业的利益驱动，同体现美国利益的美元世界储备货币地位及其对外经济政策也是直接相联系的。据此，美国可以一方面把许多低端的产业和生产环节转移到我国，并通过发行美元大量购买我国的产品。

还要提到：在经济总量方面偏热情况的发展，还反映了经济结构调整政策的执行力度不够。其主要表现是：（1）2003 年以来，原本已经滞后的第三产业，其增加值在国内生产总值中的比重不升反降；重工业增速又大大超过轻工业；许多行业的产能过剩和产品过剩，以及低水平的重复建设都有进一步增长。凡此种种都表明：在产业政策的执行方面，力度也较弱。（2）2003 年以来，原本已经严重失衡的投资和消费的关系，消费率不升反降。这里可能有消费率低估的因素，但即使考虑到这一点，消费率下降也是一个不争的事实。（3）几年来，各种收入差距还在扩大。其中，城乡收入和东西部收入的增长率差距已经开始下降，但比重和绝对量方面的差距仍在扩大。当然，这在一定时期内是不可避免的。

从根本上说来，经济偏热情况的发展，反映了经济、政治体制改革的推进不力。这特别表现在以地方政府为主的投资膨胀机制的作用还很强，而民主监督机制的作用又很弱。

但从认识上来说，由上述宏观经济调控各项政策执行不力导致的在经济偏热方面的治理不力，同对这一轮经济周期上升阶段波峰年份经济运行的特点把握不够，也是明显相关的。这样，我们可以看到：无论在治理经济偏热方面的巨大成就，或者在这方面的治理力度不够，都是同准确把握新一轮经济周期上升阶段波峰年份经济运行的特点相关的。这就进一步说明：以此为出发点，确定宏观经济调控的任务和政策，并切实贯彻执行，是这几年来宏观经济调控的一项基本经验。也正因为这一点具有这样大的重要性，笔者认为有必要对与上述特点相左的观点提出商榷意见。

二、对两种不同观点的商榷意见

2003 年以来，国内外有关我国经济过热的意见不绝于耳，2007 年 7 月中旬国家统计局发布了该年上半年经济运行的数据以后，国外许多媒体更是一边倒向中国经济过热论[①]。提出经济过热的主要论据是投资率过高。

如前所述，经济冷热是一个经济全局概念，衡量经济冷热也必须是反映经济全局的指标，这个指标只能是经济增长率。但在这方面，投资率并不具有经济增长率这样的作用。诚然，投资是社会总需求的重要组成部分，而且就我国经济发展的历史看，经济过热往往主要是由投资推动的。因而，在许多情况下，高投资率成为经济过热的一个主要指标。但投资毕竟只是社会总需求的一个组成部分，不具有经济增长率在判明经济冷热方面的作用。因而不能只是孤立地依据投资率的高低来判明经济的热冷。在实际上，仅就改革以来的经济发展来看，投资率的高低与经济冷热就存在多种复杂的关系。主要有以下三种情况：（1）就各个经济周期上升阶段波峰年份来看，1978 年、1984 年和 1992 年是这三个经济周期的波峰年份，其经济增速和投资率都是最高的。这三年分别为 11.7% 和 38.2%、15.2% 和 36.6%、14.2% 和 34.2%。在这三年中，经济增长率和投资率在表示经济过热方面的作用是一致的。但即使在这三年，尽管投资率是经济过热的一个主要指标，但在实际上，判定这三年经济过热的根

据，还是这三年的经济增长率都超过了潜在经济增长率 2 个百分点（如前所述，经济潜在增长率按 9.7% 计算）。但是，如果说，在这三年经济增长率与投资率在表示经济过热方面的作用是一致的情况下，还不易看清二者在判定经济过热方面的作用的区别的话，那么，在二者不一致的情况下，就更难看清这一点。1986 年是这一轮经济周期上升阶段的一年，经济增速为 8.8%；1987 年是波峰年，经济增速为 11.6%。这两年的投资率分别为 37.5% 和 36.3%。但之所以不将经济增速较低、投资率较高的 1986 年定为经济过热，就是因为这年的经济增长率还是处于潜在经济增长率上限区间以内，而将经济增速较高、投资率较低的 1987 年判定为经济过热，就是因为这年的经济增长率大约超过了潜在经济增长率 2 个百分点。（2）就有的经济周期升降阶段的年份来看，如前所述，1992 年经济是过热的。但 1997 年经济增速已经下降到 9.3%，处于潜在经济增长率的上限以内，实现了经济软着陆。但这年投资率仍然高达 36.7%，比 1992 年还高出 0.1 个百分点。在这里，区分经济热否的唯一标准，仍然是现实经济增长率与潜在经济增长率的差距，而不是投资率的高低。（3）就不同经济周期不同阶段的某些年份来看，还可以更清楚地显示这一点。其突出例子是：1990 年经济增速下降到低谷，仅为 3.8%。但这年投资率仍然高达 34.9%，比经济过热的 1984 年还要高出 0.7 个百分点。当然，这两年有许多不可比因素。但却说明：判明经济过热的唯一指标只能是现实经济增长率与潜在经济增长率的差距，而不是投资率的高低。当然，在确切判明投资增长率和经济增长率的对比关系条件下，可以直接根据投资率来判明经济增长率，并进一步确定现实经济增长率与潜在经济增长率的差距，从而确定经济的冷热。在这里看起来是直接依据投资率来确定经济冷热，但在实际上仍然是依据经济增长率。由上述理论分析和历史经验证明的这个道理，对分析 2003 年以来的经济形势也是适用的。如果只是依据投资率的高低来分析这几年经济形势，那就必然做出经济过热的结论。因为 2003 ～ 2005 年这三年的投资率分别高达 41%、43.2% 和 42.6%；估计 2006 ～ 2007 年还会有一定程度的上升。这几年投资率，不仅接近甚至超过了改革后投资率最高的、并作为经济过热的 1994 年 42.6% 的投资率，而且接近甚至超过了改革前投资率最高的、也作为经济过热的 1959 年 42.8% 的投资率。如前所述，依据经济增长率与潜在经济增长率的差距的分析，那还只能认为这几年属于经济偏热。可见，我国学界过去和现在还相当流行的、只是依投资率高低来判定经济热否的观点，是值得斟酌的。

但当前也存在一种与上述观点完全相反的看法，认为我国当前经济形势，热是经济的外表，冷是经济的本质。其主要论据就是消费率过低。这种观点也值得商榷。

按照前述理由，判断经济冷热的只能是现实经济增长率低于或高于潜在经济增长率的差距。当然，消费需求也是社会总需求的一个重要组成部分，而且由于它是最终需求，会制约投资需求。因而消费率是判明经济冷热的一个主要指标。但消费需求毕竟只是社会总需求的一个组成部分，在判明经济冷热方面不具有经济增长率那样的作用，也不能只是孤立地依据消费率这个指标来判定经济的冷热。如果仅以消费率指标来判断经济冷热，在方法论上就是不可取的，这是第一。第二，无论从理论上和史实上说，以消费率低来论证经济热或冷，都难以站住脚。很显然，经济过热是由高投资率推动的。这同时意味着经济过热是以低消费率为条件的。这一点在1978年、1984年和1987年这三个波峰年表现最为明显。这三年的经济增长率、投资率和消费率分别为11.3%、38.2%和62.1%，15.2%、34.2%和65.8%，11.6%、36.3%和63.6%。就这三个周期的情况来看，大体上可以说，凡是经济增长率和投资率最高的年份，也是消费率最低的年份。这是一个规律性的现象。这个规律性现象在2003～2007年的经济偏热中也表现了出来。2003～2005年这三年的经济增长率、投资率和消费率分别为：10%、41.0%和56.8%；10.1%、43.2%和54.3%；10.4%、42.6%和51.9%。这种情况在2006～2007年还要进一步发展。但所有这些史实都证明：凡是消费率低的年份，都是经济过热或偏热的年份，怎么可以以消费率低来证明经济不是热而是冷呢？第三，应该肯定，在经济过热的年份，高投资率以及与之相联系的低消费率，往往成为导致经济由热变冷的最重要原因。但在这里原因和结果在概念上是有区别的，热的年份和冷的年份在空间上和时间上都是分离的，是不能混淆的。从这方面说，也不能以当前消费率低来论证当前经济不是偏热而是冷。

需要说明，我们上面的分析，并不否认当前消费率过低，需要大力提高消费率；只是在于说明以当前消费率过低来论证当前经济为冷的说法缺乏根据。

我们上面的分析，也不只是在于弄清判明经济偏热、过热和冷的标准，而在于判明经济形势的基础上，明确宏观经济调控政策的导向。如果认为当前经济还是偏热，那就要继续坚持、完善并适度调控现行的中性宏观经济调控政策，特别是要强化政策实施的力度。反之，如果认为当前经济形势是冷，那就要把现行的宏观经济调控政策转变为扩张政策。其结果必然把当前经济偏热推向过热，而这种经济增长大起必然引起大落。所以，经济过热和经济为冷两种观点显然是不同的，但二者造成的最终结果是相同的。这就进一步证明：准确把握新一轮经济周期上升阶段波峰年份的增速特点，据此确定宏观经济调控的任务和政策，是 2003 年以来在这方面的一项基本经验。

原载《经济学动态》，2007 年第 10 期

试论第三产业的优先发展

汪海波

一、我国第三产业变化发展轨迹及其现状的特征：严重扭曲和严重滞后

为了说明这一点，首先需要简要地概括一下世界各国第三产业发展的共同特点。伴随工业化和现代化的发展，第三产业增加值在国内生产总值的比重逐步上升，先是超过农业，后是超过工业；其内部的传统服务业比重下降，现代服务的比重上升；其劳动生产率趋于上升；其在经济社会发展中的地位和作用逐步增大，以至服务业成为占主导地位的产业。这些特点可以看做是反映经济规律的第三产业发展的一般趋势。

各国经济发展的历史证明了这一点。依据世界银行的资料，在 1980 年、1990 年、2003 年这三个时点，低收入国家第三产业增加值占国内生产总值的比重分别为 32%，41%，49%；下中等收入国家分别为 42%，43%，52%；上中等收入国家分别为 44%，52%，59%；高收入国家分别为 61%，65%，71%[①]。上述数字表明：无论是纵向看（依四类国家经济发展的时序看），或者横向看（把四类国家放在同一个时点看），随着人均收入的提高，第三产业增加值在国内生产总值中的比重都是上升的。而且四类国家第三产业的比重，不仅都超过了农业，而且都超过了工业。

问题的本质在于：一般说来，在经济社会正常发展的情况下，随着社会生产力的发展，人均收入必然增加。由此必然导致消费的水平提高和结构升级。而消费升级是循着人的生存需要和人的全面发展需要依次梯度推进的。正是这种需求的变化发展从本质上决定了第三产业比重的提高。比如，在人均收入水平达到一定高度的情况下，人们对科学、教育、文化和卫生的需求就会显著增

---

① 《2005 年世界发展指标》（有关各年），中国财政经济出版社。其中，低收入国家不含中国和印度。

长。这是其一。其二，随着社会生产力发展，社会分工也会进一步细化。其中的一个重要方面，就是原来作为企业生产过程中的服务环节会独立成为一个服务的生产部门（如信息服务和流通服务，会独立发展为信息产业和第三方物流业）；原来作为家庭消费的服务也是可以发展成为独立的产业（如家政服务业）。其三，随着社会生产力发展，政府不仅提供的公共产品会大大增长，而且提供的公共服务也会大大增长。这里需要提到：有一种观点认为只是在现代市场经济条件下，政府才有提供公共产品和公共服务的职能。但在实际上，在国家产生以后，政府就都有提供公共产品和公共服务的职能。只不过是在现代市场经济条件下，政府提供的公共产品和公共服务达到了空前未有的规模。如促进充分就业，熨平经济周期，防止通胀和通缩，平衡国际收支，维护市场秩序，反对垄断，保护消费者权益，促进社会公平，提供义务教育和社会保障，维护生态环境平衡，以及保障国家的经济安全、政治安全和军事安全等。正因为这样，随着古典市场经济向现代市场经济的转变，政府的财政支出在国内生产总值的比重大大上升。依据美国财政学家马斯格雷夫的计算，财政支出占国内生产总值中的比重，英国从 1890 年的 8.9% 上升到 1955 年的 36.6%。美国从 1880 年的 7.1% 上升到 1962 年的 44.1%[①]。在当代经济发达国家，财政支出占国内生产总值的比重都一般达到了 50% 以上。其四，在人类社会发展的各个阶段，起决定作用的生产要素是有变化的。在农业经济时代，土地就是这种生产要素。到了工业经济时代，机器就是这种生产要素。在知识经济时代，知识就成为这种生产要素。当然，在知识经济时代，知识经济也是以第一、二、三产业为载体的，其作用也是渗透到整个产业经济。但相对说来，知识经济更多地集中在第三产业。而知识经济的科技含量更高，创造的增加值更多。这样，第三产业增速更快。正是上述各种重要因素的综合作用，使得第三产业比重上升成为工业化和现代化中的一条客观规律。

---

① 引自斯蒂格利茨：《美国为什么干预经济》，中国物资出版社 1998 年版，第 11～12 页。这里需要指出：在我国改革过程中学界曾经有过"小政府、大社会"的说法。这种观点如果是针对计划经济体制下政府直接经营管理企业，管了许多不该管、也管不了的事，以致政府机构庞大，需要改革，是可以的，也有积极意义。但是，如果以为在社会主义市场经济条件下，政府职能少了，机构也可小，那就是一种误解。实际上，在社会主义市场经济条件下，减少的只是原来计划经济体制下政府直接经营管理企业的职能，而由市场经济带来的政府职能不是减少，而是大大增加。正是这种片面观点，给 1979 年以来多次政府机构改革带来了失误。改革以来这方面的改革往往出现这样的怪圈：政府机构改革一次，虽然一时机构和人员减少了，但不久又膨胀了。其中的一个重要原因就是一方面忽视了企业和其他相关改革没有真正到位，原来计划经济体制下政府职能事实上还不可能都减下来；另一方面也忽视了市场经济体制下新增加的职能。这两方面在客观上都迫使政府机构和人员的回归。这当然并不否定由于旧体制没根本改革、新体制不完善所产生的各种消极因素在这种回归中的作用，而是说要全面分析这种回归的原因。

也正因为这样，从总的长期发展来看，这个趋势在任何社会制度下都会表现出来。就新中国成立以来长达半个多世纪的情况来说，也在一定程度上反映了这个趋势。1952～2006年，我国第三产业增加值占国内生产总值中的比重由28.6%上升到了39.5%。在这期间，第三产业内部结构优化和劳动生产率提高也都取得了一定的进展。国家统计局曾将我国第三产业划分为四个层次：第一层次是流通部门，包括交通运输、仓储业、邮电通讯业、商贸业及餐饮业等；第二层次是为生产和生活服务的部门，包括金融业、保险业、房地产管理业、居民服务业、公用事业、旅游业、咨询信息服务业、综合技术服务业等；第三层次是为提高居民素质和科学文化水平服务的部门，包括科研、教育、广播、电视、文化、卫生、体育、社会福利业等；第四层次是为社会公共需要服务的部门，包括国家机关、社会团体、警察、军队。依据国家统计局的资料计算，在1991～2002年间，第一层次增加值在第三产业的比重由48.4%下降到41.3%，下降了7.1个百分点；第二层次比重由32.2%上升到38.4%，上升了6.2个百分点；第三层次比重由9.3%上升到11.5%，上升了2.2个百分点；第四层次比重由10.1%下降到8.7%，下降了1.4个百分点。由于这四个层次划分的依据，主要是各种服务业的用途，而不是产业层次的高低，因而难以从整体上看出第三产业内部结构的优化。但是，第二层次比重的大幅上升表明了第三产业内部生产服务和生活服务分工的发展，第三层次比重上升表明了由居民消费需求结构的上升而带来的第三产业内部结构优化。还要提到：按可比价格计算，1978～2005年，第三产业的劳动生产率提高了2.16倍[①]。另据有的学者计算1981～2000年，在第三产业增加值中，劳动贡献率为30.83%，资本贡献率为26.83%，综合要素生产率的贡献率为42.35%[②]。这些数字表明：第三产业虽然没有根本改变以劳动和资本投入为主的粗放增长方式，但综合要素生产率还是达到了相当的高度。

但是，必须着重指出：我国第三产业的正常发展过程被严重地扭曲了。就新中国成立后各个经济发展时期来看，如果不说1949年10月至1952年的新民主主义社会时期[③]，那就还有以下三个时期：一是1953～1957年。这个时期是由新民主主义社会向社会主义社会过渡的时期。这个时期既是由占主导地位的国有经济和多种所有制并存向基本上单一的社会主义公有制过渡的时期，也

---

① 资料来源：《中国统计年鉴》（有关各年），中国统计出版社。
② 李江帆主编：《中国第三产业研究》，人民出版社2005年版，第103页。
③ 由于缺乏这方面的统计资料，我把这个时期第三产业的变化状况舍弃了。

是由计划调节与市场调节相结合向占主体地位的计划经济体制过渡的时期。在这个时期，第三产业的发展，虽不是很理想，但大体上正常。1952 年，第三产业增加值占国内生产总值的比重为 28.6%；1953～1957 年，其比重是在 29.3%～30.8% 之间波动的，略有上升，基本体现了第三产业发展的一般趋势。二是 1958～1978 年。这个时期在基本经济制度和计划经济体制方面都是进一步强化的时期。在这期间，第三产业增加值占国内生产总值由 1957 年的 30.1% 下降到 1978 年的 24.2%。其中 1976 年还下降到 21.7%，是新中国成立以来第三产业比重的最低点。这样，在这期间第三产业的正常发展过程就被大大扭曲了。三是 1979～2006 年。这个时期是单一的社会主义公有制向占主导地位的国有经济与多种所有制经济同时并存和共同发展、计划经济体制向社会主义市场经济体制转变的时期。在这期间，第三产业增加值占国内生产总值的比重由 1978 年的 24.2% 上升到 2006 年的 39.5%。但需指出：这在很大程度上只是一种恢复性上升。而且其间不正常的波动幅度也很大。如 1979 年第三产业增加值比重下降到 21.9%，比 1978 年下降了 2.3 个百分点，比 1976 年也仅高出 0.2 个百分点。所以，这个时期只是在一定程度上修复了此前第三产业发展被扭曲的状况，但这种状况并没有得到根本改变。

这种扭曲的直接后果，就是当前我国第三产业发展严重滞后。其主要表现是：第三产业增加值在国内生产总值的比重低，第三产业内部结构层次低，劳动生产率低。下列数据可以说明这些情况。如前所述，2006 年我国第三产业增加值在国内生产总值的比重为 39.5%；2003 年低收入国家为 49%，下中等收入国家为 52%，上中等收入国家为 59%，高收入国家为 71%。按当年汇价计算，2006 年我国人均国内生产总值约为 2000 美元，高于低收入国家，与下中等收入国家大体相当，低于上中等收入国家，更远远低于高收入国家。但 2006 年我国第三产业比重比 2003 年低收入国家还低 9.5 个百分点，比下中等收入国家低 12.5 个百分点，比上中等收入国家低 19.5 个百分点，比高收入国家低 31.5 个百分点。在这方面居于世界的后列。依据 2004 年第一次全国经济普查的资料，这年在第三产业 15 个子行业中，批发和零售业、交通运输业、仓储和邮政业、房地产业、公共组织和社会组织、金融和教育等 7 个传统服务业，就占了第三产业增加值的 70%。按当年价格计算，1952 年，第二产业每个就业人员创造的增加值为 926 元，而第三产业为 1033 元。这样，如果以前者劳动生产率为 1，则二者劳动生产率之比为 1：1.12。到 2005 年，前者每个就业人员创造的增加值上升到 48135 元，后者为 30696 元，二者劳动生产率之

比为 1：0.64。按可比价格计算，1952～1978 年，第二、三产业的劳动生产率
分别增长了 2.94 倍和 0.97 倍，二者增速之比（以第三产业为 1）为 3.03：1；
1978～2005 年，第二、三产业的劳动生产率分别增长了 5.93 倍和 2.16 倍，二
者增速之比（以第三产业为 1）为 2.7：1[①]。可见，尽管在上述期间第三产业自
身的绝对劳动生产率也大幅上升了，但相对劳动生产率却大幅下降了。这种趋
势与发达的市场经济国家也是大相径庭的。在它们那里，第三产业劳动生产率
的增长速度和水平都是高于第二产业的。

二、我国第三产业发展严重滞后，是由战略、体制、结构和增长方式等多种重要因素造成的

决定我国第三产业发展长期滞后的重要因素有：第一，我国是一个发展
中的人口大国。历史经验和理论分析均证明：第三产业增加值在国内生产总值
中的比重与人均收入呈现很强的相关关系。我国人口多，生产力发展水平低，
人均收入少，制约了第三产业的发展。据有关单位按照改革 20 多年的数据计
算，人均国内生产总值的增长与服务业发展的相关系数为 65%。当然，仅用
这个因素无法解释我国第三产业的严重滞后，尤其是不能说明我国第三产业比
重为什么还低于低收入国家。但它毕竟是我国第三产业发展滞后的一个重要因
素，尤其是与上中等收入国家和高收入国家比较来看。

第二，长期推行强速战略，盲目追求经济的高增长。这主要是由于在计划
经济体制下，从中央政府到地方政府（包括它们的各部门），到国有企业都存
在投资膨胀机制。但在"一五"时期这种体制还在建立的过程中，投资膨胀
机制的作用还有某种限制。因而"一五"时期这种倾向相对后续时期来说还
不很明显。但从"二五"计划时期到"六五"计划时期（其中 1961～1965 年
的经济调整时期除外）这种倾向就很明显了。1981 年党中央、国务院提出了
以提高经济效益为中心的发展国民经济的方针，要求走出一条速度比较实在、
经济效益比较好、人民可以得到更多实惠的新路子[②]。以后，从中央政府制定
的"六五"计划到"十一五"规划这个层面来看，由推行强速战略而导致的
盲目追求经济增长速度的倾向已经基本上不存在了。总的说来，这六个五年计
划（或规划）规定的经济增速指标都是低于甚至远远低于潜在增长率，以致

①　资料来源：《中国统计年鉴》（有关各年），中国统计出版社。
②　详见《中国经济年鉴》（1982），经济管理杂志社版，第Ⅱ－9 页。

实际实现的经济增长率都超过甚至大大超过了计划（或规划）指标。但由于强速战略的慢性作用，特别是由于中央政府各部门、地方政府及其各部门和企业都还程度不同地内含着投资膨胀机制，追求经济高速增长的势头仍然很强，以致改革以来多次发生经济过热（或局部过热）。乍一看来，这种强速战略似乎同第三产业发展严重滞后是无关的。但在实际上，正是这种强速战略是第三产业发展严重滞后的一个最重要根源。问题在于：这种强速战略是片面地以工业（特别是重工业）为重点的强速战略，甚至可以说，就是工业（特别是重工业）的强速战略。其长期推行必然导致包括第三产业在内的其他产业发展的滞后。历史事实也正是这样的。1953～1957年，国内生产总值和第一二三产业的年均增长速度分别为9.2%、3.8%、19.7%和9.6%；这期间第一二三产业占国内生产总值的比重，分别由1952年的50.5%下降到1957年的40.3%，由20.9%上升到29.7%，由28.6%上升到30.1%。1958～1978年，国内生产总值和第一二三产业增加值的年均增速分别为5.4%、1.6%、9.1%和4.5%；这期间第一二三产业的比重分别由1957年的40.3%下降到1978年的28.1%，由29.7%上升到48.2%，由30.1%下降到23.7%。1979～2006年，国内生产总值和第一二三产业增加值的年均增速分别为9.7%、4.6%、11.3%和10.6%；这期间第一二三产业的比重分别由1978年的28.1%下降到11.8%，由48.2%上升到48.7%，由23.7%上升到39.5%。上述数据表明：如果仅就上述三个时期第三产业本身增速的绝对水平来说都不算低，但问题在于第二产业增速过高，从而使第三产业相对增速偏低。这样，第三产业比重在第一时期的变化尽管还比较正常，但并没有得到应有的提高。特别是在第二时期比重甚至下降了，在第三时期也没有得到应有的提升，最终使得第三产业比重过低。可见，工业（特别是重工业）增速长期过高，是造成第三产业发展滞后的一个根本原因。

　　第三，计划经济体制的弊病，市场取向改革不到位以及经济、社会、政治体制改革和开放的非均衡的发展。计划经济体制内含的投资膨胀机制为推行强速战略提供了巨大需求，而由这种体制集中的资源又为推行这种战略提供了可靠供给。因此，这种体制是强速战略赖以建立和实施的基础。如前所述，正是这种强速战略从根本上导致了第三产业发展滞后。从这种相互联系的意义上说，计划经济体制是造成改革以前第三产业发展滞后的更为深层次的根本原因。

　　诚然，这种情况在经济改革后已经发生了重大变化。这主要就是经济改革在促进第三产业比重上升方面起了重要的积极作用。伴随经济改革的进展，市场在第一二三产业之间合理配置资源方面的积极作用逐步得到了一定程度的发挥。而且，这种改革又成为 1979 年以来经济高速增长和人均收入大幅攀升的根本动力。这样，就推动了第三产业比重的迅速恢复，并上升到了新中国成立以来从未达到的高水平。

但同时需要看到：由于经济改革不到位，以及经济、社会、政治体制改革和开放的非均衡性发展，仍是第三产业发展滞后的根本性因素。就经济改革不到位来说，原来在计划经济体制内含的投资膨胀机制只是在中央政府层面和基本完成改革的国有企业基本上消除了，但在改革没到位的国有企业、政府部门特别是地方政府并没有根本改变。这就是改革以后多次发生经济过热以及 2003～2006 年连续 4 年经济发生局部过热的根本原因。其中主要又是重化工业增长过快。当然，当前我国正处于重化工业发展阶段，重化工业的发展可以而且必须快一些。问题是重化工业发展过快了。由此造成了第三产业发展的滞后。在经济改革不平衡方面，无论是存量改革还是增量改革，工业都是领先的，第三产业都是滞后的。据有的学者计算，到 2006 年为止，全国约有 80% 左右的国有中小企业已经完成了改制，由原来的国有企业改为股份制企业和民营企业等。在国有大企业中，目前国资委管理的约有 160 家，各省市自治区大约平均各有 30 家。其中相当大部分已经完成了股权多元化和公司治理结构的改造。当然，国有企业改革任务还很重，要真正完成国有企业改革的任务，大约还需要 10 年的时间。但相对说来，国有第三产业的改革则还要滞后得多。这一点当前突出表现在垄断行业、文化和社会保障事业的改革方面。这是就存量改革来说的。在增量改革方面，就对民营经济的开放来说，工业比第三产业要早得多、快得多。这当然是从总体上说的。在第三产业的某些方面（如商业）对民营经济的开放并不晚。但在一些具有决定意义的领域（如垄断行业和文化事业方面）则要晚得多。直到目前为止，这些领域对民营经济的开放仍然严重滞后，某些方面的开放程度甚至还不及对外资企业。当然，在第三产业的某些领域（如涉及国家安全和关键经济领域）是需要国有资本控股经营甚至独资经营的。但即使考虑到这些因素，仍然可以说，第三产业对民营的开放还是滞后的。当前这方面仍然存在很大的开放空间。在对外开放方面也存在某种类似的状况。无论是在外贸方面，或是吸引外资方面，也都是首先集中在工业方面。在对外贸易方面，1980～2005 年，工业制成品的出口由 90.05 亿美元增长到 7129.16 亿美元，增长了 78.2 倍，占货物出口的比重由 49.7% 上升到

93.6%；工业制成品进口由 130.58 亿美元增长到 5122.39 亿美元，增长了 38.2 倍，占进口货物的比重由 65.2% 上升到 77.6%。但在这期间服务业的进出口则不多。据报道，1982~2005 年，我国对外服务贸易由 43.4 亿美元增长到 1582 亿美元，增长了 35 倍。其增速也很高，但占外贸的比重很低，2005 年服务贸易仅为外贸总额的 11.1%。在吸引外资方面，以 2005 年为例。这年外商直接投资实际使用金额已经达到 6032469 万美元，其中第一二三产业分别为 71826 万美元、4469243 万美元（其中工业为 4420223 万美元）和 1491400 万美元，分别占总额的 1.2%、74.1%（其中工业为 73.3%）和 24.7%。这些数字表明：改革以来，通过发展对外经贸关系，从货物出口需求与投资品和资金的供给等方面大大促进了工业的增长。而对第三产业的发展来说，这方面作用则不大。当然，决定这一点的并不只是由于对外开放的不平衡性，还同体现国际资本利益的产业转移的特点相联系的。国际资本为了获得超额利润和垄断利润，利用我国廉价的生产要素（包括劳动力和土地等），只是把那些附加价值小、利润低的制造业的加工环节转移到我国，至于那些附加价值大、利润高的高端产业（其中包括第三产业）以及制造业中的研发和流通环节（即生产性服务业），仍然掌握在它们自己手中。这一点，在加工贸易占我国外贸中的比重明显地反映出来。1981 年，加工贸易的出口和进口分别为 11.31 亿美元和 15.04 亿美元；二者占出口总额和进口总额比重分别为 5.1% 和 6.8%。到 2005 年，上述两组数字分别为 4164.67 亿美元和 2740.12 亿美元；54.3% 和 41.5%[①]。就经济体制和社会体制的改革来说，大部分都与第三产业相联系的社会体制改革也是滞后的。这突出表现在城乡二元体制、文化体制和社会保障体制的改革滞后上。比如，在 20 世纪末，我国已经初步建成了社会主义市场经济体制的基本框架，作为城乡二元体制最基本组成部分的户籍制度（城乡就业、工资和社会保障制度等都是附着在户籍制度上）当前还只是在某些省市破题。显然，经济体制和社会体制改革进展不平衡的状况，又导致了工业和第三产业的不平衡发展，工业发展更快，第三产业较慢，使得第三产业发展滞后。就经济体制改革和政治体制改革来说，后者也是滞后的[②]。诚然，这种滞后阻碍了经济改革，从而阻碍了整个经济的发展。但更突出地阻碍了第三产业的发展。当前在这方面的突出表现就是应由政府提供的公共服务（比如医疗、教育

[①]　资料来源：《中国统计年鉴》（有关各年），中国统计出版社；《经济日报》，2007 年 1 月 29 日第 6 版。

[②]　按照市场经济和三次产业的理论，政府提供的公共服务，是属于第三产业的产品。其改革也是属于第三产业改革的范畴。

和社会保障等）严重不足。当然，这种不足首先是同我国是一个发展中大国这一基本国情相联系的，但同政府职能转变不到位也是直接有关的。

我们在前面分别分析了经济强速战略和传统经济体制在造成第三产业发展滞后方面的作用。但二者在这方面的作用并不只是限于这些方面，还通过由它们造成的经济结构失衡、经济增长方式转变缓慢和城镇化率低等方面，导致第三产业发展的滞后。我们在下面分别就这些方面做进一步分析。

第四，经济结构失衡。这包括以下四个重要方面：

（1）消费和投资之间的失衡。我们仍按照前面提到的三个时期来分析这种失衡状况。①1953～1957年。这期间消费率由1952年的78.9%下降到1957年的74.1%，投资率由22.2%上升到25.4%，二者升降的幅度不大。而且其中年度之间的波动幅度也不大。消费率最高年份1955年为77.3%，最低年份1957年为74.1%；与之相对应的投资率最低年份和最高年份分别为23.7%和25.4%。②1958～1978年消费率由1957年的74.1%下降到1978年的62.1%，投资率由25.4%上升到38.2%，波动幅度很大。其中年度之间波动幅度也很大。消费率最低年份1959年为56.6%，最高年份1962年为83.8%；与之相应的投资率的最高年份和最低年份分别为42.8%和15.1%。③1979～2005年。这期间消费率由1978年的62.1%继续下降到2005年的51.9%；投资率由38.2%继续上升到42.6%，波动幅度很大。其中年度之间的波动幅度也很大。消费率最高年份1981年为67.1%，最低年份2005年为51.9%；投资率最低年份1982年为31.9%，最高年份2004年为43.2%[①]。还要提到：2006年前三季度消费率为51.1%，投资率为42.2%。这年全社会固定投资上升了24%，作为消费最主要组成部分的社会消费品零售总额上升了13.7%，据此可以判断：2006年消费率还要继续下降。

上述情况表明："一五"期间在恢复经济基础上继续推行优先发展重工业方针并实行计划经济体制，大体还适合当时的经济发展水平，并对建立社会主义工业化初步基础起了决定性作用。但同时需要看到：这个方针和体制在导致投资和消费失衡方面已经开始显露出来。特别是1958年以后，继续长期推行优先发展重工业方针和计划经济体制，必然继续强化高积累、低消费的政策，并以此为基础，继续在资金投入方面向工业倾斜。这就导致工业增速大大超过

①《新中国五十年统计资料汇编》和《中国统计年鉴》（2006），中国统计出版社。说明：由于净出口的影响，消费率和投资率之和并不等于100%，消费率最低年份和投资率的最高年份并不完全对称。

包括第三产业在内的其他产业的发展。这是其一。其二，一般说来，工业的快速增长也会带动生产性服务业的发展。但我国原来生产技术水平低，特别是在企业组织方面长期实行"大而全"、"小而全"，因而生产性服务业并不发展。而且，在主要实行粗放增长方式的条件下，技术升级和分工发展都比较慢。这样，工业的快速发展对生产性服务业发展的带动作用并不大。这是一方面；另一方面，消费率虽然逐年下降，但毕竟始终占了国内生产总值的大部分。而且相对生产性服务业来说，我国消费性服务业比较发展，占了服务业大部分。这样，消费率下降对消费性服务业的阻碍作用就要大于由投资率带动生产性服务业的作用，从而成为第三产业发展滞后的一个重要因素。根据国家统计局按照2002年全国投入产出表计算，消费率提高一个百分点，第三产业增加值可以提高0.51个百分点。这样，扩大消费对增加第三产业比重的作用，比增加投资要大得多。

（2）城乡之间的失衡。为了稳定保证优先发展重工业对于资金、农产品和劳动力的需要，以计划经济体制为依托，从20世纪50年代初开始，就在农村先后实行了农业生产合作社和人民公社制度，主要农产品的统购统销制度，工农业产品价格剪刀差制度和以城乡分割的户籍制度为主要特征的城乡二元体制。这样，尽管新中国成立以后，社会主义制度推动了工农业生产的巨大发展，但就计划经济体制愈来愈不适应生产力发展来说，在农业中的作用比工业更为严重。这是导致改革以前农业发展滞后的根本原因。当然这种滞后同农业的物质技术基础比较落后，农民文化技术水平较低，以及农业作为弱质后产业（因对自然条件的依赖较大）也有很大关系。但在这方面，传统的发展战略和经济体制是主要因素。这样，农业增速就过于低于工业，农业增加值在国内生产总值中的比重也下降过快（数据已在前面列出），农业在劳动生产率和人均消费水平方面与工业的差距也都急剧扩大了。1952年，农业每个从业人员创造的增加值为198元，主要由工业构成的第二产业为926元，二者劳动生产率之比（以农业为1）为1∶4.7；到1978年，前者为353元，后者为2732元，二者劳动生产率之比为1∶7.4。在这期间，农业居民人均消费水平由62元增加到132元，同比增加了77.2%；而非农业居民由148元增加到383元，同比增加了113.2%；二者增速之比（以农业居民为1）为1∶1.5。

诚然，改革以后农业生产和农民收入都有很大的提高。特别是在20世纪70年代末到80年代上半期，改革首先在农村突破，根本改革了严重束缚农业生产力发展的农村人民公社制，建立以家庭经营为基础，并与集体经营相结合的基本经营制度，大大地解放了农业生产力。农村其他方面的改革在这方面也起了重要作用。但从 80 年代下半期到 21 世纪初，工业各项经济改革逐步加快了步伐，而农村在流通、税收、金融、教育、卫生和社会保障等方面的改革显得滞后。改革以来，农业在开放方面一直落后于工业。这是其一。其二，城镇化速度慢，水平低（详见后述）。其三，1978～1999 年，为了促进全国经济的高效发展，在区域经济发展方面，实行了非均衡发展战略，使得第二、三产业占有较大比重的东部地区获得了迅速发展，而在第一产业占有较大比重的中西部地区发展则是发展较慢。其四，从一般意义上说，在工业化过程中，都经历了农业哺育工业和工业反哺农业的过程。而我国工业反哺农业的方针出台不够及时。其五，新中国成立以来，农村的基础设施发展很慢。其六，有些年份由于对粮食生产形势做了过于乐观的估计，以致使得作为主要农产品的粮食发生多次减产。其中，特别是 1999～2001 年连续三年减产，2001 年粮食产量下降到 45263.7 万吨，比 1998 年减少了 5965.8 万吨。2004～2006 年三年粮食增产，2006 年达到 49746 万吨，但仍达不到 1998 年的 51229.5 万吨。所有这些因素都使得改革以前就存在的农业发展滞后于工业的局面没有得到根本改变。诚然，在 2004～2007 年间，中共中央连续发了四个一号文件，大大加快了建设社会主义新农村的步伐。但在这样短的时间内，没有也不可能根本改变这种局面。这样，在 1978～2006 年间，农业增速仍然过慢，在国内生产总值的比重也下降过快（数据已见前述），农业劳动生产率与工业劳动生产率的差距，以及农村居民收入与城镇居民收入的差距也并无大的变化。到 2005 年，每个农业从业人员创造的农业增加值为 6664 元，而主要由工业组成的第二产业则为 49735 元，二者之比（以前者为 1）仍为 1∶7.5。2006 年，农村居民人均可支配纯收入为 3587 元，比 1978 年同比增长 5.7 倍；城镇居民可支配收入为 11759 元，也增长了 5.7 倍；二者增速之比为 1∶1。可见，在 1979～2006 年期间，劳动生产率和人均收入的增速方面，农业和第二产业之间的差距都有不同程度的缩小，但绝对水平的差距则扩大了。这是其一。其二，就收入来说，农村居民纯收入的支出包括了生产方面的支出。而且，农村居民在享受由国家财政提供的公共产品和服务（包括基础设施、科技文卫和社会保障事业等）比城镇居民要少得多。如果考虑到这些因素，则农村居民收入与城镇居民收入的差别还要大得多。需要着重指出：在全国人口中占有很大比重的农村居民收入低，对第三产业的发展有极严重的不利影响。显然，农村居民对服务业的需求比城镇居民要小得多。比如，2005 年，城镇居民人均消费性支出为 7942.88

元，而农村居民则只有 2555.4 元，前者为后者的 3.1 倍；市、县在社会消费品零售总额中占的比重达到 78.3%，县以下只占 21.7%。而县以下还包括镇，考虑到这一点，农村居民在这方面占的比重还要小[①]。

（3）地区之间的失衡。新中国成立以后，直到改革以前，我国区域经济发展战略虽有变化，但总的说来，是以计划经济体制为依托，采取了旨在消除旧中国留下的地区经济发展很不平衡的均衡发展战略。其突出表现就是：20 世纪 50 年代下半期提出的建立大行政区甚至省的独立完整的工业和国民经济体系。

这种战略不仅否定了以资源禀赋和区位优势等为基础的地区之间的产业分工，而且具有浓厚的平均主义化色彩。因而不可能解决地区之间经济发展不平衡问题。以作为衡量地区之间经济发展水平标志的工业为例，1952～1978 年，沿海和内地（大体相当于当前的东部和中西部）工业产值占全国工业总产值的比重分别由 70.84% 下降到 63.32%，由 29.16% 上升到 36.68%。这表明：这期间地区之间经济发展不平衡问题有所缓解，但并不显著。

改革以后，为了提高经济发展的效率，在区域经济发展战略方面采取了非均衡发展战略，使东部地区经济得到较快的发展。为此，在改革开放和其他方面采取了一系列促进东部地区较快发展的措施，并且取得了显著成就。但地区之间的经济差别也随之扩大。依据条件的变化和经济发展的需要，在 1999 年以后，逐步形成了西部大开发，振兴东北等老工业基地，中部崛起和东部率先实现现代化的总体区域经济发展战略。但这个总体战略实施不长，没有也不可能改变地区之间的经济发展不平衡，甚至还没有来得及遏制这种差距扩大的趋势。比如，1978～1999 年，东部地区工业产值占全国工业产值的比重分别由 1978 年的 63.32% 上升到 1999 年的 70.14%，又继续上升到 2003 年的 73.48%；而在这期间，中西部地区由 36.68% 下降到 29.84%，又再下降到 26.52%。这是就比重来说的。就增长率的差距来说，正在缩小。比如，西部和全国经济增长率的差距，"九五"期间为 2.7 个百分点，"十五"期间为 1.7 个百分点，2006 年为 0.6 个百分点[②]。

需要强调的是：地区之间的失衡也是导致我国第三产业发展滞后的一个重要因素。据有的学者按照 2000 年可比价计算，1978 年，东部、中部和西部第

---

① 《中国统计年鉴》（2006），中国统计出版社，第 345、678 页。

② 详见拙著：《中国现代产业经济史》（1949.10—2004），山西经济出版社 2006 年版，第 630 页；《经济日报》，2007 年 3 月 2 日第 1 版。

三产业增加值占全国第三产业的比重分别为 54.75%、29.82% 和 15.43%，人均服务占有量分别为 381.46 元、209.38 元和 265.76 元。到 2000 年，这两组数据分别为 62.05%、24.89% 和 13.06%；4431.44 元、2052.9 元和 1660 元[①]。按当年价格计算，2004 年，东部、中部和西部地区生产总值占国内生产总值的比重分别为 59.4%、23.6% 和 17.0%；占全国第三产业增加值比重分别为 60.7%、22.1% 和 17.2%。2005 年，按当年价格计算，东部、中部、西部和东北地区生产总值占国内生产总值的比重分别为 55.6%、18.8%、16.9% 和 8.7%，这四个地区的人均地区生产总值分别为 23768 元、10608 元、9338 元和 15982 元。与此相联系，这四个地区占全国第三产业增加值比重分别为 57.2%、17.5%、17.0% 和 8.3%[②]。这些数据表明：地区经济发展水平愈高，对第三产业的需求就愈大，其比重也愈大；反之亦然。据有关单位分析，地区生产总值占国内生产总值的比重与该地区第三产业增加值占全国第三产业增加值比重的相关系数为 0.98。

（4）内需和外需之间的失衡。2003～2006 年这四年，我国货物进出口顺差分别为 254.7 亿美元、320.9 亿美元、1020 亿美元和 1775 亿美元。其中，2003～2005 年三年货物和服务的净出口对经济增长的贡献率分别为 1%、6.1% 和 25.8%；2006 年货物净出口大约接近 30%。当然，就我国具体情况来说，净出口比重多少才算是适度的，还是需要研究的问题。但就 2003 年以来与出口顺差激增相联系的经济局部过热，通胀压力加大，外贸风险增加，经济结构失衡加剧以及资源和环境压力加大等方面的情况来看，可以肯定内需和外需是失衡的。从 2007 年 1 月的外贸顺差的大幅增长情况来看，这种从 2005 年以来开始的失衡加剧的势头还在发展。据报道，2007 年 1 月外贸顺差高达158.8 亿美元，同比增长 64.7%[③]。

诚然，从本质上说，内需与外需失衡，是由与战略和体制相关的国内经济结构失衡的反映。但如前所述，这一点同国际资本的产业转移特点也是直接相关的。并且同美元作为主要的世界货币地位以及美国的外贸和军事战略紧密相联。美国依靠美元的世界货币地位，多发钞票，用以大量购入我国的廉价货物[④]，又依靠其在众多高技术的领先优势和垄断地位，在高技术的产品和服务

---

① 李江帆主编：《中国第三产业研究》，人民出版社 2005 年版，第 311 页。
② 《中国区域经济年鉴》（2005）和《中国统计年鉴》（2006），中国统计出版社。
③ 《中国剪报》，2007 年 2 月 14 日第 2 版。
④ 据有的学者计算，当前 60% 的美元是在国外流通的，50% 的美国国债是由国外人购买的（新华网，2007 年 2 月 18 日）。

的出口方面对我国严加限制。

但需着重指出：内需和外需之间的失衡，也是加剧我国国内经济失衡的一个重要因素。其中包括加剧了我国第三产业发展的滞后。如前所述，我国无论是出口还是进口，大部分都是工业品，服务业占的比重很小。这样，外贸在拉动工业增长方面的作用比服务业要大得多。

第五，经济增长方式转变缓慢。经济增长方式转变的最重要支撑点，就是技术进步和人力资本的增长。而技术进步和人力资本增长的来源是科技和教育事业的发展。但在改革前传统战略的指导下，长期推进优先发展重工业，必然阻碍科技和教育事业的发展。这是其一。其二，以"铁饭碗"、"大锅饭"为特征的计划经济体制，无论是政府部门、企业或劳动者个人，都缺乏推动技术进步的积极性。其三，诚然，在这种体制下，也追求经济的高增长，但推进高增长的主要手段，就是最简便易行并被普遍采用的上项目和增加投资，而并不是技术进步。其四，长期实行高积累、低消费的政策，把劳动成本压得极低，从而把使用人工和使用机器的费用的差距拉得很大，阻碍了机械化的发展。其五，在计划经济体制下，财政是建设型财政，而不是公共财政。因而财政支出的主要部分是经济建设投资，而不是提供服务的科教事业。其六，部门分割是计划经济体制的一个重要特征。这就必然会在科研体制方面形成科研院所、高等院校与企业"两张皮"的状况。从而大大阻碍了科技进步及其在企业中的运用。所有这些重要因素都阻碍了技术的进步和人力资本的增长。

改革以来，上述六种情况已经逐步发生了重大变化，但也没有根本改变。这里需要着重提到以下几点：

（1）如前所述，由于强速战略的强大惯性作用，特别是由于以地方政府为主的投资膨胀机制的作用，曾经导致改革以后多次发生经济过热或经济局部过热。而追求经济高增长的主要手段，仍然是上新项目和增加投入，而不是技术进步。这无论是对国有企业来说，或者改革后逐步发展起来的大量民营企业来说，大体上都是这样的。

（2）在发达的市场经济条件下，本来竞争是仅次于企业追求利润最大化的、推动技术进步的强有力的动力。但在我国当前，尽管市场竞争已经有了很大的发展，但真正的统一、平等、有序、诚信的市场竞争还远没有形成，有的却是在相当范围还存在的、与地方行政垄断相联系的市场分割，自然、经济和行政相结合的行业垄断，特别是多得出奇、层出不穷的不正当竞争和非法竞争（如假冒伪劣的产品和服务盛行，信用严重缺失和商业贿赂等）。这样，企业就可以不通过改进技术等正当手段，去获取超额利润，以赢得企业的生存和发展，只要通过垄断、不正当竞争和非法竞争等手段，就可以获得超额利润、垄断利润和暴利。这是一方面。另一方面，由于国有企业改革还没到位，特别是由于地方政府的保护，不仅在改革前已经严重存在的过多的重复的生产和建设得不到改变，该淘汰的技术落后企业也淘汰不了，甚至还有所发展。我们还多次看到改革前就已有过的现象：在经济紧缩时，许多小企业被用行政手段淘汰了；但到了经济扩张时，这些小企业死灰复燃，甚至在一定时间内能够得到更多的发展。这样，在经济转轨时期，就必然会产生一种特有的、并在一定范围内存在的恶性竞争。这种恶性竞争的最重要手段就是价格战，以微利产品甚至亏本价格出售产品。其结果就是大大削弱了作为技术进步来源的企业资金积累能力。所有这些都使得市场竞争在推动技术方面的作用在很大程度上被削弱了甚至被麻痹了。我国研究和试验发展费用低，就是这方面的有力佐证。2006年，我国研发费用相当于国内生产总值的比例为1.41%；2004年美国和日本分别为2.68%和3.13%[1]。

（3）改革以来，我国工资水平有了空前未有的大幅度提高。1978～2005年，全国工资总额由568.9亿元增长到19789.9亿元，第二、三产业增加值由2626.8亿元增长到160014.4亿元；前者占后者的比重由21.7%下降到12.4%[2]。其原因主要是长期推行高积累、低消费政策的结果，尤其是由近两亿人的农民工（其中有1.2亿人进城务工，0.8亿人在乡镇企业务工）工资特低造成的。在我国现阶段却出现了绝对剩余价值率和相对剩余价值率双双上升的局面，这种情况同我国社会主义经济大国的地位极不相称，亟须改变。这种很低的工资水平，把劳动成本与采用先进技术成本的差距进一步拉大了，从而大大抑制了企业改进技术的积极性。

（4）当前我国由建设型财政向公共财政的转变远没有到位。比如，国家财政用于科学研究的支出，虽然由1978年的52.89亿元增长到2005年的1334.91亿元，但占财政支出总额的比重由4.7%下降到3.9%[3]。在这里也是增速很快，但比重下降。这也是技术进步不快的一个重要因素。

---

[1] 《中国科学技术年鉴》（2005），中国统计出版社；《经济日报》，2007年3月2日第1版。
[2] 《中国统计年鉴》（2006），中国统计出版社，第57、156页。这里说明两点：①我国职工工资主要是由第二、三产业职工工资构成，第一产业职工工资占的比重很小（2005年仅为工资总额的1.7%）。这样，在作为分母的增加值中虽为未包括第一产业增加值，但并不影响论点正确性。②工资虽不是职工的全部劳动报酬，但是其中的主要部分。这样，我们这里虽然没有提到工资以外的劳动报酬，也不影响结论的正确性。
[3] 《中国统计年鉴》（2006），中国统计出版社，第283～284页。

（5）随着社会体制改革的进展，科研院所、高等学院的研究工作和企业改进技术要求脱节的状况已经有所转变，但也没有转变到位。同时，技术市场发展也很不充分。2001～2005 年，技术市场成交额由 783 亿元增长到 1551 亿元，但相当于科技经费的筹集额（包括政府和企业的资金以及金融机构贷款）的比例由 30.2% 下降到 29.55%。显然，这些情况都是很不利于技术进步的。

（6）在对外贸易关系方面，技术的进出口占的比重很小。在引进外资方面又是重引进、轻消化吸收和创新。在以市场换技术方面，对外经贸关系远没有发挥促进技术进步的作用。

据测算，我国科技进步对经济增长的贡献度不足 30%，明显低于经济发达国家的 60%～70% 的水平；我国技术对外依赖度超过 50%，而美国和日本不到 5%[①]。2003 年，我国高技术产业增加值占制造业的比重为 10.2%，而美国和日本分别高达 18.6% 和 16.8%。我国不仅高技术产业比重低，其劳动生产率也低。2004 年，我国高技术产业人均增加值为 13000 美元；2003 年，美国和日本分别为 141000 美元和 100000 美元[②]。诚然，高技术产业增加值的比重并不是技术进步的全部内容，但却是技术进步的最突出的标志。需要说明的是：技术进步缓慢和落后状态是导致经济增长方式转变缓慢的决定性的因素。

同时，经济增长方式转变缓慢，是科技发展缓慢的最重要的根源。世界发展的历史表明：人类生产实践的需要，是科技进步的基本动因。如果经济增长方式不转变，那么科技进步就成了无本之木，无源之水。所以，如果不在经济增长方式转变上着力下工夫，要想取得科技的大进步，是不可能的。诚然，现代科学技术发展的一个重要特点就是出现了前所未有的超前性。但终极说来，科技进步总是有赖于生产实践的发展。就我国当前情况来说，尤其有赖于经济增长方式的转变。这在应用性科技方面尤其如此。所以，由经济增长方式转变缓慢必然导致作为第三产业重要组成部分的科技事业进展缓慢，由此又进一步影响整个服务业的发展，特别是生产性服务业的发展。

第六，与强速战略相联系的城乡二元体制造成了城镇化率低，也导致了第三产业发展滞后。在 1952 年、1978 年和 2006 年这三个时点上，城镇人口占全国人口的比重分别为 12.5%、17.9% 和 43.7%。可见，尽管改革以来城镇化率有了很大提升，但并不高。当前我国城镇化率不仅大大低于经济发达国家平

---

① 新华网，2006 年 12 月 8 日。
② 科学技术部网，2006 年 12 月 12 日。

均 75% 的水平，也低于世界各国平均 50% 的水平，甚至还低于欠发达国家平均 45% 的水平。但我们在前面列举的数据表明：作为载体的城市在发展第三产业方面的作用比农村要大得多。

第七，众多与之相左的理论、思想和观念，也是导致第三产业发展滞后的一个重要因素。按照传统经济理论，只有投资品和消费品的生产才是生产部门，而服务业并不是生产部门。这就使得服务业在国家经济发展战略中，居于很次要的地位。受自然经济思想的影响，不仅企业搞"大而全"、"小而全"，而且办社会；也不仅是企业办社会，事业单位、党政机关和人民团体都办社会。这不仅不利于生产性服务业的发展，更不利于消费性服务业的发展。某些"左"的思想也在这方面发生了消极作用。比如，新中国成立初期，还有少数高等院校设有家政服务专业。但在后来家政服务被当做"资产阶级生活方式"，这些专业随之也给取消了。节约原本是中华民族的传统美德，但并没有与时俱进，赋予它具有时代特点的新内涵，以致成为当前储蓄率过高的原因之一。我国消费观念转变滞后，也是当前消费信贷发展慢的原因之一。当然，这些因素都不是第三产业发展滞后的最重要原因。但它们确实又在一定程度上阻碍了服务业的发展。

三、优先发展第三产业是当前有关经济发展、改革深化、政治稳定和社会和谐的一个全局性问题

第一，继续治理当前经济局部过热，并防止向过热转变，是当前经济中一个最尖锐、最突出的问题。为了解决这个问题，优先发展第三产业就是一个重要方面。这一点已为以 1999 年（波谷年）为起点的新一轮经济周期上升阶段经济增长经验所证明了。2000 ~ 2002 年，主要由工业构成的第二产业增加值年均增速为 9.2%，第三产业为 10.1%，国内生产总值为 8.6%。但到2003 ~ 2006 年，这三个数据分别为 11.5%、10.1% 和 10.2%。可见，前三年第三产业增加值年均增速高于第二产业，但经济增长处于现阶段潜在增长率[①]的限内，经济并不热。但在 2003 ~ 2006 年，第二产业增加值年均增速高于第三产业，连续 4 年发生经济局部过热。如果仅就这三种增速变化的相互联系而言，形成上述二种不同结果的原因是：在正常情况下，在工业化和现代化过程中，本来第三产业增速就可以而且必须高一些。更何况在 2000 年以前，我国第三产业

---

① 1979 ~ 2006 年我国国内生产总值年均增长率为 9.7%。似可以此作为我国现阶段的潜在增长率。

的发展是滞后的，其增速就更应高一些。这样，如果第三产业本身增速恰当，并适度高于第二产业，经济增速就是正常的。2000～2002 年经济运行的情况就是这样。但是，如果第二产业本身的增速就很高，并且超过第三产业的增速，经济就会走向过热。如果宏观经济调控及时而又得力，那也只是可以避免经济过热，经济局部过热仍不可免。2003～2006 年经济运行的情况就是这样。这个近期历史经验表明：在现阶段，在整个经济增速恰当的情况下，适度加快第三产业的发展，并相应地抑制第二产业的增长，有利于经济增长在经济潜在增长率的限内正常运行，或者至少可以把经济增长限定在经济局部过热的限内，而不致发生经济过热；而在发生局部过热以后，也有利于经济局部过热的治理，拉长经济周期的上升阶段。

需要进一步指出：适度优先发展第三产业不仅有利于治理当前经济局部过热，还有利于熨平今后的经济周期波动。问题在于：一般说来，并相对发展工业而言，发展第三产业所需要的投资少，因而在经济周期的上升阶段，有利于阻滞经济走向过热；而在经济下降阶段，由于需要的投资少，特别是由于在对第三产业需求构成中消费需求的比重大，这种需求具有某种刚性，并不会因为经济增速下降而有过多的下降，从而有利于防止经济增速的过度下滑。如果再考虑到我国第三产业发展滞后的情况，那就更是这样。

第二，经济结构失衡，是当前我国经济中一个深层次矛盾。优先发展第三产业有利于这个矛盾的逐步解决。因为当前在由第一二三产业结构之间失衡、投资与消费之间失衡、城乡之间失衡、区域之间失衡以及内需和外需之间失衡这五个方面构成的经济结构失衡中，产业结构失衡是最基本的方面。而产业结构失衡当前突出表现为第三产业发展滞后。因此，优先发展第三产业不仅是解决产业结构失衡的一个最重要方面，而且有助于解决整个经济结构的失衡。

第三，经济增长方式转变缓慢，是当前我国经济中另一个深层次矛盾。优先发展第三产业在这方面具有不容忽视的重要作用。转变经济增长方式的决定性手段，是技术的进步和人力资本的增长。而在这些方面直接有赖于作为第三产业最重要组成部分的科技和教育的发展。

第四，市场趋向改革不到位，计划经济体制没有完全改革，社会主义市场经济体制没完全建立，是当前我国经济中的最深层次的矛盾。而优先发展第三产业可以在众多方面，特别是在扩大就业方面为深化改革创造重要条件。就国有经济改革来说，当前已经进入一个新的发展阶段。其重要特点有二：其一，国有中小企业改革大体已经基本完成，重点是在继续推进大企业的改革。而且这方面的改革也发生了一个重大变化：由过去剥离优质企业上市转变为整体上市。而整体上市的先决条件是剥离企业办社会和精简冗员。这方面的工作显得比过去更为重要。其二，由国有企业改革重点推向国有事业改革。而国有事业单位改革，也普遍地大量存在剥离办社会和精简冗员的问题。就发展非公有民营经济来说，当前已经取得巨大成就。改革以来，民营经济创造的增加值年均增速达到20%以上，超出同期国内生产总值增速一倍以上，当前占总量的1/3左右①。但民营经济仍有很大的发展空间，而且我国经济社会的发展还确实需要民营经济进一步发展。但无论是深化国有企事业的改革，还是民营经济的进一步发展，在很大程度上都要以第三产业为依托。因为第三产业吸纳就业的能力远远超过了第二产业。1979~2005年，第二产业增加值增长了17.02倍，就业人员增长了1.6倍，二者之比（以就业人员增速为1）为1:10.63；第三产业增加值增加了15.4倍，就业人员增加了3.86倍，二者之比为1:3.99②。

第五，物耗过大和环境污染严重已经成为当前我国经济可持续发展的两个最大"瓶颈"制约。优先发展第三产业在缓解这种"瓶颈"制约方面也具有重要作用。我国的基本国情之一，是众多资源短缺，人均占有量很低。比如，大多数矿产资源人均占有量还不到世界年均水平的1/2，人均淡水占有量也只有世界平均水平的27%。但在新中国成立以后由传统的战略和体制形成的粗放经济方式，直到现在并无根本改变。就是新一轮经济周期上升阶段的事实也可以说明这一点。与1998年相比，2005年国内生产总值由84402.3亿元增长到183084.8亿元，同比增长84.1%；全社会固定资产投资由28406.2亿元增长到88773.6亿元，同比增长184.1%；作为主要能源的原煤由12.5亿吨增长到22.05亿吨，作为主要材料的钢材由10731.8万吨增长到37771.1万吨，二者分别增长76.4%和251.6%。这样，以国内生产总值增速为1，其与全社会固定资产投资、能源和钢材增速之比分别为1:1.18、1:0.91、1:2.99③。由此，我国物耗就大大超过了经济发达国家甚至发展中国家的水平。比如，当前我国单位矿产资源的产出水平只相当于美国的1/10、日本的1/20；单位产值能耗是美国2.1倍，日本的4.43倍，印度的1.65倍；单位产值水耗为世界平均水平的4倍，为经济发达国家的8倍④。这种过大的物耗必然造成严重环境污染，

① 《经济日报》，2007年2月12日第6版。
② 资料来源：《中国统计年鉴》（2006），中国统计出版社，第60、136页。
③ 资料来源：《中国统计年鉴》（有关各年），中国统计出版社。
④ 《〈中共中央关于制定国民经济和社会发展第十一个五年规划的建设〉辅导读本》，人民出版社2006年版，第252~253页。

由此造成重大的经济损失。比如，1998～2004 年，这方面的损失由 19843.3 万元增长到 36363.7 万元，增长 83.3%。针对物耗过大和环境污染严重的严峻形势，"十一五" 规划将降低能耗和主要污染物排放量作为两项约束性指标，规定单位国内生产总值的能耗要降低 20%，年均降低 4%；主要污染物的排放量要降低 10%，年均降低 2%。根据国家发改委的规定，"十一五" 期间单位国内生产总值的用水量也要降低 20% 以上，单位工业增加值用水量要降低 30% 以上①。但在 2006 年上半年，企业单位国内生产总值能耗同比上升 0.8%，化学需氧量和二氧化碳的排放量分别同比增长 3.7% 和 4.2%②。这年下半年情况有所好转，但都没有达到预期目标。2006 年，单位国内生产总值能耗只降低了 1.2%；化学需氧量排放总量增长 1.2%，二氧化硫排放总量增长 1.8%。需要着重指出：这种高物耗、重污染的情况主要是工业（特别是重化工业）发展过快造成的。与工业相比较，第三产业发展所需的物耗要少得多，对环境污染也要轻得多。据有关单位测算，第三产业占国内生产总值比重上升一个百分点，工业相应下降一个百分点，单位国内生产总值能耗大约也可降一个百分点。

第六，扩大就业和建立适应我国社会生产力发展水平的、覆盖全国的社会保障体系，是实现社会稳定的主要措施，也是改革、发展得以顺利进行的根本前提。但在这方面也有赖于优先发展第三产业。其在扩大就业方面的作用已如前所述。就当前的情况来说，所谓优先发展第三产业，其中的一项重要内容就是要加强社会保障制度的建设。

第七，从某种共同意义上说，我国当前无论在对外贸易方面，或者引进外资方面，都面临着由数量扩张向质量提高方面的转变。在质量提高方面的一个共同内容又都是调整结构。而调整结构的一个相同点，就是无论在外贸方面或者在引进外资方面，都要提高服务业的比重。从这方面来说，优先发展第三产业，对于扩大开放，特别是在提高开放的质量方面，具有很重要的意义。

第八，改革以来，我国已经实现了由人口大国到经济大国的转变。其主要标志是：其一，依据国际货币基金数据库的资料，2005 年国内生产总值在世界居前四位的国家是：美国 124857 亿美元，日本 45713 亿美元，德国 27973 亿美元，中国 22350 亿美元。这样，中国经济总量在世界的位次就由 1978 年

---

① 新华网，2007 年 2 月 20 日。
② 新华网，2007 年 1 月 17 日。

的第十位跃升到第四位。按当年汇价计算，2006 年中国经济总量约可达到 26400 亿美元，虽然还达不到世界第三的地位，但向世界第三逼近的步伐是很快的。其二，依据世界贸易组织数据库的资料，2005 年进出口贸易总额在世界居前三位的国家是：美国 26370 亿美元，德国 17448 亿美元，中国 14221 亿美元。这样，中国外贸总量居世界位次也由 1978 年的第 27 位跃升到第三位（实际上 2004 年就居世界第三位了）。2007 年，中国外贸总量已经达到 17607 亿美元，即使达不到第二位，但距第二位已经很近了。这样，当前中国面临历史性的重大任务，就是要实现由经济大国到经济强国的转变。在这方面优先发展第三产业具有至关重要的作用。其主要原因有三：其一，如前所述，当代经济发达国家都是以服务业经济为主体的，而我国还是以第二产业为主体的。其二，在经济发达国家，现代服务业是服务业的主体，而我国服务业的主体还是传统服务业。其三，更重要的是，当代经济发达国家服务业内部构成中，其最重要、最核心的内容就是自主创新的先进科学技术。而我国自主创新技术的比重远远落后于经济发达国家。

四、抓住有利的战略机遇期，积极推进第三产业的优先发展

在 21 世纪初期一个相当长的时期内，我国经济发展面临着一个良好的战略机遇期①。这一点，在学界已经形成共识。这里需要进一步指出：对发展第三产业来说，这是更好的战略机遇期。其根据主要有三：第一，当前第三产业发展严重滞后。这种滞后同时意味着第三产业发展潜力很大。第二，就当前的国内外环境来看，加快发展第三产业有着更多更好的有利条件，有可能把这种潜力比较充分地发挥出来。第三，由第三产业发展滞后引发和激发的各种经济社会矛盾，给加快发展第三产业带来了更强的动力和压力。因此，我国当前发展经济的一个长期而又紧迫的重要战略任务，就是要积极推进第三产业的优先发展。

为此，第一，要从速度和比重两方面合理设置优先发展第三产业的目标。这里首先要解决一个问题：今后有无可能做到第三产业的增速适度超过国内生产总值的增速，并由此逐步提高其在国内生产总值中的比重。为了说明这一点，需要回顾一下同这个问题有关的两方面的历史经验。新中国成立初期实施优先发展重工业方针，对建立社会主义工业化的初步基础起了决定性作用。但

---

① 详见拙文：《略论新一轮经济周期的运行特征及其战略含义》，《光明日报》，2005 年 11 月 1 日第 6 版，经济专论。

在 1958 年以后，长期推行优先发展重工业方针，却造成了严重后果。其中首先是轻重工业的比例关系的严重失调。1952～1978 年，轻重工业在工业总产值的比重分别由 64.5% 下降到 43.1%，由 35.5% 上升到 56.9%。针对这种严重失衡情况，1980 年国务院决定对轻工业实行六个优先的原则，即原材料、燃料、电力供应优先；挖潜、革新、改造的措施优先；基本建设优先；银行贷款优先；外汇和引进先进技术优先；交通运输优先。这实际上就是实行优先发展轻工业的方针。这样，到 1981 年轻工业在工业总产值中的比重就上升到51.5%，重工业下降到 48.5%。其后，一直到 1998 年，轻工业产值比重虽有波动，但都是在 46.3% 至 50.2% 的区间内运行的，轻重工业比例关系大体是正常的①。只是在这以后，特别是在 2003～2006 年经济发生局部过热以后，由于重工业发展过快，二者又发生了失衡。这是一种相比拟的、间接的、可借鉴的经验，还有一种直接的可借鉴的经验。在 1953～2006 年的 54 年中，第三产业增加值增速低于国内生产总值增速的有 29 年，前者高于后者的有 25 年。上述两种经验均证明：在一定条件下，第三产业增加值增速超过国内生产总值增速，从而导致第三产业增加值比重上升，是完全可能做到的。更何况当前优先发展第三产业正面临着空前未有的良好机遇。

　　接下来的问题是：如何测定 2020 年由第一二三产业增加值的增速差异决定的第三产业增加值在国内生产总值的比重。这也需要参照我国历史情况和国外情况，并依据我国的现实情况来决定。在历史情况方面，1978～2006 年，由于第一二三产业增加值增速差异，它们在国内生产总值中的比重也有情况各异的变化。在这期间，第一产值增加值在国内生产总值的比重由 27.9% 下降到 11.8%，下降 16.1 个百分点，年均下降 0.58 个百分点；第二产业由 47.9%上升到 48.7%，上升 0.8 个百分点，年均上升 0.03 个百分点；第三产业由24.2% 上升到 39.5%，上升 15.3 个百分点，年均上升 0.55 个百分点。就国际情况来看，2003 年人均国内生产总值与我国大体相当的下中等国家，其第一二三产业增加值在国内生产总值中的比重分别为 11%、37% 和 52%；高于我国的上中等收入国家，三者比重分别为 6%、35% 和 59%②。我们再来分析当前我国第一二三产业情况。2006 年，我国第一产业的比重比下中等收入国家的比重只高出 0.8 个百分点，相差有限；比上中等收入国家高出 5.8 个百分

---

① 详见拙著：《中国现代产业经济史》，山西人民出版社 2006 年版，第 626 页。
② 《2005 年世界发展指标》，中国财政经济出版社，第 204 页。

点，相差也不甚远①。这说明我国第一产业比重下降的空间不是很大。这是其一。其二，1978~2006 年，我国第一产业比重已经下降很大，由 27.9% 下降到 11.8%。与此相联系，我国当前第一产业发展滞后，需要加快发展。而且，在 2004 年以后，由于加快了建设社会主义新农村的步伐，第一产业增加值增速大大提升了。2004~2006 年三年农业增加值年均增速为 5.6%，比 1979~2006 年年均增速（为 4.6%）高出 1 个百分点。这样，从工业化和现代化的长期发展趋势看，第一产业增加值在国内生产总值中的比重必然进一步下降。但近三年（还要加上今后若干年）其增速上升又会成为这种下降的一个阻滞因素。但即使第一产业增速上升，仍大大低于经济增速，因而不可能改变其比重下降的趋势。这样，总体看来，第一产业增加值比重下降不可能像 1978~2006 年那样，为第三产业比重上升腾出 15.3 个百分点的空间。如果以 2003 年上中等收入国家第一产业增加值比重（6%）为参照标准，那么到 2020 年，第一产业比重下降最多也只能为第三产业比重上升提供大约 6 个百分点的空间。就 2006 年我国第二产业增加值的比重来说，比下中等收入国家远远高出 11.7 个百分点，比上中等收入国家更是高出 13.7 个百分点。与此相比较，我国第二产业比重下降空间是很大的。但这只是一方面的情况。另一方面，2003~2006 年经济发生局部过热期间，第二产业比重由 2002 年的 44.8% 上升到 2006 年的 48.7%，上升的势头很猛。所以，就近一两年的情况来看，首先还不是降低其比重，而是制止其增长势头，然后才谈得上降低其比重。即使就长一点的时间看，由于我国当前正处于以发展重化工业为重点的工业化阶段，重化工业需要加快发展。而且，居民消费结构正在以吃穿用为重点逐步转向以住行为重点，这就必然拉动作为支柱产业的建筑业和汽车业的发展，从而带动整个第二产业的发展。还要提到：在这方面，外贸需求的拉动作用也很大。所以，尽管按照工业化、现代化的规律的要求，我国第二产业增加值比重必然下降的空间很大，但下降的阻滞力量也很大。这样，实际能够下降的空间就不大。在这方面设置目标，不仅不能以 2003 年高收入国家为标准，而且也不能以这年低收入国家为标准，而只能是更低的标准。比如说，是否可以设想到 2020 年把第二产业的比重下降到 43%。如果上述各点可以成立的话，那么在 2006~2020 年间，第一、二产业比重下降最多只能为第三产业比重上升提供大约 12 个百分点的空间。依此空间计算，第三产业比重就可能从 2006 年的 39.5% 大约上升

---

① 作为计算单值的美元价格，2006 年与 2003 年有区别。但这种差别不致妨碍这里的总判断。

到 52%。这就要求大大提高第三产业的年均增长速度。在 1979～2006 年间，第三产业增加值是以年均增速（10.6%）高于国内生产总值年均增速（9.7%）0.9 个百分点，取得比重上升 15.3 个百分点。如果其他相关情况不变化，仅依此推算，那么要把第三产业比重由 2006 年的 39.5% 提高到 2020 年的 52%，大约要以高于国内生产总值年均增速 1.2 个百分点才能做到，这显然是很艰难的任务。但在这期间只要经济增长围绕潜在增长率（约为 9.7%）正常运行，经过艰苦努力，是有可能做到这一点的。更何况这里所说的经济正常运行就意味着这期间工业增速要适度下降，因而第三产业可以低于 1.2 个百分点的增速，达到 52% 的比重。

第二，要为第三产业的优先发展创造有利的宏观经济环境：经济的稳定发展。当前有的文章在论到加快第三产业的发展时，只是局限在第三产业本身的范围内，而不涉及宏观经济环境。其实，如果缺乏这种经济环境，要使第三产业持续优先发展，并在国民经济中的比重稳步上升，是不可能的。在这方面，仅改革以来，就已经有过两次教训。1992 年，中共中央、国务院发布了《关于加快发展第三产业的决定》。本来有望在这个决定的指导下，提高第三产业的增长速度及其在国内生产总值中的比重。但 1992 年开始的经济过热，使得 1992～1994 年经济增速大大超过经济潜在增长率，从而导致第三产业绝对增速下降，其在经济中的比重不升反降，由 1991 年的 33.9% 经过曲折变化，下降到 1994 年的 33.8%。2001 年颁布的"十五"计划也提出要加快发展服务业。2006 年颁布的"十一五"规划又提出要促进服务业的加快发展。人们有理由指望：在这些文件指导下，提高服务业的增长速度及其在经济中的比重。但在 2003～2006 年发生了经济局部过热，使得第三产业绝对增长或相对增速（即与第二产业相比较的增速）下降。其结果也是第三产业比重由 2002 年的 41.7% 下降到 2006 年的 39.5%。这里的关键问题在于：我国当前经济过热主要是由第二产业（特别是工业）推动的。这样，第二产业增速必然迅速上升，而第三产业增速必然绝对下降或相对下降。但是，为了给第三产业的加快发展创造良好的经济环境，就必须重点治理以地方政府为主的投资膨胀机制，并进一步清除强速战略在实际经济工作中的影响，还要治理各种基本经济比例关系的失衡。这里还要说明：我们在前面强调了经济稳定发展的重要性，并不否定经济高速增长（要在潜在增长率的限内）的必要。因为只有在经济高速增长的条件下，第三产业的优先增长及在经济中的比重上升才有较大的空间；否则也是不可能的。

第三，要增加对第三产业的要素投入和提高其劳动生产率。这样双管齐下，就可以为加速第三产业的发展和提高其比重奠定坚实的基础。

在投入劳动力方面，新中国成立以来，第三产业增加的绝对量是最多的，增速是最高的。1952～2005年，第三产业就业人数由1881万人增长到23771万人，增长了21890万人，增长了11.6倍。但是，考虑到第三产业要加快发展，特别是劳动密集型占的比重较大，因而还必须大大增加劳动力投入。就解决当前十分尖锐的就业问题来说，也必须拓展第三产业这个容量最大的就业空间。来自劳动和社会保障部的资料显示，"十一五"期间，我国的就业工作仍然面临着十分严峻的形势，就业压力越来越大，主要表现为劳动力供求总量矛盾突出。到2010年，全国劳动力总量将达到8.3亿人，城镇新增劳动力供给5000万人，而劳动力就业需求岗位只能新增4000万个，劳动力供求缺口在1000万个左右[①]。

改革以来，第三产业增加的投资也是最多的。按当年价格计算，1981～2003年，在国有经济投资中，第三产业投资占的比重由38.4%上升到71.9%。1992～2004年，在全社会固定资产投资中，按当年价格计算，第三产业投资年均增长21.9%，比第一、二产业分别高出4.9个百分点和3.4个百分点。2004～2006年，在城镇投资中，第三产业分别占了60.2%、56.8%和56.3%。但投资远没有满足以行业众多为重要特点的第三产业发展对于资金的需要，其中的一个重要原因就是投资大部分集中在少数行业。据有关单位计算，2004年，仅是金融、租赁和商业服务业、房地产业、交通运输、仓储和邮政业这几个子行业资产就占服务业总资产的88%。当然，投资与资产还是有区别的。但这里列举的资产集中的情况在很大程度上反映了投资的集中。这是其一。其二，要加快发展第三产业，即使资本有机构成不变，也需要在追加劳动力的同时增加投资。更何况在工业化和现代化的过程中，包括第三产业在内，技术都是不断进步的，资本有机构成是不断提高的。因而，相对说来，对资金的需求量更大。其三，相对说来，第三产业在行业结构方面的一个重要特点是：一方面有众多的技术落后的行业，另一方面又有许多技术先进并且技术进步很快的行业。但对实现社会主义现代化来说，无论是前者，或者后者，都要提高资本的有机构成。因此，要加快第三产业的发展，增加投资也是十分必要的。

劳动生产率是发展生产的最重要因素。新中国成立以来，第三产业劳动生

---

① 《经济日报》，2007年2月27日第1版。

产率发展较慢是其生产发展滞后的最重要的原因。因此，要加快第三产业的发展，最重要的也就是要加快第三产业的劳动生产率。在这方面，第三产业的潜力也是很大的。

第四，要优化第三产业的内部结构和布局。像优化经济结构和局部可以推进经济发展一样，优化第三产业内部结构和局部也可以推进第三产业的发展。

就我国经济现阶段的具体情况来看，优化第三产业内部结构主要是要处理好以下六方面关系。其一，适应提高消费率和扩大就业的紧迫需求，首先要注重加快发展消费性服务业。同时要适应工业化和现代化发展的要求，加快发展生产性服务业。其二，与第一点相联系，首先要注重加快发展传统服务业，同时也要加快发展现代服务业。因为在消费性服务业中，传统服务业占的比重较大；而在生产性服务业中，现代服务业占的比重较大。其三，与第一点相联系，首先要注重加快发展劳动密集型的服务业，同时也要加快发展资金密集型和技术密集型的服务业。因为在消费性服务业中，劳动密集型服务业占的比重较大；而在生产服务业中，资金密集型和技术密集型服务业占的比重较大。其四，要依据我国经济发展以内需为主的特点，首先要以主要力量加快发展内需型的服务业。同时要依据当前服务贸易在外贸中的比重很低，今后要进一步扩大开放，以及世界服务贸易增速大于货物贸易增速等方面的情况，加快外需型服务业的发展。其五，从总体上说，要加快服务业的发展，但无论是消费性服务业，还是生产性服务业，都要着力发展那些生产发展潜力大，经济增长亮点多的行业。其六，在所有的服务业中，都要在加快发展的同时，注意提高技术水平，实现技术升级。特别是对传统服务业，要用现代的技术、经营方式和理念以及新型业态逐步进行改造。这既是优化第三产业内部结构的一项重要内容，也是加快发展第三产业的一个十分重要的因素。

在我国现阶段，要优化第三产业的地区布局，需要注意几点：其一，要逐步改变各地区第三产业发展水平过于悬殊的状况。诚然，这种状况是由各地生产力发展水平决定的。但这种状况反过来也会加剧各地经济发展水平的差异，从而引发各种经济和社会矛盾。因此，逐步改变这种状况成为优化第三产业布局的重要内容。其二，各地区要依据本地的经济发展水平，合理确定本地第三产业的发展目标。比如，在东部的一些沿海城市，第三产业增加值比重已经超过了地区生产总值的一半以上，就可提出以建立和完善现代服务业经济为主体的目标。而在经济欠发达的许多地区，当前在发展第三产业方面，主要还只能限定在交通运输和邮电通信等基础设施、科技教育以及具有地方特色的第三产业上。必须清醒地看到：人均收入水平决定第三产业水平，是一条客观规律。之所以强调这一点，是因为当前许多地方盛行着不顾当前经济发展水平，在发展包括第三产业的城市建设方面盲目攀比。这种做法是不符合这种客观规律要求的。其三，要在资源禀赋和区位等方面发挥比较优势，使之成为竞争优势。按照市场经济的要求，只有这样，才能生存和发展；否则，就不可能有什么持久的生命力。比如，随着经济发展、居民收入提高和闲暇时间增多，旅游正在成为新的消费热点。而旅游业是依托地区旅游资源的服务业。中西部地区正好旅游资源丰富，可以依托此项优势。中西部地区可在这些自然资源基础上，加大旅游基础设施投资力度，改善旅游消费环境，大力加强旅游促销，提高区域旅游业的竞争力。要强调的是：在发展第三产业方面，当前也要特别注意防止各地千篇一律的做法，盲目地搞过多的重复生产和建设。其四，要优化第三产业的布局，最根本的就是要形成以市场调控为主、地区合作和政府支持三者相结合的机制。显然，这是社会主义初级阶段基本经济制度和现代的、有国家调控的市场经济的本质要求。但在政府支持欠发达地区发展第三产业方面，依据改革以来的经验和当前情况，值得提及以下几点：（1）发展是欠发达地区的第一要务。因此，要扶持欠发达地区整个经济发展，以促进其第三产业发展。（2）直接扶持这些地区发展第三产业，只能是以下行业：一是属于基础设施的交通运输业和邮电通信业；二是关系国民经济命脉的金融业；三是提供公共产品的教育、卫生和社会保障事业。（3）以经济杠杆优惠这些地区。主要有：一是对这些地区服务业适当降税和免税；二是适当调低银行贷款利率；三是财政补贴，仅限于公共服务业。（4）行政方式的扶持主要是继续实施扶贫战略，其内容要包括发展第三产业。

还要指出，加快发展农村服务业，逐步改变城乡第三产业发展水平过于悬殊的状况，也是优化第三产业布局的一个重要方面。当然，这不只是优化第三产业布局的需要，更是发展现代农业、建设社会主义新农村的需要。为此，一是加快发展为农村生产和生活服务的基础设施。主要包括水利、交通、通讯、电力、医疗和教育等。二是加快建立并完善以销售、采购、科学、技术、信息、金融和培训等为主要内容的农村生产社会化服务体系。三是加快发展具有农村特色的产业。主要是：观光型的园艺业和特种养殖业以及旅游业和劳务经济等。四是加快发展农村的科教文卫和社会保障事业。

第五，要提高城镇化率。作为服务业载体的城市在发展第三产业方面的作用，比农村要大得多。有数据显示，当前第三产业增加值有70%来自城市。

而且，当前，提高城镇化的有利条件很多，发展步伐会加快。据有的学者预测，到 2020 年，城镇化率将由 2005 年的 47% 上升到 60% 以上。但依据历史经验和当前情况，要使城镇化走上健康发展的道路，首先要在观念上实行一系列转变。主要是：要从追求政绩向以人为本的观念转变；要从片面追求数量扩张逐步向注重质量转变；要从单纯满足人的物质需求逐步向满足人的全面发展需求转变；要从单纯追求经济发展逐步向注重经济和社会的全面发展转变；要从高消费、高污染的粗放增长方式向节约型、环保型的集约增长方式转变。

第六，从根本上说就是要把改革开放推进到以加快第三产业改革开放步伐为重要特征的新阶段。这是由改革作为经济发展的根本动力以及当前第三产业发展、改革、开放三滞后的局面决定的。为了加快第三产业的改革开放，以下三点值得着重注意：

1. 要从思想上清醒认识到：当前我国改革开放已经进入了以加快第三产业步伐为重要特征的新阶段。就国有经济的改革来说，国有中小企业改制已基本实现；在大型企业中也有相当一部分实行了股份制的改造；现在剩下来较多的是垄断行业，其中很大的一部分是属于第三产业。就国有企业和国有事业的改革来说，后者要滞后得多，迫切需要加快改革步伐。而这些事业单位一般都属于第三产业。当然，为了发展现代农业和推进社会主义新农村建设，全面推进农村综合改革也很重要。但这方面的改革，大部分是属于第三产业改革的范畴。就政治体制改革来说（如前所述，这项改革也属于第三产业的范畴），更是滞后的。就开放来说，第三产业开放也是明显滞后的。但到 2006 年 12 月，我国入世过渡期已经结束，面临着扩大开放服务业的形势。而且在 20 世纪 90 年代中期以来，在服务业方面的跨国投资，大约占到全世界跨国投资总量的 60%，并正在全球渴求投资机遇。这样，扩大服务业开放必将成为新一轮扩大开放的重点。

2. 第三产业改革更多地涉及社会主义初级阶段基本的经济、政治和意识形态制度，以及国家的经济、政治、国防安全和社会的稳定，具有较大的经济、政治和社会风险。因此，对待这些方面的改革，必须采取十分慎重的态度，必须坚持维护基本的经济、政治和意识形态制度，以及国家安全和社会稳定。当然，又必须是积极的态度。

3. 第三产业改革的另一个重要特点就是它涉及的行业极多，情况各异，十分复杂。因此，在这个行业扩大改革开放，必须特别注意各个行业的特点。（1）对竞争性行业来说，要进一步调整和发展各种经济类型的市场主体。为此，要着眼于提高控制力和竞争力，继续推进国有经济的战略性调整，推动国有资本更多地向国家经济命脉和经济安全的关键领域和重要行业，并继续推进国有企业的改革。同时要继续大力发展民营经济，进一步提高民营经济在服务业的比重。这是一。二是要着力发展中小企业，特别是要发展数量极为众多的微型企业和个体户。同时要积极促进大批的拥有自主知识产权和知名品牌的大企业集团的成长。三是要改变当前交易秩序混乱、信用严重缺失和市场分割的状况，建立和健全规范的服务业准入制度和统一、开放、有序、诚信、平等竞争的市场制度，并推进服务业的价格改革。（2）对垄断行业的改革来说，要区分行政垄断、经济垄断和自然垄断。一般说来，对行政垄断要坚决破除，对经济垄断也要制止。对自然垄断则需注意：①随着科技进步，有些原来属于自然垄断的行业，也可以引入或部分引入市场竞争机制。②在多数自然垄断行业中，既有自然垄断业务，也存在非垄断业务。对后者也可以引入市场竞争机制。③对我国当前名为自然垄断实为行政垄断的行业，也需坚决破除，引入市场竞争。（3）对科教文卫等事业的改革来说，则需区分是提供公共产品、准公共产品或半公共产品，还是非公共产品（私人产品）。对提供公共产品的事业单位，是可以由公共财政负担，同时需要加强监管；对提供非公共产品的，则完全可以市场化；对提供准公共产品或半公共产品的，则可以在不同程度上引入市场竞争机制。（4）在对外开放方面，要积极推进服务业的对外开放，并大力发展服务贸易，以提高对外开放的质量和水平。（5）要继续加快政府职能的转变，大力推进行政管理体制改革。为此，要继续大大减少并规范行政审批，依法加强社会管理、宏观调控、市场监管和公共服务，要建立和完善包括财税、信贷、土地、价格、市场准入等项内容的促进服务业健康发展的政策支持体系。

原载《中国经济年鉴》（2007），中国经济年鉴社2007年版

推进区域合作是落实区域发展总体
战略的重要内容

陈栋生

今年 2 月 15 日，胡锦涛总书记主持中央政治局第 39 次集体学习时，强调要"把促进区域协调发展摆在更加重要的位置，切实把区域发展总体战略贯彻好、落实好"。国民经济是各地区区域经济有机耦合而成的整体，区域协调发展是国民经济平稳、健康、高效运行的前提，是科学发展的重要内容与任务，是实现可持续发展的前提。作为地区经济发展很不平衡的多民族大国，区域协调发展不仅是重大的经济问题，亦是重大的政治问题、社会问题和国家安全问题。所以促进区域协调发展是全面建设小康社会，构建社会主义和谐社会实现共同富裕的必然要求，是社会主义现代化建设战略任务的重要组成部分。

党的十六届五中全会，提出了国家区域发展总体战略，勾勒了走向区域协调发展的路径。区域发展总体战略，由"一个目标，四个要件"组成。

区域协调发展的目标与标志是：各地区居民能享受到均等化的基本公共服务（义务教育、公共卫生和基本医疗保健服务、城乡全覆盖的社会保障体系等）；四大要件：一是国民经济和区域发展总体战略布局，二是不同区域各自的功能定位，三是相应的区域政策导向，四是健全区际间协调互动发展的机制。

我国疆域广袤，各地区自然条件、资源禀赋、社会人文和文化积淀、经济社会发展的现有基础与发展潜力差异很大；根据一定时期国民经济发展的目标与任务，从区域空间侧面，对经济社会发展合理布局，是经济发展战略和国民经济与社会发展规划的重要内容，亦是区域发展总体战略的"纲"。

对于幅员辽阔的大国，为拟定总体战略布局，通常需要借助显示区域差异的"区域划分"（简称"区划"）。随着国家经济的发展变化，在国家层面的"区划"上，经历了"2334"的变化：在上世纪五六十年代采用的是沿海、内地的"两分法",毛主席"论十大关系"的报告中有关当时国民经济的空间布局,就是以沿海与内地的关系为纲。到上世纪 60 年代中后期到 70 年代中期,鉴于当时的国际形势,经济布局是按三线、二线、一线的"三分法"部署("三线"指战略大后方,"一线"指国防前沿,两者之间的地区为"二线")。改革开放以后,《六五计划(1981—1985)》中的"地区经济发展计划",除继续按沿海、内陆地区部署外,补充了对"少数民族地区"安排的专门章节,并启动了以上海为中心的长江三角洲经济区和以山西为中心的煤炭重化工基地经济区的规划,规划内容既包括经济发展,亦包含国土开发整治。从《七五计划》开始,改按东、中、西三大经济地带的"三分法",东部地带包括辽宁、河北、北京、天津、山东、上海、江苏、浙江、福建、广东和广西 11 个省(市、区),西部包括四川、云南、贵州、西藏、陕西、甘肃、宁夏、青海和新疆 9 个省(区),其余 9 个省(区)属中部地带(黑龙江、吉林、内蒙古、山西、河南、湖北、湖南、安徽与江西);上述"三分法"一直延续到《十五计划》。时至世纪之交,党中央提出了实施西部大开发战略,党的十六大提出了"支持东北地区等老工业基地加快调整和改造",随后又作出了促进中部地区崛起的决策,这样到编制《十一五规划》时,业已形成了"四大板块"的区划格局,即西部地区 12 省(市、区)(重庆、四川、云南、贵州、广西、西藏、陕西、甘肃、宁夏、青海、新疆和内蒙古),东北三省(辽宁、吉林、黑龙江),中部地区 6 省(山西、河南、湖北、湖南、安徽、江西)和东部地区 10 省(市、区)(北京、天津、河北、山东、江苏、浙江、上海、福建、广东、海南)。依托"四大板块"的空间架构,党的十六届五中全会提出了:"坚持实施推进西部大开发,振兴东北地区等老工业基地,促进中部地区崛起,鼓励东部地区率先发展,健全区域协调互动机制的区域发展总体战略。"

高屋建瓴的总体战略布局,从全局出发为各"板块"和多层次的各类区域,明确功能定位、确定发展的重点与要点。如西部地区,"十一五"时期将继续突出基础设施建设、生态环境建设和教育科技的发展,突出重点地区优先开发、特色优势产业加快发展,使夯实长远发展基础、培育自我发展能力与加快近期发展有效结合;东北地区依托丰富的自然资源和基础设施条件比较完备,从体制、机制创新切入,激活庞大的存量资产和科技人才,推进产业结构优化升级,在改革开放中实现老工业基地的振兴;而中部地区的崛起,重在围绕"五基地"(粮食、能源、原材料、现代装备制造和高技术产业)、"一枢纽"(综合交通运输与物流枢纽);鼓励东部地区率先发展则坚持以率先提高自主创新能力、率先实现经济结构优化升级和增长方式的转变，率先完善社会主义市场经济体制为前提与动力。

为使各地区经济发展与人口、资源、环境相协调，国家《十一五规划纲要》提出了"根据资源环境承载能力、现有开发密度和发展潜力，将国土空间划分为优化开发、重点开发、限制开发和禁止开发四类主体功能区"，这是从人与自然和谐相处，尊重自然规律，在国土开发利用保护与建设上，因地制宜，保证可持续利用的一项带根本性的制度建设；是优化空间开发结构、规范空间秩序的根本性举措。

我国的老工业区、特大城市、大城市以至部分中等城市的老城区，经过半个多世纪特别是改革开放近三十年高强度的开发，经济密度和人口密度较高，有的已超越本地的环境容量，有的工厂甚至重污染企业与民居和其他设施犬牙交错，杂乱配置……只有通过"腾笼换鸟"、"退二进三"等途径进行根本性的结构调整和"优化开发"，才有可能继续保持、提升经济竞争的活力和市民的宜居环境；继续发挥引领国家经济发展"龙头"地区和我国参与全球市场竞争、合作主体地区的作用，这些地区多划入优化开发区。

在上述"优化开发区"外缘或与其毗邻又有方便交通通讯设施相连、既有开发强度低，有充裕的可供新建项目摆布的土地和环境容量，适于承载新产业、新项目或从优化开发区迁出企业的地区，属"重点开发区"，上海浦东新区、天津滨海新区、河北曹妃甸、西南的成渝地区、西北的关中—天水地区等都属于这一类型；另一类重点开发区则源于重要资源的开发，或大型电站、综合交通枢纽、港口群兴起等契机，吸引来众多产业的空间集聚，陕北、内蒙古鄂（尔多斯）—乌（海）和宁夏中北部，大型煤田、石油、天然气的开发，带来了发电、冶金、石化等衍生产业的发展；新疆天山北坡和南疆库（尔勒）阿（克苏）地区，亦大体类似；再如环北部湾地区，由于拥有众多深水良港，为进口原油、矿石发展炼油、石化、冶金和精品钢材提供了得天独厚的条件，都将成为西部大开发的重点开发区。

在国土疆域中，有些地区环境生态本底较差，承载力弱，过度和其他不合理开发，已造成生态功能严重退行性演变，且在更大范围的地理空间内承担生态屏障功能，关系较大区域范围的生态安全者（如大江大河上游和河流水源涵养补给区，生物多样性丰富地区，生态脆弱区、环境敏感区等），属于限制开发区；坚持保护优先，限制有碍生态修复和环境保护的各种经济活动，适当发展资源环境可承载的产业，人口超载的实施有序转移。根据国家《十一五规划纲要》和西部大开发"十一五"规划，全国 22 个限制开发区，17.5 个在西部（大小兴安岭森林生态功能区跨西部和东北两个地区），大体有如下类型：一是森林生态功能区，如大兴安岭、川滇接壤地区、秦巴山区、藏东南高原边缘地区、新疆阿尔泰地区；二是河流源头与水源补给生态功能区，如青海三江源、甘南地区；三是荒漠生态功能区，如塔里木河流域、阿尔金草原、西藏羌塘高原、若尔盖高原湿地；四是沙漠化和石漠化防治地区，如呼伦贝尔、科尔沁、浑善达克、毛乌素和桂黔滇石漠化防治区，以及黄土高原水土流失防治地区和川滇干热河谷生态功能区。

禁止开发区是指各级政府依法设立的自然保护区、世界文化自然遗产、重点风景名胜区、森林公园、地质公园等，均需依法实行强制性保护，严禁与其主体功能相悖的开发活动。国家级自然保护区，全国 243 个，127 个在西部；世界文化自然遗产，全国 31 处，11 处在西部；国家森林公园，全国 565 个，223 个在西部；国家地质公园，全国 138 个，52 个在西部。

对发展定位、主体功能各异的地区，国家实施分类管理的区域政策。如对西部地区，建立长期稳定的开发资金渠道，进一步扩大财政转移支付和金融服务支持的力度，支持西部继续加强基础设施和环境生态建设、培育壮大特色优势产业；特别是提高财力性转移支付的比重和规模，以提高西部地区基层政府公共服务的能力，加快西部，特别是西部农村科教文卫各项社会事业的发展，国际金融组织和外国政府提供的优惠贷款和技术援助资金，继续向西部地区倾斜。针对东北地区体制与结构的双重老化，中央财政提供补助，做实基本养老保险个人账户、支持国有企业剥离社会职能与主辅分离，增值税由生产型转消费型率先在东北地区试点，设立专项基金支持企业技改、推进东北装备工业的振兴；而对中部地区，特别是区内的粮食主产区，则加大财政对农业基础设施建设的投入和种粮农户的补贴，以巩固、提升中部作为国家粮食基地的重要地位。在整个区域政策体系中限制开发区、禁止开发区和革命老区、民族地区、边疆地区、贫困地区、三峡库区和资源枯竭型城市受到特殊的关注，列入重点支持区域，通过加大财政转移支付与财政性投资的力度，支持其改善基础设施条件、保护好环境生态，改善义务教育、卫生防疫、文化体育等各种公共服务，使这些地区的居民能逐步享受到均等化的基本公共服务。国家级限制开发区、禁止开发区，相当一部分在西部，中央财政应为此设立专项资金转移支付，以维持生态修复、环境保护的经常性开支，为使其规范化、制度化，全国人大有必要为此立法；除财政政策、投资政策外，在产业政策、土地政策、人口管理政策和政绩考评上，亦都将体现因地制宜、分类管理原则。

区域协调发展，除依靠科学布局、制度建设、政策支持，还有赖于区际良性互动机制的健全，最主要的是市场机制、合作机制、互助机制和扶持机制。

不同地区要素供需平衡差异导致地区要素价格和投资回报率的差异，以及预期市场潜力的空间差别，导致要素的区际流动和产业转移，清除行政壁垒，打破地区封锁与行政性垄断，突破行政区域的囿限，充分发挥市场机制引导要素流动的作用，有利于经济发达、开发密度高地区的资本、技术和产业向欠发达、低密度地区顺势转移，推动产业布局优化和区域协调发展。

合作机制是指基于互惠互利原则的区际经济技术协作和人才、技术交流等。其中既包括像9+2泛珠三角协作（9指广东和广西、四川、贵州、湖南、云南、江西、福建、海南；2指香港、澳门两个特别行政区）这样横跨东、中、西三大地带和港澳的广域性区域联盟；亦有数省毗邻地、市自愿组成的经济区，如淮海经济区、中原经济区等；更多的是在同一城市群（带）内，各市、地、县自愿结合而成的城市联盟。区域（城市）联盟，凭借地方政府联手搭建的合作平台，企业等各类市场主体广泛参与，按照政府引导、企业对接、市场运作的方式，通过协议分工、长短互补、要素聚合、集成优势，实现联动发展，互利共赢。

互助机制是在上级政府指导协调下，东部经济发达地区、中央单位和国有大型企业集团公司与中西部欠发达地区结成对口帮扶组合，本质上属道义性援助，特别适合于人才培训、社会事业与公共服务领域的各类公益性项目。

扶持机制是上级政府对经济欠发达和承担重要生态功能地区的下级政府，通过财政转移支付等方式，使其人均财政支出足以支撑当地居民逐步享有均等化的基本公共服务。2006年中央财政用于对地方主要是中西部地区的一般性转移支付资金为1527亿元，对民族地区转移支付资金为155.63亿元；2007年预算中，上述两项将分别提高到1924亿元和210亿元，这两项转移支付，共增加451.37亿元。

对各类矿产资源开发、电站建设造成的环境生态影响，如何补偿，对江河上中下游地区之间的生态补偿（横向转移支付）如何构建并逐步制度化，都是进一步健全区际良性互动机制亟待研究的课题。

我国区域经济发展的失衡，是历史进程中长期积淀的结果，扭转失衡，实现协调发展，也将经历一个较长的过程；不断加深对区域发展规律的认知与把握，贯彻落实好区域发展总体战略，并以实践中积累的新经验、理论研究的新成果不断充实完善区域发展总体战略，地区普遍繁荣共同富裕的新格局终将实现。

原载《技术经济与管理研究》，2007 年第 5 期

对建设资源节约、环境友好型
城市的几点思考[*]

陈栋生

　　节约资源、保护环境是立足我国国情的两项基本国策。我国的资源蕴藏量和国土面积分别居世界各国的第四位与第三位，从总量上看，"地大物博"是称得上的，但从人均指标看却恰恰相反。以人均国土面积看，我国为 0.8 公顷/人，只及世界人均值的 29%；人均耕地 0.11 公顷/人，只及世界人均值的 40%；人均淡水资源仅为世界人均占有量的 1/4；按 45 种主要矿产计算的人均矿产资源占有量不到世界人均占有量的一半，具体就石油、天然气、铁矿、铜矿、铝土矿而言，我国的人均资源占有量，只分别相当于世界年均值的 11%、4.5%、42%、18% 和 7.3%。由于我国人口众多，人均环境容量也远低于世界平均值；与此同时，我国按国内生产总值、按工业增加值计算的单位产出的资源占用量和消耗量、污染物排放量却远高于发达国家。显然，目前这种高投入、高消耗、高排放的经济增长方式，是难以为继的。

　　为了可持续的发展，走节约发展、清洁发展之路，就是理所当然、势所必然的选择。人均资源占有量低，能耗、物耗高，这"一低一高"使我国发展经济所需的许多重要矿产的对外依存度不断攀高。据有关部门预测，到 2020年，我国石油的对外依存度将达到 52%，锰、铜、铅、锌的进口依存度将分别达到 38%、82%、52% 和 69%。同时，在矿产进口谈判中我方未掌握话语权，进口价格年年攀升（如进口铁矿石价格 2005 年比上年上涨 19%，2006 年继续同比上涨 30% 左右）。进口原料上涨导致的工业成本上升，降低了我国工业品在国际市场上的竞争力；在国际政治风云变幻的大背景下，一系列重要矿产品大量依靠进口更关系到国家经济安全。故此，节约发展、清洁发展也就成

---

　　[*]　在"2006 全国中小城市发展论坛"上的演讲稿。

为落实科学发展观的主要内容和必然要求。节约资源、保护环境工作的开展，需从国家、城市和区域、企业与社区三个层面同时推进，城市居于重要的承上启下的地位。城市一方面要贯彻国家的两项基本国策，落实上级政府在节约资源、保护环境方面的任务与要求；同时要结合本市市情，制定规划，将节约和环保同城市社会发展各相关方面紧密结合，融入到城市发展、城市建设和城市管理的日常工作中，组织全市的企业、行政事业单位与全体市民具体实施。

统筹系统规划的重要性源于资源节约与环保工作的广覆盖、高渗透与大跨度的特点。首先要抓好城市规划这个"龙头"，以前瞻的眼光，科学确定城市规模与总体布局，使其与水土资源、环境容量、地质构造等自然承载力相匹配，充分体现"循序渐进、节约土地、集约发展、合理布局"的原则，同时加强规划管理，将国家有关节地、节能、节水等要求与重点推广的举措纳入控制性和修建性详细规划，真正发挥规划的引导、调控功能，决不能听任中外开发商牵着鼻子走，造成重大甚至难以挽回的损害与浪费。从覆盖面看，它贯穿生产、建设、运输与流通，直至最终消费各环节；从节约对象看，它涉及土地、水、能源、各种原材料等等；从工作环节看，包括宣传教育、法律法规和相关政策的制定与贯彻落实，技术支撑与技术服务体系的建设，各种有代表性的示范工程和相关的制度建设（如能效标识制度、节能降耗产品认证制度，高耗能、高耗水、高耗材工艺、技术与设备的强制性淘汰制度）等等。而上述节约、环保工作又需要与城市经济社会发展的相关任务紧密结合、互联互动，才能落实：

1. 和城市产业结构、工业结构的优化升级相结合，对耗能高、污染重的行业，加快落后产能的淘汰步伐，实现结构节能降耗、减少污染排放；

2. 和城市产业与企业技术结构升级相结合，淘汰落后工业窑炉，更新改造低效工业锅炉，充分利用工业余热余压，实现技术节能降耗、减少污染排放；

3. 和城市产业布局调整、发展产业集群、推进循环经济相结合，实现投入品的减量化、再利用与资源化；

4. 和合理控制投资增长、调整投资结构相结合，提高并严格执行项目在土地、环保、节能以及技术、安全等方面的准入标准，按规定完成环境影响评估和节能评估审批，从源头上把好节能降耗减排关口；

5. 和科教兴市战略相结合，推进产、学、研相结合，为资源节约、保护环境提供有力的技术支撑，抓紧与资源节约、保护环境相关的技术服务体系的建设，大力普及相关科技知识；

6. 和拓展就业领域、增加就业岗位相结合，发展、提升各种废旧物资的回收利用生产，实现产业化；形成"静脉"产业链；

7. 和倡导扶贫济困与发展社会慈善事业相结合，通过社区"爱心超市"等方式，使还有使用价值的废弃生活用品等循环利用，等等。

从一个时期看，上述方方面面不可能平推齐进，而应根据不同的市情，找准各自的切入点，力求重点突破；而根据城市产业结构和相应的资源消耗结构、污染排放物结构，那些投入量大、节约空间大、污染扰民危害重的方面，宜作为重点突破的切入口。不同的城市，有不同的突破口，创造不尽相同的经验、做法，相互交流，取长补短，就可能以最低的代价，将资源节约、保护环境的各种成功经验在中小城市普遍推广，使越来越多的城市走进资源节约型、环境友好型城市的行列。

原载《浙江经济》，2007 年第 2 期

中国经济学界的演化（1978～1996）

赵人伟

中国自从 1978 年 12 月提出改革开放以来，随着经济改革的进展，经济学界也发生了巨大的变化，在我看来是一个不可避免的历史过程，因此，不妨把这种变化称之为演化（evolution）。由于中国经济学界在 1978 年以前受传统的计划经济理论（被人们称之为斯大林经济学）的禁锢很深，这种演化必然表现为摆脱禁锢的蜕变（transmutation）过程。所以，本文在有限的范围内不得不涉及改革以前中国经济学界的一些状况，以便对演化的起点有所了解。至于演化的实际情况，我将从几个不同的侧面来进行描述和分析。当然，我将尽自己的努力来保持这种描述和分析的客观性和公正性。

一、中国经济学界的组成和分类

中国经济学界主要由以下三部分人员组成：（1）高等学校经济院系中的教学与研究人员；（2）中国社会科学院系统（包括中央和地方）中经济学类的研究人员；（3）政府各经济部门，特别是其所属各研究机构中的研究人员。

自从 1978 年以来，这三类人员均有显著的增长。例如，高等学校中的经济学家原来集中在综合大学（如北京大学、南开大学、复旦大学、武汉大学、厦门大学）的经济系和一些专门的财经院校（如中央财政金融学院、上海财经学院、四川财经学院、大连财经学院等）。改革开放以来，许多工科院校（如清华大学、浙江大学、华中理工大学）都增设了经济管理方面的院系；综合大学的经济系也扩大了很多，例如北京大学原来只有一个经济系，现在扩大为经济管理学院，而且还新成立光华管理学院、中国经济研究中心。

中国社会科学院原来是中国科学院所属的哲学社会科学部，只有 1000 多人，1977 年从中国科学院独立出来成立中国社会科学院，人员不断增加，现在已有 5000 多人。原来只有经济研究所，1977 年以后发展成 7 个同经济学有关的研究所，即经济研究所、工业经济研究所、财贸经济研究所、数量和技术经济研究所、农村发展研究所、人口研究所、世界经济与政治研究所。

改革开放以前政府各经济部门一般都没有专门的研究所。例如，中国科学院经济研究所成立于 1953 年，1958 年国务院决定经济研究所改由中国科学院和国家计委双重领导，其目的是既为发展经济科学服务，又为国家的经济决策服务。换言之，当时国家计委只是利用经济研究所的研究力量，并没有成立自身的经济研究所。20 世纪 80 年代以来，国家计委先后成立了 6 个研究所，包括经济研究所、发展研究所、投资研究所、人力资源研究所等，并在各研究所的基础上成立了宏观经济管理研究院。国家计委以外的经济决策部门也纷纷成立了自己的经济研究机构，如劳动部设有劳动科学管理研究院，下面分设许多研究所，国家体改委、财政部、统计局均设有相应的研究所。至于国务院经济、技术和发展研究中心，则是改革开放以后成立的直接为国务院的经济决策服务的经济研究机构（历任主任为薛暮桥、马洪、孙尚清），其功能比各部门所属的经济研究机构更为广泛。

从中国经济学界的上述组成情况来看，尽管在经济研究机构迅速发展的情况下存在着机构重叠和重复研究的问题（详后），但上述三部分人员大体上有一个分工，从而各有自身的优势。高等院校的经济学家兼有教学和研究双重任务，在课程的系统讲授和学科建设上发挥自身的优势。政府各经济部门的经济学家显然对经济运转的过程最为熟悉，在掌握最新的经济信息上有自己的优势，并直接为经济决策服务。中国社会科学院系统的经济学家可以说介乎这两类人员之间，尽管在系统的讲授方面不如高等院校的经济学家，为决策服务方面则不如政府部门的经济学家那么直接，但在各种专门课题（项目）的研究方面却有明显的优势。这类经济学家可以说是以专题研究上的优势来为经济学的学科建设和经济决策提供服务，这种服务有时是比较间接的，但往往要求有比较深厚的理论基础和更为长期的考虑。

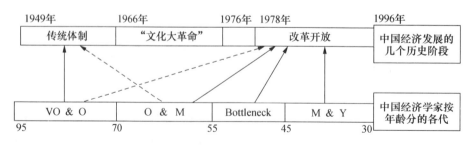

说明：VO & O：老的和很老的一代；O & M：中老年一代；M & Y：中青年一代。

图 1　中国经济学界的分类

　　至于经济学界的分类，按照年龄来分，一般均分为老、中、青三代。根据中国的实际情况，可以分为以下三代人：（1）老的和很老的一代，年龄在70岁以上直到90多岁；（2）中、老年一代，年龄在55岁左右至70岁左右；（3）中、青年一代，年龄在30岁左右至45岁左右。

　　经济学界这三代人的代表人物不可能一一列举。在这里我只能举出其中极为有限的名字，而且没有列出目前在海外工作的经济学家（见图1）。至于45岁左右至55岁左右之间的这半代人，由于30年以前"文化大革命"中断教育的影响，情况比较特殊。把这个年龄段的人称之为断层也许有点简单化，但称之为瓶颈（bottleneck）是不会过分的。这半代人在教育上受"文化大革命"的耽误比较多，从总体上来讲形成了一个瓶颈。当然，由于小环境比较良好或个人特殊努力，甚至这两方面的因素兼而有之，这半代人中也有的成为比较出色的经济学家。周其仁就是其中的一个突出的例子。他原来在国务院农业发展研究中心工作，后来在美国的 UCLA 攻读博士学位，新近回国在北京大学中国经济研究中心工作。

　　上述三代人中，老的和很老的一代在1949～1966年这一历史时期中起重要作用（图1中的实线表示起重要作用，虚线表示起影响作用），但对1978年改革开放这一段也有影响，特别是其中有的人还有较大影响，如陈岱孙、薛暮桥、于光远等。中老年这一代在1978年以来起重要作用，但其中有的人如苏星等曾在1966年以前有较大影响。中青年一代1978年改革开放以来，特别是80年代中期以来起着重要的作用。

　　如果按照教育背景来分类，上述第一代经济学家中有一些重要的代表人物在20～40年代之间受过系统的西方教育，例如陈岱孙、巫宝三、张培刚都是美国哈佛大学的博士，而孙冶方则受过苏联的教育，其余则受中国的教育。上述第二代经济学家中有的代表人物如刘国光、董辅礽等受过苏联教育，其余则受中国的教育。有趣的是，在这三代经济学家中，第二代没有人受过系统的西方教育，第三代没有人受过苏联的教育。很明显，这是中国政策大幅度变化的结果，即50年代向苏联一边倒，对西方实行封闭，留学生主要是派往苏联；60年代以后同苏联关系恶化，加上后来苏联瓦解，很少有人去苏联及后来的俄罗斯学习；新一代经济学家是在改革开放的环境下成长的，受西方教育的影响较多。

　　当然，上述按教育背景分类是仅就其主要方面（例如在什么教育背景下取得学位）而言的，因而仅有相对意义。有的人虽然取得西方的学位，但深受中国文化的影响。有的人虽然取得苏联的学位，但在去苏联以前深受中国教育乃至间接地受西方教育的影响。在上述第三代经济学家中，有的人尽管未取得西方的学位，但在改革开放的条件下，他们在中国受的教育也越来越多地受西方的影响，加上他们中有的人还有机会经常去西方国家做访问学者，因此，很难简单地用学位背景的不同来区分这一代经济学家的教育背景。

二、改革开放以来中国经济学界演化的三个阶段

中国经济学界的演化是同中国经济改革的进程密切地联系在一起的。与中国经济改革的进程相适应，我认为改革开放以来中国经济学界的演化可以分为以下三个阶段：

第一阶段：20 世纪 70 年代末至 80 年代中。

这一阶段经济改革的特点是要冲破计划经济的束缚，加强市场机制的作用。在这一阶段，无论是经济决策者还是经济学家，从总体上来说，还没有形成以市场经济来取代计划经济的观念，然而要打破计划经济的一统天下，引入市场机制这一点是明确的。当然，容许市场机制在多大范围内起作用，则存在着很大的分歧，这实际上涉及到改革的方向、目标、模式的争论（详后）。

同经济改革的这一发展相适应，经济学界的主要特点是摆脱斯大林经济学在中国经济学界的统治地位。尽管按照官方的理论，中国是以马克思主义为指导的，然而马克思本人有关社会主义经济的论述很少，因此，在社会主义经济理论和实践中，中国主要是依据斯大林的著作。斯大林的《苏联社会主义经济问题》一书以及根据此书而编写的政治经济学教科书的社会主义部分实际上已统治了中国的经济学界达四分之一世纪之久（1953 ~ 1978 年）。中国在 50 年代从苏联引进计划经济的体制，就是以斯大林经济学为依据的。所以，改革之初，斯大林经济学被中国的经济学家批评为"口号经济学"（Slogan economics），即只有简单的论断而缺少论据和分析。

这一阶段在中国经济学界影响最大的是东欧的经济改革理论。主要代表人物是波兰旅居英国的经济学家弗·布鲁斯（W. Brus）、捷克经济学家奥·锡克（O. Sik）和匈牙利经济学家亚·科尔内（J. Kornai）。1980 年和 1981 年，中国社会科学院经济研究所分别邀请布鲁斯和锡克来中国讲学。他们的改革理论，特别是布鲁斯关于在计划经济中如何引入市场机制的理论，当时对中国经济学界乃至中国的经济决策者产生了较大的影响。稍后，科尔内的许多经济学著作也传入了中国，特别是他的《短缺经济学》对传统的计划经济体制弊病的分

析和解剖，成为中国经济学家冲破计划经济的框框和摆脱斯大林经济学束缚的有力武器。

现在来看，东欧的经济改革理论是远远不够的。不过，当时中国经济改革的实践不可能迈出太大的步伐，实际上是以匈牙利、波兰等国的有限改革作为借鉴在进行探索。上述东欧经济改革理论家所具有的马克思主义经济理论的背景，也易于使他们的理论被当时的中国经济学家们所了解。所以，历史地看，在中国经济改革的初始阶段，东欧的改革理论对中国经济学界确实起了一种启蒙的和催化的作用。

这一阶段除了吸收东欧的经济改革理论以外，中国经济学界在介绍当代西方经济学理论方面也做了大量的工作。例如，胡代光、厉以宁等教授在北京大学举办了介绍外国经济学各流派的系列讲座，并在此基础上出版了一系列著作，对中国经济学界，特别是青年一代经济学家产生了巨大的影响。

与整个改革开放政策相适应，这一阶段的一个重要政策是派人出国去学习。不过，决策者对于是否派青年人出国拿经济学的学位尚举棋不定，加上青年人的成长和选拔还要有一个过程，所以这一阶段主要是选派一批中年人出国当访问学者。例如，吴敬琏被选派到美国耶鲁大学去当访问学者，黄范章被选派到美国哈佛大学去当访问学者，我被选派到英国牛津大学去当访问学者，等等。

这一阶段在经济改革实践上最大的成就是在农村实行联产承包责任制。这一成就主要是来自总的改革政策和农民的改革实践。农村改革的成就似乎同经济学界的上述转变没有直接的联系。这种情况也许可以这样来解释：第一，在传统体制下，中国的经济学家对经济决策的作用很小，基本上被排除在经济决策过程之外，这种状况在改革之初还未明显转变。第二，中国农村情况的特殊性。以分散的、手工劳动为基础的中国农业同传统的计划经济体制的关系不同于苏联。在中国农村，不存在典型意义上的从计划经济向市场经济转换的过程，却存在从传统经济向现代经济、从自然经济向市场经济的转变过程。因此，经济学界的上述初步演化还很难对农村改革的实践产生影响。

第二阶段：20 世纪 80 年代中至 80 年代末。

20 世纪 80 年代中期，中国的经济改革的重点从农村转入城市，开始触动传统的计划经济的核心，对经济改革的理论提出了新的要求。我认为这一阶段的重大突破是逐步明确了经济改革的市场取向。如果说，第一阶段的主流还仅仅是在计划经济中增加市场机制的作用的话，那么，这一阶段的主流是要从根本上改变整个计划经济体制。

经济学界在这一阶段的大量研究和探索，在中国共产党的决议和文件中也得到了部分的反映。最为突出的是 1984 年 10 月中共十二届三中全会通过的《关于经济体制改革的决定》中明确地提出要在中国建立"有计划的商品经济"的改革方向，以及 1987 年 10 月中共十三大提出的"国家调控市场、市场引导企业"的间接调控方式。这实际上否定了传统的计划经济的核心——宏观层次与微观层次之间的命令关系或直接的、实物的（physical）、指令的计划。这实际上也否定了市场机制仅仅是计划经济的补充的理论——这一理论在第一阶段还是中国经济学界的主导理论。

这一阶段的一个重要特征是在经济学领域进一步向西方开放，更为全面地和系统地考察当代西方的经济理论，并尝试从中吸取或借鉴一些对中国的经济改革和经济发展有用的东西。如果说，上一阶段是以学习东欧的经济改革理论为主的话，那么，这一阶段则形成了一个吸收当代西方经济理论的热潮。不仅当代西方正统的经济理论——新古典经济学通过高等院校的教育进入了改革的研究之中，新制度经济学或新政治经济学也成为感兴趣的领域。从西方引入的发展经济学和比较经济学也成为高等院校经济学教学中的重要课程。

中国社会科学院经济研究所的机构设置也在这一阶段发生了变化，以便同原来的计划经济脱轨。例如，1985 年下半年把原来的国民经济计划和平衡研究室改为宏观经济学研究室，同时新设了微观经济学研究室、发展经济学研究室、比较经济学研究室。机构设置的这种变化，是经济学研究变化的一个反映。

这一阶段中国经济学家同西方经济学家的合作和交流也有了广泛和深入的开展。有中外经济学家参加的探讨中国改革和发展的各种国际学术研讨会接连不断地召开；中外经济学家共同参加的研究中国经济问题的合作项目也像雨后春笋般地成立起来。

在国际学术研讨会方面，这一阶段我参加过的并留下较深刻印象的至少有以下几个：（1）1985 年 9 月 2 日至 9 月 7 日在长江（重庆至武汉）的"巴山轮"上举行的中国宏观经济管理国际讨论会。此会由中国经济体制改革研究会、中国社会科学院和世界银行举办。美国的诺贝尔经济学奖得主托宾（James Tobin）、英国的凯恩克劳斯（Alexander Cairncross）、德国的埃明格尔（Otmar Emminger）、波兰的布鲁斯（Wlodzimier Brus）、匈牙利的科尔内（Janos Kornai）以及中国的薛暮桥、马洪、安志文、刘国光、高尚全、吴敬琏等均参加了这次讨论会，会议对中国经济改革的重点转入城市以后的宏观经济管理问题进行了广泛的讨论。（2）1986 年 10 月在纽约召开的中国经济改革目标和步骤研讨会。此会由美国比较经济学杂志等单位举办。美国的雷诺兹（B. R eynolds）、费景汉（John Fei）、邹至庄（G. Chow）、爱德尔曼（Irma Adelman）、拉迪（N. Lardy）以及中国的马宾、贺光辉、吴敬琏等参加了这次讨论会。（3）1988 年 8 月在美国加州大学伯克莱（Berkeley）分校举行的有中国大陆、台湾地区和美国的学者参加的中国经济改革和海峡两岸关系学术研讨会。此会由美国加州大学的斯卡拉皮诺（Robert A. Scalapino）教授主持，台湾地区参加的学者有于宗先、魏萼、高希钧等，大陆方面参加的有张仲礼、吴明瑜等。（4）1989 年 6 月在德国杜伊斯堡召开的中国经济改革国际研讨会。此会由杜伊斯堡大学的卡塞尔教授等主持，德国的维利·克劳斯、Thomas Heberer，美国的 D. Perkins，中国的张培刚、董辅礽、张盘以及香港地区的郭益耀（Y. Y. Kueh）等参加了这次研讨会。此会对市场化改革的进程以及所有制改革等问题进行了讨论。

在国际合作研究方面，这一阶段由 UNDP、世界银行和美国的福特基金会资助，开展了许多合作研究。据我所知，比较大的合作项目有：由 UNDP 资助的国务院发展研究中心执行的中国经济改革战略研究项目；由世界银行资助，中国社会科学院经济研究所执行的中国农村工业（乡镇企业）研究项目；由福特基金会资助，中国社会科学院经济研究所执行的国有企业改革和居民收入分配等研究项目；由福特基金会资助，中国社会科学院财贸经济研究所执行的土地使用等研究项目；等等。

这一阶段在选派人员出国学习和培训方面也有很大的进展，如果说，上一阶段以选派中年人出国做访问学者为主的话，那么，这一阶段以选派青年人出国读学位为主。这无疑对青年一代人系统地掌握当代西方经济学的知识有很大好处。此外，福特基金会资助的为期一年左右的经济学培训班（在牛津大学和国内一些大学举办）在提高青年一代的经济学素养方面也起了积极的作用。

第三阶段：20 世纪 90 年代初至今。

在 20 世纪 80 年代末和 90 年代初中国经历了人所共知的政治风波。然而，随后人们能很快就认识到，中国经济改革的方向是不可逆转的，只有把改革进行到底，中国才有希望。特别是在 1992 年 10 月建立"社会主义市场经济"的目标以中国共产党决议的形式确定下来以后，中国经济学界对如何在中国建立市场经济的问题进行了空前热烈的讨论和探索。

这一阶段整个经济学界所关注的是如何借鉴西方经济学的理论和实行市场经济各国的经验，包括德国实行社会市场经济的经验，并结合中国的国情在中国建立和发展市场经济。因此，这一阶段的特征可以说是在西方的理论、经验同中国的国情之间寻找一种结合点。

在研究中国国情方面，根据东亚"四小龙"的成功经验，中国和外国的学者都对儒家文化传统同发展经济的关系进行了探讨，换言之，人们在吸收西方的经验时都特别注意同中国的文化传统结合起来。

在吸收西方的经济方面，上一阶段派往西方各国攻读经济学的中国留学生这时又纷纷在西方各国取得经济学博士的学位。他们有的学成归国，有的留在西方发达国家，有的则在港澳工作。其中有相当多的人仍然关注着中国的经济改革和经济发展问题。在这一阶段，他们写出大量的论文和专著，对中国的经济改革和经济发展献计献策。

上一阶段着手进行的许多中国和外国合作研究项目在这一阶段陆续地出了一大批成果。而且中外合作研究的领域进一步拓宽。除了美国和英国的经济学家以外，令人注目的是德国、瑞典的经济学家在这一阶段也同中国的经济学家们发展了良好的合作关系。这种合作研究有利于中外经济学家互相了解和互相学习对方的长处，有利于中国经济学界同国际经济学界的接轨，其效果是很好的。

由于前苏联和东欧的剧变，这一阶段许多中国经济学家还特别重视对中国的改革同前苏联和东欧各国的改革进行比较研究，希望在这些比较研究中吸收一些对中国有用的东西。尽管中国改革前的体制同前苏联和东欧有较多的共同点，但国情的差别却很大，所以这种比较研究更有利于中国经济学家领会到从中国国情出发的重要性。

综上所述，改革开放以来，中国经济学界的演化大体上经历了三个阶段：（1）摆脱传统计划经济思想束缚或进行改革启蒙的阶段（20 世纪 70 年代末至 80 年代中）；（2）进行有重点的突破、明确改革的市场取向的阶段（20 世纪 80 年代中至 80 年代末）；（3）按照市场经济的目标并结合中国的国情对中国的经济改革进行全方位探索和推进的阶段（20 世纪 90 年代初至今）。

三、从一些问题的争论来看中国经济学界的演化

中国经济学界的演化是同一系列经济问题的争论分不开的。当然在这里不可能也没有必要对 17 年来的争论情况进行详细的描述和评论，而仅仅是为了

透过一些问题的争论来看演化的情况。换言之，是为了给考察演化的情况提供一个新的角度。因此，下面只是从大量争论问题中选出几个有代表性的问题来进行考察。

第一个问题：关于经济改革的方向和目标的争论，或者说，是实行修改了的计划经济模式，还是真正的市场经济模式？

对这个问题的争论 17 年来没有停止过。小的起伏不算，从大的方面来分，至少已经历了 3~4 个回合或起伏。1978 年底提出改革以前，中国实行的是社会主义计划经济。1978 年底提出改革以后，1978~1980 年之间主要是要在计划经济中引入市场机制。当时的讨论是以"计划和市场的关系"为题展开的。1979 年 4 月在江苏无锡举行的价值规律问题讨论会是这一问题讨论的高潮。当时参加讨论的中国经济学家很少有人了解 30 年代西方国家就这一问题进行的讨论，例如发生在哈耶克、兰格和道布等经济学家之间的争论。应该说，80 年代初在中国新开展的这场讨论在内容上同 30 年代发生在西方的讨论是很接近的，但在学术背景上则没有多大联系。即使主张计划同市场相结合的中国经济学家也基本上不了解兰格模式的内容和分析方法。而且有些讨论还停留在哲学概念上，缺少对运行机制的经济学分析，如计划和市场是板块结合还是渗透结合，是否你中有我，我中有你，等等。不过，撇开学术背景不论，当时争论的实质是要不要扩大市场机制的作用，要不要缩小乃至取消指令性计划。

显然，当市场机制的作用发展到缩小乃至取消指令性计划时，实际上是触动了计划经济的根基。因此，这样一种经济改革的思潮必然要遭到主张维护计划经济秩序的力量的抵制。从 1981 年年中开始，主张扩大市场机制作用、缩小指令性计划、扩大指导性计划的思潮受到了批判。相反，主张计划经济为主、市场调节为辅，维护指令性计划为主的思潮占了上风。这种思潮占上风大约维持了两年多的时间（1981 年年中至 1983 年年底）。其间，1982 年 9 月中国共产党的十二大还以党的决议的形式把这种思想加以肯定。

不过，到 1984 年形势有了转变，主张扩大市场机制作用的思潮重新占了上风。这是同改革的重点转入城市，要求扩大国有企业自主权的改革背景分不开的。而且，这种思潮在这次占上风的时间持续得比较长，大约有五年多的时间（1984 年初至 1988 年底乃至 1989 年初）。而且如上所述，这一时期有两个重大突破，即肯定了"有计划的商品经济"的改革目标和"国家控制市场、市场引导企业"的间接调控方式，从而真正动摇了计划经济的根基。

然而，由于 1988 年价格改革闯关和经济过热引起的宏观经济不稳定以及

1989 年春夏之交的政治风波，情况发生了剧烈的变化。间接调控的公式（国家—市场—企业）消失了，计划经济为主，市场调节为辅的思潮再一次占了上风。这种情况大约持续了两三年的时间（1989～1991 年）。

然而实际情况并不那么简单。由于 1992 年和 1993 年经济的高速增长和随后的高通货膨胀率（1994 年达到 21%）迫使中央政府不得不采取从紧的财政政策和货币政策，从而如何加强宏观调控就成为突出的经济问题。在这种形势下，认为宏观调控就是计划经济、计划经济是宏观调控的样板等思潮再次掀起了波澜。不过由于"社会主义市场经济"的官方认定性质，很难公开反对，所以这次波澜带有"潜波"的性质①。至于这次不太公开的争论是否会变成更为公开的论战，目前还不好预测。看来这取决于今后整个经济和政治形势的发展。

第二个问题：关于市场化改革同所有制改革的关系。

由于"公有制为主体"具有官方认定的性质，所以中国经济学界很难像西方国家或前苏联和东欧国家那样以"市场化同私有化的关系"为题展开讨论，而往往以"市场化改革（或价格改革）同所有制改革的关系"为题展开讨论。

早在 1979 年，就有以董辅礽为代表的少数经济学家强调所有制改革是中国经济改革的关键。当然，当时还谈不上后来所说的私有化、股份化和明晰产权等问题，还仅仅提出要废除"全民所有制的国家所有制形式"。不过，当时对官僚化的国有制的猛烈抨击无疑看到了传统的计划经济体制中的深层次问题，成为后来强调所有制改革思潮的先声。

在 80 年代中期，以"价格改革优先还是所有制改革优先"为题展开了讨论。实际上，如果两方面的改革都很需要的话，究竟哪一方面的改革先走一步并不很重要，因为从一个时间序列来看，哪一方面先跨出第一步仅仅是一个顺序问题。不过，这一争论确实反映了有一部分经济学家更强调市场化改革，另一部分经济学家则更强调所有制改革。

在 80 年代中后期，围绕着所有制改革和国有企业改革的问题，还发生了是实行承包制还是股份制的争论。在 1989 年后的一个短暂时间内，股份化的

---

① 关于这次波澜，参见晏志杰：《中国经济改革不容逆转》一文，载《经济日报》，1996 年 4 月 15 日。他在此文中说："决不意味着宏观调控就是完全恢复改革以前的那种计划经济的做法。当然，现在没有人公开要求这样做，但是，当我们有的同志说，我国五六十年代就已经实现了国家对经济发展的有效的宏观调控时；说我们那些五年计划就是宏观调控的样板时；说改革前几十年中国经济发展的巨大成就就是计划经济的优越性的证明时，人们不能不怀疑他们真实意图是要否定市场经济这个改革的总方向，而以计划经济取而代之。"

主张曾被当做私有化的一种形式而受到过批判。不过，承包制的主张在 90 年代因实践上无法坚持下去也就逐渐地退色了。把承包制看做改革的战略方向、主张"承包为本"的经济学家实际上陷入这样一个困境：国有企业同政府之间的承包关系实际上是一种纵向的（vertical）讨价还价（bargaining）关系，企业的行为是想通过讨价还价而从政府那里获得更多的利益，这同企业应该通过横向的（horizontal）竞争在市场中实现利润最大化的要求是相违背的，所以，随着市场化改革的深入，承包制思潮的退色是必然的。不过，由于种种条件的限制，股份制改革也仅仅局限于在部分企业中进行试点。

在 90 年代中期，还发生了所有制是目的还是手段的争论。主张所有制是手段的经济学家往往被指责为提倡变相的私有化。因为，既然所有制是手段，那么，为了达到一定的目的，什么手段都可以用，实行私有化也在所不惜。在我看来，这场争论带有更多的意识形态色彩，而且比较空洞，既没有经济分析，也没有操作上的意义。

在中国，不主张通过私有化来解决国有企业困难的经济学家实际上可以分为两类：一类带有较强的意识形态色彩。按照这类经济学家，社会主义应该坚持三条基本原则，即公有制为主、计划经济为主、按劳分配为主；现在只剩下公有制为主这一条了，如果连这一条也坚持不了，那么社会主义经济也就不存在了。他们没有像兰格（O. Lange）和珀金斯（D. Perkins）那样通过经济分析来论证，市场运作和企业行为的利润最大化并不必要以私有化为前提。因为，第一，他们一般并没有 Lange 和 Perkins 那样的经济学背景；第二，他们一般即使对市场化也是持有保留态度的，更难以进入市场化要不要以私有化为前提的经济学争论。另一类经济学家并不带有多少意识形态的色彩，而是出之于实际操作上的困难。在他们看来，目前国有企业设备陈旧、负债累累，在职失业问题严重，承担社会职能（如医疗保障等）过多，即使私有化也解决不了问题。

由于国有企业的改革迄今仍然是中国经济改革中的一个尚未解决的问题，因此，随着改革的深化，这一问题的争论也必将进一步深入地展开。

第三个问题：控制通货膨胀问题最重要，还是保证经济增长和就业问题最重要？

改革开放以来，曾经在 1985 年、1988 年和 1993～1994 年发生过三次较大的通货膨胀（年通货膨胀率分别为 15%、18% 和 21%）。每次通货膨胀都同经济的高速增长和体制转轨的加快有联系，而每次通货膨胀发生以后，政府总是采取从紧的宏观经济政策。对于通货膨胀以及从紧的宏观经济政策，经济学家们经常发生争论。

有的经济学家强调经济增长和就业的重要性，认为控制通货膨胀不要以增加失业和降低增长速度为代价，因而不宜采取从紧的宏观经济政策，特别不宜长时期地实行从紧的财政政策和货币政策。不然，会使失业增加，国有企业困难加剧。只有保持较高的经济增长速度、做大蛋糕，才有利于解决就业问题乃至通货膨胀问题。因此，根据中国目前的实际情况，年经济增长率不宜低于10%，年通货膨胀率也不必强行控制在10%以内。

另一些经济学家则主张以控制通货膨胀为主要目标。因为，通货膨胀造成宏观经济不稳定。在高通货膨胀的情况下，价格改革难以推行，反而迫使政府不得不采取一些反市场化的措施，管制市场和价格。他们认为，通过较高的通货膨胀率可以替换较低的失业率和较高的经济增长率是以过时了的菲利普斯曲线为依据的，早已被西方经济学界所否定了。通货膨胀只能在短时期内减少失业，加速经济增长，因为，尽管通货膨胀提高了产品的价格，促使企业产量增加，但随后工资成本和原材料价格也会上升，从长期来看，并不能加速经济增长和减少失业。

上述争论实际上是同经济决策者在改革、发展和稳定之间的政策选择联系在一起的。有的人强调以稳定为主要目标，提出了"稳中求进"的政策选择；有的人强调以改革和发展为主要目标，实际上是主张"进中求稳"。更为通俗地来表述，这实际上是"只有稳定了才能做大蛋糕"还是"只有做大了蛋糕才能稳定"的争论。如何在理论上和实践上平衡这两方面的关系，确实是一件不容易的事情。

第四个问题：如何对待当代西方经济学？

改革开放以来，特别是80年代中期以来，中国经济学界一直在学习西方经济的理论和实践，希望从中吸取一些对中国的经济改革和发展有用的东西。然而，对此也经常发生争论。有的经济学家强调反对盲目排斥，认为学习西方经济学中对中国有用的东西是克服封闭状态、实行对外开放的必然产物；另一部分经济学家则强调反对盲目照搬（简单地 Copy），认为照抄照搬西方的各种模式，崇洋媚外、食洋不化已成为一种危险的倾向。应该指出，要搞好中国的经济改革和经济发展，两种极端的倾向毫无疑问是必须防止和克服的。但是，在中国也常常容易发生以一种极端来反对另一种极端的现象。而且，有的经济学家往往以维护马克思主义经济学的纯洁性的名义来批判另一部分经济学家。

1986～1987年间，1989～1991年间，以及1995～1996年间，均发生过这种批判。显然，上述争论和批判具有较多的意识形态的色彩。不过，对于中国经济学界来说，既要吸收当代西方经济学中有用的东西，又要结合中国的国情；既要反对盲目排斥，又要反对盲目照搬，确实是一项艰巨而又复杂的任务。

如上所述，这里所介绍的中国经济学界的争论，仅仅是大量争论中的一部分，而且只能作非常简略的介绍。不过，仅从这些争论中我们已经可以看到，中国经济学界的演化尽管步履艰难，有时还有较大的曲折乃至反复，但17年来仍然取得了很大的进展。

四、问题和展望

以上我们从几个不同的侧面分析了中国经济学界的演化情况，我认为，目前还存在着许多问题，比较突出的问题有：

第一，人员众多，机构庞大，但往往良莠不分，存在着重复研究的问题。

如上所述，中国经济学界基本上是由高等院校、中国社会科学院和政府经济部门三个系统的经济学家所组成的。这里尚未包括党校系统、军队院校系统以及新成立的行政学院。如果把这些系统中的经济学院也包括进来，中国经济学界的队伍就更为庞大。而且所有这些系统中的经济研究和教学机构，都有一种膨胀和扩张的趋势。这些机构虽然大体上有一个分工，但往往分工不明确，特别是各个经济决策部门，往往有一种自给自足的倾向，都想建立起为自身决策服务的完整的经济研究机构，很难使这些经济研究机构社会化。由于这些经济研究机构多数都有纵向的行政隶属关系，很难在彼此之间建立起一种横向的竞争关系。由于部门垄断的存在，也很难把一些不称职的经济研究机构在平等竞争中加以淘汰。而且几乎每一个经济研究机构都想出版自己的杂志，当然也都要评定相应的学术职称。因此，经济学杂志过多，很难区分杂志的好坏；内容重复的文章很多，也很难区分文章的好坏；获得教授职称的经济学家越来越多，也很难区分称职的教授和不称职的教授。学术成果评价和鉴定的工作也相当落后。由于缺乏科学的评价机制和鉴定标准，中国社会科学院的院士制度迄今尚处在难产之中。可见，如何把竞争机制和评价机制引入到中国的经济学界，还是一个难题。

第二，经济学界队伍年轻化的进展步履艰难。

在改革开放之初，中国经济学界存在着年龄老化的问题，所以队伍的年轻化一直是经济学界演化的一个重要目标。80年代中期以来，确实有一批中青年经济学家活跃在中国的经济学界。然而，由于种种原因，这一进程也有曲折。在 80 年代后期，有的中青年经济学家到了国外，有的则下海经商，再加上前面所说的"文化大革命"教育中断造成的瓶颈，目前高等院校经济院系和经济研究机构中能够站在教学研究第一线工作的中青年经济学家仍然存在着短缺的现象。

新近改组的中国第一流经济学杂志《经济研究》编委会的年龄构成也说明了这一问题（见《经济研究》杂志 1996 年第 3 期）。这一届编委会共由 43 人组成，其中顾问 11 名，编委 32 名。从年龄结构来看，没有 40 岁以下的人，40～50 岁占 12%，50～60 岁占 16%，60～70 岁占 37%，70～80 岁占 16%，80 岁以上占 19%，换言之，60 岁以下的人只占 28%，60 岁以上的占 72%，其中 60～70 岁之间的比重最大，占 37%。这种年龄结构显然是偏老的。

因此，如何使经济学队伍年轻化，仍然是摆在中国经济学界面前的一项艰巨任务。

第三，如何协调经济学界各群体的关系是一个新问题。

在传统体制下，中国经济学界的各个群体都听命于一个中心的指挥，几乎不存在如何协调的问题。改革开放以来，如何协调各群体的关系成为一个新问题。在这里，我只想涉及如何协调新一代经济学家各群体的关系问题。新一代经济学家有两个群体：一个是西方国家培养的具有较高学位的人（一般具有博士学位）；另一个是国内培养的具有较高学位的人（获得博士学位的人越来越多）。这里首先遇到的是如何对待这两个不同的群体。目前北京大学中国经济研究中心倾向于吸收国外培养的博士作为正式成员；而香港各大学迄今只承认西方国家培养的博士，尚未承认国内培养的博士。这显然使国内培养的博士处于一种不利地位。另一方面，国内一些经济决策部门中的某些决策者对国外培养的博士则存有一种戒心，这又使国外培养的博士处于一种不利地位。因此，如何一视同仁地对待这两个群体，是协调工作中首先遇到的问题。其次是这两个群体彼此之间的协调问题，我认为应该提倡这两个群体之间互相取长补短，而应该尽量避免以己之长比人之短的非科学态度。

以上我们不仅从几个侧面回顾了中国经济学界在过去 17 年来的演化情况，而且也提出了当前面临的一些突出问题。尽管这个演化过程并不是一帆风顺的，但如果我们把这一过程放到整个中国经济大变革的历史背景中去考察，那么，我们完全有理由对这种演化的下一步进程持一种乐观的态度。中国正处在由计划经济向市场经济转换的过程中，同时还处在由二元经济向现代经济的转换过程中。我认为中国经济学界今后一定能在两个转换过程中作出更大的贡献。它一方面应该进一步加强同国际经济学界的交流与合作，继续学习别国的长处；另一方面又要立足于解决中国的经济问题。我相信，中国经济学界今后一定能以自己有民族特色的学术成果来作出更大的国际贡献。

此文是作者在德国杜伊斯堡大学做访问学者时所写的讲稿，写作时间为 1996 年 6~7 月，2007 年 4 月首次发表，载赵人伟：《紫竹探真——收入分配及其他》，上海远东出版社，2007 年版。

我国居民收入分配和财产分布问题分析[①]

赵人伟

　　我国波澜壮阔的经济改革已经走过了四分之一世纪。在这一个重要的历史时期内，随着我国经济的高速增长和居民收入水平的不断提高，居民收入分配与财产分布格局发生了巨大的变化，由计划经济时期的平均主义转变为收入分配差距与财产分布差距逐渐扩大。分配格局的这种变化目前已成为重大社会问题，近来引起了举国上下的广泛关注。

　　我国已经确立了全面建设小康社会的目标。而人们的康乐（wellbeing）程度不仅取决于收入状况，而且取决于财产状况（国家统计局城市社会经济调查总队，2003）。换言之，康乐的分配不仅取决于收入的分配，而且取决于财产的分配或分布（Michael Schneider，2004）。我们还正在推进社会主义和谐社会的建设，而和谐社会的建设不仅同就业、社会保障、收入分配等因素密切相关，而且同财产分布密切相关。社会主义和谐社会的建设，不仅要扩大中等收入者的比重，而且要扩大中等财产拥有者的比重。看来，这些都是收入与财产问题越来越引起人们关注的重要原因。

　　收入分配是整个社会经济系统中一个十分重要的子系统。由于收入分配和财产分布之间有着密切的相互关系，收入分配的状况不仅会影响生产的效率，而且会影响人们的财产分布，从而影响人们切身利益进而影响社会的协调和稳定。就收入和财产的一般区别来说，收入（income）指的是人们（一个人或一个家庭）在一定时期内（通常为一年）的全部进账；而财产（wealth）指的是人们在某一时点所拥有资产的货币净值。可见，财产是一个时点上的存量，而收入是单位时间内的流量。收入和财产之间存在着互动的关系：过去的流量必然影响当今的存量；而当今的存量又必然影响今后的流量。随着财产规模的不

―――――――――――

　　① 本文是在作者近年来研究收入分配和财产分布成果的基础上综合和压缩而成的。在财产分布的研究中，李实教授帮助设计，丁赛博士帮助计算；在本文的综合和压缩中，徐明研究员帮助整理。在此一并表示感谢。

断扩大和财产分布格局的变化，财产分布不仅对整个宏观经济的稳定具有重要影响，而且对今后收入分配的长期变化也有重要影响。以下拟对我国居民收入分配和财产分布的有关问题作一探讨。

一、我国居民收入分配问题分析

我认为，在收入分配领域，克服平均主义已经取得了明显的进步。尽管平均主义的现象一定程度上仍然存在。但收入差距过大的问题已经成为引起人们关注和社会反响的主要倾向。事实上平均主义和收入差距过大都属于分配不公，收入分配制度的改革正是在防止和克服这两种倾向中向前发展的。

1. 我国居民收入分配变化的几个主要方面

20 多年来我国居民收入分配的变化，可以从以下五个方面来概述：

（1）总体收入差距明显扩大。按照中国社会科学院经济研究所课题组的调查，2002 年全国的基尼系数已达 0.454；按照南开大学经济研究所的调查，如果包括非法和非正常收入在内，1994 年和 1995 年全国的基尼系数均已分别达到了 0.511 和 0.517（陈宗胜、周云波，2001）。

（2）城乡居民收入差距扩大尤为显著。城乡收入差距在改革初期有所缩小，但 20 世纪 80 年代中期以来呈扩大的趋势，根据中国社会科学院经济研究所课题组的调查，城乡居民人均实际收入的比率 1978 年为 2.36，80 年代中期下降到 1.8，1994 年扩大到 2.6，2003 年扩大到 2.32。

（3）区域间居民收入差距仍较明显。地区间收入差距部分地是由农村内部和城镇内部的地区收入差距引起的。其中，农村居民收入的地区差距在 80 年代后期至 90 年代中期呈明显扩大的态势，90 年代后期以来则趋于平稳。但是，城镇居民收入的地区差距则长期以来呈现扩大的趋势。

（4）垄断部门和竞争部门之间的工资差距仍在扩大。从 80 年代末开始，部门之间和行业之间的职工工资差距趋于不断扩大，成为城镇内部收入差距扩大的一个重要推动因素。在行业之间工资差距的扩大过程中，尤其值得注意的是垄断行业与竞争性行业之间的工资差距的扩大。以金融、保险业为例，在 1990 年它的平均工资与制造业的平均工资大体相当，到了 2002 年它的平均工资大大高于制造业的平均工资，前者比后者高出 74%。如果考虑到垄断行业一般具有较高的工资外收入，那么，实际收入的差距就会更大。

（5）因财产分布的不平等而引起的收入差距正在发生。改革以前，我国居民除了少量的个人储蓄的利息收入以外几乎没有什么财产收入。改革以来，居民的财产收入，特别是城市居民的财产收入增长很快，而且分布也颇为不均等。其中，因金融资产和住房分布的不平等而带来的收入分配不平等更成为引人注目的新问题。现仅以住房分布的不平等为例：根据中国社会科学院经济研究所课题组的调查，城镇居民1995年自有住房估算租金价值的不平等系数为0.371，同年住房补贴的不平等系数为0.322，城镇居民总体的不平等系数为0.286。这三个不平等系数说明：80年代末以来住房制度的改革，使住房补贴大大下降，而自有住房估算租金的价值则明显上升。无论住房补贴还是自有住房估算租金价值都起着扩大收入差距的作用。自有住房估算租金价值的不平等超过了住房补贴的不平等则说明，将原有体制中隐性收入的不平等显性化的过程中追加了不平等。

2. 我国居民收入分配变化的几个阶段及其主要倾向

从时序上看，我认为20多年来收入分配格局的变化可以分为以下三个阶段：

——20世纪70年代末至80年代中：平均主义。在改革开放初期，即70年代末和80年代初期和中期，收入分配方面的主要倾向仍然是计划经济时期遗留下来的平均主义。这一阶段农村的改革取得了很大的成功，但是，无论是农产品收购价格的提高还是家庭联产承包责任制的推行，其经济利益的分配是比较均衡的。当时城市的改革还没有全面推开，无论是机关、事业单位还是企业单位，收入分配领域基本上还是沿用计划经济体制的传统做法。

——20世纪80年代中后期至90年代初：两种现象并存。到了80年代中后期和90年代初期，由于双重体制的并存和摩擦，在收入分配方面的主要特征是两种现象（计划体制内的平均主义与体制外和体制间的收入差距较大）的并存。所谓"手术刀不如剃头刀"、"搞原子弹的不如卖茶叶蛋的"之类的抱怨，就是双重体制的并存和摩擦初现时的矛盾在收入分配问题上的反映。在这一阶段，人们最为关注的是利用双重体制所进行的"寻租"活动所引起的收入差距的扩大。

——20世纪90年代中后期以来：差距过大。90年代中后期以来，尽管平均主义问题在某些部门和企业内还存在，但从全社会来看，收入差距过大已经成为主要倾向，特别是同激励机制（促进效率提高）无关的收入膨胀，即所谓的暴富，则更引起了社会上强烈的不满。如果说，经济增长引起的收入差距的正常扩大是人们所能普遍认同的话，那么，这一阶段因权钱交易、贪污腐败、各种垄断、内部人控制、设租活动等因素引起的收入差距的非正常扩大就成为人们关注的焦点。

3. 如何衡量和看待全国的收入差距问题

众所周知，收入差距一般是用基尼系数来衡量的。对于全国的基尼系数，目前有各种估计，概括起来可以分为以下三种：低估计为 0.4 左右，中估计为 0.45 左右，高估计为 0.5 左右。如果不考虑计算方法上的差异，此三种不同估计的差别是：第一种估计主要考虑货币收入，较少考虑实物收入，特别是补贴收入。第二种估计较多考虑了实物收入。第三种估计则不仅考虑了货币收入和实物收入而且也考虑了非法收入和非正常收入。

当前的问题是要不要以基尼系数 0.4 作为警戒线？

针对基尼系数的日益扩大，人们提出了各种各样的看法。其中有两种看法值得讨论。一种看法是，由于国际上有人把 0.4 作为差距是否过大的警戒线，为了使我国的收入差距控制在合理范围内，应当尽量把基尼系数控制在 0.4 以内。但是我国是一个幅员辽阔、人口众多、均质性很低的社会，客观上容许有较高的基尼系数，不必机械地、死死地守住 0.4 这条线。但突破这条线后，究竟放松到什么程度比较合适，需认真研究。另一种看法是，我国是二元经济社会，城乡之间的收入有较大差别是不可避免的，因此，只能分别计算城市或乡村的基尼系数，而不能合起来计算全国的基尼系数。不然，就会夸大我国的收入差距。我认为，全国的基尼系数、城市的基尼系数、乡村的基尼系数，乃至各省的基尼系数等等，都能各自说明不同的问题，完全没有必要取此舍彼或厚此薄彼。事实上，许多属于二元经济的发展中国家也都分别计算城乡的和全国的基尼系数，我国似乎没有必要在这个问题上寻求例外。

4. 关于如何衡量和看待城乡收入差距的问题

由于计算口径和方法的不同，对城乡收入差距程度的估计往往不一致，但对改革开放以来城乡收入差距先缩小后扩大的总趋势的判断没有什么分歧。世界银行有关报告指出，世界上多数国家城乡收入差距的比率为 1.5，这一比率超过 2 的极为罕见。但我国即使按官方估计，1995 年这一比率已达 2.5，如果加上城市居民所享有的实物性福利，城市居民的实际收入会增加 72%。即使考虑到农民进城打工从而缩小城乡收入差距这一因素，1995 年城乡实际收入差距比率也在 4 左右。根据官方公布的资料，我国城乡收入差距的比率到 2003 年已经达到 3.2：1。根据民间的各种不同估计，目前我国城乡收入的差距为 4：1，甚至 6：1。而且，值得特别注意的是，越是经济欠发达的地区，城乡收入差距越大。这种城乡收入差距，不仅是一个经济问题，还是一个社会问题，不能不引起全国上下的极大关注。问题在于，在收入差距扩大的情况下能否继续坚持"效率优先、兼顾公平"的原则？能不能说目前效率问题已经解决，主要是公平问题？

二、我国居民财产分布问题分析

随着我国居民收入水平的不断提高和分配平均主义的摒弃，我国居民收入分配和财产分布之间的关系越来越密切，特别是 20 世纪 90 年代以来，我国居民的个人财产经历了一个高速积累和显著分化的时期，因此，我国居民财产的分布问题就理所当然地成为人们关注的一个新的焦点。

由于迄今为止研究我国财产分配的资料和文献还不多，本文主要根据中国社会科学院经济研究所收入分配课题组 2002 年家庭调查的数据为基础，对农村、城市和全国居民个人财产的分配状况作一个概括性的分析。

首先，我们这里所说的财产，从总体来说指的是财富（wealth）。但当我们把这些财产或财富分为各个具体项目（例如土地、房产、金融等）时，则往往把这些子项目称之为资产（asset）。当我们把财产同所有权联系起来时，又会使用产权（property right）这一概念。

1. 全国人均与农村、城镇居民财产的水平和构成之比较

为了分析全国居民财产的分布状况，我们首先需要对财产的水平（规模）和构成作一简单的考察。从静态来看，我国居民的财产可以分为六项，即土地、房产、金融资产、生产性固定资产、耐用消费品和非住房债务。其中，房产是按房产总值扣除购房尚未偿还的债务之后的价值计算的，即房产净值。非住房债务是指住房债务以外的一切其他债务。各项财产的加总额减去非住房债务以后的价值为按净值计算的财产总值。

从表 1 可以看出，全国人均财产的总水平、各项财产的水平和各项财产的比重，其数值都在城市和农村之间。经过全国人口的平均以后，全国人均财产的总额既不是农村人均的 12937.81 元，也不是城市人均的 46133.5 元，而是 25897.03 元。在财产的各个子项目中，土地这一项是最令人注目的。

由于城市人口没有土地，所以经过全国人口的平均以后，土地的价值从农村人均的 3974.32 元下降到全国人均的 2420.767 元，其比重也从占农村人均财产的 30.72% 下降到占全国人均财产的 9.35%。其他各项财产的变化都没有土地那么大，变化最小的要属耐用消费品这一项，其比重既不是农村的 6.13%，也不是城市的 7.24%，而是 6.89%。这说明，城乡之间耐用消费品拥有量的差

表 1 2002 年全国人均与农村、城镇居民财产的水平和构成之比较

财产及其构成项目	全国平均值 （元）	全国比例 （%）	农村平均值 （元）	农村比例 （%）	城镇平均值 （元）	城镇比例 （%）
财产总额（净值） 其中：	25897.03	100	12937.81	100	46133.5	100
土地价值	2420.767	9.35	3974.32	30.72	—	—
金融资产	5642.684	21.79	1592.615	12.31	11957.79	25.92
房产净值	14989.26	57.88	5565.006	43.01	29703.13	64.39
生产性固定资产	1037.309	4.01	1181.616	9.13	815.487	1.77
耐用消费品价值	1784.31	6.89	793.2804	6.13	3338.165	7.24
其他资产的估计现值	241.6361	0.93	—	—	619.6779	1.34
非住房负债	-218.9326	-0.84	-169.0233	-1.31	-300.7456	-0.65

距是比较小的。在全国居民财产的七个子项目中，最重要的是房产、金融资产和土地三项，三项合起来占居民财产总额的 89.02%，其中尤以房产和金融资产两项最为突出，两项合起来占财产总额的 79.67%。

2. 按十等分组分析全国居民财产的分布情况

我们按十等分组的办法来分析全国居民财产的分布情况。我们把全国人口按人均净产值排列，分为人数相等的十个部分，每部分包含总人口 1/10，然后进行比较（见表 2）。

表 2 2002 年全国人口按十等分组各组所持财产的比重 （%）

组别（从 低到高）	财产总额 （净值）	土地价值	金融资产	房产净值	生产性固 定资产	耐用消费 品价值	其他资产 的估计现值	非住房负债
1（最低）	0.68	4.43	0.997	-0.18	2.82	2.84	0.96	30.39
2	2.12	8.67	1.31	1.23	4.52	2.81	0.78	8.65
3	2.95	11.03	1.80	1.93	5.40	3.49	0.63	5.97
4	3.81	13.86	2.12	2.59	8.07	3.88	1.11	5.78
5	4.84	15.01	3.16	3.62	8.90	4.94	1.55	6.94
6	6.23	15.76	4.41	5.09	11.80	6.08	3.04	6.82
7	8.32	14.05	7.16	7.63	10.74	8.96	6.64	8.64
8	11.76	8.34	11.87	12.15	10.12	13.02	12.35	5.07
9	17.89	5.84	19.40	19.30	13.92	18.22	24.16	10.95
10（最高）	41.41	3.00	47.80	46.54	23.72	35.77	48.80	10.80

从总财产来看，人均财产最多的 20% 的人口拥有 59.3% 的财产，而人均财产最少的 20% 的人口则仅有 2.80% 的财产，两者的比率为 21.18∶1。这个比率比农村或城市分别计算时都要高（农村为 8.1∶1；城市为 18.55∶1）。如果以拥有财产最多的 10% 的人口同拥有财产最少的 10% 的人口相比，那么，两者拥有财产的比率为 60.89∶1。显然，财产分布上的这种巨大差距是同城乡之间的巨大差别分不开的。在各项财产中，房产的分布是最不均等的。人均财产最多的 20% 的人口拥有 65.84% 的房产，而人均财产最少的 20% 的人口则仅有 1.05% 的房产，两者的比率为 62.7∶1。而且，人均财产最少的 10% 的人口，其房产净值是负数，即其房产总值还抵偿不了尚未偿还的住房债务。至于其他各项财产的分布，金融资产分布的不均等程度仅次于房产，上述的比值（20% 最高组同 20% 最低组相比）为 29.13∶1。分布不均等程度较低的是耐用消费品，上述比值为 9.556∶1。至于非住房负债的分布，则是最高组和最低组负债较多，而中间各组的负债较少。这种情况是不是由于穷人不得不借债，而富人则因为有既有的财产做后盾而敢于多借债来进行消费和投资呢？

3. 用基尼系数分析全国人均财产分布的不平等状况

从表 3 可以看出，2002 年全国总财产分布的基尼系数已经达到 0.550，既高于同年收入分配的基尼系数（0.454），又高于同年城乡分别计算的财产分布的基尼系数（城市为 0.4751，农村为 0.399）。应该说，这一结果是合乎逻辑的：在城乡各自的财产分布差距都已超过收入分配差距的情况下，在财产分布的城乡差距又非常巨大的情况下，全国财产分布的基尼系数安能不居于领先的地位呢？在各项资产中，有房产、金融资产和其他资产的估计现值三项的集中率超过总财产的基尼系数，从而对总财产的分布起的是扩大不均等程度的作用。但是，由于其他资产的估算现值比重极小（只占 0.93%），所以，它对总财产的不均等程度的解释力或贡献率仅为 1.16%。不过，房产和金融资产两项则起着关键的作用：房产的集中率为 0.6302，贡献率为 66.32%；金融资产的集中率为 0.6291，贡献率为 24.92%。在各项财产中，土地的作用是最耐人寻味的。不仅其在总财产中的比重仅为 9.35%，而且其集中率仅为 −0.0452，其对总财产不均等程度的解释力或贡献率为 −0.77。耐用消费品的集中率为 0.480，贡献率为 6.01%，这说明耐用消费品在全国居民中的分布是比较均等的。

表3 2002年全国人均财产分布的不平等状况

财　产	财产均值（元）	比重（%）	基尼系数	集中率	贡献率（%）
财产总额（净值）	25897.03	100	0.550	0.550	100
其中：					
土地价值	2420.767	9.35	0.6686	-0.0452	-0.77
金融资产	5642.684	21.79	0.7404	0.6291	24.92
房产净值	14989.26	57.88	0.6736	0.6302	66.32
生产性固定资产	1037.309	4.01	0.8373	0.2963	2.16
耐用消费品价值	1784.31	6.89	0.6431	0.480	6.01
其他资产的估计现值	241.6361	0.93	0.9669	0.6885	1.16
非住房负债	-218.9326	-0.84	0.9674	-0.1749	0.27

4. 财产分布的国际比较

从国际比较的角度来看，财产分布的基尼系数大于收入分配的基尼系数是一种常态。按照 James B. Davies 和 Anthony F. Shorrocks 的研究，发达国家收入分配的基尼系数在 0.3 和 0.4 之间，而财产分布的基尼系数则在 0.5~0.9 之间。财产最多的 1% 的人口拥有总财产的 15%~35%，而收入最多的 1% 的人口则拥有总收入的不到 10%。按照 Smeeding（2004）的研究，21 个发达国家在 20 世纪 90 年代中期收入分配的基尼系数大约为 0.3，但这些国家在 20 世纪后半叶财产分布的基尼系数为 0.52 和 0.93 之间，如果不包括在外居住的瑞典人，则为 0.52 和 0.83 之间。按照国际标准，我国现阶段财产分布的基尼系数还不算很高。但是，如果考虑到以下两点，仍然不能不引起人们的高度重视：第一，发达国家个人财产的积累已经经历了数百年的时间，而我国从上世纪 80 年代初算起，也只经历了大约 20 年的时间。可以说，中国个人财产积累的这种速度和势头都是超常的。第二，我国收入分配的基尼系数已经显著地超过上述发达国家，而如上所述，当今的收入分配的分化必然会影响今后财产分布的分化，因此今后一段时间财产分布差距的进一步拉大可以说将是难以避免的现实。

三、我国城乡居民财产分布同收入分配的关系

至于财产分布同收入分配的关系，本文只能在极其有限的范围内加以涉及。下面，我们拟利用 2002 年的数据，对全国人均财产分布和人均收入分配的状况作一简单的比较。我们把调查样本中全部城乡居民按人均收入的高低和

按人均拥有财产的高低进行十等分组。表4列出了2002年按收入和按财产进行十等分组后城乡居民在各组中所占的百分比。图1则是在表4的基础上绘制的曲线图。

表4　2002年按收入和按财产十等分组城乡居民各占的比例（%）

十等分组组序	人均收入		人均财产	
	农村居民所占比例	城市居民所占比例	农村居民所占比例	城市居民所占比例
1（最低）	98.73	1.27	75.26	24.74
2	97.26	2.74	89.78	10.22
3	94.96	5.04	89.41	10.59
4	90.64	9.36	90.63	9.37
5	79.36	20.64	83.03	16.97
6	62.18	37.82	72.63	27.37
7	43.87	56.13	55.02	44.98
8	22.48	77.52	29.21	70.79
9	12.69	87.31	18.08	81.92
10（最高）	6.91	93.09	5.99	94.01

图1的纵轴代表居民所占的百分比，横轴代表由低到高的收入和财产的十等分组。从中可以看出，农村居民都集中分布在低收入组和低财产组，而城市居民则集中分布在高收入组和高财产组。这说明，无论是收入的分配还是财产的分布，城乡之间的差距都是比较大的。不过，如果我们进一步考察财产分布的差距和收入分配的差距时，情况就比较复杂。在低收入—财产组（图中的1~4组），财产分布的差距小于收入分布的差距，在中收入—财产组（图中的4~7组），财产分布的差距大于收入分布的差距，在高收入—财产组（图中的7~9组），财产分布的差距又小于收入分布的差距，到了最高收入—财产组，即第10组，两者分布的差距基本持平。

对于低收入—财产组的这种情况是比较容易理解的。因为，再穷的农村居民总还拥有一小块土地，特别是在土地的产出和来自土地的收入非常微薄的情况下，即使在土地的价值得不到足够估计的情况下，收入的差距超过财产的差距也是很自然的事情。在中收入—财产组，财产的差距超过收入的差距也是可以理解的。因为，在中等组，土地的作用相对减弱，而房产和金融资产的作用则相对增强，以致土地的作用被房产和金融资产抵消了还有余，于是就出现了财产的差距超过收入的差距的情况。但是，第7组以后发生的收入差距再次超过财产差距则是比较难以解释的。是不是房改房的作用在城市高收入和高财产的群体中的作用在下降呢？看来，这是一个尚需进一步探讨的问题。

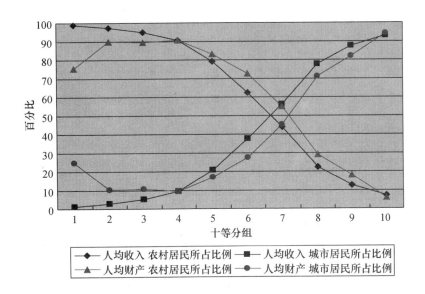

图1　城乡居民按收入高低和按财产高低的分布

四、结束语——一些政策建议

我认为，在分析收入和财产分布差距的扩大与经济改革的关系时，有两种倾向都需要防止。一种是把收入和财产分布差距的扩大以及出现的问题都简单地归罪于经济改革本身；另一种是把收入和财产分布差距的扩大简单地归结为经济改革所应该付出的代价。我认为，对于收入和财产分布差距的扩大，应该分为三个不同层次来对待。

第一层次是属于有利于提高效率的激励部分，这部分是属于克服平均主义的成果，应该加以肯定。第二层次是属于经济改革所必须付出的代价。例如，我国的改革只能采取双轨过渡的渐进方式，从而必然会出现利用双轨进行寻租等活动。在一定限度内，这可以说是改革所应付出的代价。第三层次是属于过高的代价，或者说是属于不应该付出的部分，或应该防止和避免的部分。当然，第二层次同第三层次之间的界限是很不容易分清的，特别是难以量化，但我想从理论上讲是能成立的，过高的代价往往是同腐败、垄断、寻租和设租等活动联系在一起的。

我体会，这也是党中央在强调收入分配制度改革的同时特别强调规范收入分配和取缔非法收入的重要原因。

自改革开放以来，中国城乡居民的收入得到了大大提高，已经从一群几乎没有什么财产的居民变成了一群拥有财产的居民，或者说，中国居民已经实现了从无产者向有产者的转变。而且，从20世纪90代以来，中国居民还经历了一个迄今为期不算长的财产高速积累期。尽管这个过程还有许多不如人意之处，但从总体上来说，应该高度肯定这是改革开放的重大成果之一。

如上所述，在迄今为止的一个不太长的历史阶段内，我国经历了一个居民财产高速积累和分化的时期，城乡居民财产分布的差距已经超过了收入分配的差距。20多年以前，世界银行认为，当时的中国居民除了可以略去不计的极少量利息收入以外，几乎没有什么财产收入（见世界银行，1981）。然而现在和今后的情况就不可同日而语了。从长期来看，在居民收入来源的构成中，来自财产的收入的重要性将进一步增长，例如，在城市，将有更多的居民会获得来自房产的收入——房租。因此，财产分布差距的扩大必将成为影响收入差距扩大的一个重要因素。这种情况对国家宏观调控政策中的再分配政策提出了更高的要求：即要使税收政策和转移支付政策向更有利于缩小收入差距和财产差距的方向发展，从而有利于社会的稳定。

要改进整个宏观经济政策对收入分配的影响。如果说，税收和转移支付的调节是对初次分配的结果所进行的宏观调节（再分配）的话，那么，从更加宏观的意义上来考察，还有对分配结果产生以前的调节，即对分配起点、分配过程的调节，这样一些宏观经济政策对收入分配也具有巨大的影响。

为了正确地运用再分配政策，首先必须改变历史上遗留下来的"逆向再分配"问题。所谓"逆向再分配"，就是违背了收入再分配的初衷——通过再分配不是缩小收入和财产的差距而是扩大了这种差距，通俗地说，就是没有"抽肥补瘦"，而变成了"抽瘦补肥"。在计划经济时代，对农村实行的是净税收的政策，对城市实行的是净福利、净补贴的政策，被人们称之为逆调节的政策，其结果是扩大了城乡间收入和财产的差距。改革开放以来，这种状况虽然有所改变，但仍然存在。应该指出，我国城乡之间存在的巨大的收入差距和财产差距，是同上述"逆向再分配"状况有密切关系的。近年来实行的农村税费改革无疑是改变这种状况的有力举措，但要从根本上改变这种状况仍然需要一个过程。

当政府把税收作为再分配的重要手段时，特别要注意税收的累进还是累退。为了发挥税收在再分配中的积极作用，一般都采用累进税率，而且设有起征点。但是，这要以收入和财产都有较高的透明度为前提。例如，由于我国目前银行存款的实名制还不完备、利息收入的透明度还不高，征收利息税还只能实行比例税率，而不是累进税率，即对所有的存款利息都征收 20% 的利息税。应该说，这种办法是不完备的，具有过渡性，因为它不能起到缩小收入差距的作用。斯蒂格利茨甚至认为，"如果富人比穷人缴纳更多的税，但不是按比例递增的，那么这种税收制度仍然被认为是累退的"（斯蒂格利茨，2000）。可见，根据这种"不进则退"的税收理念，要发挥税收的调节功能，就必须在提高收入和财产透明度的基础上向累进制方向发展。

在国家的宏观经济政策中，税收和转移支付这两项无疑对缩小财产分布和收入分配的差距起着比较直接的作用。不过，我们也不能忽视其他的宏观经济政策对缩小上述差距中的作用——尽管有些政策看起来不像税收和转移支付那么迅速见效，但从根本上来说仍然是一些有利于长治久安的政策。例如，(a)教育政策。在当今的时代，劳动这一生产要素在参与收入和财产分配中的作用，已经不再单纯地取决于劳动的数量，而是更重要地取决于劳动的质量。而劳动质量的提高又在很大的程度上取决于教育。因此，改善低收入和低财产人群的教育状况，就成为缩小收入和财产差距的一个重要前提。换言之，通过改善教育，可以使人们在人力资本的差距上有所缩小，从而为人们取得比较平等的收入和财产创造一个比较平等的起点。（b）劳动力流动政策。逐步消除劳动力流动的种种障碍，就能够为人们在参与收入和财产的分配过程中有一个比较平等的机会。改革开放以来的事实已经证明，劳动力流动，特别是城乡之间劳动力的流动，已经在缩小收入和财产的差距上起了显著的作用。当然，我们也应该看到，计划经济时代对劳动力流动严格限制所造成的原有格局，并不是短期内就能改变的。阻碍劳动力流动的制度性障碍，如户籍制度、福利制度、住房制度、用工制度等障碍，虽然在迄今为止的改革中已经解除了很多，但离市场经济的要求还相差甚远。因此，培育和健全劳动力市场，特别是城乡之间可以自由流动的劳动力市场，仍然是今后宏观经济政策的一个重要方面。(c) 产业结构转换政策。宏观经济政策还应该通过促进产业结构的转换来改进收入和财产分配的状况。缩小城乡之间收入和财产的差距是摆在我们面前的一项历史任务。在今后的长时期内，提高农民收入和缩小城乡之间收入和财产的差距的根本途径是加速产业结构的转换，积极发展第二、第三产业，努力推动劳动力从第一产业向第二产业，特别是向第三产业的转移。

注：本文所引用的资料，除特别注明出处者以外，都来自中国社会科学院经济研究所收入分配课题组的调查资料。

参考文献

1. 国家统计局城市社会经济调查总队编：《财富：小康社会的坚实基础》[M]，山西经济出版社，2003。

2. Michael Schneider（2004），"The Distribution of Wealth", Edward Elgar Publishing, Inc. Northampton, USA.

3. 陈宗胜、周云波：《非法非正常收入对居民收入差别的影响及其经济学解释》[M]，《经济研究》2001，（4）。

4. James B. Davies and Anthony F. Shorrocks（1999），"The Distribution of Wealth", in A. B. Atkinson and F. Bourguignon（eds），Handbook of Income Distribution：Volume I.

5. 世界银行：《中国：社会主义经济的发展——世界银行经济考察团对中国经济的考察报告》[M]，中国财政经济出版社，1981。

6. 约塞夫·斯蒂格利茨：《经济学》（第二版），上册[M]，北京：中国人民大学出版社，2000。

7. Terry Mckinley（1993），"The Distribution of Wealth in Rural China", in Keith Griffin and Zhao Renwei（eds），The Distribution of Income in China, London, Macmillan.

8. Mark Brenner（2001），"Reexaming the Distribution of Wealth in Rural China", in Carl Riskin, Zhao Renwei and Li Shi（eds），China's Retreat from Equality, New York, M. E. Sharpe.

9. 赵人伟、李实：《中国居民收入差距的扩大及其原因》[M]，《经济研究》1997，（9）。

10. 汪利娜、魏众：《城市住宅福利与收入分配》[M]，赵人伟、李实、李思勤主编：《中国居民收入分配再研究》[C]，中国财政经济出版社，1999。

11. 李实、赵人伟：《市场化改革与收入差距扩大》，《洪范评论》，2007，（7）。

12. Wang Lina（2001），"Urban Housing Welfare and Income Distribution", in

Carl Riskin, Zhao Renwei and Li Shi（eds）, China's Retreat from Equality, New York, M. E. Sharpe.

原载《当代财经》, 2007 年第 7 期,

《新华文摘》2007 年第 20 期转载

后　　记

　　本文集是中国社会科学院经济学部工作室编辑出版的第二本《中国社会科学院经济学部学部委员与荣誉学部委员文集》，主要收录中国社会科学院经济学部学部委员和荣誉学部委员2007年发表的学术论文。作为中国社会科学院五个学部之一的经济学部，共有12名学部委员，17名荣誉学部委员，他们都是在经济学研究领域作出卓越成绩和突出贡献的专家学者。每年编选这样一本文集，旨在集中反映他们最近的、代表性的研究成果。文集编选的原则是收录全部学部委员和部分荣誉学部委员上一年公开发表的有代表性的研究报告和学术论文，原则上每人1~2篇，同时也收录若干篇以中国社会科学院经济学部课题组名义发表的论文和研究报告。

　　本文集共收录了研究报告和论文35篇，总体上按照三个部分排列，第一部分是以经济学部课题名义发表的论文和研究报告，共收录3篇；第二部分是经济学部所有学部委员2007年的代表性研究成果，共收录23篇；第三部分是部分荣誉学部委员2007年的代表性研究成果，共收录9篇，收录的原则是荣誉学部委员自愿提交。文章分别是按照作者的姓氏笔画来排序的。2008年是我国改革开放30年，本文集选择了几篇2008年发表的有关改革开放30年主题的文章。

　　本文集的出版得到了学部领导和学部工作局领导的热情指导，得到了各位经济学部委员和荣誉学部委员的大力支持，得到了经济学部各有关研究所科研处的鼎力帮助，这里一并表示衷心感谢。本文集在作者对自己文章文责自负的前提下，具体编辑工作是由经济学部工作室黄群慧、郭建宏、赵国飞同志完成的。我们的编辑工作可能存在这样和那样的问题或错误，诚恳希望读者批评指正，以利于今后进一步完善我们的工作。

中国社会科学院经济学部工作室

2008 年 6 月